C. H. BECK
STUDIUM

KARL-HEINZ KOHL

Ethnologie –

die Wissenschaft vom kulturell Fremden

Eine Einführung

VERLAG C.H.BECK

Für
Joachim Moebus

Mit 8 Diagrammen im Text

1. Auflage. 1993
2., erweiterte Auflage. 2000

3., aktualisierte und erweiterte Auflage. 2012

Gesamtherstellung: Druckerei C.H.Beck, Nördlingen
Einbandentwurf: Bruno Schachtner, Dachau
Gedruckt auf säurefreiem, alterungsbeständigem Papier
(hergestellt aus chlorfrei gebleichtem Zellstoff)
Printed in Germany
ISBN 978-3-406-46835-3

www.beck.de

Inhalt

III. Entdeckungen der Ethnologie

IV. Ethnographische Feldforschung

V. Das Problem der Darstellung fremder Lebensformen

VI. Ethnologische Theorien

VII. Eine Wissenschaft im Umbruch:
Die Ethnologie im 21. Jahrhundert

Vorwort

Die vorliegende Einführung ist aus Vorlesungen hervorgegangen, die ich am Mainzer Institut für Ethnologie und Afrika-Studien in regelmäßigen Abständen zu halten hatte. Vorlesungen sind in den sechziger und siebziger Jahren zu Unrecht in Verruf geraten. Sicher – man kann sich vieles durch Lektüre selbst erarbeiten. Aus schriftlosen Kulturen weiß man jedoch davon, wie die Merkfähigkeit durch die Umstände gestärkt wird, die das gesprochene Wort begleiten: die Tonlage, die Mimik, die Gestik des Vortragenden, das soziale Ambiente, die wechselseitige Kommunikation und nicht zuletzt den rituellen Charakter einer Veranstaltung, zu der man sich in periodischen Abständen einzufinden hat. Das alles motiviert dann erst eigentlich zum Nachlesen. Doch mehr noch als für die Zuhörer sind gerade Einführungsvorlesungen für die Lehrenden von erzieherischem Wert. Denn sie zwingen sie dazu, sich auch mit den Teilbereichen ihres Faches auseinanderzusetzen, mit denen sie sich in einer Zeit zunehmender wissenschaftlicher Spezialisierung entweder nur marginal oder überhaupt nicht befassen konnten.

Claude Lévi-Strauss hat das ethnologische Denken einmal mit dem Buschfeuer neolithischer Brandrodungsbauern verglichen: Es setzt unerforschte Gebiete in Brand, holt hastig ein paar Ernten ein und läßt ein verwüstetes Territorium zurück. Ich hoffe jedoch, daß auch in den eher trockenen Passagen dieses Buches noch etwas von der Faszination ethnologischer Stoffe zur Sprache gelangt und von der Freude, die es macht, dieses wirklich „weite Feld" für sich zu entdecken.

Einführungen in ein Fach zu schreiben ist immer ein Risiko. Man leistet gewissermaßen eine Art von öffentlichem Offenbarungseid und liefert sich der Kritik der Fachkollegen schutzloser aus als mit jedem anderen Werk. Manchem werden einige Verallgemeinerungen zu weit gehen, jeder wird irgend etwas vermissen. Gerade angesichts der Vielfalt ethnologischer Gegenstände und Theorien wäre es allerdings vermessen, Vollständigkeit auch nur anzustreben. Einführungen sind notwendig selektiv. Sie ändern sich mit dem jeweils aktuellen Forschungsstand. Jede setzt ihre besonderen Akzente. Die vorliegende Einführung geht von der hermeneutischen Wende aus, die die neueste Entwicklung des Faches kennzeichnet und einen Prozeß ethnologischer Selbstreflexion eingeleitet hat. Die Ausführungen im zweiten und letzten Kapitel sollen sicherstellen, daß hierüber auch die konventionellen

Sichtweisen nicht zu kurz kommen. Ansonsten aber gilt der distanzierte und verfremdende Blick des Ethnologen der Ethnologie selbst. Hierauf spielt auch der Untertitel des Buches an, der im Blick auf die Konjunktur, die die Rede vom Fremden in den letzten Jahren erfahren hat, ein wenig modisch wirken mag. Doch gilt es gerade angesichts dieses Geredes, darauf hinzuweisen, welchem Fach der Rechtstitel einer „Wissenschaft vom kulturell Fremden" eigentlich zukommt. Es sind sicherlich nicht die Literaturwissenschaft, die Psychologie, die Soziologie oder gar die Pädagogik, die mit dem ihr eigenen Übereifer in den Debatten über Rassismus und Fremdenhaß leider auch einigen Schaden angerichtet hat. Andererseits muß man es in der Tat beklagen, daß Ethnologen sich in diesen Fragen öffentlich so wenig äußern. Vielleicht liegt es daran, daß die Kritik an Ethno- und Eurozentrismen, um die andere wissenschaftliche Disziplinen sich heute bemühen, schon lange zu den „kulturellen Selbstverständlichkeiten" des Faches zählt. Daß sie die *conditio sine qua non* der modernen Ethnologie ist, soll nicht zuletzt anhand dieser Einführung gezeigt werden.

Die Ermutigungen von Heinzarnold Muszinski, Ernst-Peter Wieckenberg und Marita haben mir geholfen, anfängliche Skrupel zu überwinden. Ebenso wie ihnen möchte ich Heike Behrend, Gerhard Grohs und Ernst Wilhelm Müller für die Mühe danken, die sie sich mit der Lektüre der verschiedenen Rohfassungen des Manuskripts gemacht haben.

Für Studierende geschrieben, ist das Buch meinem akademischen Lehrer Joachim Moebus gewidmet, obgleich er, der mich den Dekonstruktivismus bereits lehrte, bevor diese Denkrichtung bei uns auch nur dem Wort nach bekannt war, dem Konstruktivismus eines solchen Unternehmens vielleicht eher skeptisch gegenüberstehen wird.

Mainz, im April 1993

Vorwort zur zweiten Auflage

Von kleineren Korrekturen abgesehen sind gegenüber der ersten Auflage am laufenden Text keine Veränderungen vorgenommen worden. Neu ist dagegen der dem Schlußkapitel angefügte Abschnitt zur gegenwärtigen Situation des Faches, in dem auf aktuelle Entwicklungen eingegangen wird. Ebenso habe ich die kommentierte Bibliographie und das Literaturverzeichnis um einige wichtige Neuerscheinungen der letzten Jahre ergänzt.

Frankfurt am Main, im März 2000

Vorwort zur dritten Auflage

Seit der Veröffentlichung der letzten Auflage hat die Ethnologie eine stürmische Entwicklung genommen und sich zahlreiche neue Untersuchungsfelder erschlossen. An den Universitäten sind, zum Teil im Zusammenhang mit der Exzellenzinitiative, etliche neue Professuren eingerichtet worden. Die Zahl der Studierenden nimmt weiterhin kontinuierlich zu. In Halle konnte 2001 das Max-Planck-Institut für ethnologische Forschung seine Arbeit aufnehmen, an dem mittlerweile über 100 Mitarbeiter tätig sind. Die Wissenschaftler des 2007 in Göttingen eröffneten Max-Planck-Instituts zur Erforschung multireligiöser und multiethnischer Gesellschaften befassen sich ebenfalls vorrangig mit ethnologischen Fragestellungen. Auch das öffentliche Interesse am Fach ist im Steigen begriffen. Selbst die Bundeswehr hat im Zuge ihrer Auslandskriegseinsätze den Wert ethnologischer Expertise erkannt und stellt heute Ethnologen als Berater zur Konfliktlösung und -prävention ein.

Das für die vorliegende Ausgabe neu verfaßte siebte Kapitel zeichnet die Entwicklung der Ethnologie in den letzten Jahren nach. Der in die zweite Auflage eingefügte Abschnitt „Zur gegenwärtigen Situation in der Ethnologie" wurde leicht überarbeitet und trägt nun den Titel „After Writing Culture". In der kommentierten Nachtragsbibliographie werden einige wichtige Neuerscheinungen zu den systematischen Teilgebieten und zur Geschichte des Faches genannt. In der Hauptsache aber gibt sie Literaturhinweise, die sich auf die im Schlußkapitel skizzierten Strömungen beziehen.

Bei der Vorbereitung der dritten Auflage kam mir der kluge Rat von Birgit Bräuchler und Katja Rieck zugute, denen ich an dieser Stelle ebenso danken möchte wie Volker Gottowik, Holger Jebens und unserer leider viel zu früh verstorbenen Kollegin Editha Platte.

Frankfurt, im Oktober 2011

I. Die Ethnologie und ihr Gegenstand

1. Womit beschäftigt sich die Völkerkunde?

Am Hamburger Seminar für Völkerkunde sind seit 1978 regelmäßig Befragungen unter Studienanfängern durchgeführt worden, die eine der dortigen Einführungsveranstaltungen in das Fach besuchten.

Zu Beginn eines jeden Semesters wurden unter den Studenten Fragebögen verteilt, die sie nach dem *multiple-choice*-Prinzip auszufüllen hatten. Eine dieser Fragen mit insgesamt zwanzig vorgegebenen Antwortmöglichkeiten lautete: „Womit beschäftigt sich nach Ihrer Meinung die Völkerkunde?" Das Ergebnis war einigermaßen überraschend. Die weitaus größte Mehrheit der Befragten, nämlich 352 Studierende im Haupt- und Nebenfach, kreuzte „Rassen" an; diesem Begriff folgten „Minderheiten" mit 322, „Ackerbaumethoden" mit 301, „Politische Systeme" mit 297 und „Zauberei" mit 273 Ankreuzungen. Aber auch „Märchen" und „Kopfjagd" lagen mit dem 9. und 10. Platz noch ziemlich weit vorn (Fischer 1985a).

Möglicherweise sind die Antworten jedoch nicht so ernst zu nehmen, wie dies zunächst scheinen mag. Umfragen wie diese haben bekanntlich ihre Tücken. So kann nicht ausgeschlossen werden, daß sich manch einer der Befragten auf Kosten der Fragenden einen Spaß gemacht hat. Ein Problem liegt auch bei der Auswahl der vorgegebenen Antwortmöglichkeiten und damit bei den Untersuchenden selbst. Hätten sie zum Beispiel „Kannibalismus" oder „Liebesbräuche" in den Katalog aufgenommen, wer weiß, welcher Begriff in diesem Fall das Rennen gemacht hätte? Dennoch vermittelt das Ergebnis der Untersuchung ein einigermaßen repräsentatives Bild dessen, was sich nicht nur die breite Öffentlichkeit, sondern auch viele Studienanfänger unter dem Fach vorstellen. Völkerkunde wird auch heute noch mit „fremden Rassen", „Zauberei", „Märchen" und „Kopfjagd" assoziiert. Historisch gesehen ist das auch gar nicht so falsch. Denn tatsächlich sind alle diese Erscheinungen im Rahmen der Ethnologie oder von Ethnologen irgendwann einmal untersucht worden. Und warum sollte dies auch geleugnet werden? Die Ethnologie verdankt einen Großteil ihrer Anziehungskraft dem fremdartigen und bizarren Charakter vieler ihrer Gegenstände. Wer sich indes aufgrund dieses exotischen Flairs zu einer Wahl des Faches entschlossen hat – und das dürfte wohl schon immer die überwiegende Mehrzahl gewesen sein –, sei freilich von vornherein gewarnt.

Ein Teil dieser ursprünglichen Motivation wird im Verlauf des Studiums wohl oder übel verlorengehen. Die Ethnologie ist zweifellos eines der schönsten, interessantesten und manchmal auch kurzweiligsten Studienfächer, die die Alma mater zu bieten hat. Die Ethnologie ist aber zugleich auch eine anspruchsvolle und seriöse Wissenschaft: mit einer komplizierten Fachsprache, mit einem entwickelten methodischen Instrumentarium und mit einem schier unbegrenzten Gegenstandsbereich. So werden sich Studienanfänger im Verlauf ihrer Ausbildung mit so schwierigen Begriffen wie patri- und matrilineare Deszendenz, viri- und uxorilokale Residenz, symmetrische und asymmetrische präskriptive Allianz, Bifurkation, Couvade, rites de passage, Amphiktyonie, Segmentation usw. auseinandersetzen müssen; sie werden zwischen den extensiven und den intensiven Formen des Bodenbaus, zwischen Wanderfeldbau und Landwechselwirtschaft, zwischen Brandrodungsbau und Pflugbau unterscheiden lernen; sie werden sich in so trockene Gebiete wie die Wirtschafts- und die Rechtsethnologie einarbeiten müssen; sie werden erfahren, wie man Netzwerkanalysen erstellt und Verwandtschaftsdiagramme zeichnet; damit nicht genug, sollten sie überdies eine außereuropäische Sprache erlernen, deren komplizierte Struktur und Grammatik ihnen noch einiges Kopfzerbrechen mehr bereiten wird als selbst das Schullatein.

Das Studium der Ethnologie erfordert mithin einige Ausdauer und gehöriges Sitzfleisch, ja, vielleicht sogar entschieden mehr als manches andere Studienfach, denn in kaum einem anderen war die Abbruchquote früher so hoch; nach einer 1984 veröffentlichten Untersuchung gelang an den damals 15 ethnologischen Instituten der alten Bundesrepublik nur 4,6% eines jeden Anfängerjahrgangs der Studienabschluß (Valjavec 1984: 452). Aber was bei alledem vielleicht das Schlimmste ist: Wer sich auf diese Weise die wissenschaftlichen Initiationsnarben erst einmal erworben und die akademischen Abschlußprüfungen hinter sich gebracht hat, steht vor der existentiellen Frage, was er mit all seinem Wissen denn nun anfangen soll. Zwar verfügt das Fach über einige genau definierte Berufsfelder. Mit einem überdurchschnittlichen ersten Studienabschluß, besser aber noch mit der Promotion, kann man sich auf ein Volontariat und anschließend auf eine Kustodenstelle an einem der ca. 20 größeren Völkerkundemuseen des deutschsprachigen Raums oder auch an einer der ethnologischen Abteilungen der verschiedenen kulturhistorischen Museen bewerben. An den Universitäten stehen dagegen für Berufsanfänger zunächst nur zeitlich befristete akademische Mitarbeiter- und Assistentenstellen zur Verfügung. Voraussetzung für die Berufung auf eine der wenigen Lebenszeitprofessuren für Ethnologie ist in der Regel die Habilitation, eine nach der Promotion zu erbringende weitere wissenschaftliche Leistung. Da sich mittlerweile auch bei uns die Forderung durchgesetzt hat, daß ein zukünftiger Ethnologieprofessor eigene Feldforschungen vorzuweisen haben muß, ein solcher Forschungsaufenthalt und die Auswertung seiner empirischen Resultate aber viele Jahre in Anspruch nehmen, erfolgen solche Berufungen selten vor dem fünften Lebensjahrzehnt. Doch die Stellen an Universitäten und Museen sind trotz des in den letzten Jahren erfolgten Ausbaus des Faches rar geblieben. Dagegen bewegen sich die Studierendenzahlen immer noch auf einem sehr hohen Niveau. Hierzu liegen genauere Angaben allerdings nur aus der Zeit vor der Einführung des Bachelor- und Master-Studiengangs vor, der nach den Bolognabeschlüssen den alten Magisterstudiengang ablöste. Das geschah aber nicht gleichzeitig an allen Universitäten, sondern zog sich über mehr als zehn Jahre hin. Den Angaben des *Handbuchs der deutschsprachigen Ethnologie* zufolge waren 1988 an den Universitäten der alten Bundesländer, Österreichs und der deutschsprachigen Schweiz ca. 6000 Hauptfach- und weitere 6000 Nebenfachstudenten für Ethnologie eingeschrieben. Das Fach hatte seither kaum an Popularität eingebüßt. Eine statistische Erhebung aus dem Jahre 1999, die das Gebiet der neuen Bundesländer mit einschloß, kam auf 12 888 Haupt- und Nebenfachstudenten an insgesamt 22 Instituten; für weitere vier Institute lagen allerdings keine Zahlen vor (Pressereferat der DGV 1999: 138). Sicherlich gibt es neben den beiden ausbildungsspezifischen Tätigkeitsfeldern noch eine ganze Reihe weiterer Möglichkeiten, auf Dauer unterzukommen, sei es in den nationalen und internationalen Entwicklungshilfeorganisationen oder im Auswärtigen Dienst, sei es in Verlagshäusern, an Volkshochschulen oder in Bibliotheken, sei es bei der Presse, beim Rundfunk oder beim Fernsehen. Die breit gefächerte ethnologische Ausbildung stellt für die Arbeit in den öffentlichen Bildungsinstitutionen und in den Medien vor allem dann eine gute Grundlage dar, wenn sie durch regionales Spezialwissen und besondere Sprachkenntnisse ergänzt wird. Doch in diesen Bereichen eine Stelle zu bekommen, in denen die Konkurrenz der Absolventen anderer sozial- und geisteswissenschaftlicher Fächer mehr als groß ist, wird von Jahr zu Jahr schwieriger. Wer sich dennoch für das Studium des Faches entscheidet, kann sich daher leicht selbst ausrechnen, wie es um seine zukünftigen Berufsperspektiven bestellt ist. Jene Studienanfänger aber, die sich trotz all dieser düsteren Aussichten in ihrer einmal getroffenen Wahl nicht beirren lassen wollen, werden nur dann durchhalten, wenn sie sich im Zuge ihrer wissenschaftlichen Sozialisation ihre ursprüngliche Motivation nicht nehmen lassen, sondern festhalten an ihrem, sei es durch frühe Jugendlektüre, sei es durch die Erfahrung von Reisen oder sei es auch durch ihr durch politisches Engagement vermitteltes Interesse an dem, was vom Vertrauten der eigenen Kultur abweicht.

Läßt sich die Frage, *wie* Ethnologen sich beschäftigen, trotz allem noch einigermaßen leicht beantworten, so wirft die Frage, *womit* sich das Fach speziell beschäftigt, doch erheblich größere Schwierigkeiten auf. Jede Wissenschaft definiert sich bekanntlich durch einen ihr eigenen Gegenstand und die zu seiner Untersuchung entwickelten Methoden. Der Gegenstand wird dabei durch die jeweilige Fachbezeichnung benannt. Doch damit beginnt bereits das Problem. In Deutschland wird das Fach bald als *Völkerkunde,* bald als *Ethnologie* bezeichnet. Das wechselt von Institut zu Institut. In Großbritannien und einigen anderen englischsprachigen Ländern ist zwar manchmal auch die Bezeichnung *Ethnology* üblich, in der Regel begegnet uns hier das Fach aber als *Social Anthropology.* Die skandinavischen Länder haben sich diesem Wortgebrauch heute weitgehend angeschlossen. In Frankreich ist bald von *Ethnologie,* bald von *Anthropologie sociale* die Rede. Amerikanische Wissenschaftler geben dagegen dem Begriff *Cultural Anthropology* den Vorzug. Und in der ehemaligen DDR, der Sowjetunion und den übrigen osteuropäischen Ländern war die Bezeichnung *Ethnographie* gebräuchlich. Verweisen die verschiedenen nationalen Fachbezeichnungen auch auf unterschiedliche Schwerpunktsetzungen in der Forschung, so gehen Ethnologen heute doch fast überall ähnlichen Fragestellungen nach, bedienen sich der gleichen Methoden, organisieren sich in denselben internationalen Organisationen, treffen sich in regelmäßigen Abständen zu Weltkonferenzen und betrachten sich als Mitglieder einer einzigen, weltweiten *scientific community.* Trotz der national unterschiedlichen Fachbezeichnungen legt dieses Gemeinschaftsgefühl doch nahe, daß sich *Social* und *Cultural Anthropologists, Ethnologen* und *Ethnographen* auch mit den gleichen Gegenständen befassen müßten.

Welche Auskunft über den Gegenstand des Faches enthalten insbesondere die beiden in Deutschland üblichen Bezeichnungen Völkerkunde und Ethnologie? Ein kurzer historischer Exkurs ist in diesem Zusammenhang nicht uninteressant. Beide Begriffe sind etwa gleich alt und tauchen in der deutschen Sprache das erste Mal im 18. Jahrhundert auf. Nach den wissenschaftshistorischen Untersuchungen Hans Fischers (1970) entstand der Begriff „Völkerkunde" um 1770 im Umkreis der Universität Göttingen, einem damals von der Aufklärungsphilosophie stark geprägten Zentrum deutscher Gelehrsamkeit. Hier lehrten im letzten Drittel des 18. Jahrhunderts mit Christoph Meiners und Johann Friedrich Blumenbach zwei bedeutende Vorläufer der Ethnologie und physischen Anthropologie; als eigenständige Universitätsdisziplinen existierten beide Fächer damals jedoch noch nicht. „Völkerkunde" war vermutlich in Analogie zu „Erdkunde" gebildet worden. Bei „Ethnologie" scheint es sich dagegen um eine Rückübersetzung desselben Wortes ins Griechische gehandelt zu haben. Es erfuhr dadurch jedoch eine Bedeutungsverschiebung, auf die bei der ausführlichen Erörterung dieses Begriffs noch näher einzugehen sein wird. Hans Fischer (1970) zufolge lassen sich Belege für die Verwendung des Begriffs „Ethnologie" im 18. Jahrhundert nicht nur im deutschsprachigen Raum, sondern auch in der französischen Schweiz finden. Auch im Französischen und Englischen wurde er im 19. Jahrhundert immer gebräuchlicher und erst später durch die eingangs genannten alternativen Termini verdrängt. In Deutschland wurde bei der Gründung der ersten Museen und Universitätsinstitute dem Begriff „Völkerkunde" der Vorzug gegeben. Erst in den zwanziger Jahren und dann vor allem in der Zeit nach dem Zweiten Weltkrieg begann sich in Deutschland „Ethnologie" wieder allgemein durchzusetzen.

Weshalb man bei uns heute die Fachbezeichnung „Völkerkunde" nur noch zögernd verwendet, wird offensichtlich, wenn man den Begriff einfach für sich selbst sprechen läßt. „Völkerkunde" heißt wörtlich genommen nichts anderes als die Kunde oder Kenntnis von den Völkern. Was aber ist ein „Volk"? Zieht man *Meyers Enzyklopädisches Lexikon in 25 Bänden* zu Rate, so findet man unter diesem Stichwort folgende Eintragung:

„... durch gemeinsames historisches Erbe und historisches Schicksal gekennzeichnete Lebensgemeinschaft von Menschen. Der Begriff wird oft im Sinne von Nation oder Staats-Volk verwendet, ist aber nicht notwendig damit identisch; wesentlich ist das Gefühl innerer, meist auch äußerer (räumlicher) Zusammengehörigkeit, durch die sich ein Volk in charakteristischer Kombination von kulturellen, religiösen, sprachlichen u.a. Eigenheiten von anderen Völkern unterscheidet." (Bd. 24, 1979: 661)

In dem 1988 erschienenen *Neuen Wörterbuch der Völkerkunde* von Walter Hirschberg wird „Volk" folgendermaßen definiert:

„... ursprünglich die Bezeichnung für ‚Heerhaufe', ‚Gefolgschaft'; heute wird unter Volk – erst im 18. Jahrhundert als politischer Begriff entstanden – im allgemeinen eine große historisch gewachsene Gemeinschaft von Menschen verstanden, die eine ähnliche genetische Abstammung (Endogamie, Inzesttabu), gleiche Sprache, ähnliche Lebensgewohnheiten (Sitten) und ein Zusammengehörigkeitsbewußtsein verbindet." (S. 508)

Schlägt man allerdings in dem 1975 in deutscher Übersetzung veröffentlichten *Taschenwörterbuch der Ethnologie* von Michel Panoff und Michel Perrin nach, so sucht man das entsprechende Stichwort vergeblich. Unter „Volk" findet sich in diesem Fachlexikon überhaupt keine Eintragung. Dies ist jedoch kein Zufall, sondern in gewisser Hinsicht sogar durchaus legitim, denn erstaunlicherweise bringt uns der Begriff

„Volk" kaum weiter, wenn wir danach fragen, womit sich die Völkerkunde eigentlich beschäftigt. Wären dies tatsächlich die – um die zweite Definition hier aufzugreifen – „*großen* historisch gewachsenen Gemeinschaften", dann müßten sich die Vertreter des Faches vorrangig mit den Russen, den Spaniern, den Engländern, den Italienern und nicht zuletzt den Deutschen befassen. Dies aber ist in der Völkerkunde bisher kaum geschehen. Für die Sprachen und die Kulturen aller dieser Völker gibt es eigene Universitätsdisziplinen, und für die Kultur des sogenannten einfachen Volkes bei uns sogar ein eigenes Fach: die Volkskunde.

Befaßt sich die Ethnologie auch mit Lebensgemeinschaften von Menschen mit gleicher Kultur, gleicher Sprache und oft auch Abstammung, so hat den großen europäischen Völkern ihr Augenmerk doch kaum je gegolten. Die Bezeichnung „Völkerkunde" beinhaltet mithin einen Anspruch, den das Fach – bisher zumindest – nicht eingelöst hat, nämlich die Wissenschaft von *den* Völkern zu sein. Wenn „Völkerkunde" als Fachbezeichnung heute eher obsolet zu werden begonnen hat, dann auch aus historischen Gründen. Faktisch hat sich diese Disziplin keineswegs mit allen, sondern immer nur mit bestimmten, und zwar in aller Regel außereuropäischen Völkern beschäftigt. Doch selbst in dieser Hinsicht muß noch eine weitere Einschränkung vorgenommen werden. Denn auch für die Untersuchung vieler außereuropäischer Völker sind wiederum eigene Universitätsdisziplinen zuständig: die Arabistik, die Semitistik, die Iranistik, die Indologie, die Tibetologie, die Sinologie, die Koreanistik, die Japanologie usw. Einige dieser Fächer beziehen sich auf ganze Kulturräume, andere haben sich auf einzelne Völker, deren Sprache, Kultur und Lebensstil spezialisiert. Allerdings sind hier die Übergänge zur Ethnologie bereits fließend: Mit den Völkern des Hindukusch oder des Himalaya kann sich ein Ethnologe ebenso befassen wie ein Indologe, ein Tibetologe oder auch ein Islamwissenschaftler. Es wird nur die Gewichtung ihrer Forschungsschwerpunkte jeweils eine andere sein. So wird der Tibetologe sich vielleicht eher auf die Untersuchung der Sprache, der Islamwissenschaftler auf die einer der dortigen Religionen, der Indologe auf die bestimmter schriftlich fixierten Traditionen, der Ethnologe aber auf die Untersuchung von Verwandtschaftsverhältnissen und sozialen Beziehungen konzentrieren.

Sieht man von der zuletzt getroffenen Einschränkung zunächst einmal ab, so scheint es, daß wir der Beantwortung unserer Ausgangsfrage dennoch bereits einen entscheidenden Schritt nähergekommen sind. Gegenstand der Ethnologie ist – zunächst einmal ganz allgemein formuliert – das kulturell Fremde. Sie befaßt sich mit Lebensgemeinschaften von Menschen, die zum einen außerhalb des europäischen Kulturkreises liegen und zu deren Untersuchung sich zum anderen aus Gründen, auf die wir noch näher zu sprechen kommen wollen, keine anderen eigenen Spezialdisziplinen herausgebildet haben. Das ist zunächst allerdings eine reine Negativbestimmung. Wie läßt sie sich positiv ausfüllen? Wie lassen sich die Lebensgemeinschaften von Menschen, deren Studium Ethnologen sich widmen, mit einem Allgemeinbegriff bezeichnen? Diese Frage hat Ethnologen schon immer beschäftigt und praktisch bis heute nicht zur Ruhe kommen lassen. Bevor versucht werden soll, sie einer ungefähren Antwort zuzuführen, erscheint es angebracht, zunächst die verschiedenen historischen Lösungsversuche dieses Problems vorzustellen.

2. Wilde, Primitive und Naturvölker

Die älteste Bezeichnung für die Völker, deren Studium sich die Ethnologie später widmen sollte, ist im 15. und 16. Jahrhundert im Zuge der europäischen Entdeckungs- und Eroberungsunternehmen entstanden und wurde zum Teil bis in das 19. und frühe 20. Jahrhundert hinein auch in den einschlägigen wissenschaftlichen Abhandlungen selbst beibehalten. Sie lautet im Deutschen *Wilde,* im Spanischen *salvajada,* im Italienischen *selvaggio,* im Französischen *sauvage* und im Englischen *savages.* Etymologisch lassen sich die vier zuletzt genannten Begriffe aus lateinisch *silvaticus* ableiten, was sich mit „zum Wald gehörend", „in den Wäldern lebend" übersetzen läßt. Die Herkunft des deutschen Wortes *wild* ist zwar ungesichert, es hat ursprünglich aber wahrscheinlich auch nichts anderes bedeutet als „zum Wald gehörend". Als ein auf Menschen bezogenes Adjektiv finden wir das Wort im Deutschen bereits lange Zeit vor der Entdeckung Amerikas. Der nackt und ohne jedes äußere Anzeichen von menschlicher Kultur in den Wäldern hausende „wilde Mann" war eine beliebte Figur der mittelalterlichen Volksüberlieferung, Epik und darstellenden Kunst. In der Buchornamentik der Zeit wird seine Tierhaftigkeit durch die dichte Körperbehaarung symbolisiert, bisweilen erscheint er auch als Menschenfresser. Seine einzige Waffe ist die Keule, seine Scham wird lediglich von ein paar Blättern bedeckt. Fern von allen menschlichen Behausungen führt er ein einfaches Leben. Neben seiner Triebhaftigkeit und Zügellosigkeit wird mithin auch seine Bedürfnislosigkeit betont. In der epischen Dichtung des ausgehenden Mittelalters treten die schreckenerregenden Züge dieser Figur immer mehr in den Hintergrund. Als ein durchaus ambivalent besetztes Gegenbild sowohl zum Ritter als auch zum gebildeten Stadtbürger verkörpert der „wilde Mann" in dieser Epoche ein von den Fremd- und Selbstzwängen der höfischen Kultur freies Leben.

In Übertragung dieses mythisch aufgeladenen Begriffs wurden im 15. und 16. Jahrhundert als „Wilde" zunächst die Bewohner der neuentdeckten Landstriche jenseits des Atlantischen Ozeans bezeichnet. Dem ersten, oberflächlichen Blick nach wiesen sie in der Tat keinerlei Anzeichen dessen auf, was man damals zum Wesen des Menschen gehörig glaubte: keine Kleider, keine festen Behausungen, keinen König, kein Gesetz und keine Religion. Weit verbreitet waren auch die Gerüchte über ihren Kannibalismus. Daß „Menschenfleisch bei ihnen eine ganz gewöhnliche Nahrung" sei, behauptete zum Beispiel schon Amerigo Vespucci. Ferner glaubte man, daß sie keinerlei sexuelle Beschränkungen kennen würden. „Der Sohn schläft mit seiner Mutter, der Bruder mit seiner Schwester, der Vetter mit seiner Base und jeder Mann mit der ersten Frau, die er trifft" – so liest man es ebenfalls in den Berichten des italienischen Seefahrers, dessen Namen die Neue Welt bis heute trägt. Einige Entdecker nahmen daher an, daß sich die Ureinwohner Amerikas noch auf einer Stufe mit den in den Wäldern lebenden wilden Tieren befänden. Aufgrund ihrer Berichte setzte man am spanischen Königshof im 16. Jahrhundert eine aus Theologen bestehende Untersuchungskommission ein, die entscheiden sollte, ob es sich bei den Bewohnern der Neuen Welt um Menschen oder um Tiere handelte. Obgleich diese Kommission nach langen Debatten zu dem Schluß kam, daß auch jene Menschen seien, konnte dies nichts mehr daran ändern, daß die einheimische Bevölkerung der karibischen Inseln und weiter Teile des südamerikanischen Festlandes bereits wenige Jahrzehnte nach ihrer Entdeckung durch die Europäer so gut wie ausgerottet war. An den ethnographischen Berichten der frühen Neuzeit wird bereits eine Problematik deutlich, die sich im Verlauf der Ethnologiegeschichte immer wieder stellen sollte. Kolumbus, Vespucci und andere Entdeckungsreisende der Zeit hatten sicherlich zunächst keine bösen Absichten, wenn sie in ihren Berichten das Bild eines von „Wilden" bewohnten Landstrichs entwarfen. Eher kann angenommen werden, daß ihnen aufgrund des begrenzten Erfahrungshorizonts ihrer Zeit kein anderer Begriff zur Verfügung stand, so daß sie auf das mit der Figur des „wilden Mannes" verknüpfte Vorstellungsrepertoire zurückgriffen, um ihren Lesern einen möglichst plastischen Eindruck von den Bewohnern Amerikas zu vermitteln. Doch entfaltet sich der ethnologische Diskurs nie in einem herrschaftsfreien Raum. Wörter sind keineswegs unschuldig. Wie eine fremde Kultur geschildert wird, kann für deren Angehörige verheerende Folgen haben. In diesem Fall sollte die Verzeichnung der Bewohner der Neuen Welt zu „Wilden" letztlich der ideologischen Legitimation des europäischen Kolonialismus und seiner ausbeuterischen Praktiken dienen.

Nachdem der Begriff sein neues Bedeutungsfeld erst einmal erhalten hatte, blieb sein Gebrauch nicht mehr allein auf die amerikanischen Völker beschränkt. Gleichgültig, ob es sich dabei um Stammesgesellschaften oder Königtümer handelte, wurde er in den folgenden Jahrhunderten zur Bezeichnung aller „neuentdeckten" indigenen Völkerschaften Afrikas, Asiens, Ozeaniens und Australiens verwendet. Bestenfalls unterschied man dabei noch die staatlich organisierten Gesellschaften Vorder-, Süd- und Südostasiens als „Barbarennationen" von den „reinen Wilden". Im selben Zuge wurde der Begriff der Zivilisation – in Frankreich sprach man auch von den *nations policées,* den polizierten Nationen – zum Komplement der Bezeichnung „Wilde". Es bildete sich das Oppositionspaar die „Wilden" und die „Zivilisierten" heraus (Bitterli 1976). Die Europäer begannen sich als die gesitteten Völker zu fühlen, und sie sahen es als ihre Aufgabe an, den ungesitteten „Wilden" die Segnungen ihrer Zivilisation zu bringen. Die Einstellungen zu diesen Völkerschaften wurden dabei allerdings zunehmend ambivalenter. Vor allem in Frankreich formierte sich die Vorstellung vom *bon sauvage,* vom „Guten Wilden", der noch in Übereinstimmung mit den Gesetzen der Natur lebte und in den Schriften La Hontans, Rousseaus, Voltaires und Diderots zu einem Mittel früher Zivilisationskritik wurde. In England bildete sich dagegen eine andere Vorstellung heraus. Hier waren es eher die mannhaften Züge und kriegerischen Tugenden der „Wilden", die zunehmend idealisiert wurden und in das Bild des *Noble Savage* oder „Edlen Wilden" Eingang fanden. Solche Formen der Idealisierung sogenannter Randvölker sind indes weit älter und bereits aus der Antike bekannt. Bei Tacitus waren es unsere eigenen Vorfahren, die Germanen, mit deren Hilfe er die Dekadenz der römischen Gesellschaft seiner eigenen Zeit zu geißeln suchte. Je nachdem, welche Züge dabei jeweils in den Vordergrund gestellt werden, hat es sich im angelsächsischen Raum eingebürgert, den *soft-primitivism,* der die Vorzüge eines einfachen, paradiesischen und bedürfnislosen Lebens preist, vom *hard-primitivism* zu unterscheiden, der sich für die Härten des natürlichen Lebens und den Heroismus der „Wilden" begeistert. Auch die wissenschaftliche Ethnologie des 20. Jahrhunderts ist von solchen Tendenzen nicht immer frei geblieben. Margaret Mead wurde posthum dafür kritisiert, in ihrem Buch über Samoa des Bild einer allzu idyllischen, von sexuellen Repressionen freien Südseekultur gezeichnet zu haben, um der eigenen Gesellschaft ein Gegenbild vor Augen zu halten. Zu derselben Zeit, zu der sie ihren ethnographischen Untersuchungen in Polynesien und Melanesien nachging, zeigten sich in Deutschland Leo Frobenius und die Anhänger seiner Kulturmorphologie vom sakralen Königsmord in Afrika, von Menschenopfern, Kopfjagd und Kannibalismus fasziniert.

Im 19. Jahrhundert, dem Zeitalter des Imperialismus und der Industrialisierung, rückte man von den Idealisierungen naturnäherer Lebensformen, wie sie vor allem für die Aufklärung typisch gewesen waren, wieder ab. Das räumliche Nebeneinander von „Wilden“ und „Zivilisierten“ verwandelte sich angesichts der rapiden technologischen Entwicklung der europäischen Gesellschaften und des Glaubens an die Unbegrenztheit des menschlichen Fortschritts in ein zeitliches Nacheinander. Der Abstand schien zu groß, als daß der Bürger sich im „Wilden“ noch hätte wiedererkennen wollen. Damit verlor er auch seine Gegenbildfunktion. Die Grenze zwischen „uns“ und den „anderen“ wurde noch schärfer gezogen. Von den „Wilden“ nahm man nun an, daß sie auf einer früheren Stufe der Menschheitsentwicklung stehengeblieben seien. Die zeitgenössischen „Wilden“ repräsentierten gewissermaßen den Urmenschen, im allgemeinen Bewußtsein waren sie so etwas wie „lebende Ahnen“. Damit bedurfte es aber eines neuen Begriffs, der genau diese Differenz zum Ausdruck brachte. Man begann daher, sie als *Primitive* zu bezeichnen. Aus dem lateinischen Wort *primus* hervorgegangen, ist dieser Begriff eigentlich wertneutral. Wörtlich übersetzt bedeutet „Primitive“ ja nichts anderes als „die ersten“. Auf dieselbe lateinische Wurzel gehen bekanntlich zahlreiche andere Fremdwörter zurück, von denen kein einziges eine negative Nebenbedeutung hat. Primus ist der Klassenbeste, als *Primas* bezeichnet man im katholischen Kirchenrecht bestimmte hohe Würdenträger, und unter die biologische Kategorie der *Primaten* rechnet man die am höchsten entwickelten Lebewesen, zu denen auch der Mensch selbst gezählt wird.

Indes wurde der im 19. Jahrhundert aufkommende Begriff „Primitive“ bald in einer ähnlichen pejorativen Bedeutung verwendet wie sein historischer Vorläufer, der daneben noch lange Zeit weiter in Gebrauch blieb. Auch die Ethnologie bediente sich dieses Begriffs, als sie sich in der zweiten Hälfte des 19. Jahrhunderts als universitäre Disziplin zu konstituieren begann. Dem Fortschrittsoptimismus der Epoche entsprechend, galt ihr das jeweilige technologische Niveau als Gradmesser einer Typologie der Kulturen. Im selben Maße, in dem Fortschritt, Industrialisierung und Zivilisierung gleichgesetzt wurden, verlor der Wilde seine Qualität des Ursprungsnahen. Als „Primitiver“ wurde er zum Sinnbild des Rohen und Unvollendeten, den wie auch alle ebenfalls zurückgebliebenen barbarischen Völker auf die höchste Stufe der Gattungsentwicklung zu heben nach einer Formulierung des britischen Kolonialschriftstellers Rudyard Kipling *the white man's burden,* die „Last des weißen Mannes“, darstellte. Eines der einflußreichsten ethnologischen Werke dieser Epoche, nämlich Lewis Henry Morgans *Ancient Society* von 1877, trug denn auch den Untertitel: „Untersuchungen über den Fortschritt der Menschheit aus der Wildheit über die Barbarei zur Zivilisation“, ein Buch, in dem allerdings – und das ist für die ganze Ethnologie bis heute kennzeichnend geblieben – nur in ein paar Nebensätzen darauf eingegangen wird, wie es zur Herausbildung der letzten dieser drei Entwicklungsstufen, nämlich der Zivilisation, gekommen war.

In Deutschland, das ja erst mit einiger Verzögerung zu einer industrialisierten Nation zu werden begonnen hatte und das sich erst ab 1884 einen Platz unter den großen Kolonialmächten sicherte, machte man diese Wende nicht gleich mit. Bei uns sprach man seltener von den *Primitiven,* als vielmehr von den *Naturvölkern.* In populärwissenschaftlichen Abhandlungen wird diese Bezeichnung auch heute noch verwendet. Selbst einige Ethnologen gebrauchen sie weiterhin. Deutsche Völkerkundler waren auf diesen Begriff zeitweise sogar stolz, schienen sie doch eine weniger herabsetzende Bezeichnung für die Gesellschaften gefunden zu haben, mit denen sie sich vorrangig beschäftigten (E.W. Müller 1990: 43).

In der deutschen Frühromantik geprägt, geht der Begriff eigentlich auf den französischen Philosophen Jean-Jacques Rousseau und seine Konzeption des noch in Übereinstimmung mit der Natur lebenden *homme naturel* zurück. Das erste Mal im Deutschen nachweisbar ist das Wort „Naturvolk" in Johann Gottfried Herders *Ältester Urkunde des Menschengeschlechts* von 1774–76. Herder bewertete die vermeintlich größere Naturnähe dieser Völker noch durchaus positiv und stellte sie als organisch gewachsene, „echtere" Völker den staatlich überformten, „polizierten Nationen" Europas entgegen. Herder hat den Begriff „Naturvölker" allerdings noch nicht durchgängig verwendet. Allgemein durchzusetzen begann er sich erst im 19. Jahrhundert. Dabei verlor er zugleich einen Teil seines früheren, bei Herder noch deutlich anklingenden zivilisationskritischen Potentials. In den Schriften der frühen deutschen Völkerkundler Theodor Waitz und Adolf Bastian wurden die angeblich geschichtslosen „Naturvölker" den geschichtsmächtigen „Kulturvölkern" entgegengesetzt. Dieses komplementäre Oppositionspaar begann in der Folgezeit dem zwischen „Primitiven" und „Zivilisierten" immer mehr zu entsprechen. Denn während als ein Beweis für die Geschichtsmächtigkeit der europäischen „Kulturvölker" die fortschreitende Beherrschung der äußeren und inneren Natur angesehen wurde, erschienen die „Culturlosen" ihrer natürlichen Umwelt mehr oder weniger hilflos ausgeliefert und zugleich durch mangelnde Selbstbeherrschung, durch Zügellosigkeit und Trägheit gekennzeichnet. Die im 19. Jahrhundert gängig gewordenen Urteile oder besser: Vorurteile über die „Naturvölker" hat 1896 der Soziologe und Philosoph Alfred Vierkandt in einem Buch mit dem Titel *Naturvölker und Kulturvölker* zusammengefaßt. Dabei unterschied er die „Kulturvölker" nochmals in „Voll-" und „Halbkulturvölker", um unter die letzte Kategorie die früher als „barbarische Nationen" bezeichneten Kulturen einzuordnen. Für Vierkandt lag einer der entscheidenden Unterschiede in der Individualpsychologie der Mitglieder der verschiedenen Völkertypen, und zwar insbesondere in deren jeweiliger Willensstärke. Seiner Auffassung nach fehlte es den „Naturvölkern“ an jenem willensmäßigen Durchhaltevermögen, das die „Vollkulturvölker“ – womit er die Europäer meinte – dazu befähigte, sich die ganze Erde zu unterwerfen, während die „Naturvölker“ dazu verurteilt blieben, in der Geschichtslosigkeit zu verharren. Ein weiterer Zug, den er ihnen unterstellte, ist die Geringschätzung, die sie dem Leben des einzelnen entgegenbrächten. Als Beispiele für die Mißachtung des menschlichen Lebens bei den „Naturvölkern“ nannte er Kindstötung, das Aussetzen von Alten, Sklaverei und Kannibalismus. Gegen diese Position führt E. W. Müller in seinem 1990 veröffentlichten Artikel *Naturvölker? Nein!* zu Recht an: „Die Massenmorderei in Vernichtungskriegen nach Erscheinen seines Buches, wie in Auschwitz, Hiroshima und in der menschenverachtenden Strategie von Verdun im 1. Weltkrieg konnte Vierkandt nicht kennen, höchstens ahnen. Die größten Versklaver der Menschheit waren Europäer, ‚Vollkulturmenschen‘ mit ‚bewußtem Willen‘. Und das war 1896 wohl bekannt.“ (E. W. Müller 1990: 44)

Gegenüberstellungen jener Art, wie Waitz, Bastian oder Vierkandt sie vornahmen, sind wissenschaftlich natürlich nicht haltbar. Heute ist man sich darüber im klaren, daß die früher als „Naturvölker“ bezeichneten Gesellschaften keineswegs geschichtsloser sind als die europäischen, daß sie nicht eine frühere Stufe der Gattungsentwicklung repräsentieren und daß sie der ursprünglichen Natur des Menschen auch nicht näherstehen als wir. Richtig mag an ihrer Bestimmung als „Naturvölker“ lediglich sein, daß sie im Verlauf ihrer Geschichte ein anderes Verhältnis zu ihrer natürlichen Umwelt entwickelt haben. Nur in diesem Sinn kann man Richard Thurnwald zustimmen, der den Begriff gegenüber seinen Kritikern zu retten versuchte, als er 1931 schrieb: „Ein Faktor scheint jedoch besonders wichtig zu sein, das ist der Grad der Beherrschung der Natur durch Werkzeuge, Vorrichtungen, Fertigkeiten und Kenntnisse. Als ‚Naturvölker‘ werden wir am besten solche Stämme bezeichnen, die für den Erwerb ihrer Nahrung, wie für ihr ganzes Leben, sich nur sehr einfacher Mittel bedienen und nur einige geringe Einsicht in die Vorgänge der sie umgebenden Natur besitzen.“ (Thurnwald 1931: I. 3) Geht man von der technischen Ausstattung und der Kenntnis der Naturgesetze aus, dann sind die von Thurnwald als „Menschen geringer Naturbeherrschung“ definierten „Naturvölker“ von ihrer Umwelt tatsächlich abhängiger als die modernen Industriegesellschaften. Umgekehrt gilt für letztere jedoch auch, daß sie die Unabhängigkeit von der äußeren Natur heute durch die nicht minder große Abhängigkeit des modernen Menschen von der ihm zu einer „zweiten Natur“ gewordenen Technik eingetauscht haben. Wollte man an dem Begriff trotz aller hier vorgebrachten Einwände festhalten, dann wären als „Naturvölker“ diejenigen Gesellschaften zu bezeichnen, die ihre – von uns als Geschichtsfeindlichkeit angesehene – soziale Stabilität der Tatsache verdanken, daß es ihnen gelungen ist, ein nicht allein auf Beherrschung abzielendes, sondern ausgewogeneres und reziprokeres Verhältnis zur Natur zu entwickeln. So sind vor allem in den letzten Jahren immer wieder Versuche unternommen worden, die bei vielen Jäger- und Sammlergesellschaften und einfachen Bodenbaukulturen verbreiteten Tier- und Baumgeistvorstellungen, Tötungs- und Nahrungstabus, Schutz- und Vermehrungsrituale als frühe Formen des Umweltschutzes zu interpretieren. Doch handelt es sich dabei um ein romantisches Mißverständnis. Mögen diese Vorschriften auch *faktisch* zur Aufrechterhaltung des ökologischen Gleichgewichts beitragen, so stellen sie doch keine *bewußten* Maßnahmen zum Schutz der Umwelt dar, sondern sind bestenfalls die unbewußten Resultate der im Verlauf unzähliger Generationen gewonnenen Erfahrungen im Umgang mit der Natur – eine im übrigen sehr abstrakte Kategorie europäischer Provenienz, für die es in den Sprachen dieser Völker in aller Regel keine Entsprechung gibt. Selbst wenn man den Begriff in jenem modisch-ökologischen Sinn wiederbeleben wollte, ließe sich noch einwenden, daß eine solche Verallgemeinerung nicht auf alle traditionell als „Naturvölker“ bezeichneten Kulturen zutrifft. Nicht alle Indianer etwa sind schon per se „Öko-Heilige“. So haben zum Beispiel neuere Forschungen nahegelegt, daß die Ausrottung vieler Großsäuger auf dem amerikanischen Kontinent auf die Einwanderung seiner von der Jagd lebenden indianischen Erstentdecker zurückgeführt werden kann. Auch die Nadelwälder des nordamerikanischen Chaco Canyon sind bereits einige Jahrhunderte vor Kolumbus dem hohen Bauholzbedarf der indigenen Anasazi-Kultur zum Opfer gefallen. Und in ähnlicher Weise haben wohl auch die Maoris schon lange Zeit vor Ankunft der Europäer mit der Vernichtung des neuseeländischen Waldes begonnen (E. W. Müller 1990: 47).

Gegen die Beibehaltung des Begriffs „Naturvölker“ spricht überdies, daß „Naturvolk“ nicht ohne sein begriffliches Gegenstück, nämlich „Kulturvolk“, zu denken ist und der Begriff infolgedessen immer eine abwertende Nebenbedeutung enthält. Tatsächlich aber gibt es keine menschliche Gemeinschaft, auch die Steinzeitmenschen waren dies nicht, die nicht irgendwelche kulturellen Leistungen hervorgebracht hätte. Und seien dies auch nur die ersten paläolithischen Faustkeile. Gerade durch den Gebrauch des Werkzeuges und anderer kultureller Hervorbringungen unterscheidet sich der Mensch vom Tier. Ihr Gebrauch bewirkt aber zugleich eine Umbildung der menschlichen Natur selbst, die sich einerseits in den besonderen Gesellungsformen und andererseits – auf der individuellen Ebene – in der Kontrolle der unmittelbaren Triebe und Affekte äußert. Den Menschen im reinen Naturzustand, wie das 18. Jahrhundert ihn sich vorzustellen liebte, gibt es nicht. Er tritt uns schon immer als ein kulturell geprägtes und Kultur produzierendes Lebewesen gegenüber. Insofern ist die Rede von den *Kulturlosen* auf der einen und den *Kulturvölkern* auf der anderen Seite schlichtweg unsinnig. Kultur gehört vielmehr mit zum Wesen des Menschen.

Alle im Voranstehenden genannten Begriffe sind zwar für den Untersuchungsgegenstand der Ethnologie verwendet worden, sie sind für dessen Bezeichnung in einem objektiven wissenschaftlichen Sinn jedoch nicht brauchbar, weil keiner von ihnen von den pejorativen Nebendeutungen frei ist, mit denen etwa die Wörter „Wilder" und „primitiv" auch in die deutsche Umgangssprache Eingang gefunden haben. Heute versucht man daher nach Möglichkeit, auf die genannten Bezeichnungen zu verzichten, was allerdings nicht immer ganz gelingt. Manche Wissenschaftler setzen sie daher in distanzierende Anführungszeichen. Damit ist das eigentliche Problem aber nur umgangen. Dieses hängt damit zusammen, daß sich bisher noch keine allgemein akzeptierte Alternative hat durchsetzen können. Auf diese möglichen Alternativen soll im folgenden kurz eingegangen werden:

- *Archaische Kulturen* klingt zwar erheblich würdevoller als *primitive Gesellschaften*. Der Begriff bleibt aber denselben evolutionistischen Vorstellungen verhaftet. Zudem ist er unpräzise, da hierunter auch die frühen europäischen und asiatischen Kulturen verstanden werden.

- Eine Zeitlang war der Begriff *vorindustrielle Gesellschaften* sehr populär. Entwicklungssoziologen gebrauchen ihn auch weiterhin noch recht gern. Gegen ihn spricht aber insbesondere die Präposition „vor", impliziert sie doch, daß diese Gesellschaften auf ihre Industrialisierung wie auf ihr natürliches Ziel zustrebten. Außerdem erfaßt er – selbst wenn man anstatt von *vor*- von *nicht*-industriellen Gesellschaften reden wollte – lediglich einen von vielen Aspekten. Davon ganz abgesehen, daß es kaum mehr eine Gesellschaft gibt, die nicht in irgendeiner Weise an der modernen industriellen Weltkultur teilhat, und sei es auch nur als Absatzmarkt, würden unter diesen Begriff auch zahlreiche Kulturen fallen, die eben nicht zum traditionellen Gegenstandsbereich der Ethnologie zählen.

- Dann hat man sie wiederum als *traditionelle Gesellschaften* bezeichnet, um sie so von den *modernen Gesellschaften* abzugrenzen. Damit meint man unter anderem auch, daß in ihnen die Tradition im Sinne eines Festhaltens an überlieferten Lebensformen eine entschieden größere Rolle spielt als bei uns, die wir dem Rausch der permanenten Veränderung auf allen Gebieten der Kultur geradezu verfallen zu sein scheinen. Dieser Begriff ist auf jeden Fall neutraler, wenngleich auch immer noch zu weit gefaßt, da er sich auch auf viele Völker des Nahen und Fernen Ostens beziehen läßt, mit denen sich andere Spezialdisziplinen befassen. In den letzten Jahren ist noch ein weiteres Problem hinzugekommen. Einige außereuropäische Staaten, in denen – wie etwa im Iran – die Anpassung an die Lebensformen und Wertsysteme der modernen Industriegesellschaften bereits weit vorangeschritten war, haben begonnen, sich auf ihre eigenen kulturellen Traditionen zu besinnen und einen Prozeß der Retraditionalisierung einzuleiten. Auch läßt sich bereits seit geraumer Zeit beobachten, wie in vielen Ländern der sogenannten Dritten Welt Traditionen zur Realisierung politischer Absichten faktisch neu erfunden, dabei aber zugleich als uralt ausgegeben werden – ein im übrigen auch aus der Geschichte der europäischen Nationalismen bekannter Prozeß. Der Traditionalismus, die bewußte Retraditionalisierung und die Erfindung von Traditionen sind häufig lediglich Reaktionen auf die Konfrontation mit der Moderne. Sie dienen der Aufrechterhaltung der eigenen kulturellen Identität. Obgleich man erst neuerdings begonnen hat, sie bei uns bewußt zu registrieren, haben ähnliche Vorgänge sicher auch früher schon stattgefunden. Die *traditionellen Gesellschaften* wären dann aber selbst nichts anderes als ein Produkt der Moderne.

– *Schriftlose Kulturen* ist heute einer der am meisten verbreiteten neueren Begriffe für die früher als „primitiv" bezeichneten Gesellschaften. Er trifft zweifellos einen wichtigen Aspekt, krankt aber daran, daß es heute kaum mehr eine Gesellschaft gibt, mag sie auch noch so abgeschlossen sein, die die Schrift nicht von einer anderen Kultur übernommen hätte. Man könnte daher von *ehemals* schriftlosen Kulturen reden, aber hierunter müßten logischerweise dann auch alle europäischen Gesellschaften fallen, d.h. der Begriff bezeichnete in dieser Zusammensetzung keine eigentliche Klasse von Gegenständen mehr, sondern bezöge sich unterschiedslos auf alle Kulturen.

– Ebenfalls wertneutraler ist der Begriff *Stammesgesellschaften*. Er verweist zudem auf die große Bedeutung, die der realen oder auch fiktiven verwandtschaftlichen Zugehörigkeit als Grundlage sozialer Organisation in nicht-staatlichen Gesellschaften zukommt. Allerdings sind tribale Organisationsformen keineswegs bei allen Gesellschaften anzutreffen, mit denen Ethnologen sich beschäftigt haben. So sind zum Beispiel Jäger- und Sammlergesellschaften in aller Regel in viel lockereren Sozialverbänden organisiert. Vor allem afrikanische Politiker haben sich gegen diesen Begriff mit dem Argument gewandt, daß er noch aus der Kolonialzeit stamme und daß er insbesondere im

Englischen mit negativen Konnotationen behaftet sei. Überdies hätten die ehemaligen Kolonialherren die sprachlichen und kulturellen Unterschiede zwischen den einzelnen „Stämmen" nur deshalb so sehr betont, damit sie sie desto besser beherrschen konnten.

- Zu den im Deutschen besonders negativ besetzten Begriffen, die man seit der Auflösung der großen Kolonialimperien mit gutem Grund zu meiden suchte, gehörte der des *Eingeborenen* bzw. der *Eingeborenenvölker*. Bereits 1950 hatten die Afrika-Linguisten daher ihr wissenschaftliches Publikationsorgan von *Zeitschrift für Eingeborenensprachen* in *Afrika und Übersee* umbenannt. Überraschenderweise ist dieser Terminus neuerdings wieder zu Ehren gelangt. Als *Indigene* nämlich – ein aus dem Lateinischen stammendes Fremdwort, das übersetzt nichts anderes als „Eingeborene" bedeutet – bezeichnen sich mittlerweile weltweit die Nachkommen der von den europäischen Kolonisatoren in Nord- und Südamerika, Asien, Ozeanien und Afrika unterdrückten und ausgebeuteten Bevölkerungsgruppen, die sich zu transnationalen Vereinigungen zusammengeschlossen haben, um ihre Rechte gemeinsam einzufordern und durchzusetzen. Diese Selbstbezeichnung ist von dem Bemühen getragen, die negativen Konnotationen, die die Worte *indigenous*, *indigène* oder *indigenas* in Sprachen der ehemaligen Kolonialherren trugen, ins Positive zu wenden und sich dadurch auch selbst zunutze zu machen. Die *Indigenen* betrachten sich nämlich als die rechtmäßigen Besitzer des Landes, das ihnen von den europäischen Siedlern genommen worden ist. Sie sehen sich als dessen eigentliche Ureinwohner an und unterhielten zu ihm, ihrer eigenen Auffassung nach, schon immer besondere spirituelle Beziehungen. In manchen Fällen behaupten sie sogar, ihre Vorfahren wären nie eingewandert, sondern der Erde selbst entsprossen.

3. Ethnologie als Wissenschaft vom kulturell Fremden

Die neueren Begriffe sind zwar wertfreier und weniger negativ besetzt als die eingangs erörterten, doch haftet ihnen dasselbe Manko an: Sie bestimmen jene Völker, Kulturen und Gesellschaften, mit denen sich die Ethnologie traditionell befaßt hat, allesamt *e negativo*, nämlich nach Maßgabe dessen, was sie im Vergleich zu der unseren *nicht* sind. Dennoch war dieser kurze begriffsgeschichtliche Exkurs nicht umsonst. Er erlaubt uns, nunmehr eine genauere Antwort auf die Frage nach dem Gegenstand der Ethnologie zu geben und die eingangs gegebene allgemeine Definition: „Die Ethnologie beschäftigt sich mit dem kulturell Fremden" zu präzisieren. Unter den Begriffen, mit denen man diesen Gegenstand im Verlauf der Geschichte des Faches zu fassen versucht hat, sind die unterschiedlichsten Gemeinschaften von Menschen subsumiert worden, die für sich genommen durchaus heterogen sind und nur in bezug auf unsere eigene Kultur eine homogene Einheit bilden. Da aber keineswegs alle fremden Kulturen zum traditionellen Gegenstandsbereich der Ethnologie zählen, können wir schließen, daß der *Grad* der Unterschiedlichkeit dieser Gesellschaften in bezug auf unsere eigene ein zweites Entscheidungskriterium für die Ausgrenzung des besonderen Gegenstandsbereichs der Ethnologie bildete. Oder anders formuliert: Je mehr sich eine bestimmte Lebensgemeinschaft von Menschen von unserer eigenen Kultur unterschied, desto eher schien sie dazu prädestiniert, zum Gegenstand ethnologischer Forschung zu werden. Auch wenn es sich bei der Fachbezeichnung *Ethnologie* lediglich um eine Rückübersetzung des deutschen Wortes *Völkerkunde* handelt, trägt sie aufgrund ihres etymologischen Hintergrunds diesem besonderen historischen Umstand doch weit besser Rechnung. Das Wort *ethnos* stammt bekanntlich aus dem Griechischen. Wolfgang Rudolph (1992) hat darauf hingewiesen, daß es eine Bedeutungsdimension enthält, die es von seinen deutschen Pendants „Volk“, „Völkerschaft“ oder „Stamm“ unterscheidet. Die Völker der griechischen Oikumene, die sich durch ihre gemeinsame Sprache sowie ein durch gemeinsame Institutionen, Sitten und Gebräuche verbürgtes Wir-Bewußtsein verbunden fühlten, benutzten das Wort für alle nicht-griechischen Menschengruppen, da diese für sie eine andere „kulturelle Daseinsform“ repräsentierten. Es handelt sich mithin um einen relationalen Begriff. In der Bezeichnung *ethnos* ist nach Rudolph (1992: 59) „die Feststellung von Fremdartigkeit“ bereits enthalten. Sieht man von dem abwertenden Sinn einmal ab, der dem Gebrauch dieses Begriffs im Altgriechischen allerdings auch anhaftete, den wir mit ihm aber heute nicht mehr verbinden, dann trifft die Fachbezeichnung *Ethnologie* so ziemlich genau das, was im Namen dieser Disziplin, historisch zumindest, untersucht worden ist.

Der russische Ethnologe Shirogokoroff und der deutsche Ethnosoziologe Wilhelm E. Mühlmann haben daher das griechische Wort *ethnos* in den dreißiger Jahren aufgegriffen und begrifflich zu definieren versucht als eine „Menschengruppe mit gleicher Kultur, gleicher Sprache, Glauben an eine gleiche Abstammung und ausgeprägtem Wir-Bewußtsein“. Die Bestimmung des „Ethnos“ als „größte feststellbare souveräne Einheit, die von den Menschen selbst gewußt und gewollt wird“ (Mühlmann 1964: 57) schien jedoch noch zu allgemein, da sie sich ja kaum von den gängigen Definitionen des Begriffs „Volk“ unterschied. Mühlmann war daher später bestrebt, den Begriff des „Ethnos“ von dem des „Volkes“ abzugrenzen, tat dies aber auf eine eher problematische Weise, wollte er letzteren eigentlich doch nur auf die europäischen und einige asiatische Völker angewendet wissen, da allein sie aus einem individuellen historischen Prozeß hervorgegangen seien. Implizit führte er damit aber nur die alte hierarchische Differenzierung zwischen geschichtsmächtigen und geschichtslosen Gesellschaften wieder ein. In kritischer Fortführung von Mühlmanns Ansatz hat Ernst Wilhelm Müller (1989) dagegen wieder auf den relationalen Charakter des Ethnos-Begriffs verwiesen. Er sei insofern situationsgebunden, als sich ein ethnisches Wir-Gefühl jeweils in Auseinandersetzung mit einer anderen ethnischen Gruppe konstituiert. Unabhängig von den jeweiligen sozialen, politischen und territorialen Einheiten könnten solche Abgrenzungen auf den unterschiedlichsten Stufen erfolgen. Während sich zum Beispiel ein bestimmtes Volk gegenüber Außenstehenden als ethnische Einheit betrachtet, grenzen sich dessen einzelne Stämme, Regional- oder auch Dialektgruppen im Innenverhältnis wieder voneinander ab, wenn es darum geht, gegenüber der jeweiligen Nachbargruppe die eigene Identität zu behaupten. Umgekehrt können aber auch bestimmte menschliche Gruppen aufgrund ihrer kulturellen Differenzen von einer anderen Gruppe als Ethnie angesehen werden, obgleich sie selbst über ein entsprechendes Einheitsbewußtsein nicht notwendig verfügen. Es kann und wird sich dann allerdings als Reaktion auf eine solche Zuschreibung sehr schnell entwickeln. Definiert man den Begriff Ethnos in dem hier erörterten relationalen Sinn, dann ließen sich als eigentlicher Gegenstand der Ethnologie schlicht und einfach die Ethnien bezeichnen. Damit ist allerdings die Gefahr eines Zirkelschlusses und einer gewissen Arbitrarität gegeben. Ethnien wären dann nämlich lediglich als die fremden menschlichen Gruppen bestimmt, mit denen Ethnologen sich befassen. Der relationale Charakter des Ethnos-Begriffs weist uns mithin wieder auf das Ausgangsproblem zurück.

Alle bisher erörterten definitorischen Bemühungen scheinen darauf hinzudeuten, daß wir ohne eine wie auch immer geartete Negativbestimmung des Gegenstands ethnologischer Forschung nicht auskommen. Wir können uns daher bestenfalls darum bemühen, alle negativen Aussagen nach Möglichkeit ins Positive zu wenden und auf diese Weise nach den Besonderheiten und Gemeinsamkeiten der Gesellschaften fragen, mit denen sich die Ethnologie im Verlauf ihrer Geschichte beschäftigt hat. Diese Besonderheiten in einem Merkmalskatalog zusammenzustellen bleibt gleichwohl ein problematisches Unterfangen. Wäre dies nicht der Fall, so wären auch die bisher angestellten Erörterungen mehr als müßig gewesen. Dennoch soll im folgenden der Versuch unternommen werden, einen solchen Merkmalskatalog zu entwerfen. Verallgemeinerungen sind bei einem solchen Vorgehen unvermeidlich. Für fast jedes angeführte Beispiel könnte auch ein Gegenbeispiel gefunden werden.

II. Besondere Merkmale der Gesellschaften, mit denen die Ethnologie sich befaßt hat

1. Die geringe demographische Größe

Als vielleicht hervorstechendster Zug der Gesellschaften, mit denen Ethnologen sich beschäftigt haben, ist ein rein quantitatives Merkmal zu nennen, nämlich deren geringer demographischer Umfang. Von Ausnahmen abgesehen, handelt es sich fast durchwegs um sogenannte *small-scale-societies,* die nicht mehr als einige zehntausend, tausend oder manchmal sogar nur hundert Personen umfassen. Es sind durch einen hohen Grad gegenseitiger Verbundenheit gekennzeichnete und noch halbwegs überschaubare „Gemeinschaften" im Sinne der Definition, die Ferdinand Tönnies diesem Begriff im Rahmen seiner zunächst allerdings nur auf Europa bezogenen Unterscheidung von „Gesellschaft" und „Gemeinschaft" gegeben hat. Auch der englische Terminus *face-to-face-societies* trifft diesen Vergesellschaftungstyp recht gut, denn in solchen zahlenmäßig kleinen Lebensgemeinschaften von Menschen kennt potentiell noch jeder jeden. Dementsprechend gering ausgebildet ist die Trennung zwischen privater und öffentlicher Sphäre; und dementsprechend groß ist die gegenseitig ausgeübte soziale Kontrolle. Die Eingrenzung der individuellen Entscheidungsfreiheit stellt gewissermaßen die Kehrseite der Geborgenheit dar, die durch das Leben in überschaubaren sozialen Verhältnissen vermittelt wird. Im geringen zahlenmäßigen Umfang dieser Gesellschaften liegt ein entscheidender Unterschied zu den europäischen und asiatischen Völkern, die ja *per definitionem* als große, historisch gewachsene Lebensgemeinschaften von Menschen bestimmt werden. Die Einführung des Kriteriums der demographischen Größe mag zunächst banaler erscheinen als sie tatsächlich ist. Wie noch zu zeigen sein wird, ergibt sich aus diesem ersten Charakteristikum eine ganze Reihe von Konsequenzen.

2. Homogenität hinsichtlich der Sprache und Kultur

Aus dem geringen demographischen Umfang dieser Gesellschaften erwächst als ein zweites Bestimmungsmerkmal ihre Homogenität hinsichtlich der Sprache und Kultur. Wir haben es auch in diesem Fall wieder mit einem graduellen Unterscheidungsmerkmal zu tun. Dieselbe Sprache und die gleiche Kultur teilen zwar auch die Mitglieder eines jeden Volkes; kleine Völker oder – wie man im Deutschen auch sagt – Völkerschaften unterscheiden sich von den größeren in dieser Hinsicht jedoch durch ein weit höheres Maß an Geschlossenheit und Homogenität. Wir finden hier weder größere kulturelle noch sprachliche Binnendifferenzierungen, etwa im Sinn von dialektalen Abweichungen oder schichtspezifischen Sprechweisen. Selbst wenn es sich um stratifizierte Gesellschaften handelt, weichen die Lebensstile und Wertvorstellungen der unteren und der oberen sozialen Schichten nur wenig voneinander ab. Auch im wirtschaftlichen, politischen, rechtlichen und religiösen Bereich ist der Differenzierungsgrad entschieden geringer als bei uns. Auf die gegenseitige Verflechtung dieser Sphären wird allerdings noch gesondert einzugehen sein.

Der inneren Geschlossenheit dieser Gesellschaften entspricht ein ausgeprägtes „Wir-Gefühl". Individuelle Interessen haben hinter denen der Gemeinschaft zurückzustehen. Weit mehr als der Mensch in der modernen Industriegesellschaft empfindet sich der einzelne als Teil seiner jeweiligen sozialen Bezugsgruppe. Das kommt nicht zuletzt auch auf der sprachlichen Ebene zum Ausdruck. So sucht man zum Beispiel in zahlreichen außereuropäischen Sprachen ein durchgängiges Äquivalent zu unserem Begriff des „Ich" vergebens. Dafür erfährt das Personalpronomen „wir" oft Differenzierungen, die wiederum uns nicht geläufig sind. Ungewöhnlich erscheint uns auch der Verzicht auf den Gebrauch von Eigennamen in der gegenseitigen Anrede. Selbst allgemeine Anredeformen, die unserem „Du" oder „Sie" entsprechen würden, lassen sich kaum finden. Denn wie der andere angesprochen wird, hängt von der Stellung ab, in der er zum Redenden steht. Dabei rekurriert man auf die sprachlichen Grundmuster, die aus den Beziehungen zwischen Verwandten resultieren. Mitglieder der eigenen Generation und sozial Gleichrangige können so etwa als „Bruder" oder „Schwester", Mitglieder der aufsteigenden Generation oder sozial Höherstehende als „Vater" oder „Mutter", „Onkel" oder „Tante" und Mitglieder der absteigenden Generation und sozial Tieferstehende als „jüngeres Geschwister" oder einfach als „Kind" angeredet werden.

Das besondere Gemeinschaftsgefühl kulturell homogener Gesellschaften gelangt deutlich auch in einer bestimmten Grundhaltung zum Ausdruck, für die sich in der Ethnologie der Begriff Ethnozentrismus eingebürgert hat. Als *Ethnozentrismus* bezeichnet man die Tendenz, die eigenkulturellen Lebensformen, Normen, Wertorientierungen und religiösen Überzeugungen als die einzig wahren anzusehen. Ihre grundsätzliche Überlegenheit gegenüber denen aller anderen Kulturen steht außer Frage, ja sie machen eigentlich erst das „Menschsein" aus. Die Selbstbezeichnungen vieler Ethnien sind daher identisch mit ihrem Wort für „menschliche Wesen". Benachbarte Ethnien aber werden nach einem besonders auffallenden und von den eigenen Normen abweichenden Kulturzug bezeichnet, der oft als Hinweis dafür gedeutet wird, daß sie den Tieren eigentlich noch näherstehen. Bekanntestes Beispiel sind die Inuit, die sich selbst als die „eigentlichen Menschen" betrachten, von ihren Algonkin-sprachigen Nachbarn aber aufgrund ihrer „abstoßenden" Gewohnheit, Fisch und Fleisch roh zu verzehren, als *Esquimantsic* oder „Rohfleischfresser" bezeichnet wurden und uns auch heute noch als *Eskimo* bekannt sind. Aber auch die Ethnien, die einen allgemeinen Begriff für „Mensch" kennen, betrachten oft nur die Angehörigen der eigenen Gruppe als „wahre" oder „gute Menschen" und benennen die Angehörigen anderer Gruppen mit einem abwertenden Adjektiv, das auf deren besondere Eigenarten anspielt. Diese geradezu universal verbreitete Form des Kultursubjektivismus hat dazu geführt, daß uns zahlreiche Ethnien nur unter der abwertenden Bezeichnung bekannt sind, die sie von ihren unmittelbaren Nachbarn oder Feinden erhalten haben – Ethnonyme, die von den Angehörigen der entsprechenden Gruppen nicht selten als Beleidigungen oder Schimpfnamen angesehen werden. Korrekterweise müßten wir daher nicht nur die Eskimo-Gruppen des hohen Nordens als *Inuit,* sondern auch die nordamerikanischen Cheyenne als *Tsistsistas,* die Delawaren als *Lenape,* die sibirischen Tschuktschen als *Lygoravetljat* und die australischen Murngin als *Yolngu* bezeichnen. Für sich genommen hat wiederum jedes einzelne dieser Ethnonyme keine andere Bedeutung als „Mensch".

Die Differenz zwischen den Selbst- und Fremdbezeichnungen einzelner ethnischer Gruppen ist indes nur ein Beispiel für die Tendenz des Ethnozentrismus, sich der eigenen Lebensgewohnheiten als Wertmaßstab für die Beurteilung aller fremden Gruppen zu bedienen. Der Ethnozentrismus sieht in der eigenen Lebenswelt das Zentrum von Welt überhaupt. Die Ursprungsmythen vieler Völker berichten daher, daß die Schöpfergottheit die Welt nur für sie geschaffen hätte, oder auch, daß sie das von ihm „auserwählte Volk" seien, wie dies nicht nur die alten Israeliten von sich glaubten. Das eigene Dorf, der eigene Stamm bilden den Mittelpunkt des Universums. Die Endosphäre des eigenen Bereichs wird mehr oder weniger streng von der Exosphäre des Fremden unterschieden. Die Kosmologie vieler Völkerschaften stellt daher eine Art von Inselweltbild dar. Und die Genealogien der Ursprungsmythen unterstreichen den Prioritätsanspruch der eigenen Gruppe, die sich in aller Regel auf den erstgeschaffenen Menschen als ihren Stammvater zurückbezieht, die Angehörigen anderer Gruppen und Völkerschaften aber oft nur als die Abkömmlinge jüngerer Brüder ansieht, sofern sie ihnen nicht überhaupt das Menschsein abspricht.

Der Ethnozentrismus, den wir in ausgeprägtester Form bei geschlossenen und kulturell homogenen Gesellschaften vorfinden, ist mithin gekennzeichnet durch eine Mißachtung oder zumindest durch ein tiefes Desinteresse an allem, was von den eigenen kulturellen Selbstverständlichkeiten abweicht. Gleichwohl wäre es verfehlt, Ethnozentrismus und Fremdenhaß von vornherein miteinander zu identifizieren. Denn im Grunde genommen gelangt in der ethnozentrischen Einstellung nur das Selbstwertgefühl zum Ausdruck, ohne das kaum eine Gesellschaft auskommt. Fremdes geringzuschätzen weist zunächst nur darauf hin, daß man sich in den eigenen sozialen Verhältnissen geborgen fühlt. Die eigene Lebensform erscheint insofern als die beste aller möglichen. Die ethnozentrische Grundhaltung dient daher zunächst nur der Abgrenzung einer Gruppe gegenüber ihren Nachbargruppen. Erst in Situationen äußerer Bedrohung kann sie zu einem Instrument aggressiver Selbstbehauptung werden.

Entgegen seiner heute immer gängiger werdenden Verwendung sollte man den Begriff des Ethnozentrismus nicht nur von der Xenophobie oder Fremdenfeindlichkeit, sondern auch vom *Eurozentrismus* deutlich abgrenzen. Anders als der Ethnozentrismus ist der Eurozentrismus nicht der Ausdruck des kulturellen Einheitsbewußtseins einer *geschlossenen* „Wir-Gruppe". Im Eurozentrismus sind die kulturellen Differenzen der verschiedenen europäischen Völker vielmehr bereits aufgehoben. Eine seiner Grundlagen ist die nicht mehr an eine bestimmte Kultur gebundene, sondern die einzelnen Kulturen gewissermaßen transzendierende christliche Religion mit ihrem Missionsgebot. Andere ethnische Gruppen zu ihrer eigenen Lebensform und Religion bekehren zu wollen, ist den gleichsam in sich selbst ruhenden, kleinen und kulturell homogenen Gesellschaften aber wesensfremd. Dementsprechend ist ihre Einstellung gegenüber allem Fremden auch weniger ambivalent. In Europa aber hat die durch das christliche Sendungsbewußtsein und die koloniale Expansion vermittelte Konfrontation und Auseinandersetzung mit fremdkulturellen Lebensformen nicht immer nur zu einer Absolutsetzung, sondern bisweilen auch zu einer kritischen Infragestellung der eigenkulturellen Normen geführt. Jene Formen der Idealisierung des Fremden aber, die man als die positive Kehrseite des Eurozentrismus bezeichnen könnte und die an der Entstehung der Ethnologie einen nicht unwesentlichen Anteil hatten, lassen sich in geschlossenen Gesellschaften kaum finden.

3. Die grundlegende Bedeutung der Verwandtschaft

Eine der auffälligsten Besonderheiten aller Gesellschaften, mit denen sich die Ethnologie beschäftigt, ist die Bedeutung, die in ihnen der Verwandtschaft zukommt. Sie stellt die Grundlage nicht nur ihrer sozialen, sondern auch ihrer ökonomischen und politischen Organisation dar. Gleichgültig, ob es um die alltäglichen Verpflichtungen zu gegenseitigen Hilfeleistungen oder um die Unterstützung in besonderen Notfällen geht, ob um das gemeinsame Aufbringen des Brautgutes, ob um Jagd- und Sammelrechte, den Besitzanspruch auf ein bestimmtes Landstück oder den Austausch von Gütern und Leistungen, gleichgültig, ob es sich um die friedliche Beilegung von Konflikten durch Bußzahlungen, um die Gefolgschaftspflicht bei gewaltsamen Auseinandersetzungen oder auch um die Verrichtung eines Ahnenopfers handelt – in allen diesen und zahlreichen anderen Fällen mehr spielen die verwandtschaftlichen Bindungen eine zentrale Rolle. Sie bilden ein Beziehungsgeflecht, das gewissermaßen alle Lebensbereiche durchdringt. In den relativ kleinen und überschaubaren Lebensgemeinschaften von Menschen, mit denen Ethnologen es in der Regel zu tun haben, stellen Verwandtschaftsbeziehungen keine besondere Art von sozialen Beziehungen etwa in dem Sinne dar, in dem man von wirtschaftlichen, rechtlichen oder politischen Beziehungen spricht (Beattie 1972: 95). Vielmehr sind sie das Grundmuster von menschlichen Beziehungen überhaupt. In einzelnen Gesellschaften können sie sogar so konzipiert sein, daß sie über die unmittelbaren Bezugsgruppen wie Familie, Horde oder Klan weit hinausgehen und selbst noch die Stammesgrenzen transzendieren. Das ist etwa bei den australischen Aborigines der Fall. Treffen hier zwei Individuen aus weit entfernten Stämmen oder Sprachgruppen in friedlicher Absicht zusammen, so werden sie sich zunächst darum bemühen, eine sei es reale, sei es fiktive verwandtschaftliche Beziehung zu rekonstruieren, bevor sie Verhandlungen aufnehmen oder in Austauschbeziehungen eintreten.

Zieht man in Betracht, daß in Gesellschaften dieses Typs „die Beziehungen zwischen den entferntesten Individuen noch nach dem Typus der unmittelbaren Beziehungen konstruiert sind, für die die Verwandtschaft in der Regel das Modell abgibt“ (Lévi-Strauss 1967: 391), so erscheint es in dieser Hinsicht möglich, einmal unsere eigenen Gesellschaften durch ein Negativmerkmal zu charakterisieren. Bei uns nämlich spielen die verwandtschaftlichen Beziehungen heute keine große Rolle mehr, sofern man von der Kernfamilie einmal absieht. Unsere gegenseitigen Beziehungen werden ganz wesentlich durch die verschiedensten gesellschaftlichen Institutionen, durch den Markt, durch den

Arbeitsbereich, durch Waren und Dinge miteinander vermittelt. Bereits im Hort, im Kindergarten und in der Schule beginnt das Kind seine soziale Identität zunehmend mehr aus der Stellung zu beziehen, die es innerhalb seiner jeweiligen außerfamiliären Bezugsgruppe einnimmt. Die Beziehungen zu seinen Erziehern, Lehrern und vor allem Altersgenossen erscheinen ihm weit wichtiger als die zu den Geschwistern der Eltern und deren Kindern. Nach Beendigung des Schulbesuchs findet eine erneute Definition der sozialen Zugehörigkeit statt. Je nachdem, ob unser fiktives Ego einen Arbeiter-, Angestellten- oder Handwerkerberuf ergreift oder eine Universität besucht, wächst es in eine soziale Gruppe hinein, in der es sich aller Voraussicht nach auch seinen zukünftigen Ehepartner suchen wird. Die über die Kernfamilie hinausgehenden verwandtschaftlichen Bindungen spielen in diesem Lebensstadium so gut wie gar keine Rolle mehr. Vielmehr finden fortlaufend weitere Differenzierungen und entsprechende Gruppenbildungen statt, nach der Einkommenshöhe etwa oder auch nach der jeweiligen politischen Überzeugung, ja selbst nach den jeweils bevorzugten Formen der Freizeitbeschäftigung. Nach all diesen Determinanten wird sich dann auch das entsprechende „Wir-Bewußtsein" richten, durch das die Grenzen gegenüber anderen Gruppen gesetzt werden. Im letzten Lebensabschnitt verlieren dann selbst die familialen Bindungen an Bedeutung. Rentenanstalten und Versicherungsgesellschaften, Altersheime, Kliniken und andere öffentliche Institutionen mit ihrem eigens zu diesem Zweck ausgebildeten Personal übernehmen heute die Fürsorgepflichten, die früher zu den Obliegenheiten der unmittelbaren Familienangehörigen zählten.

Zugleich läßt sich bei uns beobachten, daß sich die Zahl der Personen, mit denen der einzelne sich emotional verbunden fühlt und mit denen er sich noch direkt auszutauschen vermag, in ebendem Maße verringert, in dem die oberflächlichen Kontakte zunehmen. Sie beschränkt sich auf den kleinen Kreis der Kernverwandten, auf die Nachbarschaft, auf die Arbeitskollegen und Freunde, mit denen zusammen man seine Freizeit verbringt. Mit allen anderen aber kommunizieren wir nur noch auf indirektem Weg, entweder in den wechselnden Rollen, die sie uns gegenüber in bestimmten Situationen einnehmen, als Käufer und Verkäufer in einem Supermarkt etwa, oder aber mit Hilfe der Massenmedien wie Bücher, Radio, Zeitung, Fernsehen, Filme etc. Auf diese Weise entsteht ein merkwürdiges Paradoxon. Einerseits erweitert sich die Zahl unserer potentiellen Kommunikationspartner enorm; auch die nicht mehr Lebenden gehören dazu, deren Bücher wir lesen, deren Stimmen wir im Radio hören, deren Filme wir sehen und mit deren Meinung wir uns auch noch nach ihrem Tod auseinandersetzen können. Andererseits wird der Kreis der Personen, mit denen sich Erfahrungen noch direkt austauschen lassen und auf deren spontanes Verständnis wir rechnen können, immer kleiner. Jeder, der selbst die Probe aufs Exempel machen will und sich eine Liste seiner unmittelbaren Kommunikationspartner anlegt, wird überrascht sein, wie klein deren Zahl tatsächlich ist. Jene Formen sozialer Vereinsamung, die für die moderne Massengesellschaft so typisch sind, finden sich in umfangmäßig kleinen Gesellschaften nicht. Für Ethnologen zählt die Vielzahl und Intensität persönlicher Kontakte oft mit zu den beeindruckendsten Erfahrungen eines Feldforschungsaufenthalts. Nach einem Aufenthalt von knapp anderthalb Jahren, den ich in einem Dorf von ca. 1000 Einwohnern auf der Insel Flores verbracht hatte, schien es mir auch selbst so, als hätte ich während dieser Zeit weit mehr Menschen kennen- und persönlich schätzengelernt als während der 17 Jahre, die ich zuvor in Berlin gelebt hatte.

Angesichts der Tatsache, daß diese Gesellschaften auf „konkrete Beziehungen zwischen Individuen“ gegründet sind, „die wichtiger sind als alle anderen“, hat Lévi-Strauss (1967: 391 f.) vorgeschlagen, sie als „authentische Gesellschaften“ zu bezeichnen, im Gegensatz zu den „nicht-authentischen“ modernen Industriegesellschaften, in denen sich – auf der Dorfebene etwa – nur noch Restbestände solcher „echteren“ Lebensformen erhalten hätten. Und er hat damit zugleich einen der Züge namhaft gemacht, auf denen die Faszinationskraft beruht, die von ihnen für die zivilisationsmüden europäischen Reisenden und auch Wissenschaftler seit jeher ausgegangen ist. Es handelt sich um Gesellschaften, in denen sich der einzelne anscheinend noch heimischer zu fühlen vermag als in den nicht mehr überschaubaren modernen Industriegesellschaften. Daß die größere Geborgenheit der *face-to-face*-Gesellschaften um den Preis einer stärkeren sozialen Kontrolle erkauft wird, bleibt einer solchen Sichtweise allerdings oft verschlossen.

Die grundlegende Bedeutung, die in diesem Gesellschaftstyp der verwandtschaftlichen Zugehörigkeit zukommt, macht es erforderlich, daß dieser Bereich entschieden stärker differenziert wird als bei uns. Um aufzuzeigen, auf welche Weise dies geschehen kann, sind zunächst einige allgemeine Bemerkungen zu dieser sehr komplizierten Materie notwendig, mit der sich innerhalb des Faches eine eigene Subdisziplin befaßt: die Verwandtschaftsethnologie.

Zentrale Kategorien der Verwandtschaftsethnologie

Verwandtschaft ist ein global verbreitetes soziales Ordnungsprinzip, das auf der schlichten biologischen Tatsache beruht, daß jeder Mensch aus der Vereinigung zweier anderer Menschen hervorgeht. Es gibt keine

Gesellschaft, in der die verwandtschaftliche Zugehörigkeit als völlig bedeutungslos angesehen wird. Immer sind mit ihr auch bestimmte Rechte und Pflichten verbunden. Wer mit wem als verwandt gilt, wird gleichwohl von Gesellschaft zu Gesellschaft verschieden definiert. Verwandtschaft stellt mithin ein soziales Konstrukt dar, das zwar auf bestimmten biotischen Gegebenheiten aufbaut, diese aber kulturell transformiert und sich ihrer bedient, um soziale Beziehungen zu begründen.

Verwandtschaftliche Zuordnungen basieren überall auf denselben beiden Prinzipien: dem der Abstammung *(Deszendenz)* und dem der Heirat *(Affinalität)*. Das universale Vorkommen dieser zwei Prinzipien hat es der Ethnologie ermöglicht, einen einheitlichen Kategorienapparat zu entwickeln, der für sich ebenfalls universale Gültigkeit beansprucht. Personen, die in einem Abstammungsverhältnis zueinander stehen, wie z.B. Eltern, Kinder und Geschwister, werden in der Verwandtschaftsethnologie als *Konsanguinale* bezeichnet. Der auf das lateinische Wort für „Blutsverwandtschaft" zurückgehende Begriff ist allerdings insofern etwas irreführend, als eine entsprechende genetische Verbindung nicht notwendig gegeben sein muß (s.u.). Innerhalb der Gruppe der Konsanguinalen kann wiederum zwischen *linearen* und *kollateralen* Verwandten unterschieden werden. Im ersten Fall handelt es sich um die direkten Vorfahren (Eltern, Großeltern usw.) und Nachkommen (Kinder, Enkel usw.), im zweiten Fall um die Geschwister der direkten Vorfahren und deren Nachkommen. Jene Personen, die durch eine Heirat miteinander verbunden oder – wie wir im Deutschen sagen – ‚verschwägert' sind, werden dagegen als *Affinale* bezeichnet. Aus der Sicht eines jeden einzelnen oder *Ego* ist mithin die Ehefrau oder der Ehemann der nächste affinale Verwandte. Zu den Affinalen zählen ferner die Eltern und Geschwister des Ehepartners, dessen Geschwisterkinder und die Ehepartner der eigenen Kinder.

Diese umständlichen Aufzählungen zeigen bereits, wie schwierig es ist, in das System der verwandtschaftlichen Beziehungen mit Hilfe der mehrdeutigen Bezeichnungen unserer Sprache Ordnung zu bringen. In der Verwandtschaftsethnologie ist daher ein sprachübergreifendes Notationssystem entwickelt worden, das es ermöglicht, die Verwandtschaftsbeziehungen unabhängig von der jeweils gesellschaftsspezifischen Verwandtschaftsterminologie zum Ausdruck zu bringen. Es basiert auf den acht Primärrelationen, die sich in bezug auf Ego ergeben, wenn man zunächst nur die unmittelbaren Verwandten in der aufsteigenden, der eigenen und der absteigenden Generation berücksichtigt und sie nach ihrem jeweiligen Geschlecht unterscheidet. Für diese acht Grundrelationen werden folgende, auf die entsprechenden englischen Verwandtschaftsterme zurückgehende Symbole verwendet:

F	Vater	(Father)
M	Mutter	(Mother)
B	Bruder	(Brother)
Z	Schwester	(Sister)
S	Sohn	(Son)
D	Tochter	(Daughter)
H	Ehemann	(Husband)
W	Ehefrau	(Wife)

Durch Verknüpfungen zwischen diesen acht Symbolen können auch kompliziertere Relationen problemlos dargestellt werden. So steht zum Beispiel die Abkürzung FM für die Großmutter väterlicherseits, SW bezeichnet die Ehefrau des Sohnes, MBD die Tochter des Onkels mütterlicherseits, FZS den Sohn der Tante väterlicherseits usf. Dabei gilt: je größer die Anzahl der Symbolelemente ist, desto entfernter ist der jeweilige Verwandte. Der Vorzug dieses Notationssystems besteht darin, daß es bei genealogischen Untersuchungen eindeutige Zuordnungen ermöglicht. Denn es gestattet, die verschiedenen Typen von Verwandten *(Kintypen)* unabhängig davon zu identifizieren, ob sie in einer bestimmten Gesellschaft jeweils mit einem eigenen Terminus bezeichnet oder mit anderen Kintypen terminologisch zu einer *Kinklasse* zusammengefaßt werden. Was sich zunächst eher kompliziert anhört, läßt sich an einfachen Beispielen demonstrieren. So fallen etwa im Deutschen heute unter den Verwandtschaftsterminus „Vetter" so verschiedene Typen von kollateralen Verwandten wie FBS (Vatersbruderssohn), FZS (Vatersschwesterssohn), MBS (Muttersbruderssohn) und MZS (Muttersschwesterssohn), für die in anderen Sprachen jeweils besondere Termini existieren können. Umgekehrt ist der Terminus „Vater" im Deutschen nur dem Kintyp F vorbehalten, während in zahlreichen anderen Sprachen terminologisch zwischen F (Vater) und FB (Vatersbruder) nicht differenziert wird. F und FB bilden in diesen Fällen eine gemeinsame *Kinklasse. Kintypen* sind mithin kulturtranszendent, *Kinklassen* dagegen kulturgebunden. In jeder Kultur existieren so viele *Kinklassen,* wie es Verwandtschaftstermini gibt.

Nach der Art und Weise, wie sich die einzelnen Kinklassen zusammensetzen, lassen sich auch die verwandtschaftsterminologischen Systeme voneinander unterscheiden. Jene Systeme, in denen lineare und kollaterale Kintypen in einer Kinklasse zusammengefaßt werden können, werden als *klassifikatorisch* bezeichnet. *Klassifikatorisch* ist so zum Beispiel das sogenannte Hawaii-System, in dem die Kintypen F, FB und MB mit demselben Terminus bezeichnet werden und dementsprechend auch M, MZ und FZ eine gemeinsame Kinklasse bilden. Ein verwandtschaftsterminologisches System aber, das – wie etwa das deutsche oder auch das der Inuit – eindeutig zwischen kollateralen und linearen Kinklassen differenziert, nennt man *deskriptiv*.

Dieser kleine Ausflug in das Gebiet der verwandtschaftsterminologischen Systeme macht bereits deutlich, wie verschieden die Formen sein können, in denen Verwandte in einzelnen Gesellschaften voneinander unterschieden und in Gruppen zusammengefaßt werden. Unser eigenes Verwandtschaftssystem ist in dieser Hinsicht eher arm. Von der strengen Abgrenzung zwischen linearen und kollateralen Verwandten einmal abgesehen, die zweifellos der zentralen Bedeutung der Kernfamilie in den meisten europäischen Gesellschaften entspricht, werden im Deutschen unter den entfernteren Verwandten kaum mehr Differenzierungen vorgenommen. Unterschiedliche Verwandtschaftsgrade spielen bei uns eigentlich nur noch im Erb- und Eherecht eine Rolle. In den „authentischen" Gesellschaften ist dies anders. Hier richten sich nicht nur die Erbregeln und das Heiratsverhalten, sondern auch die Gruppenzugehörigkeit des einzelnen, seine Besitzrechte, sein sozialer Status und vieles andere mehr nach der verwandtschaftlichen Zugehörigkeit. Hier kommt es mithin darauf an, die Gruppen von Verwandten möglichst eindeutig voneinander abzugrenzen. Eine der in dieser Hinsicht geeignetsten Differenzierungsmöglichkeiten, von der bei uns kein Gebrauch mehr gemacht wird, liegt in der Unterscheidung zwischen Angehörigen der väterlichen und der mütterlichen Abstammungslinie. In Deutschland betrachten wir uns mit der Gruppe unseres Vaters und der unserer Mutter gleichermaßen verwandt. So unterscheiden wir in unserer Verwandtschaftsterminologie zum Beispiel nicht zwischen den Geschwistern von Vater und Mutter. Sowohl für die Brüder und Schwestern des Vaters als auch für die der Mutter verwenden wir unterschiedslos die Termini „Onkel" und „Tante". Damit nicht genug, werden diesen beiden Kinklassen in der Anrede auch die affinalen Verwandten der aufsteigenden Generation zugeordnet. Die deutsche Kinklasse „Onkel" enthält mithin so unterschiedliche Kintypen wie FB, MB, FZH und MZH, „Tante" aber FZ, MZ, FBW und MBW. Auch die Nachkommen von „Onkel" und „Tante" heißen bei uns ähnlich undifferenziert „Vettern" und „Kusinen". Ebensowenig unterscheiden wir gewöhnlich Großeltern danach, ob sie der Vater- (FF, FM) oder der Mutterseite (MF, MM) zugehören.

Worin die Nachteile eines Verwandtschaftssystems liegen, das zwischen den beiden Gruppen von Kollateralen nicht unterscheidet, läßt sich leicht an einem kleinen Rechenexempel verdeutlichen. Würden wir unsere Gruppenzugehörigkeit durch die gemeinsame Abkunft von einer Ahnin oder einem Ahnen bestimmen wollen, die 10 Generationen früher gelebt haben, so müßten wir hier bereits eine Auswahl unter 2^{10}, das sind 1024 Personen, treffen. Weitere 20 Generationen zurück – wir wären dann etwa im Jahre 1390 angelangt – läge diese Zahl bereits bei einer Million, nochmals zehn Generationen zurück, also im Jahre 1090, bei über einer Milliarde – vorausgesetzt natürlich, es hätte niemals eine Heirat unter der Vielzahl jener Vorfahren stattgefunden, von denen wir, wenn man Verwandtschaft nicht sozial, sondern biologisch bestimmt, ja tatsächlich abstammen. Schließt man dagegen eine der beiden Seiten aus und betrachtet sich nur als Nachkomme etwa von Vatersvatersvater usf., dann ließe sich die individuelle Abstammungslinie ohne irgendwelche Komplikationen theoretisch bis ins Unendliche zurückverfolgen. Auch 1^{10000} gibt immer noch 1. Die Zurechnung der verwandtschaftlichen Zugehörigkeit nur in einer Linie hat so den enormen Vorteil der Eindeutigkeit. Zugleich wird durch die Berechnung der Verwandtschaftszugehörigkeit in nur einer der beiden möglichen Linien auch der Kreis der Seitenverwandten entschieden eingeschränkt, da man in einem solchen Fall ja nur die Nachkommen der eigenen Brüder, der Brüder des Vaters, der Brüder des Großvaters usw. als Mitglieder der eigenen Gruppe betrachtet, die Verwandten der Mutterseite aber ausschließt. Auch bei einer Tiefe von fünf oder sechs Generationen bleibt auf diese Weise – je nach Abstammungsregel – der Kreis entweder der patri- oder der matrilateralen Verwandten noch einigermaßen überschaubar, während er bei uns eine solch unüberblickbare Anzahl von Personen umfaßt, daß wir z.B. schon für die Nachkommen von Großvatersbruder keine allgemein geläufige Bezeichnung mehr kennen.

Die verwandtschaftliche Zurechnung nur zu einer der beiden möglichen Abstammungslinien wird in der Ethnologie als *unilineare Deszendenz* bezeichnet. Sie führt zur Konstituierung relativ überschaubarer und geschlossener Verwandtschaftsgruppen. Erfolgt die verwandtschaftliche Zuordnung allein nach der Vaterlinie, sprechen wir von *Patrilinearität,* erfolgt sie aber nur nach der Mutterlinie, dann sprechen wir von *Matrilinearität.* Die unilinearen Verwandtschaftsgruppen, die durch die Zählung in einer der beiden Linien zustande kommen, werden manchmal als *Lineages*, manchmal auch als *Klane* bezeichnet. Einige Autoren verwenden diese Begriffe synonym, andere definieren den Klan dagegen als eine dauerhafte soziale Gruppe, die außer einem Kern von unilinear verwandten Personen auch die jeweils eingeheirateten Ehepartner enthält. Inzwischen hat sich jedoch immer mehr durchgesetzt, unter *Lineage* eine unilineare Deszendenzgruppe zu verstehen, deren Mitglieder ihre Abstammung von einem gemeinsamen Vorfahren noch nachzuweisen in der Lage sind. Dagegen bezeichnet *Klan* die Zusammenfassung mehrerer solcher Lineages, die sich auf einen gemeinsamen Urahn zurückbeziehen, ohne daß sich diese genealogische Beziehung in jedem Fall historisch belegen ließe. Zentral ist hier mithin nur noch die *Vorstellung* einer solchen gemeinsamen Abstammung.

Ebenso, wie für die Verwandtschaftstermini bestimmte Symbole verwendet werden, hat es sich auch bei den genealogischen Beziehungen bewährt, sie aus Gründen der Übersichtlichkeit in graphischer Form darzustellen. Dabei steht ein Dreieck (Δ) für männliche und ein Kreis (O) für weibliche Personen, gleichgültig ob es sich nur um eine oder um mehrere handelt. Abstammungsbeziehungen werden durch einen senkrechten Strich |, kollaterale und affinale Beziehungen dagegen in einer Kombination von senkrechten und waagrechten Strichen zum Ausdruck gebracht. Für eine Heiratsverbindung kann neben der entsprechenden Kombination └┘ auch das Zeichen = verwendet werden. Das Diagramm für eine Kernfamilie sieht dementsprechend folgendermaßen aus:

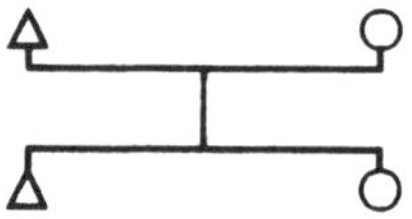

Diagramm einer Kernfamilie (1)

Von diesem Grundmodell ausgehend, lassen Patri- und Matrilineages sich graphisch in folgender Weise darstellen:

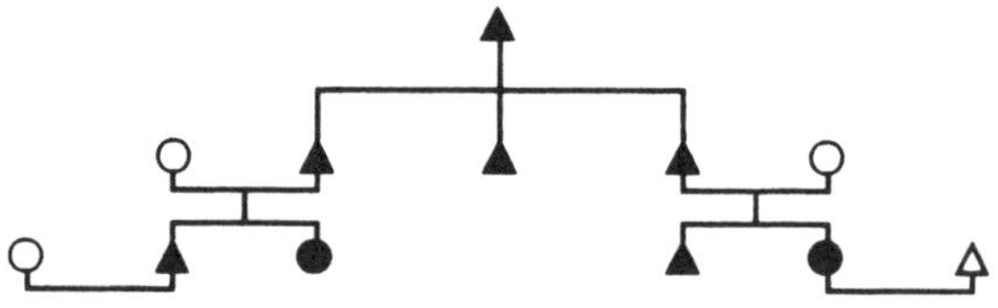

Diagramm einer Patrilineage (2)

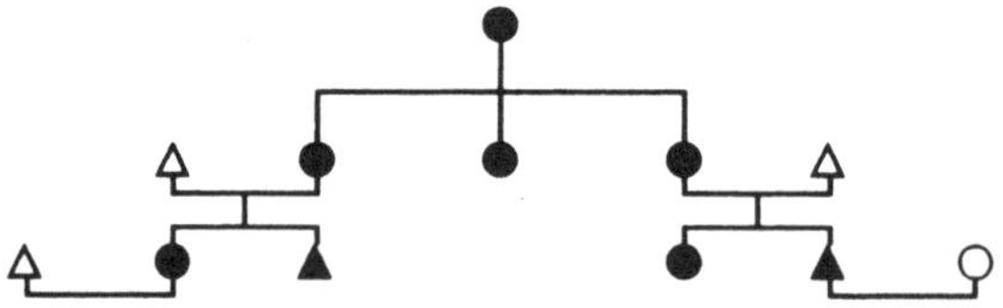

Diagramm einer Matrilineage (3)

Richten sich die Gruppenzugehörigkeit und die mit ihr verbundenen korporativen Rechte und Pflichten in unilinearen Gesellschaften auch immer nur nach einer Abstammungslinie, so heißt dies allerdings nicht, daß deshalb nicht auch besondere Bindungen zur Gruppe des jeweils anderen Elternteils bestehen können. Sind diese Beziehungen von mehr als nur marginaler Bedeutung, etwa in dem Sinne, daß der Zugang zu den territorialen Ressourcen in der Vaterlinie weitervererbt, mobile Güter oder Mythen und Riten dagegen nur in der Mutterlinie weitergegeben werden dürfen, dann ist – je nach Fall und Autor – bald von *ambilinearer* Abstammungsordnung oder auch von *bilateraler* Verwandtschaftszugehörigkeit die Rede.

Was aber, wenn zwischen der väterlichen und der mütterlichen Abstammungslinie kein grundsätzlicher Unterschied gemacht wird und Ego sich beiden Gruppen gleichermaßen zugehörig fühlt? Diese als *kognatisch* bezeichnete Form der Abstammungsrechnung ist ebenfalls weltweit verbreitet. Sie kommt besonders häufig in Jäger- und Sammlergesellschaften mit Hordenorganisation vor. Sie hat aber auch schon der sogenannten „offenen" altgermanischen Sippe zugrunde gelegen. Hier waren in die Gruppe der Personen, auf deren Unterstützung Ego rechnen konnte, sowohl Verwandte des Vaters als auch Verwandte der Mutter einbezogen. Die nicht-unilineare Abstammungsgruppe ist der unilinearen freilich in einem Punkt entscheidend unterlegen: Die Mitglieder einer solchen Gruppe haben gegenüber unterschiedlichen Personen Loyalitätsverpflichtungen, da praktisch jedes Individuum den Fokus eines eigenen Netzwerkes von Beziehungen bildet, das sich mit anderen Netzwerken zwar überschneidet, aber nur dann vollständig deckt, wenn es sich um Geschwister handelt:

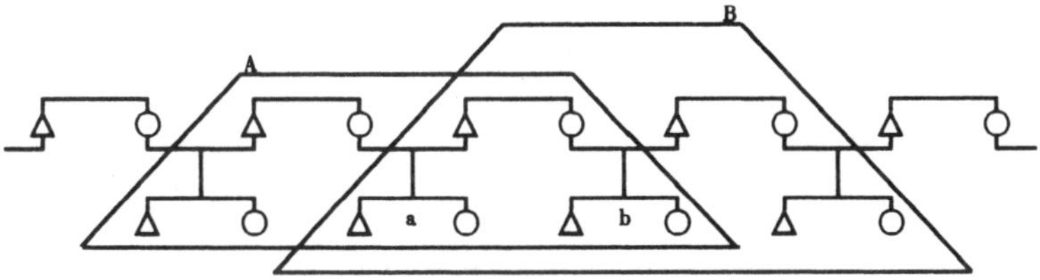

Diagramm einer Sippe (4)

Als „offen" oder „wechselnd" wird diese Form der Sippenorganisation deshalb bezeichnet, weil praktisch durch jede Heirat eine neue Sippe zustande kommt. In einer kognatischen Abstammungsgruppe hat daher ein männliches Ego gegenüber anderen Personen Obligationen als seine Vettern sowohl auf der mütterlichen (MBS, MZS) als auch auf der väterlichen Seite (FBS, FZS). In einer unilinearen Deszendenzgruppe sind die Beziehungen dagegen so beschaffen, daß jedes Mitglied a mit jedem Mitglied b die Obligationen gegenüber einem dritten Mitglied c teilt, sofern a, b und c derselben Generation und derselben Kinklasse angehören. Durch den Vergleich wird mithin einmal mehr deutlich, daß durch die Zurechnung der verwandtschaftlichen Zugehörigkeit nur nach einer der beiden möglichen Linien klarer umgrenzte Abstammungsgruppen entstehen, in denen die gegenseitigen Pflichten und Rechte genau definiert sind. Unilineare Abstammungsgruppen können aber auch als ganze über bestimmte Rechtstitel verfügen, wie zum Beispiel das Verfügungsrecht über ein bestimmtes Stück Land. Da sie in dieser Hinsicht juridischen Körperschaften gleichen, werden sie in den entsprechenden Fällen auch als *korporative Deszendenzgruppen* bezeichnet. Unabhängig von den Personen, aus denen sich eine korporative Deszendenzgruppe jeweils aktuell zusammensetzt, perpetuiert sie sich von Generation zu Generation. Es ist die Mitgliedschaft in einer solchen Korporation, die dem einzelnen den Zugang zu den natürlichen Ressourcen sichert. Umgekehrt ist dafür im Außenverhältnis aber auch jedes Mitglied für die Taten jedes anderen Mitglieds verantwortlich. Korporative Deszendenzgruppen fungieren daher oft zugleich als juridische, wirtschaftliche und auch politische Einheiten.

Wohnfolgeordnungen und Allianzsysteme

Je geschlossener eine Abstammungsgruppe ist, desto größer erscheint – theoretisch zumindest – die Gefahr ihrer Abschottung nach außen. Praktisch wird diesem Risiko jedoch fast überall durch das Verbot entgegengewirkt, innerhalb der eigenen Abstammungsgruppe zu heiraten. Insbesondere unilineare Abstammungsgruppen sind bis zu einer bestimmten Größe in aller Regel auch *exogam*. Dabei wird durch unterschiedliche Residenzregeln festgelegt, welche Gruppenmitglieder nach ihrer Verheiratung die eigene Gruppe zu verlassen haben. In patrilinearen Gesellschaften sind es zumeist die Frauen, die nach außen gegeben werden und zur Gruppe ihres Ehemanns ziehen müssen. Eine solche Form der Wohnfolgeordnung wird als *patrilokal* oder präziser noch: als *virilokal* (von lat. *vir* = Ehemann) bezeichnet. Siedelt aber der Mann zur Gruppe der Frau über, so spricht man von *Matri-* oder *Uxorilokalität* (von lat. *uxor* = Gattin). Die matrilokale Wohnfolgeordnung ist indes viel seltener als die patrilokale. Auch in matrilinearen Gesellschaften ist sie keineswegs zwingend. Hier gilt vielmehr häufig die Regel, daß ein männliches Kind zwar beim Wohnort der Eltern aufwächst, bei Erreichen der Pubertät aber zu den Brüdern der Mutter ziehen muß, um in der eigenen matrilinearen Gruppe seine Erbrechte anzutreten. Dort bleibt es auch weiterhin wohnen, wenn es sich verheiratet. Nach dem lateinischen Verwandtschaftsterminus *avunculus* für den Onkel mütterlicherseits wird diese Wohnfolgeordnung in der Ethnologie als *Avunkolokalität* bezeichnet.

Gleichgültig, wie die Residenzregeln auch immer beschaffen sein mögen, so beruhen sie doch alle auf dem Prinzip, daß sich Deszendenzgruppen durch das Gebot der Exogamie nach außen öffnen müssen, um mit anderen Abstammungsgruppen temporäre oder auch dauerhafte Bindungen einzugehen. Was in vertikaler Hinsicht die genealogische Zurechnung leistet, ermöglicht auf der horizontalen Ebene die Heirat. Es entsteht ein zweites Netzwerk von sozialen Beziehungen. Durch die qua Heirat erworbenen *affinalen* Bindungen werden die auf Abstammung beruhenden *konsanguinalen* Bindungen ergänzt. Da die Verheiratung von Mitgliedern einer Gruppe mit denen einer anderen Gruppe ein vorzügliches Mittel abgibt, ein über die reine Abstammungsgruppe hinausgehendes Netzwerk von sozialen Beziehungen zu errichten, ist die Heirat nur in sehr wenigen Gesellschaften die Privatangelegenheit von zwei Personen verschiedenen Geschlechts. Durch die Heirat wird vielmehr ein Bündnis zwischen zwei Abstammungsgruppen hergestellt oder erneuert. Wir reden daher in der Ethnologie von Heiratsallianzen oder kürzer noch: von Allianzen. Dieser Begriff geht auf eines der Pionierwerke der modernen Verwandtschaftsethnologie zurück, Claude Lévi-Strauss' 1949 veröffentlichte Abhandlung *Les Structures élémentaires de la parenté* (dt. 1981). In diesem Buch hat Claude Lévi-Strauss den Versuch unternommen, die aus der ethnologischen Forschung bekannten Heiratssysteme als soziale Interaktionssysteme aufzufassen, die entweder auf dem wechselseitigen oder auf dem zirkulären Austausch von Mitgliedern der jeweiligen Gruppen beruhen. Dabei sollen es, wie er aufgrund der überwiegenden Mehrzahl der Fälle behaupten zu können glaubt, immer nur die männlichen Gruppenmitglieder sein, die die Frauen austauschen, um untereinander Bündnisse zu schließen, und nie umgekehrt (Lévi-Strauss 1967: 62). Ist letztere Behauptung auch gerade in feministischen Kreisen stark umstritten, so hat die von Lévi-Strauss entwickelte neue Perspektive es doch ermöglicht, hinter den unterschiedlichen Heiratssystemen ein einheitliches Strukturprinzip sichtbar werden zu lassen: Heiraten sind Tauschakte, die auf dem Prinzip der Gegenseitigkeit beruhen und darauf abzielen, Allianzen zwischen sozialen Gruppen herzustellen.

Auf der Grundlage dieser Prämisse werden im Anschluß an Lévi-Strauss' Theorie in der Ethnologie heute verschiedene Typen von Heirats- oder Allianzsystemen unterschieden:

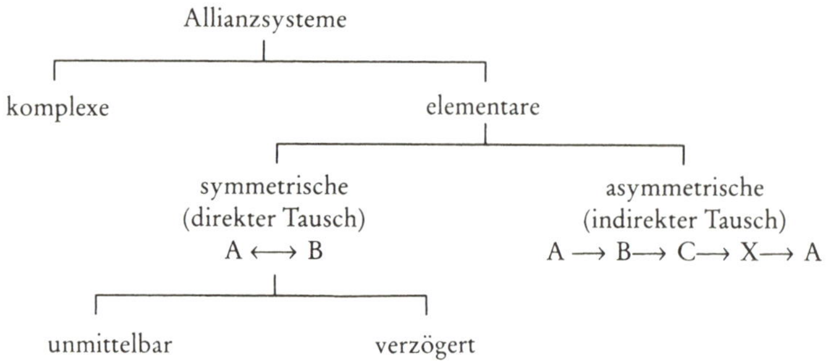

Typen von Allianzsystemen (5)

Grundlegend ist zunächst einmal die Unterscheidung von *elementaren* und *komplexen* Allianzsystemen. Als *elementar* werden diejenigen Systeme bezeichnet, in denen genau festgelegt ist, aus welcher Personengruppe der Ehepartner gewählt werden soll oder muß. Je nachdem, wie weit oder eng diese Regel gefaßt ist, spricht man entweder von präferentiellen oder von präskriptiven Heiratsordnungen. Solche positiven Regeln, die bestimmen, wen man zu heiraten hat, existieren dagegen in *komplexen* Systemen nicht. In diesen Systemen begnügt man sich lediglich mit einer Festlegung der *verbotenen* Heiratspartner. Wie erfährt der einzelne aber, wen er heiraten soll und wen er nicht heiraten darf? Hier spielen wiederum die eingangs erörterten Verwandtschaftsterminologien eine wichtige Rolle. Durch das jeweils geltende verwandtschaftsterminologische System erlernt Ego gewissermaßen von Kindesbeinen an, in welcher Personengruppe es sich seinen zukünftigen Ehepartner zu suchen hat und welche Personen hierfür nicht in Frage kommen. In Gesellschaften mit klassifikatorischer Verwandtschaftsterminologie läßt sich so zum Beispiel sehr häufig beobachten, daß die verbotenen Heiratspartner mit demselben Terminus angeredet werden wie Egos leibliche Geschwister. Gerade in elementaren Allianzsystemen ist für die – sei es negative, sei es positive – Festlegung der Heiratspartner eine Unterscheidung wichtig, die uns heute so wenig geläufig ist, daß wir uns zu ihrer Bezeichnung mathematischer Hilfsbegriffe bedienen müssen, nämlich die Unterscheidung der Seitenverwandten der eigenen Generation in Parallel- und Kreuzvettern und -kusinen. Als Parallelvettern und -kusinen werden von gleichgeschlechtlichen Geschwistern abstammende Seitenverwandte bezeichnet, während Kreuzvettern und -kusinen verschiedengeschlechtliche Geschwister als Eltern haben. Die Kintypen FBS und FBD fallen dementsprechend in die Kategorie der *patrilateralen* Parallelvettern und -kusinen, während MZS und MZD die *matrilateralen* Seitenverwandten gleichen Typs darstellen. Ihnen stehen die patrilateralen Kreuzvettern und -kusinen FZS und FZD sowie die matrilateralen Kreuzvettern und -kusinen MBS und MBD gegenüber. Daß die Heirat zwischen patrilateralen Parallelvettern und -kusinen häufig verboten ist, wird unmittelbar evident, wenn man sich die Konstruktionslogik unlinearer Deszendenzgruppen vergegenwärtigt. Denn in patrilinearen Gesellschaften gehören die Nachkommen von Brüdern derselben exogamen Deszendenzgruppe an. Gleiches gilt für die matrilateralen Parallelvettern und -kusinen in Gesellschaften mit matrilinearer Deszendenz. Dagegen gehören Kreuzvettern und -kusinen in unilinearen Gesellschaften immer verschiedenen Deszendenzgruppen an. Welche Bedeutung der terminologischen Unterscheidung zwischen patri- und matrilateralen Kreuzvettern und -kusinen in elementaren Allianzsystemen zukommt, wird sich aus der folgenden Erörterung ergeben.

Die elementaren Allianzsysteme werden in *symmetrische* und *asymmetrische* unterschieden. Die einfachste Form eines symmetrischen Systems ist die, in der zwei hypothetische Gruppen A und B ihre Ehepartner wechselseitig austauschen. Das heißt, die Schwestern der männlichen Mitglieder von A heiraten in die Gruppe B, deren männliche Mitglieder ihre Schwestern wiederum an A geben. Sind zwei Gruppen in der ersten Generation in eine solche „Schwesterntauschrelation" eingetreten und soll dieses Austauschsystem auf Dauer gestellt werden, so gilt für die männlichen Mitglieder aller folgenden Generationen, daß sie sich ihre Heiratspartnerinnen unter den Frauen zu suchen haben, die zugleich als Muttersbruderstochter (MBD) und Vatersschwesterstochter (FZD) klassifiziert werden und dementsprechend eine gemeinsame Kinklasse bilden. Diese Heiratsform wird daher bisweilen auch als bilaterale Kreuzkusinenheirat bezeichnet. Diagrammatisch läßt sie sich so darstellen:

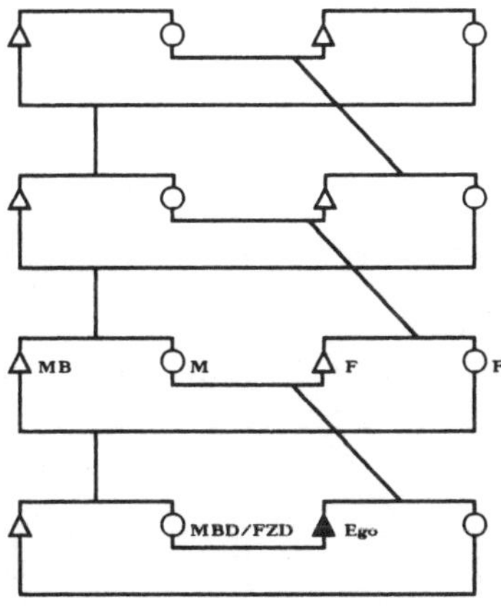

Diagramm der bilateralen Kreuzkusinenheirat (6)

Ein direkter Austausch liegt auch dann vor, wenn zwei exogame Gruppen A und B in mehrere Heiratsklassen unterteilt sind und für die Mitglieder einer jeden dieser Heiratsklassen gilt, daß sie sich ihre Heiratspartner in einer der Heiratsklassen der Gegengruppe zu suchen haben. Die zukünftige Frau eines Mitglieds der Heiratsklasse A^1 der Gruppe A findet sich so in der Heiratsklasse B^1 der Gruppe B, die von A^2 in B^2 usw. Ein solches symmetrisches, aus insgesamt acht Heiratsklassen bestehendes System haben zum Beispiel die zentralaustralischen Aranda entwickelt. Auch in diesem Fall läßt sich wiederum ein Bezug zum verwandtschaftsterminologischen System feststellen. Bei den Aranda lautet die Regel, daß ein Mann ein Mädchen zu heiraten hat, das der Kinklasse MMBDD zugerechnet wird. Das System des direkten Austausches ist theoretisch unendlich erweiterungsfähig, sofern beachtet wird, daß die Zahl der Heiratsklassen, in die eine Gesellschaft segmentiert ist, immer ein Vielfaches von zwei betragen muß. Doch auch in Australien, dem klassischen Verbreitungsgebiet symmetrischer Allianzsysteme, ist keine Gesellschaft bekannt, die über mehr als acht solcher Heiratsklassen verfügt.

Von den Systemen direkten Austausches sind innerhalb der symmetrischen Allianzsysteme wiederum die Systeme des verzögerten Austausches zu unterscheiden. Sie beruhen darauf, daß eine Gruppe A in der einen Generation ihre Frauen an B gibt, sich diese Relation in der folgenden Generation aber in ihr Gegenteil verkehrt und nunmehr B als die Frauengeber- und A als die Frauennehmergruppe auftritt. Das ist in den Gesellschaften der Fall, in denen die Heirat mit der klassifikatorischen patrilateralen Kreuzkusine (FZD) vorgeschrieben und zugleich die mit der matrilateralen Kreuzkusine (MBD) ausgeschlossen ist. In Systemen des verzögerten Austausches wechselt die Heiratsrichtung von Generation zu Generation. Auch ist der Austausch von Frauen nicht mehr auf paarweise Gruppen beschränkt.

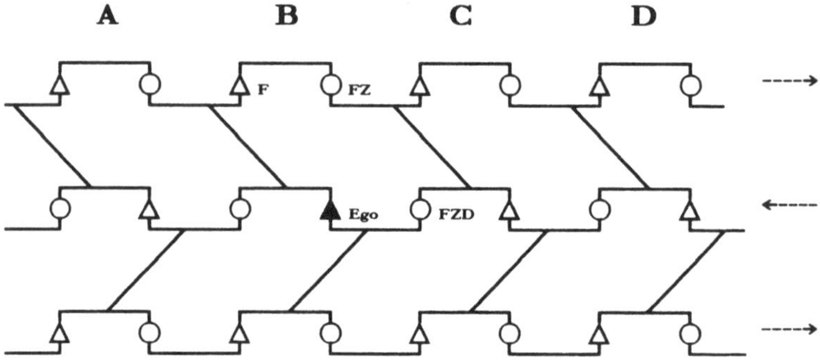

Diagramm der patrilateralen Kreuzkusinenheirat (7)

Im Blick auf die Möglichkeit, die sozialen Beziehungen durch Heiratsallianzen zu erweitern, haben symmetrische Allianzsysteme verzögerten und direkten Austauschs einige Nachteile. Zwar öffnen sie die Abstammungsgruppen nach außen, doch wird im Fall des verzögerten Austauschs die soziale Integration dadurch erschwert, daß nicht alle tauschenden Gruppen in ein einziges System sozialer Reziprozität einbezogen werden. Der direkte Tausch führt dagegen zur Bildung überintegrierter und wenig flexibler Systeme, die immer nur eine Anzahl von zwei oder ein Vielfaches von zwei bildende Gruppen umfassen können. Da sich in Systemen des direkten Austauschs die Gruppe der konsanguinalen Verwandten mit der Gruppe der affinalen Verwandten weitgehend deckt, werden durch die Heiratsallianzen keine Beziehungen gewonnen, die über die qua Abstammung bereits bestehenden hinausgehen. Das Eingehen von Allianzen mit neuen Gruppen ist nur um den Preis einer grundsätzlichen Modifikation und Umorganisation des tradierten Heiratssystems möglich.

Solche Nachteile haben asymmetrische Allianzsysteme nicht. In Systemen dieses Typs gilt, daß die Männer einer Gruppe ihre Frauen niemals der Gruppe geben dürfen, aus der sie oder ihre Vorfahren ihre eigenen Frauen erhalten haben. Die Heiratsrichtung ist hier mithin immer nur einseitig. Idealiter gibt eine Gruppe A ihre Frauen an B, B gibt ihre Frauen an C, C gibt ihre Frauen an D usw., auch wenn es in der Alltagspraxis natürlich immer Abweichungen von dieser Regel gibt. Da die Gruppe der „Frauengeber“ niemals mit der Gruppe der „Frauennehmer“ identisch sein darf, setzt ein asymmetrisches System eine Mindestzahl von drei tauschenden Gruppen voraus, kann aber theoretisch unendlich viele Gruppen umfassen, bis sich der Zirkel wieder schließt. Asymmetrische Allianzsysteme sind mithin geschlossen und offen zugleich. Die Integration einer neuen Gruppe X gestaltet sich in Gesellschaften dieses Typs folglich entschieden einfacher. Es muß ihr nur eine Position innerhalb des bestehenden Heiratszirkels zugewiesen werden. Ähnliches gilt auch für von außen kommende Individuen. Heiratet ein Mann etwa eine Frau aus der Gruppe A, so wird er damit gewissermaßen automatisch der Gruppe B zugeordnet. Für seine männlichen Nachkommen bedeutet dies, daß sie ihre Frauen ebenfalls in A suchen müssen, während seine Töchter in C einheiraten werden. Die Grundform des asymmetrischen Allianzsystems stellt die matrilaterale Kreuzkusinenheirat dar, gilt für ein männliches Ego doch, daß es sich seine zukünftige Heiratspartnerin in derselben Gruppe wie sein Vater zu suchen hat. Seine nächstmögliche Heiratspartnerin ist daher Mutterbruderstochter (MBD). Zugleich ist die patrilaterale Kreuzkusine als Ehepartnerin ausgeschlossen. Terminologisch findet dies darin Ausdruck, daß in asymmetrischen Allianzsystemen die Kintypen Z (Schwester) und

FZD (Vatersschwesterstochter) oft eine gemeinsame Kinklasse bilden, während die kollateralen Verwandten der ersten Generation (MB/FB; MZ/FZ) verschiedenen Kinklassen zugeordnet werden. Beim Eingehen einer neuen Allianz wird der Schwiegervater (WF) in Entsprechung zur tradierten Heiratsregel mit demselben Terminus wie der Onkel mütterlicherseits (MB) angeredet.

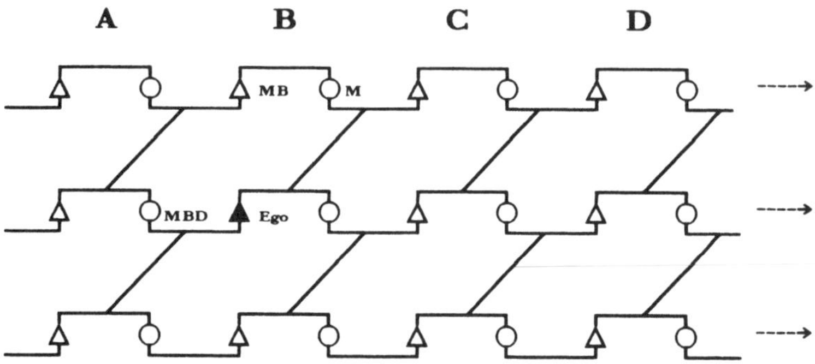

Diagramm der matrilateralen Kreuzkusinenheirat (8)

Gegenüber der im Voranstehenden vorgenommenen tendenziellen Gleichsetzung von Allianz- und verwandtschaftsterminologischen Systemen muß allerdings eine Einschränkung vorgenommen werden. Sie liegt zwar in sehr vielen, aber leider keineswegs in allen Gesellschaften mit elementaren Heiratssystemen vor. So gibt es zum Beispiel in Ostindonesien eine ganze Reihe von Gesellschaften, die zwar ein symmetrisches verwandtschaftsterminologisches System aufweisen, faktisch aber ein asymmetrisches Allianzsystem praktizieren (Needham 1988). Zusätzlich zum verwandtschaftsterminologischen System muß daher auch immer das reale Heiratsverhalten untersucht werden. Es war u.a. diese neuere Erkenntnis, die dazu geführt hat, daß man heute auf den Begriff der „Kreuzkusinenheirat" nach Möglichkeit verzichtet. Gleichwohl muß man mit der Bedeutung dieses Terminus vertraut sein, da er in der älteren ethnographischen Literatur häufig verwendet wird.

Aus Egos Perspektive betrachtet, bilden die affinalen Verwandten eine Gruppe für sich, mit der es durch fixe Obligationen verbunden ist. Die affinalen Beziehungen unterscheiden sich von den innerhalb einer Deszendenzgruppe bestehenden jedoch in aller Regel dadurch, daß sie nicht reziprok, sondern einseitig sind. Am deutlichsten gelangt dies in Gesellschaften mit asymmetrischen Allianzsystemen zum Ausdruck. Die „Frauennehmer" stehen hier zu den „Frauengebern" oft in einem strikten Unterordnungsverhältnis. Gegenüber den Verwandten der Frau gilt es eine Reihe von Dienstleistungen und bedrückenden Pflichten zu erfüllen. Schon vor der Heirat kann der Schwiegervater seinen zukünftigen Schwiegersohn zu allen möglichen Arbeiten heranziehen. Mit der vollzogenen Hochzeit und der Entrichtung des oft hohen Brautgutes ist die „Schuld" des Schwiegersohnes noch lange nicht abgegolten. „Die schweren Lasten macht er leicht, die weiten Wege macht er kurz" – so heißt es in einem ostflorinesischen Sprichwort über den „Frauennehmer". Der Schwiegersohn muß den männlichen Verwandten der Frau weiterhin Zeichen seines Respekts erweisen, er muß sie in wirtschaftlichen Notfällen, bei Streitigkeiten und im Krieg unterstützen, und er muß ihnen auch helfen, wenn sie ihre eigenen Söhne verheiraten wollen. Die durch eine Verheiratung eingegangenen Obligationen bleiben so ein Leben lang bestehen. Diese permanente Belastung wird in asymmetrischen Allianzsystemen allerdings dadurch erleichtert, daß eine jede Frauennehmergruppe zu einer dritten Gruppe wiederum im Verhältnis des Frauengebers steht und von deren Mitgliedern die Leistungen wieder einfordern kann, die ihr selbst abgefordert worden sind. Das zirkuläre Prinzip des indirekten matrimonialen Austauschs bewirkt so, daß sich die zunächst einseitig gerichteten Verpflichtungen in ein System allgemeiner Reziprozität verwandeln, das sämtliche Gruppen einer Gesellschaft umfaßt. Jede Gruppe bildet für sich den Anfang und das Ende einer Tauschkette. Je kleiner die Tauschkette aber ist, desto schneller stellt sich der Ausgleich wieder her. Als Idealfall eines asymmetrischen Heiratssystems erscheint daher die Tripelallianz: A gibt an B, B gibt an C und C gibt wiederum an A. Hier erscheint nicht nur die Überschaubarkeit des Tauschzyklus, sondern auch die Kontrolle der Frauengebergruppe A durch C am besten gewährleistet, da der Druck, den A auf B ausübt, unmittelbar an C weitergegeben und dadurch gemäßigt werden kann, daß C sich wiederum gegenüber A in der Position des überlegenen Frauengebers befindet.

Jene Transparenz, die die elementaren Allianzsysteme kennzeichnet, ist in den komplexen Systemen nicht gegeben, in denen lediglich vorgeschrieben wird, wen man nicht heiraten darf. Doch scheint die als Grundlage der elementaren Systeme dienende Reziprozitätsregel auch den Schlüssel zum Verständnis der komplexen Systeme zu bieten. Denn das *Verbot,* bestimmte Angehörige der eigenen Gruppe zu heiraten, kann auch als eine positive Regel ausgedeutet werden, nämlich als *Gebot,* Mitglieder der eigenen Gruppe nach außen zu geben. Im Blick auf die Reziprozitätsregel unterscheiden sich die komplexen Allianzsysteme von den elementaren mithin dadurch, daß es in jeder Generation im Belieben einer jeden Gruppe steht, welche Partnergruppe sie sich für den matrimonialen Austausch wählt. Dabei bleibt es jedoch dem Zufall bzw. dem Gesetz der statistischen Häufigkeit überlassen, ob der durch den Austausch eröffnete Zirkel sich auch tatsächlich wieder schließt, es sei denn, den Exogamiegeboten der einzelnen Gruppen wird durch ein gesamtgesellschaftliches Endogamiegebot entgegenwirkt.

Gilt es auch als eine Binsenweisheit, daß zwei Menschen nicht unbedingt verheiratet sein müssen, um sexuelle Beziehungen miteinander einzugehen, so stellen umgekehrt die sexuellen Beziehungen doch einen wesentlichen Bestandteil jeder ehelichen Verbindung dar. Das zwischen nahen Verwandten bestehende Verbot einer sexuellen Beziehung impliziert infolgedessen auch immer ein Heiratsverbot. Insofern erscheint das Inzestverbot als die Elementarform des Exogamiegebots. Kennt auch jede menschliche Gesellschaft Beziehungen, die als Inzest aufgefaßt und tabuisiert werden, so wird dieses Verbot doch in verschiedenen Gesellschaften unterschiedlich definiert. In der Bundesrepublik Deutschland gilt als strafrechtlich zu verfolgende „Blutschande" nach § 173 Strafgesetzbuch der sexuelle Verkehr zwischen Geschwistern und Verwandten der auf- und absteigenden Linie. Bis vor wenigen Jahren wurde auch noch der Beischlaf zwischen Verschwägerten als Strafbestand angesehen und Verschwägerung dementsprechend als rechtliches Ehehindernis aufgefaßt. Früher waren unsere Inzest- und Heiratsverbote noch weit umfänglicher. So verbot zum Beispiel das kanonische Eherecht in Übernahme der entsprechenden Vorschriften aus dem Alten Testament die Ehe mit nahen kollateralen Verwandten. Wie bei der Erörterung der elementaren Allianzsysteme gezeigt werden konnte, wird jedoch in anderen Gesellschaften die Heirat zwischen kollateralen Verwandten sogar ausdrücklich bevorzugt. Dagegen verbieten Gesellschaften mit asymmetrischen Allianzsystemen die Verheiratung eines Mannes mit bestimmten Personen wie etwa FFZDD, die wir selbst schon gar nicht mehr zum Kreis unserer unmittelbaren Verwandten rechnen würden. Auch gilt in so gut wie allen unilinearen Gesellschaften, daß die Heirat mit Personen, die der eigenen Deszendenzgruppe angehören, nicht gestattet ist.

Die enorme Erweiterung, die das Inzestverbot erfahren kann, ergibt sich aus der bereits dargestellten Bedeutung der Heirat als Knotenpunkt eines Systems von neuen Beziehungen. Wir können daher festhalten, daß es sich bei den universal verbreiteten Inzestverboten weniger um eine etwa biologisch begründete Einschränkung bei der Wahl der Heiratspartner handelt – die möglichen negativen (und auch positiven) genetischen Folgen einer Heirat unter zu nahen Verwandten sind den meisten Gesellschaften ja gar nicht bekannt, und die in einem asymmetrischen System als Heiratspartnerin bevorzugte matrilaterale Kreuzkusine steht Ego in genetischer Hinsicht ebenso nahe wie die verbotene patrilaterale Kreuzkusine – als vielmehr um die positive Vorschrift, den Kreis der Verwandten zu erweitern. Denn wie gezeigt werden konnte, stellt die Heirat eines der bevorzugten Mittel zur Herstellung von Allianzen zwischen Gruppen in Gesellschaften dar, in denen Verwandtschaft die Grundlage der sozialen Organisation bildet. Beginnt sie ihre Bedeutung als Fokus gesellschaftlicher Synthesis aber zu verlieren, dann kann es auch zu Lockerungen des Inzestverbotes kommen. So ist es zum Beispiel in Schweden schon seit einigen Jahren möglich, daß Halbgeschwister auf Antrag eine Aufhebung des staatlichen Heiratsverbots erwirken können.

Verwandtschaft – eine biologische Tatsache?

Wenn der Verwandtschaft im Rahmen dieser Einführung ein so großer Platz eingeräumt wird, dann auch deshalb, weil es sich hierbei um eines der Gebiete handelt, auf denen die Ethnologie von Anbeginn an wirklich genuine Beiträge liefern konnte. Seit der Veröffentlichung von Lewis Henry Morgans Abhandlung über *Systems of Consanguinity and Affinity of the Human Family,* dem 1870 erschienenen ersten grundlegenden Werk auf diesem Gebiet, hat die Ethnologie ihr methodisches Instrumentarium zur Untersuchung der Verwandtschaftsverhältnisse ständig verfeinern können. Sie haben sich dabei als ein soziales Experimentierfeld der Menschheitsgeschichte erwiesen, zu dessen Entschlüsselung in zunehmendem Maße mathematische Modelle verwendet werden mußten. Beim Studium der unterschiedlichen Verwandtschafts- und Heiratssysteme ist man innerhalb des Faches immer mehr davon abgekommen, Verwandtschaft als ein biologisches Faktum aufzufassen. Die Kategorien der Verwandtschaft sind vielmehr soziale Klassifikationsmuster, deren ursprünglicher Fokus zwar die biologische Beziehung zwischen Mutter und Kind darstellen mag, die sich der aus diesem kruden Faktum resultierenden möglichen Beziehungen aber nur bedient, um soziale Verhältnisse zu ordnen, die keineswegs eine entsprechende biologische Eindeutigkeit aufweisen müssen. Es beginnt dies bereits beim dritten Teil der familiären Triade, dem Vater. Während der Geburtsvorgang die besondere Beziehung zwischen Mutter und Kind noch jedermann evident macht, verfügen wir über eine solche unmittelbare Evidenz der Vaterschaft keineswegs. Denn anders als für die Mutter galt bis zu dem erst durch die Entwicklung der modernen Naturwissenschaft ermöglichten biologischen Vaterschaftsnachweis die alte römische Rechtsregel: *Pater semper incertus.* Da der Vater aber „immer ungewiß" ist, müssen wir bereits die Kategorie der Vaterschaft selbst als eine wesentlich soziale auffassen. Der soziale Vater oder *pater* eines Kindes ist nicht notwendig dessen biologischer Vater oder *genitor,* und in einigen Fällen ist es sogar notwendig, beide wiederum vom *vir,* dem Ehemann der Mutter, zu unterscheiden.

Um dies nur an einem Beispiel zu verdeutlichen: Bei den Trobriandern, einer Gesellschaft in Nordwest-Melanesien, wird ebenso wie in vielen anderen Gesellschaften mit matrilinearer Deszendenz der Anteil des Vaters an der Erzeugung eines Kindes geleugnet. Die Trobrianderinnen werden schwanger – so glauben sie –, wenn sie in einer Lagune baden und die Geister der Ahnen mütterlicherseits in ihren Leib eindringen. Da der Ehemann einer Trobrianderin mit deren Kindern als nicht verwandt gilt, übernimmt bei ihnen deren Bruder, aus der Perspektive des Kindes gesehen also der Onkel mütterlicherseits, einen Teil der Rolle, die bei anderen Gesellschaften dem Vater zukommt. Der Mutterbruder ist infolgedessen bei den Trobriandern die wichtigste männliche Bezugs- und Autoritätsperson. Werden die Knaben erwachsen, dann sind sie verpflichtet, zu ihrem Mutterbruder zu ziehen, dem sie in jeder Beziehung Respekt und Gehorsam zu leisten haben. Nicht von ihrem *genitor*, sondern von ihrem Mutterbruder ererben sie dann auch ihre Besitzrechte und ihren sozialen Status. Er übernimmt die Rolle des *pater* oder sozialen Vaters auch insofern, als er es ist, von dem sie in der Phase der Adoleszenz ihre Erziehung im wesentlichen erhalten. Leugnen die Trobriander auch die biologische Vaterschaft des Ehemanns der Mutter, so können sie sich freilich nicht über die Tatsache hinwegtäuschen, daß Ehemänner in aller Regel in physischer Hinsicht den Kindern ihrer Ehefrauen ähneln. Sie verlangt eine Erklärung. Die Trobriander führen diesen Umstand daher darauf zurück, daß der Ehemann durch den wiederholten Beischlaf mit der Mutter das Gesicht und die Gestalt des ungeborenen Kindes formt. Die physische Ähnlichkeit der Kinder wird bei ihnen mithin als Resultat einer sozialen Beziehung gedeutet. Sie ist zustande gekommen durch das hohe Maß körperlicher wie auch emotionaler Liebe, die ein Mann seiner Ehefrau entgegenbringt. Und diese in erster Linie liebevolle Einstellung ist es denn auch, die man bei den Trobriandern von einem Ehemann gegenüber den Kindern seiner Frau erwartet (Malinowski 1973; 1979).

4. Die Verschränkung der Institutionen

Ihrer Homogenität, ihrer geringen demographischen Größe und der großen Bedeutung, die in ihnen der Verwandtschaft als primärem sozialen Organisationsprinzip zukommt, verdanken die „authentischen“ Gesellschaften ihre Überschaubarkeit. Dieser relativen Transparenz entspricht es auch, daß sich die einzelnen gesellschaftlichen Institutionen in ihnen noch nicht verselbständigt haben, sondern so eng miteinander verzahnt sind, daß es unmöglich ist, einen Bereich zu studieren, ohne auch von allen anderen zu wissen. Als ein weiteres Bestimmungsmerkmal, durch das sich diese Gesellschaften von anderen unterscheiden, kann man daher die Verschränkung der Institutionen bezeichnen. Wenn wir das Fach in solche Subdisziplinen wie Verwandtschaftsethnologie, Rechtsethnologie, Wirtschaftsethnologie, Religionsethnologie oder politische Ethnologie unterteilen, dann „erfinden" wir diese Bereiche eigentlich erst in jene Gesellschaften hinein, und zwar wohl vor allem deshalb, weil sie sich in unseren Gesellschaften bereits zu Teilbereichen verselbständigt haben, die wir auch in anderen Kulturen wiederzufinden hoffen (Wagner 1981).

In den authentischen Gesellschaften aber bilden sie faktisch noch eine Einheit. Wenn von der Wirtschaft einer bestimmten Ethnie die Rede ist, schließt dies auch immer bestimmte Aussagen über ihre verwandtschaftliche Organisation, ihre Rechtsverhältnisse, ihre religiösen Vorstellungen und Kulte ein. Es wäre indes wenig sinnvoll, dieses Prinzip nur abstrakt erörtern zu wollen. Was es konkret bedeutet, soll vor allem im folgenden Abschnitt dargelegt werden, der dem Bereich des Politischen gilt.

5. Die Einbettung des Politischen

Ein weiteres Merkmal der Gesellschaften, mit denen Ethnologen sich befassen, ist die nur marginale Rolle, die in ihnen staatlichen Organisationsformen zukam, bevor sie vom europäischen Kolonialismus in größere Staatsgebilde gezwungen wurden. Doch selbst in die kolonialen und postkolonialen Staaten konnten sie oft nur unzureichend integriert werden. Versteht man unter Staat im Anschluß an Max Webers klassische Definition den organisatorischen Zusammenschluß der Bevölkerung eines abgrenzbaren geographischen Gebietes unter einem zentralisierten Verwaltungsstab, der über die Einhaltung einer einheitlichen Rechtsordnung wacht und über das Monopol der physischen Gewaltanwendung verfügt, dann erscheint es im Blick auf die Mehrzahl der Fälle sogar gerechtfertigt, die *Abwesenheit* des Staates als ein besonderes Charakteristikum der von Ethnologen untersuchten Gesellschaften zu bezeichnen. Denn einen gemeinsamen Erzwingungsstab, der allein berechtigt ist, physische Gewalt anzuwenden, gibt es in diesen Gesellschaften in aller Regel nicht, und auch andere politische Zentralinstanzen sind – wenn überhaupt – nur in Ansätzen vorhanden. Die Träger und zugleich die Ausführenden politischer Entscheidungen sind hier vielmehr Gemeinwesen, die sich zum Teil verwandtschaftlich und zum Teil territorial rekrutieren. Sonderformen stellen Gefolgschaften, Bünde und Altersklassensysteme dar. Grundsätzlich gilt jedoch, daß die jeweiligen politischen Systeme eng an die vorfindbaren Sozialstrukturen gebunden sind, wodurch der Verselbständigung von Herrschaft entgegengewirkt wird.

Die Horde als politische Einheit

Vor allem in sehr kleinen Gesellschaften sind politische Struktur und verwandtschaftliche Organisation nicht voneinander zu trennen. Das ist insbesondere in Jäger- und Sammlergesellschaften der Fall. In ihnen stellt die sogenannte Horde die größte gemeinsam handelnde soziale Einheit dar. Bei den australischen Aborigines bestehen solche Horden zum Beispiel oft nur aus ein paar Dutzend Personen, den männlichen Mitgliedern einer lokalen Dezendenzgruppe, deren Frauen und Kindern und den unverheirateten Mädchen. Auch die Horden der !Kung-San, einer südafrikanischen Jäger- und Sammlergesellschaft, umfassen im Schnitt nicht mehr als etwa dreißig Menschen. Diese Gruppen sind mithin so klein, daß politische Entscheidungen durch Konsens getroffen werden können. Jeder kann seine Meinung vorbringen, und in der Regel wird so lange diskutiert, bis Übereinstimmung erzielt worden ist. Formale Autoritätspositionen existieren in Hordengesellschaften kaum. Doch können den Ältesten oder auch besonders erfolgreichen Jägern in Entsprechung zu ihrer Erfahrung Sonderstellungen eingeräumt werden. Solche informellen Anführer oder Oberhäupter verfügen jedoch über keinerlei Befehlsgewalt. Da alle erwachsenen Gruppenmitglieder an der politischen Meinungsbildung beteiligt sind, kommt ihren Stimmen bei den Beratungen und Entscheidungen nur besonderes Gewicht zu. Sie können die anderen zwar überzeugen, ihnen aber nie ihren Willen aufzwingen. Diese schwach ausgeprägte politische Führerschaft steht offensichtlich in Zusammenhang damit, daß in Jäger- und Sammlergesellschaften der Zugang zu den natürlichen Ressourcen wie Wasser, Land, Nahrung etc. allen Mitgliedern der Gruppe offensteht. Da in Gesellschaften mit aneignender Wirtschaftsform und gering entwickelter Technologie weder die Arbeitsgegenstände noch die Arbeitsmittel von einzelnen kontrolliert werden können, entfällt damit eine der Grundlagen politischer Macht. Hinzu kommt, daß kriegerische Auseinandersetzungen in Gesellschaften dieses Typs selten sind. Wenn aber Kriege geführt werden, geht es dabei eher um Vergeltungsakte für an einzelnen Gruppenmitgliedern begangene Bluttaten, seltener aber um territoriale Besitzansprüche, die zwar grundsätzlich erhoben werden, die dauerhaft sichern zu wollen aufgrund der nicht-seßhaften Lebensweise aber erhebliche Schwierigkeiten mit sich bringt. Aus besonderen kriegerischen Leistungen lassen sich daher ebenfalls keine politischen Privilegien innerhalb der eigenen Gruppe ableiten. In politischer Hinsicht scheint daher die Hordengesellschaft den Prototyp einer egalitären Gesellschaft zu repräsentieren.

Segmentäre Gesellschaften

Einen weiteren in der ethnologischen Literatur viel diskutierten Fall für die Einbettung des Politischen in verwandtschaftliche und territoriale Organisationsformen stellen die vor allem aus der Ethnologie Afrikas bekannten segmentären Gesellschaften dar. Ihre Basiseinheiten bilden Patrilineages, die genealogisch miteinander verbunden sind und sich je nach Fall zu kleinen, größeren oder auch den ganzen Stamm umfassenden politischen Einheiten zusammenschließen. Sie sind innerhalb der politischen Anthropologie deshalb auf so großes Interesse gestoßen, weil sie zeigen, daß auch große, in manchen Fällen aus mehreren hunderttausend Personen bestehende Stammesverbände ohne politische Zentralinstanzen und formale politische Führerrollen auskommen können.

Bei den Nuer, den Dinka, den Tiv, den Amba, den Tallensi und anderen ost- und westafrikanischen Gesellschaften waren die einzelnen unilinearen Deszendenzgruppen korporative Einheiten nicht nur in dem Sinn, daß sie über ein gemeinsames Territorium verfügten und ihre Mitglieder zu gegenseitiger Hilfeleistung verpflichtet waren, sondern sie bildeten zugleich auch die primären politischen Gemeinwesen. Der rechtliche und politische Status des einzelnen hing in diesen Gesellschaften ganz von seiner Lineage-Zugehörigkeit ab (Fortes 1953: 26). Da die Lineages aber nur Segmente von Klanen und diese wiederum Segmente eines noch größeren Verwandtschaftsverbandes darstellten, konnten sich die einzelnen Deszendenzgruppen auf der Grundlage ihrer genealogischen Zugehörigkeit wiederum zu umfassenderen politischen Assoziationen zusammenschließen. Auf diese Weise entstanden ausgesprochen flexible politische Systeme. Je nach Fall traten entweder einzelne Lineages, mehrere Lineages innerhalb eines Klans, mehrere Klane oder auch der ganze Stamm als politisch gemeinsam handelnde Gruppen auf. Kam es etwa zu einer gewaltsamen Auseinandersetzung zwischen zwei Personen, die verschiedenen Klanen angehörten, dann fühlten sich die Mitglieder beider Klane zu solidarischen Hilfeleistungen für ihre jeweiligen Angehörigen verpflichtet und standen sich so lange feindlich gegenüber, bis der Streitfall beigelegt war. Der gleiche Mechanismus trat auch in Kraft, wenn die beiden Konfliktpartner zwei verschiedenen Lineages innerhalb desselben Klans angehörten. Doch wurden in einem solchen Fall nur die Angehörigen der beiden Lineages in die Auseinandersetzung mit einbezogen, während sich die Mitglieder aller übrigen Lineages des Klans neutral verhielten. Verwandtschaftsgruppen, die gegenseitig wegen einer Bluttat in Fehde lagen, konnten sich ungeachtet dessen aber auch wieder zu einer politischen Einheit zusammenschließen, wenn es etwa darum ging, ihren gemeinsamen Anspruch auf bestimmte Wasserplätze oder Weidegründe gegen andere Gruppen zu verteidigen.

Segmentäre Gesellschaften sind durch ein ständiges Wechselspiel von Fission und Fusion gekennzeichnet. Die jeweilige Beistandspflicht richtet sich nach der Art des Konflikts und der verwandtschaftlichen Nähe oder Ferne der Konfliktpartner. Bald ist es der ganze Stamm, der geschlossen gegen einen äußeren Gegner auftritt, bald sind es auch nur einzelne seiner Segmente, die sich als Solidargruppen einander gegenüberstehen. Dabei gibt der Rekurs auf die genealogische Zugehörigkeit als politisches Organisationsprinzip in der Regel die Garantie dafür ab, daß es sich um in etwa gleich große Segmente handelt, die sich gegenseitig die Waage halten. Selbst wenn der Konflikt durch eine Bluttat ausgelöst worden ist, sind daher beide Gruppen langfristig darum bemüht, ihn wieder friedlich beizulegen. Bei den Nuer war dies zum Beispiel möglich durch die Entrichtung eines Wergeldes in Form einer kleinen Rinderherde, für die die Gruppe des Täters gemeinsam aufkommen mußte. Weigerten sich die Angehörigen der gegnerischen Gruppe, diese Kompensationszahlung zu akzeptieren, so versuchten entferntere Verwandte zwischen den beiden Konfliktparteien zu vermitteln. Scheiterten jedoch auch deren Bemühungen, dann wurde bei den Nuer der sogenannte Leopardenfellhäuptling als Schlichter angerufen. Dieses halbsakrale Amt war bei den Nuer die einzige wirklich neutrale Institution. Die Hütte seines Inhabers galt als sakrosankt. In ihr konnte ein Mörder nach begangener Tat Zuflucht suchen und sich rituell reinigen lassen. Die Sonderstellung des Leopardenfellhäuptlings beruhte darauf, daß er keiner der lokalen Lineages seines Wohnbezirks angehörte. Als neutraler Schlichter verfügte er allerdings über keinerlei Machtbefugnisse. Wollte sich eine der beiden Konfliktparteien seinem Schiedsspruch nicht fügen, so konnte er ihr nur mit seinen Flüchen drohen.

Die segmentäre Dynamik stellt das Gleichgewicht zwischen den einzelnen Gruppen immer wieder her. Sie macht insofern eine politische Zentralinstanz überflüssig. Zugleich verhindert sie, daß einzelne Verwandtschaftsgruppen eine dominante politische Stellung für sich beanspruchen können. Gesellschaften mit einem solchen Selbstregulierungsmechanismus werden in der Ethnologie als „akephal" bezeichnet, ein Wort, das sich aus griechisch *acephalos* = „kopflos" herleitet. Das Prinzip der politischen Gleichrangigkeit gilt nicht nur für ihre einzelnen Segmente, sondern auch für Mitglieder einer jeden Deszendenzgruppe. Für akephale segmentäre Gesellschaften ist daher ein ausgeprägtes Gleichheitsbewußtsein charakteristisch. Es erscheint geradezu als eine der „Determinanten der Akephalie" (Sigrist 1967: 185) und äußert sich auf den unterschiedlichsten Ebenen. So herrscht in vielen segmentären Gesellschaften ein ausgesprochener Teilzwang gegenüber Verwandten und Nachbarn, durch den die Entstehung ökonomischer Ungleichheiten verhindert wird. Überhaupt wird Reichtum an Vieh und anderen Gütern als Ergebnis unsolidarischen Verhaltens angesehen. Durchaus ambivalent sind die Einstellungen gegenüber den Personen, durch die sich die einzelnen politischen Segmente in Verhandlungen nach außen vertreten lassen, ja, sie können sogar in offene Feindseligkeit umschlagen, wenn sie aufgrund dieser Funktion auch innerhalb der eigenen Gruppe eine politische Machtstellung für sich beanspruchen. Ebenso wie die Reichen werden sie häufig hexerischer Machenschaften beschuldigt oder selbst zum Gegenstand magischer Aggressionen. Auch läßt sich im allgemeinen eine sehr geringe Unterordnungsbereitschaft beobachten. So ist zum Beispiel in vielen Berichten über die Nuer von deren „außerordentlichem Eigensinn" und „ihrer Abneigung, sich einem Überlegenen zu fügen" (Sigrist 1967: 188), die Rede. Ein Äquivalent zum deutschen Wort „befehlen" sucht man denn auch in der Sprache der Nuer vergebens. Das von dem britischen Ethnologen Evans-Pritchard treffend als „regulierte Anarchie" bezeichnete politische System dieser und anderer Stammesgesellschaften des Südsudan hat sie während der britischen Kolonialzeit praktisch unregierbar gemacht. Die Kolonialbeamten kamen mit ihren komplizierten politischen Binnenstrukturen nicht zurecht. Sie verstanden insbesondere nicht, weshalb sich auch die Stammesverbände gegen sie verbündeten, von denen doch bekannt war, daß sie untereinander traditionell verfeindet waren. Die Verwaltung des Anglo-Ägyptischen Sudan finanzierte daher Evans-Pritchards Forschungen bei den Nuer, nachdem sie kurz zuvor einen Aufstand blutig hatte niederschlagen lassen. Doch scheinen sie auch dessen Einsichten nicht viel weitergebracht zu haben. Tatsächlich hatten sich Gesellschaften mit politischen Zentralinstanzen immer sehr viel leichter in das von den britischen Kolonialisten bevorzugte System der „indirect rule" integrieren lassen, galt es doch oft nur, deren Oberhäupter für sich zu gewinnen oder durch andere zu ersetzen, wenn sie den Interessen ihrer neuen Oberherren nicht willfährig waren. Das von den Briten in allen Teilen der Welt mit so großem Erfolg praktizierte Prinzip des „search for the king" versagte jedoch vor den egalitär-anarchistischen politischen Organisationsformen der akephalen afrikanischen Gesellschaften. Es gab hier schlichtweg keine traditionellen politischen Führer, derer man sich zur Durchsetzung der administrativen Maßnahmen hätte bedienen können. Die „Gesellschaften ohne Staat" haben daher – wie der afrikanische Revolutionär Amilcar Cabral einmal schrieb – „sehr viel stärker als die anderen den kolonialistischen Eroberern widerstanden“ (zit. nach Kramer/Sigrist 1978: 6). Daß die Abneigung dieser Gesellschaften gegen den Staat und dessen Gewaltmonopol auch die postkolonialen Regierungen vor ganz ähnliche Probleme stellt, haben seit Beginn der neunziger Jahre die Vorgänge im Südsudan ebenso wie in Somalia und anderen afrikanischen Staaten gezeigt.

Große Männer

Neben der Verwandtschaft stellt die Territorialität ein weiteres Prinzip zur Rekrutierung politischer Gemeinwesen dar. Wer in demselben Weiler, in demselben Dorf oder auch im selben Dorfverband lebt, ist damit oft auch automatisch in die politischen Entscheidungen seiner Lokalgruppe mit eingebunden. Verwandtschaftliche und territoriale Organisationsformen überlappen sich dabei in aller Regel. Auch in den akephalen segmentären Gesellschaften Afrikas sind verwandtschaftliche und territoriale Zugehörigkeit auf der untersten Ebene miteinander verschränkt, bilden die Angehörigen einer Lineage doch zugleich auch eine gemeinsame Lokalgruppe. Bedingt durch die hohe Mobilität dieser zumeist von einfachem Bodenbau und Viehzucht lebenden Gesellschaften tritt auf den höheren Ebenen politischer Organisation das lokale Prinzip jedoch hinter die genealogischen Bindungen immer mehr zurück. Siedeln zum Beispiel bei den Nuer Lineages aus verschiedenen Klanen im selben Dorf, so fühlen sich deren Mitglieder in Streitfällen in erster Linie denen ihres eigenen Klans verpflichtet. Der gemeinsamen Abstammung wird in diesen streng unilinear organisierten Gesellschaften häufig größerer Wert beigemessen als dem Zusammengehörigkeitsgefühl lokaler Gruppierungen.

Das Prinzip der Segmentation mit der ihr eigenen Dynamik von Fission und Fusion läßt sich indes auch in Gesellschaften finden, in denen bei der Bildung politischer Gemeinwesen die territoriale Zugehörigkeit eine wichtigere Rolle spielt als die verwandtschaftlichen Bindungen. Das ist etwa bei Feldbau-Kulturen des Hochlands von Neuguinea der Fall, deren primäre soziale und politische Einheiten Dorfgemeinschaften sind. Kommen in den segmentären Lineage-Gesellschaften politische Allianzen durch eine Art von Solidarmechanismus zustande, so treffen wir in den dortigen Dorfgesellschaften auf eine Form politischer Gruppenorganisation, die größeren Spielraum für individuelle Entscheidungen zuläßt und zur Herausbildung einer informellen politischen Führerschaft geführt hat, zu deren Bezeichnung sich in der Ethnologie der Terminus *Big Man* eingebürgert hat. Big Man oder „großer Mann“ ist kein wissenschaftlicher Neologismus, sondern lediglich die Übersetzung eines Begriffs, zu dem sich in vielen papuanischen und auch einigen melanesischen Sprachen die entsprechenden Äquivalente finden. Als „große Männer" werden in diesen Kulturen diejenigen bezeichnet, die sich für die Belange ihrer Gruppe besonders einsetzen, als Sprecher ihrer Gemeinschaften auftreten, die großen zeremoniellen Tauschfeste organisieren und ihre Dörfer in den Krieg führen. Einzelne gelangen in diese Führungsposition allein aufgrund ihrer Persönlichkeit, sei es, weil sie als besonders energisch, leistungsfähig oder tapfer gelten, sei es auch, weil sie gut zu reden und andere mit sich zu reißen verstehen. Vor allem aber kommt es auf ihr Organisationstalent an. Hat ein Mann die entsprechenden Eigenschaften erst einmal unter Beweis gestellt, dann werden sich immer mehr Mitglieder seiner Dorfgemeinschaft an ihn wenden und ihn um seine Unterstützung bitten, etwa wenn sie zeremonielle Tauschgegenstände, Schweine oder Nahrungsgaben benötigen, um ein Heiratsarrangement zu treffen oder ein Totenfest zu feiern. Soweit er ihnen diese Güter nicht aus seinen eigenen Beständen geben kann, wird er sich bemühen, sie von anderen auszuleihen und diesen bei Gelegenheit wieder zurückzuerstatten. Auf diese Weise sammelt er eine immer größer werdende Gefolgschaft von Männern um sich, die ihm ebenso verpflichtet sind wie er ihnen. Unermüdlich tätig, sammelt er Güter nur an, um sie wieder an andere zu verteilen. Je höher sein Ansehen steigt, desto mehr werden sich auch die Bewohner benachbarter Dörfer um ihn bemühen, sei es, daß sie sich an den von ihm organisierten Tauschaktionen beteiligen, sei es auch, daß sie ihre Töchter mit ihm verheiraten. Da aber die Frauen für die Aufzucht der Schweine zuständig sind und diese wiederum zu den wichtigsten Tauschgegenständen zählen, bedeutet jede neu eingegangene Heiratsallianz einen Zugewinn an Einflußmöglichkeiten. Je nach der lokalen Ausprägung des Systems kann ein Big Man seinen Reichtum dazu nutzen, neue Gefolgsleute zu gewinnen oder seine Konkurrenten in benachbarten Lokalgruppen von sich abhängig zu machen, indem er sie so reich beschenkt, daß sie für immer in seiner Pflicht stehen. Daneben stellen Kriege ein weiteres Mittel dar, den eigenen Machtbereich zu erweitern. In ihnen können die Big Men nicht nur ihre organisatorischen Fähigkeiten, sondern auch ihr kämpferisches Geschick und ihre Furchtlosigkeit beweisen, zwei in den kriegerischen papuanischen Gesellschaften besonders angesehene Eigenschaften.

So galt zum Beispiel bei den Dugum Dani – einer vor allem durch ihre rituelle Kriegführung bekanntgewordenen Bevölkerungsgruppe im Hochland von West-Neuguinea – früher und wahrscheinlich auch heute noch als ein Big Man, wer viele Frauen besaß, über viele Schweine verfügte und im Krieg viele Feinde getötet hatte. Politische Grundeinheiten dieser von einem amerikanischen Ethnologenteam (Gardner & Heider 1968; Heider 1970) zu Beginn der sechziger Jahre untersuchten Gesellschaft bildeten damals ca. 30 Konföderationen, die aus mehreren kleinen Gehöft- und Nachbarschaftsverbänden bestanden und ein gemeinsames Gebiet für sich beanspruchten, in dem die Angehörigen verschiedener Klane wohnten. Allerdings stand es jedem Mann frei, sich in dem Gebiet einer anderen Konföderation niederzulassen, wenn er sich mit Mitgliedern seiner eigenen Gruppe überworfen hatte. In jeder dieser Konföderationen gab es mehrere Big Men, die für die Organisation von Gemeinschaftsarbeiten, von Festen, von rituellen Aktivitäten und von Kriegszügen zuständig waren. Das Ansehen eines Big Man war um so größer, je mehr unverheiratete junge Männer, aber auch ältere Verwandte und geschiedene Frauen sich seinem Haushalt angeschlossen hatten und ihm durch ihre Arbeit zu den Gütern verhalfen, die er für seine Tauschaktionen benötigte. Und es nahm noch zu, wenn er sich in den zahlreichen rituellen Gefechten mit verfeindeten Konföderationen und bei der Planung von Überfällen als geschickter Kriegsführer hatte erweisen können. Denn der Krieg stellte in der Gesellschaft der Dugum Dani früher das zentrale Ereignis dar. Bis zu ihrer teilweisen Pazifizierung durch die indonesische Zentralregierung befanden sich die ca. 50000 Personen umfassenden Dani-Bevölkerungsgruppen des Baliem-Tales in einem endemischen Kriegszustand (Gardner & Heider 1968). Die ständigen gewaltsamen Auseinandersetzungen führten immer wieder zum Auflösen alter und zum Eingehen neuer Bündnisse zwischen den einzelnen Konföderationen. Bei diesen Fissions- und Fusionsprozessen spielten wiederum die Big Men die entscheidende Rolle. Durch geschicktes Taktieren verstanden sie es, ihren Einfluß über die eigene Gruppe hinaus auch in anderen Konföderationen geltend zu machen und sie dazu zu bringen, sich unter ihrer Führung zu größeren Allianzen zusammenzuschließen.

Als Karl G. Heider 1961 seine Untersuchungen im Baliem-Tal aufnahm, existierte ein gutes Dutzend solcher Allianzen. Anführer der mächtigsten dieser Bündnisgruppen, die aus mehr als sieben Konföderationen bestand und an die 5000 Personen zählte, war damals ein Big Man mit Namen Gutelu. Er organisierte nicht nur die kriegerischen Aktivitäten, sondern verfügte auch über das rituelle Privileg, das große Ebe-Akho-Schweinefest zu leiten, ein kollektives Heirats- und Initiationszeremoniell, das den Höhepunkt des Ritualzyklus einer jeden Allianzgruppe darstellte und nur alle vier bis sechs Jahre stattfand. Mehr noch als der militärische Erfolg scheint die Teilnahme an diesen großen Gemeinschaftsfesten den Zusammenhalt der Allianzgruppen gewährleistet zu haben. Während Heiders zweijährigem Aufenthalt zeigten sich innerhalb der Gutelu-Allianz die ersten Auflösungserscheinungen. Gutelu hatte zu lange gezögert, das Ebe-Akho-Fest zu eröffnen, und andere Big Men versuchten, sich dieses Vorrecht anzueignen. Obwohl der

Konflikt zunächst noch friedlich hatte beigelegt werden können, führte er zur Bildung von zwei Fraktionen innerhalb der Allianz. Wenige Jahre später kam es zu den ersten kriegerischen Auseinandersetzungen zwischen den beiden Parteien. Schließlich verließen einige Konföderationen Gutelus Allianz und schlossen sich deren traditionellen Gegnern an (Heider 1970: 81). Als ich 1975 die Dugum Dani besuchte, war er endgültig entmachtet. Seine eigene Konföderation war von ihren früheren Verbündeten überfallen worden. Sie hatten dabei auch Gutelus Gehöft niedergebrannt, seine Frauen entführt, seine Kinder zum Teil umgebracht und seine Schweine gestohlen. Der einst mächtigste Mann des Baliemtals hatte an einem neutralen Ort Zuflucht gesucht und sich in der Nähe einer katholischen Missionsstation niedergelassen. Ich lernte ihn auf der Veranda des Pfarrhauses kennen, einen freundlichen und bescheiden wirkenden älteren Mann, der hier seine Tage verbrachte und dem äußerlich nicht anzusehen war, welche wichtige politische Rolle er noch wenige Jahre zuvor gespielt hatte.

Die Geschichte vom Aufstieg und Fall Gutelus ist nicht untypisch für das im neuguineischen Hochland und auf den melanesischen Inseln weit verbreitete Big-Man-System. Denn so locker die Allianzen sind, die unter der Führung eines Big Man zustande kommen, so gefährdet ist auch dessen eigene Stellung. Er muß ständig vor seinen Konkurrenten auf der Hut sein. Die von ihm geschaffenen politischen Koalitionen halten nur so lange, wie er mit seinen Aktionen Erfolg hat. Gelingt einem anderen der Aufstieg, dann ist es seinen Anhängern ein leichtes, die Fronten zu wechseln. Konnte auch bisweilen beobachtet werden, daß es den Söhnen von Big Men häufiger als anderen gelingt, in ihren Gruppen dieselbe Position wie ihre Väter zu erlangen (Strathern 1971: 208 ff.), so handelt es sich doch um kein erbliches Amt. Der Status eines Big Man muß ständig neu erworben werden. Auch wer ihn einmal erreicht hat, kann sich seiner nie sicher sein. Big Men scheinen daher – ähnlich wie Politiker in demokratischen Industriegesellschaften – unter einem permanenten Erfolgszwang zu stehen. Ihre Macht hat keine andere Basis als ihre Leistungsfähigkeit und ihr persönliches Charisma. Über einen Erzwingungsstab aber, mit dessen Hilfe sie ihre Entscheidungen gewaltsam durchsetzen könnten, verfügen sie nicht. Denn Befehle können die Bewohner des Hochlands von Neuguinea ebensowenig ertragen wie die nilotischen Nuer.

Häuptlingstümer

Eine andere weitverbreitete politische Organisationsform ist die Institution des Häuptlingstums. Kann auf den Begriff „Häuptling" auch nicht verzichtet werden, so wird er im Deutschen doch mit Vorbehalten verwendet, da er nicht nur mit pejorativen Konnotationen behaftet, sondern auch wenig präzise ist. Als „Häuptlinge" werden bei uns sowohl die Vorsteher einzelner Deszendenz- und Lokalgruppen (engl. *headmen*) bezeichnet als auch die Oberhäupter größerer Lokalverbände (engl. *chiefs*), die aus mehreren solcher Territorialgruppen bestehen und Häuptlingstümer *(chiefdoms)* im eigentlichen Sinn darstellen. Das Englische kennt daneben noch den Begriff des *paramount chief*. Er ist das anerkannte Oberhaupt mehrerer kleinerer Häuptlingstümer, die er oder seine Vorfahren zumeist durch kriegerische Expansion in ihre Gewalt gebracht haben, die aber von ihm nicht direkt administriert werden. Allgemein läßt sich jedoch sagen, daß kaum ein Begriff in der ethnologischen Literatur so mißverständlich gebraucht worden ist wie der des „Häuptlings".

Evolutionstheoretiker neigen dazu, im Big-Man-System eine Vorstufe des Häuptlingstums zu sehen. Tatsächlich weisen beide Institutionen eine Reihe von Gemeinsamkeiten auf, die den Schluß nahezulegen scheinen, daß die eine aus der anderen hervorgegangen ist. Die Organisation von Gemeinschaftsarbeiten gehört ebenso zu den Aufgaben eines Häuptlings wie die Entgegennahme und Redistribution von gemeinschaftlich erwirtschafteten Gütern. Doch handelt es sich hierbei nur noch zum Teil um freiwillige Leistungen. In Häuptlingstümern kann bereits die Verpflichtung zur Verrichtung von Arbeiten oder zur Lieferung von Tributabgaben an das politische Oberhaupt bestehen, die dieses dann an seine nächsten Verwandten, an die Oberhäupter der ihm unterstehenden Deszendenz- und Lokalgruppen oder auch an Bedürftige verteilt. Er kann die Naturalabgaben aber auch für sogenannte Verdienstfeste zur Schaffung neuer Abhängigkeitsverhältnisse und zur Erhöhung seines eigenen Prestiges verwenden oder sie für die Organisation von Kriegszügen einsetzen. Ein weiterer Unterschied zum Big-Man-System besteht darin, daß der Häuptling auch friedensrichterliche Funktionen wahrnimmt; er wacht über die Aufrechterhaltung der Ordnung innerhalb seiner Gruppe und kann zu diesem Zweck auch Strafmaßnahmen anordnen, wenngleich ihm zu deren Durchsetzung auch ein Erzwingungsstab fehlt.

Vor allem aber ist das Häuptlingstum ein permanentes, festumrissenes und erbliches Amt. Oft ist es der erstgeborene Sohn, der die Nachfolge seines Vaters antritt, das Häuptlingsamt kann aber auch vom älteren Bruder an den jüngeren weitergegeben werden. In matrilinearen Gesellschaften sind es nur die Brüder oder die männlichen Nachkommen der Schwestern eines Häuptlings, die als dessen Nachfolger in Frage kommen. In vielen Fällen hat der Ältesten- oder Stammesrat ein Mitspracherecht bei der Auswahl des Nachfolgers. Auch die Absetzung eines Häuptlings durch die Ältesten ist bisweilen möglich. Gleichwohl bleibt das Amt an die Zugehörigkeit zu einer bestimmten Abstammungsgruppe gebunden. Denn der Häuptling ist zugleich Vorsteher seiner jeweiligen Deszendenzgruppe. Anders als in segmentären Gesellschaften sind in „Häuptlingsgesellschaften" die einzelnen Deszendenzgruppen jedoch nicht gleichrangig, sondern hierarchisch geordnet. Es ist die Abstammungsgruppe des Häuptlings, die an der Spitze der sozialen Pyramide steht. Ihre Sonderstellung, aus der sie auch das Recht zur Kontrolle über den gemeinsamen Landbesitz ableitet, wird in aller Regel mythisch legitimiert, sei es, daß ihr gemeinsamer Vorfahr der Überlieferung zufolge aus der Erde selbst entsprossen ist, oder sei es auch, daß man an seine göttliche Herkunft glaubt.

Die übrigen Abstammungsgruppen sind von geringerem Rang. Sie können selbst wiederum in sich hierarchisch geschichtet sein. Ihr Status richtet sich dann oft nach ihrer genealogischen Nähe zu der des Häuptlings. Die Vorsteher der mit der führenden Deszendenzgruppe verwandten „aristokratischen" Klane können ebenfalls bestimmte Führungspositionen für sich beanspruchen, etwa als Mitglieder des Stammesrates oder auch als Kriegsführer. Den Angehörigen der „gemeinen" Klane bleibt dagegen der Zugang zu den höheren Statuspositionen verschlossen. Doch selbst in stark stratifizierten Gesellschaften wird die Machtfülle des Häuptlings durch die zahlreichen Obligationen eingeschränkt, die ihm aus seinen verwandtschaftlichen Bindungen erwachsen. So kann er zum Beispiel seinen Berater- und „Verwaltungsstab" nicht frei wählen, sondern ist dabei an die genealogische Rangordnung gebunden. Wie dem Ältesten in segmentären Lineage-Gesellschaften oder dem erfolgreichen Jäger in der Horde, kann dem Häuptling innerhalb seiner eigenen Deszendenzgruppe auch nur die Stellung eines *primus inter pares* zukommen. Nach außen verkörpert er ihre Macht nicht zuletzt durch seine sakrale Sonderstellung. Seine Herkunft von dem mythischen Urahn des Stammes oder von den Göttern selbst ableitend, vermittelt er zwischen der Welt der Lebenden und der Toten, der Menschen und der übernatürlichen Wesenheiten. Gerade deshalb aber muß er sich bestimmten rituellen Vorschriften unterwerfen, die den Umgang mit ihm erschweren. Polynesische Gesellschaften haben einen ganzen Komplex von Meidungsregeln entwickelt, die der Häuptling zu beachten hat. Ihm ist nicht erlaubt, den eigenen Herrschaftsbereich zu verlassen, körperlicher Kontakt zu seinen gewöhnlichen Untertanen ist ihm untersagt, er darf den bloßen Boden nicht mit den Füßen berühren, und manchmal muß er sogar gefüttert werden, da es ihm verboten ist, das Essen mit den eigenen Händen zum Mund zu führen. Ähnlichen Restriktionen unterliegen auch die ranghöheren Mitglieder seiner Verwandtschaftsgruppe. Die zahlreichen Tabus, die den Häuptling im übrigen nicht nur in Polynesien umgeben, zeigen, daß die Konzentration von Macht als etwas Gefährliches angesehen wird, und zeugen von der ambivalenten Einstellung gegenüber ihren Trägern. Die Macht muß äußerlich markiert, sie muß zumindest symbolisch eingedämmt und isoliert werden.

Ein bedeutsamer Unterschied von „Häuptlingsgesellschaften" gegenüber staatlich organisierten Gesellschaften besteht in der Nichtexistenz eines Gewaltmonopols. Aufgrund seiner dominanten, sakral begründeten Stellung kann ein Häuptling auf die Unterstützung der Bevölkerungsmehrheit rechnen. Verliert er sie aber, weil er seine Machtbefugnisse überschreitet oder erfolglos agiert, dann wird er stürzen. Denn der Herausbildung einer umfassenden politischen Zentralinstanz stehen in Häuptlingsgesellschaften sowohl die relative Autonomie der einzelnen Deszendenz- und Lokalgruppen mit ihren jeweiligen Oberhäuptern als auch das Konkurrenzverhältnis zwischen den lokalen Häuptlingstümern entgegen. Kriegerische Auseinandersetzungen zwischen einzelnen Häuptlingsdistrikten scheinen zum Beispiel auf den polynesischen Inseln vor der Ankunft der Europäer nicht viel seltener gewesen zu sein als die ständigen Kämpfe zwischen den verfeindeten Lokalgruppen im Hochland von Neuguinea. Mehrere Häuptlingsdistrikte übergreifende politische Gebilde mit einem *paramount chief* an der Spitze kamen auf den polynesischen Inseln zwar durch Eroberungen zustande, sie waren aber in der Regel instabil. Die unterworfenen „Unterhäuptlinge" konnten bei der nächsten Auseinandersetzung schnell wieder abfallen und sich dem Gegner anschließen. Das Konkurrenzverhältnis zwischen Häuptlingen muß jedoch nicht notwendig auf kriegerischem Wege ausgetragen werden. Dies zeigen zum Beispiel die großen Potlatschfeste bei den Indianerstämmen der amerikanischen Nordwestküste (s. u. S. 90 ff.). Bei ihnen hing das Ansehen eines einzelnen Häuptlings unter anderem davon ab, wie viele Güter er für ein solches Verdienstfest sammeln, seinem Häuptlingsgast schenken oder besser noch: vor dessen Augen ostentativ vernichten konnte.

Die Konzentration der politischen Macht in den Händen einzelner wird wiederum in anderen Gesellschaften durch eine Aufteilung der wichtigsten Befugnisse und Aufgaben an Personen verhindert, die zugleich verschiedenen Abstammungsgruppen angehören. Im Osten der indonesischen Insel Flores lag so zum Beispiel die politische Führung eines jeden Dorfes in den Händen eines Kollegiums, das aus den Vorstehern der vier vornehmsten Dorfklane bestand, die bei den gemeinsamen Dorfopfern zugleich die Rollen der Opferpriester einnahmen. Der Ranghöchste unter diesen vieren war für die inneren Angelegenheiten des Dorfes zuständig. Als „Erdherr" teilte er Jahr für Jahr den einzelnen Dorfklanen die gerodeten Gartenfelder zu, bestimmte, wann die Aussaat und die Ernte erfolgte, und schlichtete Streitigkeiten unter den

Dorfbewohnern. Die Regulierung der Außenbeziehungen oblag dagegen dem Vorsteher des zweitbedeutendsten Klanes. Er führte die Verhandlungen mit den Nachbardörfern, bereitete die Kriegszüge vor und repräsentierte das Dorf auch gegenüber den holländischen Kolonialbeamten. Beraten und unterstützt aber wurden sie bei ihren Aufgaben von den beiden anderen Klanvorstehern, die vor allem friedensrichterliche Funktionen wahrnahmen und ausgleichend zu wirken hatten. In wichtigen Fragen wurde zusätzlich der Ältestenrat des Dorfes zu Rate gezogen (Vatter 1932: 81).

Dieses System ähnelt wiederum in manchen Zügen der bei zahlreichen nord- und südamerikanischen Stammesgesellschaften verbreiteten Aufteilung der politischen Ämter unter einen „Friedens-" und einen „Kriegshäuptling". Aufgabe des Friedenshäuptlings war es, für die Aufrechterhaltung der Ordnung innerhalb der eigenen Gruppe zu sorgen. Als mäßigende Instanz mußte er sich bemühen, Konflikte zu schlichten und Meinungsverschiedenheiten beizulegen. Er war eher ein Mann des Wortes als der Gewalt. Ohne über irgendwelche Zwangsmittel verfügen zu können, sah er seine primäre Aufgabe darin, den allgemeinen Konsens immer wieder von neuem herzustellen. Dem Kriegshäuptling kam dagegen innerhalb seines Stammes keine Sonderstellung zu, solange Frieden herrschte. Er übernahm jedoch dessen Führung, wenn es zu gewaltsamen Auseinandersetzungen mit verfeindeten Gruppen kam. Bei den Kriegs- und Raubzügen hatten sich die Männer seiner Autorität zu fügen. In einigen Gesellschaften war es Kriegshäuptlingen sogar gestattet, ihren Befehlen mit Gewalt zur Durchsetzung zu verhelfen. War der Krieg aber beendet, ging die Führung der Gruppe wieder an den Friedenshäuptling über. In diesen Fällen wird also „das Modell der zwangsausübenden Macht ... nur bei außergewöhnlichen Gelegenheiten akzeptiert, wenn die Gruppe einer äußeren Gefahr begegnen muß. Doch die Verbindung von Macht und Zwang hört auf, sobald die Gruppe nur mit sich selbst beschäftigt ist" (Clastres 1976: 31).

Egalität und Gewalt

Ist im Voranstehenden auch auf eine Erörterung von Altersklassensystemen, Männerbünden, Assoziationen und anderen Formen der Allokation politischer Macht in Gesellschaften ohne Staat verzichtet worden, so zeigen die eingehender erläuterten Beispiele doch zur Genüge, daß es in diesen Gesellschaften zur Herausbildung von Mechanismen gekommen ist, die auch bei zunehmender sozialer Komplexität der Verselbständigung von Herrschaft entgegenstehen. Nichts spricht daher dafür, daß sie sich langfristig und gleichsam automatisch auch dann in staatliche Gesellschaften verwandelt hätten, wenn die durchgehende

Verschränkung von sozialen und politischen Strukturen nicht durch fremde Eingriffe empfindlich gestört worden wäre.

Eine zentrale Rolle spielt in jedem Fall die Einbettung politischer Organisationsformen in das Netzwerk verwandtschaftlicher Beziehungen. Auch noch für die Institution des Häuptlingstums gilt: „Where kinship is king, the king is in the last analysis only kinsman, and something less royal. The same bonds that link a chief to the underlying population and give him his authority, in the end tie his hands“ (Sahlins 1968: 93). Sieht man von den stark stratifizierten Häuptlingsgesellschaften einmal ab, in denen der Übergang zu zentralen staatlichen Organisationsformen unter dem Einfluß des europäischen Kolonialismus denn auch relativ schnell vonstatten gegangen ist, dann scheinen Gesellschaften ohne zentralen Erzwingungsstab durch ein hohes Maß an Egalität gekennzeichnet. Die politischen Entscheidungen müssen konsensuell getroffen werden. Die politischen Führer, seien es die Ältesten, die Klanvorsteher, die Big Men, die Dorfoberhäupter oder auch die Häuptlinge, bleiben an den Willen ihrer jeweiligen Gemeinwesen gebunden. Gefolgschaft können sie nicht erzwingen. Innerhalb der eigenen Gruppe setzen sie sich allein aufgrund ihrer persönlichen Autorität durch. Sie verfügen in der Regel auch nur über wenige persönliche Privilegien, zu denen allerdings auffällig häufig das der Polygamie gehört. Von Ausnahmefällen abgesehen, beteiligen sie sich am Nahrungsmittelerwerb ebenso wie alle anderen Mitglieder der Gruppe. Oft arbeiten sie sogar entschieden mehr als alle übrigen und sind ständig mit dem Anfertigen von Schmuckstücken, von Prestigegütern und anderen Tauschgegenständen beschäftigt, muß doch der Gabenfluß in Gang gehalten werden, auf dem die Sonderstellung des Big Man und des Häuptlings beruht. Auch darf er keiner Bitte widersprechen, da Geiz und Macht in vielen Gesellschaften als miteinander unvereinbar gelten. Nach Francis Huxley läßt sich in einigen südamerikanischen Indianerstämmen „der Häuptling immer daran erkennen, daß er weniger besitzt als die anderen und den ärmlichsten Schmuck trägt. Alles andere hat er weggegeben“ (zit. nach Clastres 1976: 32).

Als die dunkle Kehrseite der politischen Egalität erweist sich indes die Gewalt. Selbst bei der nach außen so friedlichen südafrikanischen Jäger- und Sammlergesellschaft der !Kung-San kommt es innerhalb der Gruppe gehäuft zu Totschlägen, wenn Streitigkeiten nicht gütlich beigelegt werden können (Luig 1990: 211f.). In romantisierenden Darstellungen der segmentären afrikanischen Gesellschaften wird oft übersehen, daß nicht nur das Gleichheitsbewußtsein, sondern auch die offene körperliche Gewalt zu den Determinanten der Akephalie zählt. Denn die einzelnen Segmente schließen sich immer nur gegen einen gemeinsamen Gegner zu größeren politischen Einheiten zusammen. Das ist aber vor allem bei durch Bluttaten ausgelösten Fehden der Fall. Auch für die losen politischen Verbände im Hochland von Neuguinea scheint ein hohes Aggressionspotential charakteristisch. Von einem friedlichen Zusammenleben kann auch bei vielen süd- und nordamerikanischen „Häuptlingsgesellschaften" kaum die Rede sein. Insbesondere die Plains- und Prärieindianer hatten eine ausgeprägte Kriegerideologie entwickelt. Nach jedem Überfall und jedem Gefecht wurde sorgfältig ausgezählt, wie viele „Coups" ein Krieger seinen Gegnern versetzen konnte. So groß der Wert auch war, der auf ein friedliches und harmonisches Zusammenleben innerhalb der eigenen Gruppe gelegt wurde, so sehr hing das Ansehen des einzelnen doch von seinem Mut, seiner Geschicklichkeit und seinen Leistungen in den kämpferischen Auseinandersetzungen mit anderen ab.

Das hohe Maß an politischer Egalität in nicht-staatlichen Gesellschaften ist auch nicht gleichbedeutend mit Herrschaftsfreiheit. Innerhalb der Gruppe richtet sich der Status des einzelnen nach dessen Alter und Geschlecht. Die Machtbefugnisse sind dementsprechend unterschiedlich verteilt. Das gilt nicht nur für die segmentären Lineage-, sondern auch für viele Jäger- und Sammlergesellschaften. Durch Initiationsriten, die sich über Jahre erstrecken können und nicht selten mit schmerzhaften Mutilationen verbunden sind, werden die Heranwachsenden dem Willen der Alten unterworfen. Schulden die jungen Männer und Frauen den älteren auch Gehorsam, so können sie sich doch damit trösten, daß sie im Alter selbst die entsprechende Statusposition einnehmen werden. Asymmetrisch sind in aller Regel auch die Beziehungen zwischen den Geschlechtern. In den meisten Fällen sind es die Männer, die die politische Macht in ihren Händen halten und sie nach außen repräsentieren. Doch verfügen auch in Gesellschaften mit ausgeprägter patriarchalischer Ideologie Frauen über ihre eigenen Machtfelder. Ebenso stehen ihnen zahlreiche indirekte Einflußmöglichkeiten zu Gebote, wie umgekehrt auch die politische Macht der Männer immer sozial eingebunden ist.

Hat es aber Gesellschaften mit reiner Frauenherrschaft – sogenannte Matriarchate – je gegeben? Diese Frage ist in der neueren ethnologischen und feministischen Literatur zum Gegenstand heftiger Debatten geworden. Einen vieldiskutierten Sonderfall stellen dabei die sogenannten matrifokalen Gesellschaften dar, in denen Frauen aufgrund der matrilinearen Erbregelung und der matrilokalen Wohnfolgeordnung eine soziale Schlüsselposition zukommt. Zu ihnen zählen unter anderem die nordamerikanischen Irokesen. Sie werden oft als Gegenbeispiel zu der – rein statistisch gesehen – weit überwiegenden Mehrzahl der Gesellschaften angeführt, in denen Männer die dominanten politischen Rollen einnehmen. Tatsächlich verfügten bei den Irokesen gerade die älteren Frauen oder Matronen über einigen politischen Einfluß. Er beruhte auf ihrer Vormachtstellung in den als *ohwachira* bezeichneten Langhäusern, in denen alle weiblichen Angehörigen eines Matriklans zusammen mit ihren eingeheirateten Männern wohnten. Über die Ordnung des Langhauses hatten die Matronen zu wachen. Auch die Organisation und Beaufsichtigung der gemeinsamen Feldarbeit gehörte zu ihren Aufgaben. An den eigentlich „politischen" Entscheidungen beteiligten sie sich aber nur indirekt. Sie wählten zwar das Oberhaupt ihres Matriklans und bestimmten dessen Vertreter im gemeinsamen Stammesrat der Irokesen. Über die männlichen Sprecher ihres Klans konnten sie auch auf den Abschluß von Verträgen Einfluß nehmen und gegen Kriegserklärungen ihr Veto einlegen. An den Sitzungen der Stammesräte nahmen sie selbst jedoch nicht teil. In der „Öffentlichkeit" wurde die politische Macht der Matronen durch Männer repräsentiert.

Als reines „Matriarchat" kann man daher die komplizierte politische Ordnung der Irokesen sicher nicht bezeichnen. Vielmehr macht gerade dieses Beispiel deutlich, wie gering der analytische Wert solcher plakativer Begriffe tatsächlich ist. Für die Charakterisierung der Gesellschaften ohne politische Zentralinstanz als „egalitär" oder „herrschaftsfrei" gilt dies nicht weniger. Wert haben diese Begriffe nur in einem relationalen Sinn. Denn nur dann, wenn man die Gesellschaften ohne Staat mit den aus der älteren und neueren Geschichte bekannten staatlich organisierten Gesellschaften vergleicht, erscheint – bei aller Einseitigkeit – ein solcher Schluß gerechtfertigt, wie ihn etwa der amerikanische Kulturanthropologe Marvin Harris gezogen hat:

„In den meisten Banden- und Dorfgesellschaften vor der Entstehung des Staates besaß der Durchschnittsmensch wirtschaftliche und politische Freiheiten, wie sie heute nur eine privilegierte Minorität genießt. Die Männer entschieden jeder für sich selbst, wie lange sie an einem bestimmten Tag arbeiten wollten, was sie arbeiteten – und ob sie überhaupt arbeiteten. Auch die Frauen stellten sich trotz ihrer Unterordnung unter die Männer ihre eigenen Tagespläne auf und bestimmten ihr Arbeitstempo selbst. [...] Die Leute erledigten, was sie zu erledigen hatten, aber das Wo und Wann wurde von niemand vorgegeben. Es schauten einem keine Chefs oder Vorarbeiter über die Schulter, die zählten oder auf die Stoppuhr drückten. Niemand sagte einem, wie viele Hasen und Rehe man zu fangen oder wie viele Yamswurzeln man auszugraben hatte. [...] Jeder Mann und jede Frau hatten Anspruch auf einen gleichen Anteil an der Natur. Es gab weder Mieten, Steuern noch Tribute, die die Leute davon abhielten, das zu tun, was sie wollten. Mit der Entwicklung des Staates wurde all dies hinweggefegt. Die letzten fünf oder sechs Jahrtausende lang haben neun Zehntel aller Menschen, die je gelebt haben, ihr Dasein als abhängige Bauern oder als Angehörige irgendeiner anderen dienstverpflichteten Kaste oder Klasse gefristet. Mit der Entwicklung des Staates mußten gewöhnliche Menschen, die sich den Reichtum der Natur nutzbar machen wollten, bei jemand anderem die Erlaubnis dazu einholen und dafür mit Steuern, Tributen oder Extraarbeit zahlen. [...] Unter der Vormundschaft des Staates lernten Menschen erstmals, wie man sich verbeugt, buckelt, auf dem Bauch rutscht, kniet und Kratzfüße macht. In vieler Hinsicht war der Aufstieg des Staates der Abstieg der Menschheit aus der Freiheit in die Knechtschaft.“ (Harris 1990: 91 f.)

6. Schriftlosigkeit

Die relative Herrschaftsfreiheit und politische Egalität der Gesellschaften mit primär verwandtschaftlicher Organisation und ohne Zentralinstanz scheinen in Zusammenhang mit einem weiteren, sie ebenfalls charakterisierenden Merkmal zu stehen: dem Nichtvorhandensein der Schrift. Staatenlose Gesellschaften waren in aller Regel auch schriftlose Gesellschaften, sofern man unter „Schrift“ die Wiedergabe entweder von einzelnen Wörtern durch bestimmte Zeichen oder aber die Verknüpfung von Schriftzeichen mit der Lautstruktur der Sprache versteht. Solche „Schriften“ im eigentlichen Sinne sind jedoch von Piktogrammen, Ideogrammen und gegenständlichen Merkhilfen (wie etwa den im andinen Südamerika verbreiteten Quipu-Knotenschnüren) zu unterscheiden, aus denen sie zum Teil hervorgegangen sind.

Piktogramme und Bilderschriften

Als *Piktogramme* bezeichnet man geritzte, gemalte, geschriebene und auch andersartig gestaltete Zeichen, durch die sichtbare Gegenstände abgebildet oder in schematisierter Form wiedergegeben werden, während *Ideogramme* bereits weit stärker stilisierte Zeichen nicht-gegenständlicher Art sind, die der Wiedergabe bestimmter Vorstellungen dienen. Allerdings sind die Übergänge zwischen beiden Zeichenformen fließend. Auf der Anordnung von Piktogrammen in einer bestimmten Reihenfolge basieren die Bilderschriften, die von zahlreichen Kulturen Asiens, Afrikas und Amerikas hervorgebracht worden sind. Piktographische Techniken sind aber auch aus Australien bekannt. Bei den Walbiri in Zentralaustralien war es zum Beispiel bei einigen Zeremonien erforderlich, den Ritualplatz mit piktographischen Bodenmalereien zu versehen, die die Landschaften der „Traumzeit“ darstellten (Meggitt 1962: 223). Abstrakte Linienmuster, die bestimmte Tierarten und Urzeitheroen symbolisieren, finden sich auch auf den zentralaustralischen Schwirrhölzern und Tjurungas, sakralen Objekten, die vor Frauen und Kindern geheimgehalten werden mußten. Im Verlauf der Initiationsrituale wurde die Bedeutung dieser auf das Traumzeitgeschehen bezogenen Symbole den Novizen enthüllt. Aber auch im Alltagsleben fanden Piktogramme Verwendung, so zum Beispiel zur Darstellung von Wasserstellen und anderen geographischen Örtlichkeiten in Form von Sandzeichnungen. In einigen Regionen Australiens waren sogenannte Botenstäbe üblich, derer man sich zur Übermittlung von Nachrichten bediente. Die eingeritzten Linienmuster und Farbmalereien, in die man diese Mitteilungen faßte, sollen angeblich auch den Angehörigen anderer Stämme verständlich gewesen sein (Herrmann 1967: 21). Wahrscheinlicher ist aber, daß es sich hierbei nur um Gedächtnisstützen für die Überbringer der Botschaft handelte.

Ansätze zu einem die Sprach- und Stammesgrenzen übergreifenden Bilderschriftsystem finden sich im indianischen Nordamerika. Einen interessanten Sonderfall stellen die Wampums der Küsten-Algonkin und Irokesen dar, Schnüre und Gürtel, auf denen farbige Muschelscheiben oder auch Röhrenperlen in einer bestimmten Form angeordnet waren und die bald als Zahlungsmittel dienten, bald aber auch zur Dokumentation von Friedensbündnissen und Vertragsabschlüssen verwendet wurden. Berühmt geworden sind vor allem die drei Wampum-Gürtel, auf denen 1682 die Delawaren den zwischen ihnen und William Penn abgeschlossenen Vertrag über die Abtretung der Gebiete festhielten, auf denen der amerikanische Quäkerstaat Pennsylvania gegründet wurde. Einer dieser Muschelgürtel zeigt die den Vertrag abschließenden Parteien als zwei sich gegenseitig an der Hand haltende menschliche Figuren. Auf den anderen beiden sind in Form abstrakter geometrischer Muster Berge und Wasserläufe dargestellt. Da jeder der beim Vertragsabschluß Anwesenden wußte, um welche Berge und Flüsse es sich dabei handelte, war es sicherlich nicht der Sinn dieser Zeichen, „kartographische Details festzuhalten" (Haarmann 1990: 38). Die Wampum-Gürtel waren „lediglich ein mnemotechnisches Hilfsmittel" (a.a.O.: 39). Sie symbolisierten vor allem das gegenseitige Einvernehmen, in dem der Vertrag abgeschlossen worden war. Abgesehen davon, daß die Wampumgürtel eine dauerhafte Fixierung von Detailinformationen gar nicht hätten leisten können, würde dies auch nicht den Kommunikationsformen der Delawaren entsprochen haben. Denn für sie war nicht das Vertragsdokument heilig, sondern das Wort, das sie gegeben hatten. Um an den Geist des Vertrages zu appellieren, wurden die Gürtel daher auch bei späteren Verhandlungen mitgebracht und vorgezeigt. Die Wampumgürtel waren insofern vor allem ein Mittel, um die friedliche Kommunikation zwischen den Parteien wiederaufnehmen und fortsetzen zu können.

Zeichen- und Bildersysteme sind von vielen, wenn nicht sogar von allen Kulturen entwickelt worden. Sie haben aber – wie die Wampumgürtel der Irokesen und Algonkin – in den entsprechenden Gesellschaften zumeist nur die Funktion von Erinnerungsstützen eingenommen. Ohne ein Vorwissen um das Ereignis, auf das sie sich beziehen, und ohne den entsprechenden mündlichen Kommentar bleiben sie unverständlich. Das gilt zu einem Teil selbst noch für die entwickelteren piktographisch-ideographischen Systeme der Azteken, der Mayas und vieler archaischer Kulturen. Auch ihre Aufgabe hat wohl im wesentlichen darin bestanden, die Gedächtnisarbeit zu unterstützen (Scharlau/Münzel 1986: 79). Gerade das aber macht ihre Entzifferung so schwer. Selbst in den Fällen, in denen eine Decodierung gelungen ist, stößt eine Übersetzung schnell an ihre Grenzen. Gleichwohl zeichnet sich etwa die Bilderschrift der Azteken bereits durch eine höhere Kontextunabhängigkeit aus als die uns aus rezenten staatenlosen Gesellschaften bekannten Pikto- und Ideographien. Auch weist sie bereits eine Tendenz zur Anpassung an die Lautstrukturen auf.

Schrift und Staat

Damit sich aus Bilderschriften sprachgebundene hieroglyphische und phonologische Schriftsysteme entwickeln konnten, scheint immer eines Voraussetzung gewesen zu sein: die Existenz eines staatlich organisierten Gemeinwesens, dessen zentrale Verwaltung ein universales Kommunikationsmedium erforderlich machte. Die Herausbildung von zentralisierten Machtgebilden und bürokratischen Herrschaftsstrukturen und die Entwicklung der Schrift haben sich daher vermutlich gegenseitig bedingt. Viel spricht dafür, daß die Schrift erst relativ spät zum Medium „kultureller“ Wissensspeicherung geworden ist, jene Funktion, in der sie uns heute vor allem, wenn auch keineswegs ausschließlich, gegenübertritt. Ursprünglich aber war der Zweck der entstehenden Schriftsysteme etwa bei den Sumerern ein ganz anderer, entschieden pragmatischerer. Wahrscheinlich in den Tempelbezirken entwickelt, die zugleich die Verwaltungszentren der frühen vorderasiatischen Stadtstaaten waren, wurden sie zunächst dazu verwendet, Abgaben und Tributleistungen zu notieren. So enthalten die ältesten erhaltenen Tontäfelchen aus dem sumerischen Stadtstaat Urduk Listen und Aufstellungen verwaltungstechnischen Inhalts. Auch die Quipus der Inkas dienten vor allem administrativen Zwecken. Mit ihrer Hilfe wurden statistische Daten festgehalten, die Ergebnisse von Volkszählungen und Steuerabgaben notiert. Über diese Primärfunktion der „Schrift“ scheinen die andinen Knotenschnurtechniken kaum hinausgekommen zu sein. Liegen die Anfänge der Schriftverwendung in Altägypten auch im dunkeln (Haarmann 1990: 101), so besteht doch kein Zweifel daran, daß sie – ähnlich wie im Zweistromland – ein wichtiges Herrschaftsinstrument des theokratischen Staatswesens darstellte. Hieroglyphische Zeremonialschriften dienten der Verherrlichung des Gottkönigs und seiner Heldentaten, während die für den profanen Gebrauch entwickelten einfacheren Schriftsysteme ebenfalls für administrative Aufgaben eingesetzt wurden. Mit dem Papyrus verfügten die ägyptischen Staatsbeamten über einen mobilen Schriftträger, der sich für Verwaltungszwecke besonders eignete und insbesondere den Austausch von Nachrichten zwischen den Reichsprovinzen und der Metropole erleichterte.

Mit der Schrift ist erstmals in der menschlichen Geschichte eine Kommunikationsform entwickelt worden, die sich von allen früheren wie dem Austausch von Worten, von Gebärden, ja selbst von Rauch- oder auch Lichtsignalen dadurch unterscheidet, daß sie weder mehr auf eine räumliche noch auf eine zei[illegible]Sender und dem Empfänger der Botschaft a[illegible] von Raum und Zeit tendenziell unabhängig[illegible]n Informationen sind der menschlichen Kultur [illegible]glichkeiten der Akkumulation und des Speicherns von Wissen erwachsen. In den Archiven und Bibliotheken konnten mit seiner Hilfe die Erfahrungsschätze unzähliger Generationen aufbewahrt werden. Mit der Erfindung der Druckkunst sind diese Informationen schließlich jedermann zugänglich geworden. Sie hat so Entscheidendes zu den beispiellosen technologischen Innovationen der vergangenen 500 Jahre beigetragen. Doch zugleich markiert die Schrift auch den Anfang dessen, was man in der Philosophie als Verdinglichung und Entfremdung bezeichnet. Nicht von ungefähr fiel das Aufkommen der Schrift vor gut 6000 Jahren mit der Gründung der ersten Städte und Reiche zusammen, mit der „Integration einer großen Zahl von Individuen in ein zentralisiertes politisches System sowie ihrer Aufteilung in Kasten und Klassen", wie Lévi-Strauss (1978: 294) schreibt. Nicht von ungefähr ist sie auch von Anfang an in den Dienst von Herrschaft und Ausbeutung gestellt worden. Denn die persönliche Anwesenheit von zwei oder mehr miteinander kommunizierenden Menschen setzt der Unterdrückung immer bestimmte Grenzen. Die Schrift ermöglicht dagegen Kommunikation über einen Dritten in Abwesenheit entweder des Senders oder des Empfängers; aus dem gegenseitigen Austausch von Botschaften kann so der einseitig gerichtete Befehl werden. Oder – um dies in ein vielleicht etwas krasses Bild zu fassen: ein Todesurteil läßt sich hundertmal leichter verhängen, wenn man das Opfer nicht selbst vor Augen hat. Auch der „Schreibtischtäter" gehört zur Schriftkultur.

In den *face-to-face*-Gesellschaften aber, mit denen die Ethnologie sich vorrangig befaßt, ist die Existenz eines solchen Kommunikationsmittels nicht notwendig. An der Schrift besteht deshalb kein Bedarf, weil diese Gesellschaften von so geringem demographischem Umfang sind, daß noch jeder jedem persönlich mitteilen kann, was er ihm zu sagen hat, weil die gesellschaftlichen Institutionen sich gegenüber den Menschen noch nicht verselbständigt haben, weil es in ihnen keine staatliche Zentralinstanz mit einem physischen Gewaltmonopol und weil es in ihnen keine Stände und Klassen gibt. Möglicherweise hat Lévi-Strauss (1978: 294) daher recht, wenn er die Vermutung äußert, daß „die primäre Funktion der schriftlichen Kommunikation darin besteht, die Versklavung zu erleichtern".

Formen der Wissensspeicherung in oralen Kulturen

Wie steht es in schriftlosen Gesellschaften nun aber um jene weitere, wie wir nun vielleicht sagen können: sekundäre Funktion der Schrift, nämlich die Festschreibung und Speicherung des gesellschaftlich notwendigen Wissens? Jede Kultur verfügt über einen festen Wissensfundus, den sie zum Überleben benötigt und der von Generation zu Generation möglichst vollständig weitergegeben werden muß. Seine dauerhafte Bewahrung ist ein Problem, das durch die Schrift zweifellos effizienter als durch jede andere Methode gelöst werden konnte. Sie hat in dieser Hinsicht sogar das, was man mit Elwert (1987: 244) als einen „Simplizitätsvorteil" bezeichnen könnte. In oralen Kulturen muß dagegen allein die mündliche Überlieferung leisten, was uns die Schrift ermöglicht. Auch sie haben indes eine Reihe von Mitteln und Wegen ersonnen, um eine integrale Weitergabe des für das Überleben einer Gesellschaft benötigten Wissens zu gewährleisten.

Eine der wichtigsten Formen der Wissensspeicherung und -sicherung ist dessen religiöse Sanktionierung: Die kulturellen Überlieferungen werden in Form von heiliggehaltenen Erzählungen weitergegeben. Das deutsche Wort „heilig" geht auf eine gemeingermanische Wurzel zurück, die ursprünglich auch „ganz" oder „unversehrt" bedeutete. Im Englischen sind aus derselben Wurzel „whole" und „holy" hervorgegangen. Doch nicht nur in zahlreichen europäischen Sprachen wird „heil" und „heilig" miteinander assoziiert. Etwas „heilighalten" bedeutet zugleich auch, es zu schützen und unversehrt zu bewahren. Das gilt insbesondere für die als heilig angesehenen mündlichen Überlieferungen. Idealiter zumindest darf an ihnen kein Wort geändert werden. Daß sie dennoch willentlichen und unwillentlichen Veränderungen unterliegen, durch die sie an die jeweilige historische Situation angepaßt werden, steht freilich auf einem anderen Blatt und sei hier lediglich angemerkt.

Heiliggehaltene mündliche Überlieferungen werden in der Ethnologie mit dem religionswissenschaftlichen Begriff *Mythos* bezeichnet. Das

Wort kommt bekanntlich aus dem Griechischen. Ursprünglich hat es soviel wie „formulierte Rede“ bedeutet. Die Etymologie weist bereits darauf hin, daß auch die Mythen der Griechen früher nur mündlich tradiert wurden. Schriftlich aufgezeichnet worden sind sie erst zu einem Zeitpunkt, als der Wirklichkeitsanspruch dieser Überlieferungen durch das philosophische Denken bereits stark in Zweifel gezogen worden war. Schon Platon, der in seine Dialoge zahlreiche Fragmente der griechischen Mythologie hat eingehen lassen, galten sie als „Lügengeschichten“. Der relativ späte Zeitpunkt ihrer schriftlichen Aufzeichnung hat bewirkt, daß sie uns nur noch in einer auf ihre jeweiligen dramatischen Handlungskerne reduzierten Form erhalten geblieben sind. Auf ihnen beruht die von Philologen und Althistorikern entwickelte herkömmliche Definition des Mythos als einer Erzählung von den Taten der Götter und Heroen. „Mythus ist Göttergeschichte“, so heißt es etwa noch apodiktisch in dem gleichnamigen Artikel Paul Tillichs in der 2. Auflage des einflußreichen Handwörterbuchs *Die Religion in Geschichte und Gegenwart* von 1930. Anders als Historiker, Philosophen und Literaturwissenschaftler hatten und haben Ethnologen jedoch die Möglichkeit, Mythen im Kontext ihres wirklichen Gebrauchs zu studieren. Dabei erweist sich die Unzulänglichkeit der klassischen Definition. Denn die „Taten“ der überirdischen Wesenheiten geben in oralen Kulturen nur den äußeren Rahmen ab für unzählige Informationen über die Lebenszusammenhänge der jeweiligen Gesellschaft. Liest man die von Ethnologen aufgenommenen Interlinearversionen von Mythen, so überrascht, welchen geringen Platz in diesen Texten die eigentliche Handlung einnimmt, wie häufig Wiederholungen sind und wie viele Örtlichkeiten und Tätigkeiten genannt werden, die mit dem Handlungskern des Mythos kaum etwas zu tun haben. Doch kommt es in den entsprechenden Gesellschaften oft gerade auf jene Aspekte an, von denen wir den Eindruck haben, sie gehörten gar nicht zur Sache, sie wären ephemer.

Exemplarisch zeigen dies etwa die von Carl und Theodor G.H. Strehlow in der Originalsprache aufgezeichneten und übersetzten Mythen der australischen Aranda (C. Strehlow 1907; Th.G.H. Strehlow 1968; 1971). Sie berichten von den Taten der wandernden Urzeitheroen der Aranda, die an einem bestimmten Ort der Erde entstiegen und überall ihre Spuren hinterließen. Im Verlauf ihrer Wanderungen gaben die totemistischen Ahnen der Landschaft ihre heutige Gestalt, indem sie die Berge und Felsen formten; sie schufen aber auch die Pflanzen, die Tiere und die Menschen; sie führten die Initiationsrituale ein, die sie zuerst an sich selbst vollzogen; sie unterrichteten die Jagdtechniken und andere Alltagsverrichtungen; und sie begründeten die Heiratsordnung und die Stammesgesetze, um schließlich erschöpft wieder in die Erde einzugehen oder sich in die heiligen Tjurungas, die Ahnensteine und -hölzer, zu verwandeln. Über lange Passagen hin bestehen die Mythen der Aranda aus bloßen Aufzählungen von Ortsnamen und immer wiederkehrenden Handlungen, die auf europäische Leser durchaus monoton wirken. Dann kommt es wieder zu dramatischen Höhepunkten. Von jeder besonderen Örtlichkeit des viele hundert Quadratmeilen umfassenden Territoriums dieser Gesellschaft von Jägern und Sammlern wissen die Mythen auf diese Weise eine bestimmte Geschichte zu erzählen. So heißt es etwa von der Umgebung des von den Weißen als Mount Conway bezeichneten Berges, daß hier einst wilde Frauen hausten, die einer der Urzeitheroen vergeblich zu fangen suchte. Sie entzogen sich ihm jedoch und verwandelten sich in die Felsen, die dort in der Nähe eines Wasserloches auch heute noch zu sehen sind. Von einem kleinen Baumhain in der Umgebung des Hugh-Flusses erfährt man, daß an dieser Stelle die Urahnen die erste große Beschneidungszeremonie durchführten, nachdem sie zuvor auf Buschkänguruhs Jagd gemacht hatten. Eine andere Geschichte berichtet von einer Örtlichkeit, an der die Urahnen zukünftige Kinderkeime hinterließen, indem sie den Erdboden mit ihren Penissen schlugen. An diesen und anderen als heilig geltenden Plätzen, an denen auch die Tjurungas aufbewahrt wurden, hatten die Aranda ihre totemistischen Vermehrungszeremonien zu vollführen. Gleichgültig, ob es außerordentliche Erlebnisse, Rituale, Jagdabenteuer oder triviale Alltagsarbeiten sind, von denen der Mythos erzählt: nie darf die Angabe des Ortes fehlen, an dem sie sich ereignet haben.

Die heiligen Erzählungen der Aranda, die zum größten Teil Geheimwissen sind und nur an Initiierte weitergegeben werden dürfen, sind Wanderungs-, Orts- und Arbeitsmythen in einem (Zinser 1977: 90; Schlatter 1989: 177). Die Wege der totemistischen Ahnen ziehen sich wie ein Netzwerk über das ganze Land. Als „mündlich überlieferte Landkarten" (Schlatter 1989: 138) bieten sie Orientierungshilfen. Jede Wasserstelle, jede außergewöhnliche Felsformation und jeder Jagdgrund ist mit einer bestimmten Geschichte verbunden. In den mythischen Überlieferungen der Aranda findet sich so das Wissen über die Lage der Wasser- und Wildvorkommen gespeichert, das diese Gesellschaft von Jägern und Sammlern benötigt, um sich von den kargen Ressourcen einer der aridesten Zonen des australischen Kontinents ernähren zu können. Durch die Mythen werden die einzelnen Örtlichkeiten markiert. Sie fungieren insofern als Erinnerungsstützen und Merkhilfen. Darin allein geht ihre Bedeutung freilich nicht auf. Nach einem von Malinowski (1973: 84) geprägten Ausdruck stellen sie zugleich eine „Charta" der sozialen und religiösen Institutionen der Aranda dar, die wiederum mit den markantesten Punkten ihrer natürlichen Umwelt verknüpft sind. Ein Ort erinnert an den Ursprung der Ahnen, ein anderer an die richtige Durchführung eines Rituals, ein dritter bezieht sich lediglich auf die täglich zu verrichtenden Arbeiten, ein vierter mahnt wiederum daran, was dem zustoßen kann, der sich den überlieferten Stammesgesetzen nicht unterwirft. Die Landschaft selbst erhält auf diese Weise sakralen Charakter. Durch die Assoziationen, die sie evoziert, ruft sie die religiöse und soziale Ordnung immer wieder von neuem ins Gedächtnis.

Die Bindung der mythischen Ereignisse an bestimmte Örtlichkeiten kennzeichnet im übrigen nicht nur die heiligen Erzählungen der australischen Aborigines. Sie scheinen lediglich ein System zur Vollendung gebracht zu haben, das sich in mehr oder weniger ausgearbeiteter Form in fast allen oralen Kulturen finden läßt. Auch die meisten griechischen Mythen hatten ursprünglich wohl einen solchen „topologischen" Charakter. Das Verfahren, sich beim Memorieren des Wissens und seiner mündlichen Wiedergabe der wechselseitigen Zuordnung von Raumvorstellungen und Erzählsträngen zu bedienen (Elwert 1987: 245), wurde auch noch in der antiken Rhetorik als Merkhilfetechnik verwandt. Eine ihrer mnemotechnischen Regeln besagte, man solle die Redegedanken zu prägnanten Bildern verdichten und sich mit diesen ein imaginäres Haus einrichten, das es dann beim Vortrag Raum für Raum zu durchschreiten gelte (Goldmann 1989: 43).

Die religiöse Sanktionierung der mündlichen Überlieferung ist sicher das am weitesten verbreitete, aber doch nur eines von den vielen Mitteln und Kontrollmechanismen, die Sprechkulturen hervorgebracht haben, um die integrale Weitergabe des kulturellen Wissens zu garantieren. Als solche Kontrollmechanismen können zum Beispiel dessen Streuung über mehrere, oft miteinander konkurrierende Spezialisten und auch das Sozialprestige angesehen werden, mit dem das Tradieren verbunden ist (Elwert 1987: 246). Was im folgenden weiterhin vor allem an Mythen exemplifiziert werden soll, gilt zum Teil auch für die „profaneren" Wissensformen, obgleich sich in den meisten Fällen eine genaue Grenze zwischen dem „Heiligen" und dem „Profanen" nicht ziehen läßt.

Mythenkundige stehen innerhalb ihrer Gruppe in hohem Ansehen. Nicht jeder hat das Recht, Mythen zu erzählen, und auch nicht jeder hat das Recht, bei ihrer Erzählung anwesend zu sein. Oft gelten die mythischen Überlieferungen als das Geheimwissen der alten Männer oder Frauen. In diesen Fällen erfolgt seine Weitergabe an die Jüngeren im Rahmen von oder im Anschluß an initiatorische Handlungen. In vielen Kulturen ist das Beibringen von rituellen Narben, von Tätowierungen und von anderen körperlichen Mutilationen mit einer Unterweisung der Novizen in den jeweiligen oralen Traditionen verbunden. Bei den Aranda etwa müssen sich die jungen Männer mehreren und zum Teil sehr schmerzhaften Initiationsritualen unterziehen: dem rituellen In-die-Luft-Werfen, der Beschneidung der Vorhaut und schließlich der Subinzision: dem Aufschlitzen des Penis bis zur Harnröhre, bevor sie von den Alten in das esoterische Wissen des Stammes eingeweiht werden. Jeder dieser Akte findet in den Traumzeitmythen seine Begründung. Das Vorzeigen der Subinzisionsnarbe oder deren erneutes Öffnen leitet wiederum zahlreiche Riten ein, die ebenfalls auf die heilige Tradition Bezug nehmen. Die Mythen werden auf diese Weise gewissermaßen in den Körper selbst eingeschrieben.

Zu Beginn dieses Jahrhunderts ist von den Vertretern der sogenannten Cambridge-Schule die Auffassung entwickelt worden, daß alle Mythen aus Riten hervorgegangen seien, deren Explikation sie dienten. Diese Theorie hat sich jedoch als nicht haltbar erwiesen. Richtig bleibt dennoch, daß der Vortrag der heiligen Überlieferung häufig von rituellen Handlungen begleitet wird. Doch selbst wenn dies nicht der Fall ist, erfolgt er immer in einer ritualisierten Form. Mythen dürfen nur bei bestimmten Anlässen rezitiert werden. Oft werden sie regelrecht inszeniert, von Tänzen, Trommelschlägen und Chorgesängen begleitet. Dem entspricht es, daß die Sprache des Mythos in aller Regel eine gebundene Sprache ist, die sich durch ihre metrische Struktur, durch eine Vielzahl fixer Wendungen und nicht selten auch durch ein besonderes Vokabular von der Alltagssprache unterscheidet. Einen großen Reichtum an Synonyma und Metaphern macht zum Beispiel der sogenannte Parallelismus erforderlich, eine in vielen oralen Kulturen verwendete Ritualsprachtechnik, die sich zur Speicherung mündlicher Überlieferungen besonders eignet. Sie beruht auf der paarweisen Zuordnung von einzelnen Wörtern, Sätzen oder auch Versen, die entweder den gleichen Inhalt wiedergeben, sich komplementär zueinander verhalten oder auch Gegensätze zum Ausdruck bringen können. Die durchgängige Parallelstruktur der Texte erleichtert das Merken. Ihr öffentlicher Vortrag bei Ritualen, Opfern und Festen erfolgt denn auch oft im Wechselgesang zwischen den einzelnen Vorsängern, die sich gegenseitig das jeweilige Stichwort geben und dabei vom Chor der übrigen Teilnehmer unterstützt werden.

Die außeralltägliche Situation, in der Mythen erzählt werden, die besondere Sprache, in der sie abgefaßt sind, die zahlreichen sensorischen Merkhilfen, die ihre Aufführung begleiten, das Prestige, das mit der Kenntnis der mündlichen Überlieferung verbunden ist, die Geheimhaltung, der sie unterliegen kann, und ihre Verknüpfung mit bestimmten Örtlichkeiten, dies alles sind Beispiele dafür, auf welch komplexe Weise das Merken in Sprechkulturen organisiert sein kann. Als Erinnerungsstützen können selbst die Initiationsnarben angesehen werden. Die Erhaltung und Weitergabe des kulturellen Wissens wird in oralen Kulturen mithin durch Mnemotechniken und Kontrollmechanismen gewährleistet, deren Leistungsfähigkeit mit der der Schrift durchaus vergleichbar erscheint. In dieser Hinsicht zumindest ist „die Bedeutung der Schrift oft maßlos übertrieben worden" (Scharlau/Münzel 1986: 165).

Heute ist es freilich so, daß es kaum mehr eine Gesellschaft gibt, die nicht bereits in irgendeiner Weise mit der Schrift in Berührung gekommen ist. Der Kampf gegen das Analphabetentum wird in allen Staaten der Dritten Welt geführt. Die Alphabetisierungsprogramme scheitern jedoch oft daran, daß in vielen dieser Länder die institutionellen Voraussetzungen für einen allgemeinen Verschriftlichungsprozeß gar nicht gegeben sind. Zum einen besteht auf der Dorf- und Lokalebene an der Schrift so lange kein Bedarf, solange die tradierten Lebens- und Wirtschaftsformen sich nicht grundlegend geändert haben. Zum anderen setzt vor allem die ethnische Vielfalt der entsprechenden Staaten der Verschriftlichung natürliche Grenzen. Bald aus der Sprache der jeweils herrschenden politischen Bevölkerungsgruppe oder aus einer alten artifiziellen Handelssprache hervorgegangen, bald auch von den ehemaligen Kolonialherren übernommen, werden die nationalen Schriftsprachen von breiten Bevölkerungsschichten nur mangelhaft beherrscht. Kulturell unzureichend verankert, dienen die Schriftsprachen daher vorrangig administrativen Zwecken, während innerhalb der einzelnen ethnischen Gruppen die mündliche Kommunikation in der eigenen Sprache weiterhin dominiert. Von hierher gesehen ist der Kampf gegen das Analphabetentum keineswegs so uneigennützig, wie zu sein er oft vorgibt, bringt die Alphabetisierung doch – wie Lévi-Strauss (1978: 295) schreibt – auch immer „eine verstärkte Kontrolle der Bürger durch die Staatsgewalt mit sich. Alle müssen lesen können, damit die Staatsgewalt sagen kann: Unkenntnis des Gesetzes schützt nicht vor Strafe".

7. Gering entwickelte Technik und subsistenzorientierte Wirtschaftsweise

Da die Gesellschaften, deren Untersuchung Ethnologen sich primär widmeten, ihre Umwelt scheinbar weniger gut zu beherrschen und zu gestalten verstanden als die technisch „höher" entwickelten Kulturen, hat man sie früher als „Naturvölker" oder auch als „Primitive" bezeichnet. Eingangs ist erläutert worden, weshalb diese Begriffe wissenschaftlich nicht haltbar sind. Bei aller Distanz gegenüber negativen Etikettierungen dieser Art kann jedoch nicht übersehen werden, daß die Produktionsformen dieser Gesellschaften weniger komplex und auch weniger effizient sind als die der sogenannten Hochkulturen. In der Ethnologie ist für die Untersuchung dieser Produktionsformen eine eigene Subdisziplin zuständig: die Wirtschaftsethnologie. Sie befaßt sich mit der Gewinnung, Erzeugung und Verarbeitung, der Umverteilung und dem Konsum aller materiellen Güter, unter denen den Nahrungsmitteln naturgemäß der erste Rang zukommt. Nach den vorwiegenden Techniken der Nahrungsgewinnung werden in der Wirtschaftsethnologie im wesentlichen drei Wirtschaftstypen unterschieden: das Jäger- und Sammlertum, der Feld- und Intensivanbau und der Nomadismus.

Das Jäger- und Sammlertum

Gesellschaften dieses Typus basieren auf einfacher geschlechtsspezifischer Arbeitsteilung. Da die wichtigste ökonomische Tätigkeit der Männer im Jagen von größeren Tieren oder auch im Fischen, die der Frauen aber im Sammeln von Körnern, Früchten, Wurzeln, Beeren und Kleingetier besteht, wäre es eigentlich sinnvoller, von Jäger- und Sammler*innen*tum zu reden. Ist die Jagd auch mit dem größeren Sozialprestige verbunden, so ist der Erfolg der wirtschaftlichen Tätigkeit der Frauen doch weniger vom Zufall abhängig als das oft unstete Jagdglück. Ihr Anteil an der täglichen Nahrungsversorgung ist im übrigen auch höher. Nach neueren Schätzungen liegt er zwischen 60 und 80 Prozent.

Das Jäger- und Sammlertum ist eine Form der Nahrungsgewinnung, die eine nicht-seßhafte Lebensweise, weite Räumlichkeiten und eine flexible Sozialorganisation erforderlich macht. Die Bevölkerungsdichte entsprechender Gesellschaften beträgt im Schnitt nicht mehr als eine Person pro Quadratmeile. Charakteristisch ist die Organisation in sogenannten Horden, die oft nur aus ein paar Dutzend Personen bestehen. Ihr zeitweiser Zusammenschluß zu größeren Gruppen, sei es für Gemeinschaftsjagden oder sei es auch für Rituale, Feste und andere soziale Aktivitäten, ist saisonal bedingt und hängt von den jeweils verfügbaren natürlichen Ressourcen ab.

Sofern man von einigen Ausnahmen absieht, zu denen etwa die amerikanischen Nordwestküstenindianer und die Völker des zirkumpolaren Raumes zu zählen sind, ist die materielle Ausrüstung von Jäger- und Sammlergesellschaften denkbar gering. In tropischen Regionen, ariden und semiariden Klimazonen verwenden die Frauen für ihre Sammeltätigkeit oft nur Grabstöcke, Körbe oder Netze, und auch die Männer beschränken sich bei der Jagd auf die Mitnahme der notwendigsten Gerätschaften. Ihre Waffen und Werkzeuge sind häufig Mehrzweckgeräte. Ein klassisches Beispiel ist die australische Speerschleuder. Es handelt sich dabei um ein ca. 60 cm langes, konisch zulaufendes Brett mit einem umwickelten Handgriff an dem einen und einem Zapfen zum Auflegen des Speerschaftes am anderen Ende. Auch andere Formen sind gebräuchlich. Die Speerschleuder verstärkt die Hebelkraft, indem sie den Arm künstlich verlängert. Sie dient jedoch nicht nur zum treffsicheren Katapultieren der Wurfgeschosse über weite Entfernungen, sondern findet auch für die Nahrungszubereitung, als Eßschale, als Feuersäge, zum Anmischen von Farben und als Musikschlaginstrument Verwendung. Die Multifunktionalität dieser und anderer Gerätschaften rührt daher, daß auf die Wanderungen nur das mitgenommen werden kann, was sich auch über weite Strecken mühelos tragen läßt. Da aufgrund der nicht-seßhaften Lebensweise auch die Vorratshaltung von Nahrungsmitteln kaum möglich ist, werden die Erträge der Sammeltätigkeit von den Frauen und ihren Familienangehörigen oft sofort konsumiert. Ebenso wird das Wild unmittelbar nach der Jagd zerlegt und zum Verzehr unter alle Gruppenmitglieder aufgeteilt. Dabei gilt es, die Prinzipien der Reziprozität streng zu beachten. Oft ist es der Jäger selbst, der für sich nur den geringsten Teil der Beute behält und alles übrige den anderen überläßt. Auf diese Weise schafft er Verpflichtungen, die ihm zugute kommen, wenn beim nächsten Jagdzug ein anderer erfolgreicher ist.

Die Jäger- und Sammlergesellschaften sind früher auch als „Wildbeuter“ bezeichnet worden. Dieser Begriff wurde deshalb gewählt, weil es sich hierbei um eine im wesentlichen *aneignende* Wirtschaftsform handelt, die allein auf der „Ausbeutung“ der vorfindbaren natürlichen Ressourcen zu beruhen schien. Die Menschen entnehmen ihrer Umwelt zwar in der Tat nur das, was sie zum Leben benötigen, und greifen in den natürlichen Kreislauf ansonsten kaum ein. Gerade deshalb aber ist ihre Lebensweise in einem hohen Maße auf die Erhaltung des ökologischen Gleichgewichts angewiesen, weshalb die unter solchen Gesellschaften weitverbreiteten totemistischen und Naturgeist-Vorstellungen, Nahrungs- und Jagdtabus von einigen Ethnologen auch als frühe „Naturschutzmaßnahmen“ angesehen worden sind. Ist diese Auffassung auch strittig (s. o. S. 22 f.), so hat sie doch dazu geführt, daß man auf ihre im Blick auf ein solches komplexes Naturverhältnis sicherlich einseitige Bezeichnung als „Wildbeuter“ inzwischen weitgehend verzichtet.

Reine Jäger- und Sammlergesellschaften gibt es heute kaum mehr. Restbestände dieser Wirtschaftsform haben sich nur noch in Rückzugsgebieten erhalten, wie etwa im Savannen- und Wüstengürtel des südlichen Afrika oder in den tropischen Regenwäldern Südostasiens und des Amazonasbeckens. Die Existenz der wenigen Gruppen, die bis heute an ihrer traditionellen Lebensweise festhalten konnten, ist durch die Ausdehnung landwirtschaftlicher Nutzflächen und die Vernichtung der Regenwälder aufs höchste gefährdet. Andererseits lassen sich unter den scheinbar längst seßhaft gewordenen Nachkommen von Jägern und Sammlern heute weltweit Retraditionalisierungsprozesse beobachten.

Insbesondere den australischen Aborigines ist es nach einem jahrzehntelangen politischen Kampf gelungen, die Kontrolle über jene Teile ihrer Stammesterritorien zurückzuerhalten, die früher als sogenanntes Kronland der direkten Staatsverwaltung unterstanden hatten. In diesen für weiße Australier gesperrten Gebieten versuchen heute einige Aborigines-Gruppen, die Lebensweise ihrer Vorfahren wiederaufzunehmen. Andere Aborigines-Gruppen haben sich darauf spezialisiert, weißen Besuchern gegen Entgelt ihre überlieferten Bräuche vorzuführen. Auch andere einstige Jäger- und Sammlergesellschaften haben den Tourismus als neue Einnahmequelle entdeckt. So sind zum Beispiel im subarktischen Amerika einige Inuitgruppen wieder zum Gebrauch des Hundeschlittens und ihrer überlieferten Jagdtechniken übergegangen, um sich von Touristen gegen Bezahlung auf ihre Jagdexpeditionen begleiten zu lassen. Mögen diese Tendenzen uns auch befremdlich erscheinen, so zeigen sie doch, daß verstärkter Kulturkontakt auch zu einer Wiederbelebung alter Traditionen führen kann.

Feld- und Intensivanbau

Von der unmittelbaren *Aneignung* der natürlichen Ressourcen in den Jäger- und Sammlergesellschaften werden in der Wirtschaftsethnologie die *produzierenden* Wirtschaftsformen unterschieden. Es handelt sich dabei um all die Fälle, in denen der Übergang zur Domestikation von Wildpflanzen und -tieren bereits vollzogen ist und die Menschen die Natur bewußt für ihre jeweiligen Zwecke transformieren. Unter die *produzierenden* Wirtschaftsformen fallen zunächst alle auf den Bodenbau bezogenen ökonomischen Tätigkeiten. Hier können wiederum zwei Grundformen unterschieden werden: der einfache Feldbau und der Intensivanbau.

Der einfache Feldbau, der in der Regel mit dem Grabstock oder der Hacke betrieben wird, basiert je nach Region auf der Kultivierung von Knollenfrüchten wie Yams, Maniok, Kartoffeln und Taro, aber auch von Mais, Trockenreis, Hirse, Gerste und anderen Getreidearten. Er findet sich vor allem in tropischen Regionen. Die Anbauflächen werden durch das Fällen von Bäumen und das Aushauen von Unterholz und Sträuchern gewonnen, eine Arbeit, die in aller Regel von den Männern übernommen wird, während die anschließende Bearbeitung des Bodens mit Grabstock oder Hacke oft den Frauen obliegt. Das Buschwerk bleibt einige Zeit zum Trocknen ausliegen, bis es abgebrannt wird. Durch die Asche werden dem Boden die für den Anbau von Kulturpflanzen benötigten Mineralstoffe zugeführt. Diese Anbauform wird im Deutschen als *Schwendbau* bezeichnet. Einige Ethnologen reden auch von Brandrodungsfeldbau, eine Bezeichnung, die sich zwar zunehmend mehr durchsetzt, aber eigentlich nur in den Fällen berechtigt ist, in denen die Wurzeln nicht im Erdboden verbleiben, sondern wirklich „gerodet“ werden.

Das Schwenden erfordert einen geringeren Arbeitsaufwand als das Roden. Allerdings macht es relativ große Anbauflächen notwendig. Führt das Verbrennen des oberirdischen Wuchses auch anfänglich zu sehr hohen Erträgen, so ist der Nährstoffgehalt des Bodens doch bereits nach wenigen Ernten erschöpft. Aus diesem Grund müssen die Felder immer wieder verlegt werden. Gerade in den tropischen Zonen mit ihren äußerst empfindlichen ökologischen Regelsystemen kann es bis zu fünfzehn Jahre dauern, bis der Boden sich wieder regeneriert hat. Der einfache Feldbau macht daher eine halbseßhafte Lebensweise erforderlich. Sind die umliegenden Felder erschöpft, dann müssen entweder weite Wege in Kauf genommen oder die Ansiedlungen abgebrochen und an anderer Stelle wieder aufgebaut werden. Aufgrund der höheren Bevölkerungsdichte der vom Feldbau lebenden Gesellschaften ist die Inbesitznahme neuer landwirtschaftlicher Flächen aber nur bedingt möglich. In einer Art von Rotationssystem kehren die einzelnen Bevölkerungsgruppen daher in vielen Fällen nach Jahren oder Jahrzehnten zu ihren früher bereits angelegten und von Urwald überwucherten Feldern zurück, um sie erneut zu bestellen. Das Rotationssystem hat zudem den Vorteil, daß der Bewuchs der alten Brachen nicht aus Harthölzern besteht und daher leichter geschwendet werden kann. Territoriale Besitzansprüche spielen in Feldbau betreibenden Gesellschaften eine weit größere Rolle als bei Jägern und Sammlern. Kriegerische Auseinandersetzungen zwischen einzelnen Gruppen sind eher die Regel als die Ausnahme. Auch innerhalb der Gruppen selbst macht die Aufteilung der landwirtschaftlichen Nutzflächen unter die einzelnen Klane und Familien oft ein kompliziertes Bodenrecht erforderlich. In vielen afrikanischen und südostasiatischen Gesellschaften obliegt es dem sogenannten *Erdherrn*, für eine gerechte Verteilung der dem Primär- und Sekundärwald abgerungenen Bodenflächen zu sorgen.

Brandrodungsfeld- und Schwendbau sind auch heute noch weltweit verbreitet. Erosionsschäden werden infolge des hohen Bevölkerungswachstums, der Einschränkung der Mobilität und der Bodenknappheit immer häufiger. Allerdings gibt es aufgrund der besonderen ökologischen Bedingungen in tropischen Regionen zum einfachen Feldbau oft keine Alternative. Auf Feldern mit steiler Hanglage stellt der Schwendbau häufig sogar die einzige landwirtschaftliche Nutzungsmöglichkeit dar. Entwicklungshilfsprogramme scheitern daher oft nicht nur an den hohen Kosten, die der Einsatz artifizieller Bodendüngung und moderner landwirtschaftlicher Geräte mit sich bringt und die von Bauern, die nicht für den Markt, sondern für ihren eigenen Unterhalt produzieren, nicht aufgebracht werden können. Dem Einsatz moderner Agrartechniken sind ebenso häufig auch natürliche Grenzen gesetzt, während die traditionellen Produktionsformen den Umweltbedingungen oft optimal angepaßt sind.

Anders als der auch als Wanderfeldbau bezeichnete Schwend- und Brandrodungsfeldbau ist der Intensivanbau mit permanenter Seßhaftigkeit verbunden. Er beruht auf dem Prinzip, die Ertragsfähigkeit des Bodens durch verschiedene Maßnahmen zu steigern. Zu diesen Methoden zählen u.a. der Fruchtwechsel, die künstliche Bewässerung, das Düngen und das Pflügen. Da der Einsatz des Pfluges Zugtiere erforderlich macht, ist subsidiäre Viehhaltung eine Voraussetzung für den Ackerbau, der eine Sonderform des Intensivanbaus darstellt. Lokalgruppen, die Intensivanbau betreiben, weisen weit höhere Bevölkerungsdichten auf als einfache Feldbauern, denn hier genügen bereits kleine Anbauflächen, um mit ihren Erträgen eine große Anzahl von Personen zu ernähren. Hieraus ergeben sich eine Reihe von weitreichenden Konsequenzen für die soziale, rechtliche und politische Organisation der entsprechenden Gesellschaften, auf die im Rahmen eines solchen kurzen Überblicks jedoch nicht näher eingegangen werden kann. Es ist auch deshalb nicht nötig, weil Intensivanbau vor allem in komplexen, staatlich organisierten Gesellschaften betrieben wird, weit seltener dagegen in den Gesellschaften, mit denen Ethnologen sich vorrangig beschäftigt haben.

Nomadismus

Im allgemeinen Sprachgebrauch wird „nomadisieren" als Synonym für „umherziehen" oder „-schweifen" verwendet. Auch in der Ethnologie ist die Lebensform der Jäger- und Sammler früher als Nomadismus bezeichnet worden. Da das Wort aber etymologisch auf griechisch *nomos* zurückgeht, was soviel wie „Weide" bedeutet, sollte *Nomadismus* korrekterweise eigentlich nur für Hirtenkulturen verwendet werden. Als Synonym bietet sich auch der Begriff *Pastoralismus* an, der auf jeden Fall eindeutiger ist. Der Nomadismus oder Pastoralismus stellt eine hochspezialisierte Wirtschaftsform dar, die auf der Haltung von Ziegen und Schafen, Kamelen, Pferden und Rindern sowie, in den zirkumpolaren Regionen, auch von Rentieren beruht. Sein Hauptverbreitungsgebiet sind jedoch die semiariden und ariden Zonen Nordafrikas, Vorder- und Zentralasiens. Neben dem Jäger- und Sammlertum stellt er in einigen dieser Gebiete oft die einzige wirtschaftliche Nutzungsmöglichkeit dar. Über den Ursprung dieser Wirtschaftsform sind in der Ethnologie verschiedene Theorien entwickelt worden. Früher ist man davon ausgegangen, daß der Nomadismus über verschiedene Zwischenstufen aus dem Jäger- und Sammlertum hervorgegangen und der Übergang zum Bodenbau erst später erfolgt sei. Neuere archäologische Funde haben aber den Schluß nahegelegt, daß die Domestikation von Wildpflanzen und Wildtieren etwa gleichzeitig erfolgt sein muß. Heute wird daher überwiegend die Auffassung vertreten, daß der Nomadismus eine sekundäre Spezialisierung ursprünglich gemischtwirtschaftlicher, bäuerlich-viehzüchtender Kulturen darstellt. Für diese Annahme spricht unter anderem, daß es keine pastorale Gesellschaft gibt, die sich allein von den Erzeugnissen der Herdentierhaltung ernährt. Auch Vollnomaden unterhalten regelmäßig Beziehungen zu Feld- oder Ackerbauern, von denen sie im Austausch gegen ihre eigenen Produkte pflanzliche Nahrungsmittel erhalten.

Der *Vollnomadismus* ist von den verschiedenen Formen des *Semi-Nomadismus* zu unterscheiden. Die Vollnomaden oder „reinen" Wanderhirten sind zusammen mit ihren Familienverbänden das ganze Jahr über unterwegs. Sie schweifen jedoch nicht ziellos umher. Die einzelnen Weiden werden vielmehr in einem genau festgelegten Zyklus aufgesucht, der von den jeweiligen klimatischen und jahreszeitlichen Gegebenheiten abhängt. Von Semi-Nomadismus spricht man dann, wenn das Wanderhirtentum durch subsidiären Bodenbau ergänzt wird. Charakteristisch ist für semi-nomadische Gesellschaften etwa der Wechsel zwischen festen Winterdörfern und mobilen Sommerlagern. Eine Sonderform des Semi-Nomadismus stellt die *Transhumanz* dar. In Gesellschaften dieses Typs ist nur noch ein Teil der Bevölkerung saisonal oder das ganze Jahr über mit den Herden unterwegs, während der andere Teil permanent seßhaft ist.

Pastorale Gesellschaften sind in aller Regel streng patrilinear organisiert; doch gibt es Ausnahmen, zu denen etwa die matrilinearen Tuareg zählen. Auch ist für sie eine ausgeprägte geschlechts- und altersspezifische Arbeitsteilung kennzeichnend. Bei der Zuteilung von ökonomischen Aufgaben und Funktionen spielen in ostafrikanischen Hirtengesellschaften Altersklassensysteme eine wichtige Rolle. So werden zum Beispiel bei den im äthiopisch-kenianischen Grenzgebiet lebenden Gabra die Jungen von einem bestimmten Alter an von ihren Familien getrennt und damit beauftragt, die außerhalb der Hauptlager gehaltenen Herden zu beaufsichtigen und von Weide zu Weide zu führen. Nur während der Regenzeit ist es ihnen erlaubt, in die Hauptlager zurückzukehren. Sie bilden fortan eine Altersgruppe, die die einzelnen Altersstufen gemeinsam durchläuft. Mit ihrer Beschneidung, die gegen Ende des zweiten Lebensjahrzehnts erfolgt, werden sie in die Altersklasse der „Junggesellen" oder „Krieger" aufgenommen. In dieser Lebensphase besteht ihre Hauptaufgabe weiterhin darin, die Herden in den Außenlagern zu hüten. Daneben obliegt ihnen nun aber auch deren Schutz vor feindlichen Angriffen und die Organisation von Raub- und Kriegszügen gegen benachbarte Gruppen. Erst mit ihrer Verheiratung ziehen sie wieder in die Hauptlager zurück, um die Aufgaben eines Haushaltsvorstands und die damit verbundenen interfamilialen Verpflichtungen wahrzunehmen. Die Heirat ist Voraussetzung für den Aufstieg in die nächsthöhere Altersstufe der sogenannten *Political Elders*, die die politischen Aufgaben unter sich aufteilen und gemeinsam über die Wanderwege der Herden, die Verlegung der Lager, die Durchführung von Ritualen und Gemeinschaftsfesten sowie alle anderen Angelegenheiten von allgemeiner Bedeutung entscheiden. Ein Mann hat das 35. Lebensjahr oft bereits überschritten, wenn er als Political Elder den vollen sozialen Status erhält. Auf die Altersstufe der Political Elders folgt schließlich die der *Ritual Elders*, die vor allem religiöse und friedensrichterliche Aufgaben wahrzunehmen haben.

Vergleichbare Altersklassensysteme lassen sich zwar auch in Bodenbau treibenden Gesellschaften finden. Doch scheint die Altersklassenorganisation der ostafrikanischen Hirtengesellschaften den Erfordernissen der pastoralen Wirtschaftsform in einem besonderen Maße angepaßt. Die Hauptlast der Ökonomie tragen die jungen Männer, die das entbehrungsreiche und gefährliche Leben in den Außenlagern führen müssen. Sie bilden auch die Kriegerklasse. Durch das Hinausschieben des Heiratsalters und der „sozialen Reife" versucht die Gesellschaft, so lange wie möglich von der größeren Mobilität, der Körperstärke und dem Mut ihrer jüngeren Mitglieder zu profitieren. Erst wenn sie ein Alter erreicht haben, in dem ihre körperlichen Kräfte bereits nachzulassen beginnen, wird ihnen der eigentliche Erwachsenenstatus zugebilligt. Als Political Elders übernehmen sie gemeinsam die Führung ihrer Gruppen, bis sie von der nachfolgenden Altersklasse abgelöst werden; als Ritual Elders ziehen sie sich aus dem aktiven politischen Leben zurück und nehmen eine Position ein, die sowohl ihrem Alter als auch ihren Erfahrungen entspricht.

Ähnlich wie das Jäger- und Sammlertum erfordert auch die nomadische Wirtschaftsform weite Räume. Das Verhältnis vollnomadischer Gesellschaften zu seßhaften Bevölkerungsschichten war schon immer gespannt, da sie ihre hohe Mobilität nicht selten für Überfälle und Raubzüge nutzten. Nachdem sie fast überall gewaltsam pazifiziert und in die unwirtlichen Randzonen ihrer jeweiligen Staaten abgedrängt worden sind, stellen sie heute für ihre seßhaften Nachbarn kaum mehr eine Bedrohung dar. Da sie von den Staatsregierungen als rückständig, unberechenbar und auch unregierbar angesehen werden, sind immer wieder Versuche unternommen worden, sie seßhaft zu machen. Doch nur wenige dieser Programme waren wirklich erfolgreich. Denn kaum eine andere Wirtschaftsform versteht in ähnlich optimaler Weise selbst noch die kleinsten ökologischen Nischen jener ariden und semiariden Regionen zu nutzen, die das Habitat der meisten heute noch existierenden Nomadengesellschaften bilden.

Das Prinzip der wirtschaftlichen Homogenität

Bei allen äußeren Differenzen weisen das Jäger- und Sammlertum, der einfache Feldbau und der Nomadismus eine Reihe von Gemeinsamkeiten auf, durch die sie sich wiederum vom sogenannten höheren Bodenbau und insbesondere von der Industriegesellschaft unterscheiden. So treffen wir zum Beispiel nur selten Formen der Arbeitsteilung, die über die rein geschlechts- und altersspezifische hinausgehen. Das heißt, daß zum Beispiel alle Mitglieder einer Schwendbau betreibenden Gesellschaft in Entsprechung zu ihrem Alter und ihrem Geschlecht den gleichen wirtschaftlichen Tätigkeiten nachgehen, und zwar ungeachtet der Sonderaufgaben, die der einzelne als Erdherr, Klanvorsteher, Big Man oder Heiler noch wahrnehmen kann. Ausnahmen stellen in dieser Hinsicht lediglich stark stratifizierte Gesellschaften dar, in denen bisweilen nicht nur die lokalen Herrscher, sondern auch eine kleine Schicht von politischen und religiösen Würdenträgern von Tributleistungen leben und von der täglichen Arbeitslast befreit sind. In diesen Gesellschaften findet sich häufig auch eine differenziertere Form der Arbeitsteilung mit einzelnen Berufsspezialisierungen. Ansonsten aber treffen wir fast überall auf das Prinzip der wirtschaftlichen Homogenität. Es hat eine seiner Ursachen zweifellos darin, daß es sich in den drei aufgeführten Fällen im wesentlichen um selbstgenügsame oder subsistenzorientierte Wirtschaftsformen handelt. Produziert wird nur das, was man für den eigenen Verbrauch benötigt. Dabei steht die Nahrungsgewinnung im Vordergrund. Die wenigen Gegenstände, die man nicht selbst herzustellen vermag, werden gegen Produkte der eigenen Arbeit von benachbarten Gruppen eingetauscht. An einem allgemeinen Tauschäquivalent wie dem Geld aber besteht kein Bedarf, da die einzelnen Wirtschaftseinheiten insofern tendenziell autark sind, als ihre Mitglieder das, was sie konsumieren, zum allergrößten Teil auch selbst produzieren können.

Mangel oder Überfluß?

Daß die Gesellschaften „geringer Naturbeherrschung" den Unwägbarkeiten der Natur mehr oder weniger hilflos ausgesetzt seien und permanent am Rande des Existenzminimums leben müßten, ist eine gängige Vorstellung, die vor wenigen Jahrzehnten auch noch von vielen Ethnologen geteilt worden ist. Insbesondere von den Jägern und Sammlern nahm man an, daß sie sich von morgens bis abends auf der Nahrungssuche befänden, ständig vom Hunger getrieben würden und ihre minimalen Subsistenzbedürfnisse nur mit Not befriedigen könnten. Auch von den einfachen Feldbau betreibenden Gesellschaften glaubte man, daß es ihnen in dieser Hinsicht nicht viel besser erginge. Auf jeden Fall schien festzustehen, daß jede neue Stufe der ökonomischen und technischen Entwicklung auch eine Entlastung vom alltäglichen Arbeitszwang mit sich bringen müsse. Neuere empirische und statistische Untersuchungen haben das Bild von der „primitiven Mangelgesellschaft" indes weitgehend widerlegt. Sie sind seit Beginn der sechziger Jahre verstärkt vor allem bei sogenannten Wildbeutergesellschaften vorgenommen worden (Sahlins 1972: 1–40). Dabei gelangte man zu erstaunlichen Resultaten. Der tägliche Arbeitsaufwand scheint in diesen Gesellschaften nämlich erheblich geringer zu sein als bei uns. Selbst in so unwirtlichen Klimazonen wie den südafrikanischen und australischen Wüstengebieten verbringen Jäger und Sammler mit der Nahrungsbeschaffung selten mehr als 25 Stunden pro Woche. Der Ethnologe Richard Lee hat während seines Aufenthalts bei den !Kung-San der südafrikanischen Kalahari-Wüste über mehrere Wochen hin ein „Arbeitstagebuch" geführt, in dem er sorgfältig die täglichen ökonomischen Aktivitäten verzeichnete (Lee 1968, 1979). Dabei zeigte sich, daß die Männer für die tägliche Nahrungsgewinnung und -zubereitung pro Tag 3,09 Stunden, die Frauen aber lediglich 1,80 Stunden aufbrachten. Diese Zeit genügte vollauf, um die Mitglieder der untersuchten Gruppe mit einer ausgewogenen Mischung von pflanzlicher und tierischer Nahrung reichlich zu versorgen. Die Zufuhr an Kalorien lag im Schnitt bei 2355 Kalorien pro Person und Tag. Diese Menge liegt nur wenig niedriger als die entsprechenden US-amerikanischen Standards. Nimmt man die für die Kinderbetreuung sowie für die Herstellung von Jagdwaffen, Werkzeugen und anderen Gebrauchsgegenständen benötigte Zeit noch hinzu, dann kommt man bei den !Kung-San auf einen Arbeitstag von 6,36 Stunden für die Männer und 5,73 Stunden für die Frauen. Die bei anderen Jäger- und Sammlergesellschaften erhobenen Daten erscheinen durchaus vergleichbar (Lee & DeVore 1968).

Bei den Machiguenga, die in den Regenwäldern des südöstlichen Peru leben, sind ähnliche statistische Erhebungen vorgenommen worden. In dieser Gesellschaft von Schwendbauern müssen die Frauen täglich 7,40 Stunden arbeiten, während die Männer mit 6,0 Stunden auskommen. Auch diese Zahlen sind für einfachen Feldbau betreibende Gesellschaften wohl einigermaßen repräsentativ (Johnson & Earle 1987). Der Übergang vom einfachen Feldbau zum Intensivanbau scheint dagegen historisch gesehen nicht nur mit einer Steigerung der Arbeitsproduktivität, sondern paradoxerweise auch mit einer Verlängerung des Arbeitstages verbunden gewesen zu sein. Verglichen mit den Machiguenga ist zum Beispiel der tägliche Arbeitsaufwand bei javanischen Reisbauern, die Bewässerungsfeldbau betreiben, ungleich höher. Untersuchungen in einem javanischen Dorf haben ergeben, daß die durchschnittliche tägliche Arbeitszeit der Männer hier bei 8,37 und die der Frauen bei 10,37 Stunden liegt (vergleichende Tabellen bei Harris 1989: 146). Tatsächlich aber wird in diesen und anderen Fällen nur noch ein Teil der Arbeitszeit für die unmittelbare Reproduktion aufgewandt. Denn der einzelne muß nicht nur für seinen eigenen Lebensunterhalt und den seiner Familienangehörigen arbeiten, sondern auch die Pacht an den Grundbesitzer entrichten, Steuerabgaben zur Unterhaltung des Staatsapparats leisten, für die Ausbildung seiner Kinder aufkommen und vieles andere mehr. In reinen Subsistenzgesellschaften, die nur für den eigenen Konsum produzieren, entfallen dagegen alle diese „Nebenkosten". Doch geht es auch den javanischen Reisbauern noch verhältnismäßig gut, wenn man ihren täglichen Arbeitsaufwand mit dem eines Industriearbeiters im 19. Jahrhundert vergleicht, der Tag für Tag 12 Stunden in der Fabrik zu verbringen und daneben auch noch zahlreiche häusliche Tätigkeiten zu verrichten hatte. Selbst heute reichen die 8 oder mittlerweile 7,5 Stunden, die Arbeitern und Angestellten fünfmal wöchentlich abverlangt werden, für die Reproduktion keineswegs aus. Hinzu kommt die An- und Abfahrtszeit zum Arbeitsplatz, die Zeit für das Einkaufen, das Kochen und die Kinderbetreuung, für Reparaturen und andere Hausarbeiten. Auch die „freien" Wochenenden sind mit solchen informellen Arbeiten angefüllt, die in dem Maße sogar noch zuzunehmen scheinen, in dem die offizielle Arbeitszeit verkürzt wird. Nach Marvin Harris (1989: 147) entspricht die tägliche Arbeitszeit eines amerikanischen Durchschnittsbürgers mit ca. 11 Stunden etwa der einer javanischen Reisbäuerin. Die wahre „Freizeitgesellschaft" ist insofern vielleicht gar nicht die amerikanische. So gering der materielle Reichtum der Buschleute der Kalahari oder der Machiguenga der östlichen Anden auch immer sein mag, so gering ist andererseits der Zeitaufwand, den sie für die Befriedigung ihrer unmittelbaren Lebensbedürfnisse benötigen. Während der technische Fortschritt einen Kreislauf in Gang setzt, der die Erzeugung neuer Bedürfnisse fortlaufend evoziert, ist in subsistenzorientierten Wirtschaftsformen die Eigendynamik der Bedürfnisse noch nicht freigesetzt.

Formen der Redistribution des Mehrprodukts

Man muß nicht unbedingt Marxist sein, um in der Abschöpfung des gesellschaftlichen Mehrprodukts und der Akkumulation des Reichtums in den Händen weniger eine der Ursachen des dynamischen ökonomischen Entwicklungsprozesses zu sehen, der schließlich zur Herausbildung der kapitalistischen Industriegesellschaft und damit auch zur fortschreitenden Vereinnahmung des einzelnen durch den Produktionsprozeß geführt hat. Zwar sind auch Subsistenzökonomien durchaus in der Lage, Überschüsse zu erwirtschaften, die es potentiell einem Teil der Bevölkerung ermöglichen könnten, von den Produkten der Arbeit anderer zu leben. Wenn sie dennoch auf einem „früheren" Stand der Entwicklung der Produktivkräfte „stehengeblieben" sind, dann deshalb, weil sie eine Reihe von sozialen Mechanismen und Institutionen hervorgebracht haben, die der Akkumulation des gesellschaftlichen Mehrprodukts durch dessen unmittelbare Umverteilung entgegenwirken. Eine dieser Institutionen ist der bei Jägern und Sammlern, einfachen Feldbauern und nomadischen Gesellschaften weitverbreitete *Teilzwang*. Wer in seinen ökonomischen Aktivitäten erfolgreicher ist als andere, ist dazu verpflichtet, auch alle übrigen Mitglieder seiner Gruppe an seinen Erfolgen teilhaben zu lassen. Insbesondere Verwandte haben einen gleichsam naturrechtlichen gegenseitigen Anspruch auf die Produkte ihrer Arbeit.

In der Form des institutionalisierten Gabentausches können erwirtschaftete Überschüsse aber auch zur Herstellung und Verfestigung der sozialen Beziehungen nicht nur zwischen Individuen, sondern auch zwischen einzelnen Gruppen verwendet werden. Der französische Ethnologe Marcel Mauss hat in seinem 1923/24 erstmals veröffentlichten *Essai sur le don* (dt. 1968) die dem Gabentausch in traditionellen Gesellschaften zugrundeliegenden Mechanismen dargestellt. Erscheint die Gabe zunächst auch als eine freiwillige Leistung, so wohnt ihr doch ein dreifacher Zwang inne: die Obligation des Gebens, die des Nehmens und die des Erwiderns. Das Geben ist mithin keineswegs ein uneigennütziger Akt. Die Gabe wirkt verpflichtend. Jede Leistung erfordert eine Gegenleistung. Ist ein solcher Tauschzyklus erst einmal in Gang gebracht worden, dann umfaßt er bald nicht mehr nur materielle Güter. Diese finden sich vielmehr in ein „System der totalen Leistungen" (Mauss 1968: 22) eingebettet, das sich über die unterschiedlichsten gesellschaftlichen Ebenen erstreckt. „Nahrungsmittel, Frauen, Kinder, Güter, Talismane, Grund und Boden, Arbeit, Dienstleistungen, Priesterämter und Ränge" – dies alles kann nach Marcel Mauss (1968: 39) „Gegenstand der Übergabe und der Rückgabe" sein. Da der Gabentausch vor allem anderen ein sozialer Akt ist, ist die materielle Substanz der Gabe gleichgültig gegenüber dem Geist der Gegenseitigkeit, den sie repräsentiert. Von hierher erklärt sich auch die Funktion jener fälschlicherweise als „Brautpreis" bezeichneten Gegengaben, die in vielen Gesellschaften mit dem Eingehen einer Heiratsallianz verbunden sind. Ebensowenig wie die an eine fremde Gruppe gegebenen Frauen als „Handelsobjekte“ angesehen werden können, stellen die mit dem matrimonialen Austausch verbundenen Gütertransaktionen den geldwerten „Preis“ dar, der für sie bezahlt werden muß. Vielmehr symbolisieren die von den Frauennehmern an die Frauengeber zu entrichtenden Brautgaben nur die sozialen Obligationen, die die Annahme einer jeden „Gabe“ mit sich bringt.

Auf der Grundlage des Reziprozitätsprinzips haben einige Gesellschaften nicht nur Formen der systematischen *Umverteilung* des erwirtschafteten Mehrproduktes entwickelt, sondern auch Institutionen hervorgebracht, die dessen systematischer *Zerstörung* dienten. Ein in der ethnologischen Literatur häufig zitiertes Beispiel für eine solche Institution ist der *Potlatch* der Nordwestküstenindianer. Die Kwakiutl, Tsimshian, Tlingit, Haida, Salish, Bella Coola und andere Stammesgruppen dieser Region sind in der Literatur bisweilen als „primitive Überflußgesellschaften“ bezeichnet worden (Lindig & Münzel 1976: 33). Eine ihrer Hauptnahrungsquellen stellten die Lachsschwärme dar, die zur Laichzeit die Küstenflüsse aufwärts zogen. Reich waren auch die Fischvorkommen in den küstennahen Gewässern. Der Fischfang wurde durch die Jagd auf Meeressäuger wie Robben, Delphine und Wale sowie durch die Inlandjagd auf Hirsche, Bergschafe und Bären ergänzt. Auch vegetabilische Nahrung wie Beeren und Wurzeln war im Überfluß vorhanden, die während der warmen Jahreszeiten von den Frauen gesammelt wurden. Den Winter verbrachten die Nordwestküstenindianer in festen Ansiedlungen. Die kunstvolle Ausführung ihrer aus Zedernholz gefertigten Häuser zeugt von dem hohen Niveau ihrer materiellen Kultur. Die mit Tierdarstellungen geschmückten Wappenpfähle der Haida, die ziselierten Kupferplatten der Tlingit und die stark stilisierten Malereien, Plastiken und Masken der Kwakiutl zählen auch heute noch zu den ästhetischen Glanzstücken amerikanischer und europäischer Völkerkundemuseen. Von den rezenten Jäger- und Sammlergesellschaften unterschieden sich die Nordwestküstenindianer nicht nur durch ihren reichen materiellen Kulturbesitz, sondern auch durch ihre soziale Organisation. Sie hatten eine komplexe Rangordnung entwickelt, wie sie sich in dieser Form in keiner anderen Gesellschaft mit aneignender Wirtschaftsform findet. Die hierarchische Gliederung der Gesellschaft in Häuptlinge, Adlige, Gemeine und Sklaven basierte sowohl auf der genealogischen Abstammung als auch auf dem Reichtum an Nahrungsmitteln und Gütern, den einzelne anhäuften und der ihnen unter bestimmten Bedingungen den Aufstieg in die nächsthöhere Rangklasse ermöglichte. Jedes soziale Ereignis von Bedeutung, gleichgültig ob es sich um ein Namensgebungs- oder Rangerhöhungsfest, um die Übernahme eines Häuptlingsamtes, um Heirat, Tod oder Gedenkfeiern für Verstorbene handelte, wurde bei den Nordwestküstenindianern von einem Potlatch-Fest begleitet. „Potlatch" heißt so viel wie „geben", und das großzügige Verteilen von Gaben unter die eingeladenen Gäste stellte denn auch den Höhepunkt eines jeden dieser Feste dar. Güter des täglichen Gebrauchs wie getrocknete Fische, Olachenöl, Pelze und Decken, aber auch Schnitzereien und Kupferplatten wurden zu diesem Zweck vom jeweiligen Festgeber und seiner Gruppe in einer langen Vorbereitungsphase gesammelt, um sie den Geladenen als „Gaben" zu überreichen. Alles, was sie nicht selbst verzehren konnten, wurde von den Gästen mit nach Hause genommen und unter ihre Gruppenangehörigen verteilt. Nicht nur das Eßgeschirr, sondern selbst die Hausplanken des Festgebers konnten auf diese Weise ihren Besitzer wechseln. Je größer die Zahl seiner Gäste und der von ihm verausgabten Gegenstände, desto höher wuchs damit auch das Ansehen des Gastgebers. Auch wenn jemand einen erblichen Anspruch auf ein Häuptlingsamt oder einen bestimmten Rang besaß, mußte er erst durch ein Potlatch-Fest nachweisen, daß er dieser Stellung auch tatsächlich würdig war.

Extreme Formen nahmen die Potlatch-Wettbewerbe zwischen rivalisierenden Häuptlingen an. Sie beschränkten sich nicht darauf, den Gast durch eine Vielzahl von Gaben zu beschämen, sondern zerstörten die Güter vor seinen Augen, zerbrachen die wertvollen Kupferplatten oder warfen sie ins Meer, verbrannten die Holzplastiken, Pelze und Decken und zündeten manchmal schließlich selbst noch das eigene Haus an. Ihr einziges Ziel war dabei, den Gegner zu demütigen und nach Möglichkeit sogar zu ruinieren, denn er war verpflichtet, das Fest zu erwidern und sein Ansehen dadurch zu retten, daß er seinen ehemaligen Gastgeber durch die Vernichtung einer noch größeren Anzahl von Gegenständen übertraf. Die Nordwestküstenindianer häuften Reichtümer mithin nur an, um sie an andere umzuverteilen oder um sie zu zerstören. Die Reichtumsunterschiede blieben auf diese Weise nie von Dauer. Sie wurden in Rangunterschiede umgesetzt. Die Integration der Nordwestküstenindianer in ein kapitalistisches Marktsystem hat hieran nichts geändert. Durch Handelsniederlassungen, Fischkonservenfabriken und Sägewerke war seit der Mitte des 19. Jahrhunderts das Gebiet der Nordwestküste wirtschaftlich erschlossen worden. Die vielfältigen Möglichkeiten, durch Handel und Lohnarbeiten neue Reichtümer zu erwerben, nutzten die dortigen einheimischen Bevölkerungsgruppen aber nur zur Ausrichtung immer größerer Potlatchfeste, die zunehmend zerstörerischere Formen annahmen und daher zeitweise sogar verboten wurden. Aber auch diese staatlichen Zwangsmaßnahmen haben die Nordwestküstenindianer nicht daran gehindert, an ihren traditionellen Formen des Gabentausches bis in die jüngste Gegenwart festzuhalten. Das Ansehen, das der willentliche Verzicht auf Reichtümer schafft, scheint ihnen auch heute noch wichtiger zu sein als der Nutzen, der sich aus ihrem unmittelbaren Konsum oder ihrer langfristigen Akkumulation als Kapital ziehen ließe.

Die dem Potlatch-System zugrundeliegende Idee der unproduktiven Verausgabung findet sich nicht nur bei den Nordwestküstenindianern. Exzessive Feste, bei denen eine Unzahl von Gästen bewirtet, alle Schweine eines Dorfes geschlachtet und die monatelang angehäuften Nahrungsmittelvorräte in wenigen Tagen aufgebraucht wurden, um das Ansehen des Gastgebers zu erhöhen, sind auch aus dem Hochland von Neuguinea und aus Inselmelanesien bekannt. Sie bildeten eine der Grundlagen des Big-Man-Systems. Die Weigerung der europäischen Kolonialbeamten und Händler, die Einheimischen an ihrem Güterreichtum in der Weise teilhaben zu lassen, wie man es von den traditionellen politischen Führern gewohnt war, kann als einer der Auslöser der melanesischen Cargo-Kulte angesehen werden: Heilserwartungsbewegungen, deren Anhänger glaubten, daß die Waren der Europäer eigentlich für sie bestimmt gewesen und ihnen von diesen unrechtmäßigerweise vorenthalten worden seien (Kohl 1991). Heute werden die von Europäern importierten Karten- und Glücksspiele in einigen melanesischen und australischen Gesellschaften dazu verwendet, die durch Lohnarbeit auf Rinderfarmen und in Plantagen erzielten Einkünfte egalitär unter die Mitglieder der jeweiligen Gruppe umzuverteilen (Goodale 1987). Und trägt nicht auch die in Europa und Amerika weitverbreitete Sitte, sich zum Weihnachtsfest gegenseitig mit teuren und in aller Regel nutzlosen Gegenständen zu beschenken, Züge, die als Restbestände des Potlatch-Denkens angesehen werden können?

III. Entdeckungen der Ethnologie

1. Die anthropologische Wende

Auf die Problematik des im vorangehenden Kapitel eingeschlagenen typologisierenden Verfahrens ist bereits eingangs verwiesen worden. Um einem möglichen Mißverständnis gleich vorzubeugen: Es sollte dabei nicht darum gehen, eine wie auch immer geartete Einheitlichkeit des Gegenstands ethnologischer Forschung zu behaupten, die unabhängig wäre vom Standpunkt des Beobachters. Demonstriert werden sollte lediglich die Einheitlichkeit der Konzepte, die durch den Vergleich unserer sozialen und kulturellen Institutionen mit denen fremder Gesellschaften entwickelt worden sind. Dem aufmerksamen Leser dürfte allerdings nicht entgangen sein, wie häufig in deren Darstellung von einschränkenden Modaladverbien wie „oft", „zumeist", „in der Regel" usw. Gebrauch gemacht worden ist. Tatsächlich deckt sich das Modell der matrilateralen Kreuzkusinenheirat, der segmentären Gesellschaft oder gar des Jäger- und Sammlertums immer nur bedingt mit der jeweiligen empirischen Wirklichkeit. Es handelt sich bei diesen Modellen um methodische Hilfskonstrukte, die als Rohgerüst bei der Erfassung empirischer Daten dienen und von Fall zu Fall modifiziert werden müssen. Wie jede andere Sozialwissenschaft ist indes auch die Ethnologie auf solche idealtypische Konstruktionen angewiesen, um generelle Aussagen treffen zu können; auch der „Normalverbraucher" ist nur ein Hilfskonstrukt der empirischen Soziologie. Konstruktionen und Konzepte dieser Art stellen Abstraktionen von Wissenschaftlern dar, die bei der vergleichenden Untersuchung einzelner empirischer Tatbestände gewonnen worden sind, als Allgemeinbegriffe in die Wissenschaftssprache Eingang gefunden haben und sich in der Empirie immer wieder von neuem bewähren müssen. Der im Voranstehenden entwickelte Katalog von Merkmalen der ethnischen Gruppen, mit denen Ethnologen sich vorrangig beschäftigt haben, ist indes selbst wiederum eine historische Konstruktion in doppeltem Sinn: Er bezieht sich auf Gesellschaften, wie sie in dieser besonderen Form heute fast nirgends mehr existieren; und er bezieht sich damit zugleich auf eine Phase der Wissenschaftsgeschichte, die inzwischen als im wesentlichen abgeschlossen gelten kann. Die moderne Ethnologie beschäftigt sich zwar immer noch vorrangig mit einem bestimmten Typus außereuropäischer Gesellschaften, doch betrachtet sie diese heute nicht mehr als isolierte und gleichsam geschichtslose soziale Entitäten, sondern versucht, ihrer Einbindung in übergeordnete staatliche und supranationale Strukturen Rechnung zu tragen. Überdies hat sich ihr Untersuchungsfeld in den letzten Jahrzehnten beträchtlich erweitert: ihr Blick gilt heute auch bestimmten sozialen Erscheinungsformen in der eigenen Kultur.

Daß sich die Ethnologie früher fast ausschließlich der Untersuchung relativ einfacher, geschlossener und außerhalb des europäisch-nordamerikanischen Kulturraums liegender Gesellschaften gewidmet hat, scheint zunächst aufgrund von forschungspragmatischen Erwägungen erfolgt zu sein (Mühlmann 1964: 50). Im Prozeß der Spezialisierung einzelner Wissenschaften bekam die Ethnologie jene außereuropäischen Kulturen als Untersuchungsfeld zugewiesen, für die keine der benachbarten, historisch-philologisch arbeitenden Disziplinen wie etwa die Indologie oder die Arabistik zuständig war, da sie über keine eigenen schriftlichen Traditionen verfügten. Die Aufnahme ihrer Sprachen, die Dokumentation ihrer Institutionen, Überlieferungen und Lebensformen mußten daher vor Ort erfolgen: durch die ethnographische Feldforschung, von der später noch ausführlicher die Rede sein wird. Dabei erwies sich bald, daß es sich um Gesellschaften handelte, die der Gesellschaft ihrer Beobachter nicht nur in räumlicher, sondern auch in jeder anderen Beziehung am fernsten standen. Aus einer eurozentrischen Perspektive betrachtet waren es insofern wirkliche „Randvölker", unterschiedlicher in jedem Fall als alle schriftbesitzenden „fremden" Kulturen. Doch gerade diesem Umstand ist es zuzuschreiben, daß die Ethnologie im Kanon der Sozial- und Kulturwissenschaften schließlich eine privilegierte Position einnehmen konnte. Nicht zu Unrecht hat Claude Lévi-Strauss (1974: 41) den Ethnologen einmal als den „Astronom menschlicher Konstellationen" bezeichnet und die von der Ethnologie ausgelöste anthropologische Wende mit der kopernikanischen Revolution verglichen. Denn gerade aufgrund der Tatsache, daß die Ethnologie sich mit den, von unserem Standpunkt aus betrachtet, „fernsten" sozialen und kulturellen Phänomenen zu befassen hatte, wurde sie dazu in die Lage versetzt, durch den Vergleich bestimmte „allgemeine Merkmale des gesellschaftlichen Lebens" (Lévi-Strauss 1967: 370) zum Vorschein kommen zu lassen. Die primäre Aufgabe der Ethnologie besteht mithin darin, sich dem Studium der Unterschiede zwischen den Kulturen zu widmen. Da jedoch die Wahrnehmung solcher Unterschiede die Annahme von Gemeinsamkeiten immer schon voraussetzt (Fischer 1992: 4), ist die Untersuchung dieser Gemeinsamkeiten ein zweiter und nicht weniger wichtiger Gegenstand des Faches. In einem dritten Schritt gilt es schließlich, Erklärungsmodelle dafür zu entwickeln, weshalb die einzelnen menschlichen Kulturen in bestimmten Grundzügen übereinstimmen und weshalb sie sich in anderen Zügen wiederum voneinander unterscheiden. Obgleich die Ethnologie sich nie mit *allen* menschlichen Kulturen befaßt hat, hat der große Grad der Fremdheit jener menschlichen Gruppen, denen ihr Augenmerk vor allem galt, sie in die privilegierte Position versetzt, die Grundlagen für eine allgemeine Theorie der Kultur zu legen. Denn nichts anderes haben die einzelnen ethnologischen Schulrichtungen, mit dem Evolutionismus und dem Funktionalismus angefangen bis hin zum Strukturalismus und der Kulturökologie, angestrebt. Und nichts Geringeres beanspruchen die Vertreter des Faches in den angelsächsischen und französischsprachigen Ländern auch, wenn sie es bald als *Cultural Anthropology*, als *Social Anthropology* oder auch als *Anthropologie sociale* bezeichnen. Es wäre daher falsch, wollte man es im Blick auf aktuelle Entwicklungen des Faches als ein Versäumnis ethnologischer Forschung ansehen, daß sie sich zunächst nur einem bestimmten Typus von Gesellschaften zugewendet, andere aber vernachlässigt hat. Gerade dieser anfänglichen Konzentration verdankt sie Einsichten, durch die sie ihre Nachbarwissenschaften in den letzten Jahrzehnten entscheidend bereichern konnte.

2. Fremdheit als methodisches Prinzip

Als universitäre Disziplin ist die Ethnologie ein relativ junges Fach. In Deutschland wurde 1869 die erste reguläre Dozentur für Völkerkunde an der Berliner Universität eingerichtet und mit Adolf Bastian besetzt. In England dauerte es noch weitere 15 Jahre, bis die Universität Oxford 1884 Edward B. Tylor mit einer Readership und 1896 schließlich mit einer Professur für *Anthropology* betraute. In den gut 120 Jahren, die seit Adolf Bastians Antrittsvorlesung an der Berliner Universität vergangen sind, haben sich auch die Gesellschaften entscheidend verändert, denen das Interesse dieser jungen Wissenschaft einst galt. Schon Bastian selbst äußerte in seiner 1881 veröffentlichten Abhandlung *Der Völkergedanke* sein Entsetzen über den drohenden Verlust des Gegenstands ethnologischer Forschungen: „Und jetzt gerade, wo uns im Contact mit den ethnischen Welten, das Bewußtsein, oder doch die Ahnung auftaucht der Offenbarungen, die hier zu erwarten stehen, da bricht, mit der Reibung des Contacts selbst, jene Feuersbrunst aus, die sie vor unseren Augen zerstört." Haben sich die von ihm und zahlreichen anderen Ethnologen aufgestellten Prognosen vom unmittelbar bevorstehenden „Aussterben" der damals als „Naturvölker" oder „Primitive" bezeichneten Lokalkulturen auch nicht bestätigt (Kohl 1988), so steht es doch außer Frage, daß die Unterschiede zwischen den Kulturen seither global eingeebnet worden sind. Dennoch hat das Fach seine eigentliche Blüte erst in den letzten hundert Jahren erlebt und ist von einigen benachbarten Disziplinen eine Zeitlang sogar als neue Leitwissenschaft angesehen worden. Dieser Widerspruch erklärt sich indes relativ einfach. Denn bei der Untersuchung jener kleinen, homogenen und relativ isolierten menschlichen Gruppen wurden Sichtweisen entwickelt, die sich bald auch bei der Untersuchung verwandter sozialer Phänomene in der eigenen Gesellschaft bewährten. Der durch das Studium fremder Kulturen geschulte ethnologische Blick wirkt verfremdend, sobald er sich der eigenen Kultur zuwendet. Relationale „Fremdheit" kann so in den Rang eines methodischen Prinzips erhoben werden. Gerade darin besteht eine der großen Entdeckungen der Ethnologie: eine Perspektive entwickelt zu haben, die es erlaubt, die eigenen sozialen Institutionen, Normen und Werte, Gewohnheiten und kulturellen Selbstverständlichkeiten aus der distanzierten Sicht eines von außen kommenden Beobachters zu betrachten. So verstanden ist die Ethnologie nach den Worten des französischen Philosophen Maurice Merleau-Ponty „keine Spezialität, die durch einen Sondergegenstand definiert wäre", sondern vielmehr „eine Denkweise, die sich aufdrängt, wenn der Gegenstand ein ‚anderer' ist und uns eine Wandlung unserer selbst abverlangt. [...] es geht darum, zu lernen, wie man das, was unser ist, als fremd, und das, was uns fremd war, als unsriges betrachtet" (zit. nach Dammann 1991: 15).

Dieser Perspektive hatte sich in den 40er Jahren bereits der amerikanische Ethnologe Lloyd Warner bedient, der zunächst einen längeren ethnographischen Feldforschungsaufenthalt bei den australischen Murngin verbracht hatte (Warner 1937), um einige Jahre später mit ähnlichen Methoden die „geschlossene" Gesellschaft einer Kleinstadt im amerikanischen Mittelwesten (Warner et al., 1949) zu untersuchen. Er wurde damit zu einem der Pioniere der „urbanen Anthropologie", einer Forschungsrichtung, die sich allerdings erst in den letzten Jahren innerhalb des Faches wirklich verankern konnte. Während sich die Ethnologie damit neue Studienfelder erschließt, die der traditionellen Fächerteilung gemäß eigentlich zu den Domänen der Soziologie gehören, bedient sich umgekehrt heute die Soziologie der auf dem Boden der Ethnologie entwickelten qualitativen Forschungsmethoden. Mit ihrer Hilfe untersucht sie innerhalb komplexer Gesellschaften jene sozialen Einheiten, die man insofern als Ebenen der Authentizität bezeichnen könnte, als in ihnen noch die Beziehungen zwischen den Menschen und nicht deren dingliche Vermittlung die entscheidende Rolle spielen. Unter dem Einfluß der Ethnologie hat sich auch die moderne Volkskunde gewandelt, ein Perspektivenwechsel, der an einigen deutschen Universitäten sogar zu Änderungen der Fachbezeichnung einzelner Institute geführt hat. Als „europäische Ethnologie" (Marburg), „empirische Kulturwissenschaft" (Tübingen) oder „Kulturanthropologie" (Frankfurt) beschränkt sich die Volkskunde nicht mehr allein auf die herkömmliche Brauchtums- und Sachkulturforschung, sondern erforscht unter sozialwissenschaftlichen Gesichtspunkten traditionsgebundenere ländliche Lebensformen ebenso wie ausgewählte Bereiche der modernen städtischen Alltagskultur. Selbst in den Geschichtswissenschaften ist bereits seit einigen Jahren eine ähnliche ethnologische Wende zu beobachten. Die Historiographie ist schon lange nicht mehr nur allein an den „Männern, die Geschichte machen" oder an den großen Haupt- und Staatsaktionen interessiert, sondern wählt sich einzelne Dörfer und Kleinstädte in der Languedoc, in den Vogesen oder auf der Schwäbischen Alb, um anhand dieser überschaubaren sozialen Felder Mikroanalysen historischer Vorgänge zu erstellen. Die Untersuchung der Auswirkungen historischer Ereignisse auf das Alltagsleben von Menschen ist Aufgabe der *Oral History,* einer neuen Subdisziplin der Geschichtswissenschaft, die sich der in der Ethnologie entwickelten Methoden zur Aufnahme und Analyse mündlicher Überlieferungen bedient. Durch Zeugenbefragungen und Interviews insbesondere mit Angehörigen ländlicher und unterprivilegierter Schichten werden die schriftlichen historischen Quellen ergänzt (Niethammer 1985).

Die Grenzen zwischen den einzelnen Disziplinen werden indes in beiderlei Richtung überschritten. Auch Ethnologen müssen historische Archivstudien betreiben, wenn sie die aktuellen Vorgänge in den von ihnen untersuchten außereuropäischen Gesellschaften verstehen wollen. Da es sich dabei aber zum allergrößten Teil um ehemals schriftlose Gesellschaften handelt, in deren mündlichen Überlieferungen tatsächliche historische Ereignisse von religiösen Traditionen und mythischen Berichten nicht ohne weiteres unterschieden werden können, sind Ethnologen bei der Untersuchung der Geschichte dieser Kulturen auf die Aufzeichnungen von Kolonialbeamten, von Missionaren und eben auch von früheren Ethnologen selbst angewiesen. Die Ethnohistorie oder historische Ethnologie ist heute ein selbständiger Arbeitsbereich des Faches, der in Deutschland aus der zunächst eher spekulativ orientierten kulturhistorischen Schule hervorgegangen ist, in den letzten Jahrzehnten aber immer zuverlässigere Methoden zur Erfassung historischer Vorgänge in Gesellschaften ohne eigene schriftliche Überlieferung hervorgebracht hat. Selbst wenn man die oft erstaunliche Resistenzkraft in Rechnung stellt, die die überlieferten sozialen und kulturellen Institutionen afrikanischer, südamerikanischer, asiatischer oder ozeanischer Lokalkulturen gegenüber historischen Veränderungen an den Tag legten, kann doch der qualitative Umschlag nicht übersehen werden, der sie mittlerweile zu Bestandteilen eines globalen Interdependenzsystems hat werden lassen. Da der sogenannte traditionale Sektor in den Staaten der Dritten Welt aber nur in bezug auf deren modernen Sektor zu verstehen ist, kann es die Ethnologie bei ihrer Beschränkung auf das Studium kleiner, überschaubarer Lokalgesellschaften allein nicht mehr bewenden lassen. Ethnologen müssen sich auch mit der allgemeinen Situation der Staaten befassen, von denen diese Gesellschaften heute ein Teil sind. Die notwendige Beschäftigung mit sozialen, politischen und ökonomischen Makrostrukturen macht es daher notwendig, die Fachgrenzen zur Entwicklungssoziologie, zur Politologie und zu den Wirtschaftswissenschaften zu überschreiten. Daneben wenden sich Ethnologen immer häufiger auch bestimmten Bereichen innerhalb der eigenen Gesellschaft zu, die sich in Anwendung des eingangs erörterten relationalen Fremdheitsbegriffs als distinkte soziale Einheiten ausgrenzen und mit ethnographischen Methoden untersuchen lassen. „Fremd" kann in diesem Sinne eine Klostergemeinde, eine Sekte, eine Straßenbande von Jugendlichen, ein Karnevalsverein oder auch die Chefetage eines Industriekonzerns sein, mehr oder weniger geschlossene Gruppen also, die für sich ein homogenes Gefüge von Normen, Werten und sozialen Verhaltensweisen entwickelt haben. Durch Netzwerkanalysen ergänzt (Schweizer [Hrsg.], 1989), bewährt sich eine solche distanzierend-verfremdende Sichtweise heute auch bei der Untersuchung überstaatlicher bürokratischer Organisationen und sogenannter Unternehmenskulturen.

Schließlich ist neuerdings auch die Geschichte des Faches selbst als ein Gegenstand ethnologischer Forschung entdeckt worden. Denn gerade die Art und Weise, wie von europäischen Kolonisatoren, Missionaren, Verwaltungsbeamten, Reisenden und Wissenschaftlern fremde Kulturen gesehen und beurteilt worden sind, läßt bestimmte Rückschlüsse nicht nur auf das von Epoche zu Epoche wechselnde Selbstverständnis europäischer Gesellschaften zu, sondern auch auf den eher unbewußt vor sich gehenden Wandel kultureller Selbstverständlichkeiten. Fremde Kulturen haben im Verlauf der europäischen Kolonialgeschichte häufig als Gegenbilder zur eigenen Kultur gedient, wie es im ersten Kapitel am Beispiel der Begriffe „Wilde", „Naturvölker" und „Primitive" gezeigt werden konnte. Aber auch wissenschaftliche Begriffe im engeren Sinn, wie etwa Totem und Tabu, sagen in der Unterschiedlichkeit ihrer Anwendung über die historische Entwicklung und die Konflikte unserer Gesellschaft oft ebensoviel aus wie über die fremden Institutionen, zu deren Bezeichnung und Kategorisierung sie ursprünglich dienten. So besteht etwa zwischen der Konjunktur, die der aus den Sprachen polynesischer Ethnien bezogene Tabubegriff im 19. Jahrhundert in Europa erlebte, und der durch eine stete Eindämmung der Affekte bewirkten Veränderung „zivilisatorischer" Verhaltensstandards ein nachweisbarer Zusammenhang (Kohl 1987a: 100ff.). Selbst die in der neueren Ethnologie entwickelten Konzepte und Modelle weisen entsprechende, bald bewußte und bald unbewußte Rückbezüge auf eigengesellschaftliche Entwicklungen auf. So hat zum Beispiel Mauss aus seiner Theorie der Gabe die moralische Schlußfolgerung gezogen, daß wir wieder zu den „alten Bräuchen der ‚edlen' Verschwendung" zurückfinden und die Reichen sich „gleichsam als die Schatzmeister ihrer Mitbürger" betrachten sollten (Mauss 1968: 162). Auch das von Evans-Pritchard entwickelte Modell des dynamischen Gleichgewichtszustands der segmentären Gesellschaft enthält ein utopisches Potential, das auf die zeitgenössischen Konflikte der Gesellschaft des Beobachters selbst zurückverweist.

Aufgrund der Perspektiven, die von der Ethnologie bei der Untersuchung von Gesellschaften entwickelt worden sind, die sich grundsätzlicher als alle anderen von der eigenen unterschieden, hat sie nicht nur sich, sondern auch ihren Nachbarwissenschaften eine Reihe neuer Untersuchungsfelder erschließen können. Die Beschäftigung mit dem kulturell Fremden steht zwar weiterhin im Mittelpunkt des Faches; doch erweist das Fremde sich oft nur als ein Umweg, um zu einem besseren Verständnis auch unserer eigenen Kultur zu gelangen.

IV. Ethnographische Feldforschung

1. Ethnologie und Ethnographie

Im Einleitungskapitel sind mehrere Begriffe genannt worden, mit denen das Fach in verschiedenen Ländern bezeichnet wird. Hierzu zählt unter anderem der Begriff „Ethnographie“, dem man in der ehemaligen Sowjetunion und den anderen osteuropäischen Staaten den Vorzug gab. Ebenso wie „Völkerkunde“ und „Ethnologie“ ist auch „Ethnographie“ im deutschsprachigen Raum bereits für das 18. Jahrhundert nachweisbar (Fischer 1970). Tatsächlich scheinen die drei Begriffe zunächst weitgehend synonym verwendet worden zu sein. Heute hat es sich jedoch auch im internationalen Sprachgebrauch immer mehr durchgesetzt, daß man zwischen „Ethnologie“ und „Ethnographie“ deutlich differenziert, indem man auf den ursprünglichen Wortsinn zurückgreift: „Ethnographie“, eine Zusammensetzung aus griechisch *ethnos* und *graphein*, läßt sich am besten mit „Beschreibung fremder menschlicher Gruppierungen“ übersetzen. Dagegen ist „Ethnologie“ umfassender, insofern hierunter – in ebenfalls wörtlicher Übersetzung – die „Lehre“ oder „Wissenschaft“ von eben jenen „fremden menschlichen Gruppierungen“ zu verstehen ist. Mit diesen beiden Begriffen lassen sich demnach zwei verschiedene Arbeitsschritte in der Tätigkeit des Wissenschaftlers bezeichnen. *Ethnographie* ist die beschreibende Darstellung einzelner Ethnien. Sie erfolgt heute auf der Grundlage der vom Forscher durch direkte Beobachtungen oder durch Befragungen gewonnenen Informationen. *Ethnologie* bezeichnet dagegen die systematische Auswertung der erhobenen empirischen Daten unter vergleichenden und theoretischen Gesichtspunkten. Strenggenommen ist die Unterscheidung jedoch nicht ganz haltbar. Denn jede Beschreibung einer fremden Kultur impliziert insofern den Vergleich, als sie nur in der Sprache der eigenen Kultur erfolgen kann und eine gegenseitige Abbildung unterschiedlicher kultureller Erfahrungswelten schon immer zur Voraussetzung hat. In der Regel erfolgt sie auch auf der Basis des theoretischen Grundgerüsts, das sich der Wissenschaftler im Verlauf seiner Ausbildung erworben hat. Im Blick auf die besondere Art der jeweiligen Tätigkeit erscheint es gleichwohl sinnvoll, zwischen der auf einzelne Ethnien bezogenen *ethnographischen* Datensammlung und der vergleichenden *ethnologischen* Auswertung dieser Daten zu differenzieren.

Von einer wissenschaftlichen Ethnographie im engeren Sinn kann zwar erst seit der Entwicklung der modernen Feldforschungstechnik gegen Ende des 19. und zu Beginn des 20. Jahrhunderts die Rede sein. Wie im folgenden zu zeigen sein wird, sind erste Ansätze zu einem systematischen Sammeln ethnographischer Daten indes schon viele Jahrhunderte früher entwickelt worden, ohne daß sie allerdings zu einer kontinuierlichen Traditionsbildung geführt hätten.

2. Zur Vorgeschichte der wissenschaftlichen Ethnographie

Aufzeichnungen über fremde Kulturen sind wohl schon immer gemacht worden, seit es die Schrift gab. Die Anfänge der Ethnographie lassen sich denn auch bis in die frühe Antike zurückverfolgen. Dabei ist es sicher kein Zufall, daß die ältesten Berichte über andere Kulturen von Kolonialgriechen stammen, die in den ethnischen Grenzgebieten längs der kleinasiatischen Küste aufgewachsen und von früher Jugend an mit fremdkulturellen Lebensformen konfrontiert worden waren. Allerdings sind von den Länder- und Völkerbeschreibungen etwa eines Anaximandros oder eines Hekataios von Milet nur Fragmente erhalten geblieben. Vollständiger überliefert ist dagegen das Werk Herodots, der in der Wissenschaftsgeschichte – vielleicht nur aus diesem Grund – als der eigentliche „Vater der Ethnographie" (Mühlmann 1984: 25) gilt. Herodot (ca. 490–430) stammte aus der kleinasiatischen Stadt Halikarnass und hatte ausgedehnte Reisen nach Ägypten, Libyen und Unteritalien, nach Persien und in das Gebiet des heutigen Südrußland unternommen. Seine Beschreibungen der dortigen Völkerschaften, die er in Form von Exkursen in seine historischen Abhandlungen einschob, beruhen zu einem nicht geringen Teil auf eigenen Beobachtungen und systematischen Nachforschungen. Sie galten in der Antike, im Mittelalter und auch noch in der frühen Neuzeit als vorbildhaft. Selbst in der ethnologischen Matriarchatsdebatte des 19. Jahrhunderts bezog man sich immer wieder auf sein Werk, enthielt es doch Hinweise auf die „mutterrechtliche" Organisation der kleinasiatischen Lykier. Es würde indes zu weit führen, von Herodot über Poseidonios, Caesar und Tacitus bis hin zu den byzantinischen Historiographen alle bedeutenden früh- und spätantiken Schriftsteller auch nur dem Namen nach nennen zu wollen, denen wir zuverlässige ethnographische Darstellungen verdanken. Allein die Feststellung mag genügen, daß sich die Beschreibung fremder Kulturen bereits in der Antike auf einem bemerkenswert hohen Niveau bewegte. In Rom und Byzanz resultierte es nicht zuletzt aus der Tatsache, daß man für administrative und militärpolitische Zwecke über möglichst genaue Kenntnisse einzelner Völkerschaften innerhalb wie außerhalb des imperialen Herrschaftsbereichs verfügen mußte (K.E. Müller 1980: 157).

Im Mittelalter wird die Zahl zuverlässiger ethnographischer Berichte deutlich geringer. Dem geschlossenen christlichen Weltbild entsprach es, wenn man sich den Rand der bekannten Ökumene von Monstren wie Hundsköpflern, Fußschattern, Kopflosen und anderen halbmenschlichen Zwitterwesen bevölkert vorstellte. Das die Antike noch kennzeichnende Bewußtsein von der „ethnischen Individualität fremder Völker" ging zunehmend verloren (K.E. Müller 1980: 268). Freilich gab es Ausnahmen. Zu ihnen zählte der flämische Franziskanermönch Wilhelm von Rubruk (ca. 1215–70), der von 1253 bis 1256 im Auftrag des Papstes eine Gesandtschaftsreise zum Hofe des Mongolenherrschers Batu Khan unternahm, ebenso wie der venezianische Kaufmann Marco Polo (1254–1323), der zeitweise in den Diensten Kublai Khans stand und weite Teile Asiens bereiste. Sowohl was die Genauigkeit der Beobachtungen als auch was die Höhe des theoretischen Reflexionsniveaus anbelangt, waren die arabischen Reisenden und Gelehrten dieser Epoche den europäischen jedoch bei weitem überlegen gewesen. Zu nennen wären etwa Al Idrisi (1100–1165), der am Hof Rogers II. von Sizilien lebte und die wohl wichtigste mittelalterliche Erdbeschreibung (1154) verfaßte, der aus Tanger stammende Ibn Battuta (1304–1377), der in der Mitte des 14. Jahrhunderts Persien und Rußland bereiste, und Ibn Chaldun (1332–1406), ein in Tunis lebender Gelehrter, der im ständigen Konflikt zwischen den seßhaften Bevölkerungsgruppen und den kriegerischen Nomadenstämmen eine der wichtigsten Triebkräfte der historischen Entwicklung des islamischen Kulturraums erkannte. Die erste ausführliche Beschreibung Innerafrikas verdanken wir ebenfalls einem arabischen Reisenden und Gelehrten, nämlich Leo Africanus. Um 1490 in Granada geboren, war er vor der spanischen Reconquista nach Tunis geflohen, hatte zunächst als Händler und später als Gesandter Nord- und Westafrika sowie den gesamten östlichen Mittelmeerraum bereist und war schließlich, nachdem ihn Piraten auf einer seiner Reisen gefangengenommen hatten, an den Medici-Papst Leo X. verkauft worden, an dessen Hof er seine 1526 ins Italienische übersetzte Beschreibung Afrikas verfaßte. Sie sollte bis in das 19. Jahrhundert hinein die wichtigste ethnographische Informationsquelle über die Binnenbevölkerung Nord- und Westafrikas bleiben.

In Europa selbst erlebte die Ethnographie erst wieder mit der Entdeckung und Eroberung der Neuen Welt eine gewisse Blüte. Im Gefolge der Conquista gelangten die ersten Missionare nach Amerika, von denen sich einige darum bemühten, die Überlieferungen der unterworfenen Völker und Stämme durch ihre Dokumentationen vor dem endgültigen Vergessen zu bewahren. So wüßten wir zum Beispiel über die aztekische Kultur entschieden weniger ohne das großartige Werk des spanischen Franziskanermönchs Bernardino de Sahagún (1499–1590). Sahagún war um 1529 als Missionar nach Mexiko gelangt, wo er seit 1536 an einem Kolleg seines Ordens einheimische Schüler unterrichtete. Er erlernte das einheimische Nahuatl, um in den einzelnen Niederlassungen systematische Nachforschungen betreiben zu können. Dabei bediente er sich Methoden, die ihn heute als den vielleicht wichtigsten Vorläufer moderner Feldforschung erscheinen lassen. Sahagún betrieb nicht nur Überblickstudien, indem er von Dorf zu Dorf zog und den Notablen einen von ihm entwickelten Fragebogen vorlegte, sondern arbeitete auch über Jahre hin mit einzelnen seiner Gewährsleute zusammen. Insbesondere seine Schüler hielt er dazu an, ihre Traditionen in der aztekischen Bilderschrift niederzuschreiben und mit spanischen Übersetzungen zu versehen, bei deren Redaktion er ihnen half. Sahagún begnügte sich mithin nicht allein mit den Informationen, die er selber hatte sammeln können. Vielmehr versuchte er, die Einheimischen selbst die Sicht ihrer Welt darlegen zu lassen. Die Bedeutung dieses Ansatzes hat man erst viele Jahrhunderte nach seinem Tod zu würdigen verstanden.

Stand Sahagún in seiner Zeit auch einzig dar, so sei er hier doch nur stellvertretend genannt für all jene Missionare, die sich in den folgenden Jahrhunderten um eine systematische Erforschung der indigenen Kulturen Amerikas, Asiens und Afrikas bemühten. Unter den unzähligen Geistlichen und Ordensbrüdern, die in die Welt hinausgezogen waren, um den „heidnischen Völkern" das Evangelium zu predigen, bildeten sie zwar nur die Minderzahl. Um so größer sind die Verdienste einzuschätzen, die sie sich um die Dokumentation indigener Sprachen und Lebensformen erwarben. Die Aufzeichnungen der Missionare sind zudem oft entschieden zuverlässiger als die Berichte der Seeleute, Händler und Forschungsreisenden, hatten sie ihnen doch in aller Regel eine intime Vertrautheit mit den örtlichen Gegebenheiten, Sprachen und Gebräuchen voraus. Dagegen hielten sich die Reisenden am selben Ort selten länger als ein paar Wochen oder Monate auf, hatten kaum Gelegenheit, die einheimischen Sprachen zu erlernen, und waren ganz auf das angewiesen, was sie mit eigenen Augen beobachten konnten oder von ansässigen Kolonialresidenten als Gerüchte mitgeteilt erhielten. Selbst überprüfen aber konnten sie diese Angaben in aller Regel nicht. So ist selbst noch in den Reisebeschreibungen des aufgeklärten 18. Jahrhunderts immer wieder von jenen Riesen und Zwergen, Zyklopen, Kopflosen und anderen Zwitterwesen die Rede, von denen auch schon die antiken und mittelalterlichen Reiseschriftsteller Sagenhaftes zu berichten gewußt hatten. Carl von Linné, der bedeutendste Naturforscher des 18. Jahrhunderts, war von deren Existenz noch so überzeugt, daß er in seinem System zur Klassifikation der natürlichen Arten für den *homo monstruosus* eine eigene Rubrik frei ließ. Im übrigen scheint es, daß die Leser der im Zeitalter der Aufklärung so populären Reisebeschreibungen Berichte über solche Merkwürdigkeiten und Kuriositäten geradezu verlangten, weshalb sich deren Verfasser bei der Wiedergabe unbewiesener Fabeln und Legenden denn auch nur wenig Zurückhaltung aufzuerlegen brauchten.

Eine nüchternere, weniger phantasiereiche Betrachtungsweise der außereuropäischen Welt und ihrer Bewohner bahnte sich erst gegen Ende des 18. Jahrhunderts an, im Gefolge der großen wissenschaftlichen Entdeckungsreisen, die von Bougainville, Cook, La Pérouse, Baudin und anderen in den Südpazifik unternommen worden waren und deren Ziel zunächst darin bestanden hatte, die *terra australis,* den sagenumwobenen Südkontinent, zu entdecken. Am Ende dieser Epoche wurde um 1800 im Umkreis der französischen *Société des Observateurs de l'Homme* ein Memorandum erarbeitet, in dem die Mängel aller bisherigen ethnographischen Forschungen aufgelistet und die Forderung erhoben wurde, daß der Forscher auf jeden Fall die Sprache der untersuchten Gesellschaft erlernen und bei ihr einen längeren Zeitraum verbringen müsse, da er nur unter dieser Bedingung die eigenen Ängste, Voreingenommenheiten und Vorurteile überwinden lernen könne (Moravia 1973).

So zukunftsweisend dieses Memorandum auch im Blick auf die Entwicklung erscheint, die die Ethnologie schließlich gute 100 Jahre später einschlagen sollte, im 19. Jahrhundert blieb es zunächst ohne Folgen, und es war bereits wieder in Vergessenheit geraten, als europäische Reisende sich in den folgenden Dezennien daran machten, das Innere Arabiens, Afrikas, Asiens und Australiens systematisch zu erforschen. Von dem ehrgeizigen Ziel getrieben, die letzten großen weißen Flecken auf der Weltkarte zu tilgen, schienen sie sich noch weniger Zeit genommen zu haben als ihre Vorläufer im 18. Jahrhundert. Konnten sich die maritimen Entdeckungsreisenden zumindest begrenzte Zeiträume auf die Untersuchung einzelner Inselkulturen einlassen und dabei auf den Schutz ihrer Schiffe vertrauen, die schwimmende Festungen, Proviantlager und wissenschaftliche Laboratorien in einem waren, so mußten sich die Binnenreisenden in Gebiete vorwagen, die der europäischen Kolonialherrschaft noch nicht unterworfen waren, und zu diesem Zweck regelrechte Überlebensstrategien entwickeln. Die mutigsten unter ihnen verkleideten sich als arabische Kaufleute oder Pilger, da ein alleinreisender Europäer allzu schnell das Mißtrauen der einheimischen Bevölkerung erweckt hätte. In der zweiten Hälfte des 19. Jahrhunderts aber ging man immer mehr dazu über, große bewaffnete Trägerkolonnen zusammenzustellen, die die Expeditionsausrüstungen und Lebensmittelvorräte über Tausende von Meilen zu schleppen hatten. Sich länger als nur ein paar Wochen an einem Ort aufzuhalten, war unter solchen Bedingungen schwer möglich. Der britische Forschungsreisende John Spekes etwa, der nach einem fast anderthalb Jahre dauernden Fußmarsch von der ostafrikanischen Küste zum Victoria-See die legendenumwobenen Quellen des Nils entdeckte und damit eines der größten geographischen Rätsel seiner Zeit löste, soll nach einer Auskunft seines Begleiters Richard Burton weder Arabisch noch Suaheli noch irgendeine der lokalen Sprachen beherrscht haben.

Als hinderlich für ein Verständnis fremder Lebensformen erwies sich überdies die arrogante Grundeinstellung der zeitgenössischen Forschungsreisenden und Missionare, die sich im Zeitalter der imperialen Expansion Europas für die „Herren der Welt" hielten, den „Wilden" vor allem die Segnungen der Zivilisation bringen wollten und für ihre Sitten und Gebräuche oft nur Verachtung übrig hatten. Zwar gab es Ausnahmen. Die deutschen Forschungsreisenden Alexander von Humboldt, Adelbert von Chamisso und Heinrich Barth zählen zu ihnen ebenso wie der Brite Richard Burton, dessen offen zur Schau getragenes Gefallen am Lebensstil der von ihm besuchten Völker die feine viktorianische Gesellschaft freilich als Skandalon betrachtete. Doch waren die ethnographischen Berichte insbesondere der zweiten Hälfte des 19. Jahrhunderts weit stärker von kulturellen Voreingenommenheiten geprägt als die zwar oft ebenso flüchtigen, dafür aber um eine vorurteilsfreie Darstellung bemühten Reisebeschreibungen des 18. Jahrhunderts.

Gleichwohl wuchs die Zahl ethnographischer Informationen im Verlauf des 19. Jahrhunderts stetig an. Sie bildeten die Grundlagen des Evolutionismus und des Diffusionismus, der beiden ersten großen theoretischen Schulrichtungen der Ethnologie, die die Diskussion bis in das frühe 20. Jahrhundert hinein beherrschen sollten.

3. Vom Zettelkasten zum Feld

Vergleicht man die Ethnologie mit anderen Kulturwissenschaften, die sich mit außereuropäischen Gesellschaften befassen, so besteht eine der Besonderheiten des Faches zweifellos darin, daß Ethnologen kaum über irgendwelche schriftlichen Aufzeichnungen verfügen, die von Angehörigen der jeweils untersuchten Kultur selbst hervorgebracht worden sind. Arabisten, Semitisten oder Indologen können ihre Untersuchungen am eigenen Schreibtisch durchführen, indem sie die vorhandenen schriftlichen Quellen übersetzen und interpretieren. So hat sich etwa die Indologie, die an europäischen Universitäten seit 1815 als Forschungs- und Lehrfach betrieben wird, in ihren Anfängen fast ausschließlich mit der Auswertung der historischen vedischen Texte befaßt, und sie ist bis heute eine historisch-philologisch orientierte Disziplin geblieben. Das Rohmaterial der *ethnologischen* Analyse und Theoriebildung sind dagegen die schriftlich fixierten Resultate der Erfahrungen, die sich Angehörige schriftbesitzender Kulturen in schriftlosen Kulturen erworben haben. Es entstammt mithin durchgängig einem heterogenen kulturellen Kontext. Heute ist der Ethnologe Quelle und Quelleninterpret in einem. Als „Feldforscher" produziert er die Daten, deren Analyse und vergleichende Untersuchung er sich nach seiner Rückkehr aus dem „Feld" zur Aufgabe macht.

Das war jedoch nicht schon immer so. Als sich das Fach gegen Ende des 19. Jahrhunderts als universitäre Disziplin etablierte, wurde noch strikt zwischen den eigentlichen Datenlieferanten auf der einen Seite und den ethnologischen Theoretikern auf der anderen Seite unterschieden. Die Tätigkeit des Datensammelns überließ man den Forschungsreisenden, Missionaren und Kolonialresidenten, auf deren Zuverlässigkeit und Glaubwürdigkeit man geradezu blind zu vertrauen schien. Die weit höher bewertete Tätigkeit der Theoriebildung erfolgte dagegen zu Hause, in den Bibliotheken und vor dem Zettelkasten am heimischen Schreibtisch. Zwar gab es eine bedeutende Ausnahme: Lewis Henry Morgan (1818–1881), ein amerikanischer Rechtsanwalt und Privatgelehrter, der in den vierziger Jahren des 19. Jahrhunderts bei den Irokesen Forschungen betrieben hatte, 1851 eine ethnographische Abhandlung über diese Stammesgesellschaft veröffentlichte und später zu einem der wichtigsten Vertreter des Evolutionismus wurde. Allerdings hat Morgan das Fach nie an einer Universität vertreten.

1874 hatte die *British Association for the Advancement of Science* unter der Mitarbeit Edward B. Tylors und anderer namhafter Theoretiker der Zeit die erste Auflage der *Notes and Queries on Anthropology* veröffentlicht, eine methodische Anleitung für „Reisende und Residenten in unzivilisierten Ländern", von denen sich die Autoren eine Ergänzung jener Informationen erhofften, die man – wie sie im Vorwort schrieben – „zum wissenschaftlichen Studium der Anthropologie zu Hause benötigt". Diese für „gentleman amateurs" (Stocking 1983: 72) bestimmte Gebrauchsanweisung wurde auf den jeweils neuesten theoretischen Stand gebracht und bis 1912 dreimal neu aufgelegt. Die untersuchten Kulturen aus eigener Anschauung kennenzulernen hielten die führenden Theoretiker dagegen nicht für unbedingt notwendig. Tylor selbst wertete für seine Abhandlungen in erster Linie die vorliegenden zeitgenössischen Reiseberichte und älteren ethnographischen Quellen aus. Daneben unterhielt er ständigen Briefkontakt mit ausgewählten Missionaren und Kolonialresidenten, an die er sich wandte, wenn seine Bücher ihn im Stich ließen. Ähnlich verfuhr James Frazer (1854–1941), der mit seinem *Golden Bough* das umfangreichste religionsethnologische Werk der Epoche verfaßte, Europa zeit seines Lebens aber nicht verlassen hatte. Um dieses mehrfach aufgelegte Werk, das schließlich zwölf ganze Bände umfaßte, jeweils auf den neuesten Stand bringen zu können, ließ er auf eigene Kosten eine kleine Broschüre mit dem bezeichnenden Titel *Questions on the Customs, Beliefs and Languages of Savages* drucken, die er Reisenden mit auf den Weg gab und an seine Briefpartner verschickte.

Tatsächlich scheint die Qualität der empirischen Daten für die großen evolutionistischen Theoriengebäude der Zeit, wie Tylor und Frazer sie entwarfen, auch keine allzu große Rolle gespielt zu haben. Die religiösen Vorstellungen, Sitten und Gebräuche der „Primitiven" dienten nur als beliebig austauschbare Versatzstücke im Rahmen eines spekulativen Schemas der Entwicklungsgeschichte der Menschheit. In dem Maße aber, in dem diese Vorgehensweise immer deutlicher in eine Sackgasse zu führen begann, wurden auch die Zweifel an den bis dato praktizierten Formen der empirischen Datenerhebung lauter. Man wollte diese Aufgabe nicht mehr allein völkerkundlichen Laien überlassen. Während sich die führenden britischen Fachvertreter noch ganz auf Informationen „aus zweiter Hand" verließen, machten sich in anderen Ländern Wissenschaftler daran, ihre Daten selbst zu sammeln.

Für Deutschland wäre hier vor allem Adolf Bastian (1826–1905) zu nennen, der an die 25 Jahre seines Lebens mit Reisen verbrachte, es dabei allerdings selten mehr als nur ein paar Tage oder Wochen am selben Ort aushielt. Die zahlreichen Artefakte, die er im Verlauf seiner insgesamt neun Weltreisen sammelte, bildeten den Grundstock des Berliner Völkerkundemuseums, das er ebenso gründete wie die erste deutsche ethnologische Gesellschaft und die *Zeitschrift für Ethnologie*, das in Deutschland lange Zeit führende wissenschaftliche Fachorgan. So bedeutsam er aufgrund seines besonderen organisatorischen Talents für die Geschichte des Faches auch werden sollte, seine über 80 Bücher müssen eigentlich auch schon für seine Zeitgenossen unlesbar gewesen sein. In ihnen werden die „Elementar"- und „Völkergedanken" dem Leser in bunter Reihung ähnlich assoziativ und unverbunden dargeboten, wie es der zeitgenössischen Präsentation ethnologischer Schaustücke in den Museen entsprach. In seinem Schreibstil spiegelt sich seine Untersuchungsmethode wider. Hatte er auch die Notwendigkeit eigener Anschauung erkannt, so verhielt er sich gegenüber den Angehörigen fremder Kulturen doch auch nicht anders als die meisten Reisenden seiner Zeit: „Bastian hat sich offensichtlich nicht für die Menschen interessiert, deren Gedanken er sammelte. Er hielt sich an Priester und Häuptlinge, stellte seine Fragen, notierte die Antworten und verschwand wieder. Nirgends hat er menschliche Beziehungen geknüpft, und seine Biographen sind sich darin einig, daß er vollkommen einsam war" (Kramer 1977: 77).

Bastian stellt so zweifellos noch eine Übergangsfigur dar. Anders dagegen Franz Boas (1858–1942), ein zeitweise von Bastian geförderter, in Minden geborener Physiker und Geograph, der nach seiner Auswanderung in die Vereinigten Staaten zum eigentlichen Gründungsvater der amerikanischen *Cultural Anthropology* werden sollte. Boas war 1883 zu einer geographischen Forschungsexpedition nach Baffinland aufgebrochen. Ursprünglich hatte er beabsichtigt, kartographische Erhebungen, meteorologische Untersuchungen und auch Gezeitenmessungen vorzunehmen. Während seines einjährigen Aufenthalts im nördlichen Kanada konzentrierte er sich indes bald ganz auf die Erforschung der Sprachen und Lebensformen der dortigen Inuit-Bevölkerungsgruppen. Aus seinen Briefen und frühen Veröffentlichungen geht hervor, daß er sich im Verlauf seiner Untersuchungen zunehmend mehr deren Sitten anpaßte, da ihm – wie er 1883 in einem Artikel für das Berliner Tageblatt schrieb – kaum anderes übrig blieb, „denn als Eskimo mit den Eskimos zu leben" (zit. nach Knötsch 1992: 58). Allerdings nahm Boas von diesem intensiven Untersuchungsstil wieder Abstand, als er sich nach seiner endgültigen Niederlassung in den USA der Erforschung der indianischen Gesellschaften der amerikanischen Nordwestküste zu widmen begann. Zwischen 1886 und 1931 unternahm Boas insgesamt 13 Forschungsreisen zu den Kwakiutl, Bella Coola, Tsim shian, Tlingit, Salish und anderen Bevölkerungsgruppen von British-Columbia, von denen allerdings keine länger als ein paar Monate dauerte. Anders als in Baffinland scheint er dabei nur selten am Alltagsleben der Indianer teilgenommen zu haben (Kasten 1992: 85). Statt dessen konzentrierte er sich ganz auf die Aufzeichnung ihrer Sprache und ihrer Überlieferungen, die er sich von seinen Gewährsleuten in die Feder diktieren und ins Englische übersetzen ließ. Schließlich vertraute er selbst auch diese Aufgabe einem seiner Schlüsselinformanten an, dem Sohn eines Weißen und einer Tlingit-Frau mit Namen George Hunt, mit dem er von Washington aus korrespondierte und der später auch als Mitautor einiger seiner Bücher auftrat. Weshalb Boas von der bei den Inuit von Baffinland praktizierten Methode an der Nordwestküste keinen Gebrauch mehr machte, läßt sich nicht eindeutig angeben. Möglicherweise fehlte ihm einfach die Zeit für ein solches aufwendiges Verfahren, nachdem er eine feste Anstellung als Museumskurator und einige Jahre später auch als Professor an der Columbia University erhalten hatte; vielleicht mangelte es ihm auch an den entsprechenden finanziellen Mitteln, oder es verdankte sich seiner mit fast allen Ethnologen der Zeit geteilten Überzeugung, es käme vor allem darauf an, die Gebräuche der vom Untergang bedrohten Kulturen so schnell und vollständig wie nur eben möglich zu dokumentieren.

Oder hatte Boas gar das warnende Beispiel seines verfemten Kollegen Frank Hamilton Cushing vor Augen, den man als einen der Vorläufer der modernen Feldforschung erst neuerdings wiederzuentdecken begonnen hat? Als Mitglied einer Expedition des *American Bureau of Ethnology* war Cushing um 1879 in den Südwesten der USA gelangt. Cushing zeigte sich von der Lebensweise der dortigen Indianerstämme so fasziniert, daß er sich von den übrigen Expeditionsmitgliedern trennte und bei den Zuni zu bleiben beschloß. Sein insgesamt fast zehn Jahre währender Aufenthalt bei diesem Puebloindianerstamm sollte zum entscheidenden Einschnitt seines Lebens werden. Cushing erlernte die Sprache der Zuni, zeichnete ihre Mythen auf, ließ sich in ihre geheimen religiösen Riten initiieren und übernahm schließlich selbst das Priesteramt eines Hüters des heiligen Bogens (C. Hinsley 1983). Für seine Kollegen an den Universitäten und Forschungsinstitutionen war er damit aber entschieden einen Schritt zu weit gegangen. Weit davon entfernt, das Revolutionäre seiner Forschungsmethoden zu erkennen, empfanden sie sein Verhalten als unseriös und bezichtigten ihn – sicher nicht ganz zu Unrecht – des kulturellen Überläufertums. Cushings Unternehmen blieb daher folgenlos. Sein Name ging statt dessen in die Legende des Faches ein als der eines Forschers, der durch sein skandalöses Verhalten gegen dessen ungeschriebenen Kodex verstoßen hatte.

Letztlich waren es dann aber doch nicht amerikanische oder deutsche, sondern britische Ethnologen, die jener neuen Forschungsmethode zum Durchbruch verhalfen, die seit den zwanziger Jahren unseres Jahrhunderts zum internationalen wissenschaftlichen Standard werden sollte und dies bis heute geblieben ist: der Methode der „teilnehmenden Beobachtung". Als ihr eigentlicher Begründer gilt zwar Bronislaw Malinowski (1884–1942). Doch wird bei der ihm zu Recht zugemessenen Bedeutung oft übersehen, daß seine Formulierung der Grundsätze dieser Methode nur das Endprodukt einer empirischen Wende war, die sich innerhalb der britischen Ethnologie bereits zwei Jahrzehnte vor seinem legendären Aufenthalt auf den Trobriandinseln abzuzeichnen begonnen hatte.

Als einer seiner unmittelbaren Vorläufer kann so zum Beispiel der Zoologe Baldwin Spencer genannt werden, der während seines Studiums in Oxford bei Tylor Vorlesungen in Anthropologie besucht hatte, bevor er sich 1894 einer Expedition nach Zentralaustralien anschloß.

In Alice Springs machte er die Bekanntschaft Francis Gillens, des Leiters der dortigen Telegrafenstation. Gillen hatte sich das Vertrauen der in der Umgebung dieser kleinen Siedlung lebenden Aranda dadurch erworben, daß er sie wiederholt vor den Übergriffen der weißen Siedler schützte. Zusammen mit Gillen beobachtete Spencer zahlreiche Zeremonien der Aranda, die sie gemeinsam dokumentierten und um Daten zur religiösen Vorstellungswelt und zur sozialen Organisation dieser und anderer zentralaustralischer Stammesgruppen ergänzten. Aus der Zusammenarbeit des ausgebildeten Naturwissenschaftlers und des mit den lokalen Verhältnissen seit Jahrzehnten vertrauten Praktikers gingen mehrere Monographien hervor, die an Qualität bei weitem alles übertrafen, was über die australischen Aborigines bis dahin veröffentlicht worden war (Spencer 1914; Spencer & Gillen 1938; 1904). Aus ihren Schriften schöpften nicht nur Ethnologen wie Frazer und Malinowski selbst, sondern auch Sigmund Freud und der französische Soziologe Emile Durkheim entscheidende Anregungen.

Ein ausgebildeter Naturwissenschaftler war auch A. C. Haddon, der zusammen mit dem Psychologen W.H.R. Rivers, dem Arzt C. Seligman und weiteren wissenschaftlichen Begleitern kurz vor der Jahrhundertwende eine Expedition in die Torres-Strait-Region, die zwischen Australien und Neuguinea gelegene Inselkette, unternahm. Beschränkten sich die Teilnehmer an dieser Forschungsreise auch auf das Sammeln der Informationen, die sie bei ihren jeweils nur kurzen Aufenthalten von Missionaren, Regierungsbeamten und einigen Einheimischen erhalten konnten, so waren sie sich der Fragwürdigkeit der von ihnen betriebenen „Überblicksstudien" doch bewußt. Rivers forderte daher in einem 1913 veröffentlichten Aufsatz einen neuen Typus „intensiver" ethnographischer Untersuchungstätigkeit, „bei der der Wissenschaftler ein Jahr oder länger in einer Gemeinde von vier- oder fünfhundert Personen lebt und jedes Detail ihres Lebens und ihrer Kultur studiert; bei der er Gelegenheit erhält, jedes Mitglied der Gemeinschaft persönlich kennenzulernen; bei der er sich nicht mit allgemeinen Auskünften zufrieden gibt, sondern Leben und Brauch in allen konkreten Einzelzügen untersucht und sich dabei der einheimischen Sprache bedient" (zit. nach Stocking 1983: 92f.). Als Rivers diese Sätze schrieb, war der Bann indes bereits gebrochen. Vor allem die jüngeren Ethnologen, die von ihm, Haddon und Seligman – den Pionieren der Torres-Strait-Expedition – ausgebildet worden waren, hatten sich der bis dahin weitgehend vernachlässigten empirischen Forschung zugewandt. Aus der „arm-chair-" wurde die „open-air-anthropology". Ihren Höhepunkt fand diese Entwicklung im Werk des in Polen geborenen und nach England ausgewanderten Ethnologen Bronislaw Malinowski.

4. Die Methode der teilnehmenden Beobachtung

Malinowski hatte zwischen 1914 und 1918 einen Forschungsaufenthalt von insgesamt zwei Jahren auf den Trobriandinseln im Nordosten von Neuguinea verbracht. Während dieser Zeit entwickelte er die von Rivers erhobenen Forderungen konsequent zur Methode der „teilnehmenden Beobachtung" weiter. Ähnlich wie Adolf Bastian, Franz Boas, Baldwin Spencer, A.C. Haddon, C. Seligman und W.H.R. Rivers hatte auch Malinowski bereits eine Ausbildung als Naturwissenschaftler hinter sich, als er sich unter dem Eindruck der Lektüre von James Frazers *Golden Bough* der Ethnologie zuwandte und das Fach an der London School of Economics bei Seligman und Westermarck studierte. Am Vorbild der Naturwissenschaften orientiert sich auch die von ihm propagierte Methodik. Bereits Haddon hatte die Tätigkeit des Ethnologen als *field work* oder „Feldarbeit" bezeichnet. In offensichtlicher Anlehnung an den physikalischen Feldbegriff konzipierten Malinowski und seine Nachfolger das Untersuchungs„feld" des Ethnographen als eine räumlich begrenzte Einheit, deren voneinander abhängige Einzelelemente stetig aufeinander einwirken und daher nur in ihrem Gesamtzusammenhang studiert werden können. Ähnlich wie die Tätigkeit des Naturwissenschaftlers besteht nach dieser Konzeption auch die des Ethnographen zunächst in der „Beobachtung" seines Untersuchungsfelds. „Beobachten" ist jedoch kein bloßes passives Aufnehmen visueller Sinneseindrücke. Als ein zielgerichtetes „Hinsehen" erfordert gerade die wissenschaftliche Beobachtungstätigkeit ein Vorwissen um das, was man sehen kann und will. Über dieses Vorwissen verfügt der Feldforscher durch seine theoretische Ausbildung. Erst sie ermöglicht ihm das bewußte, aktive Wahrnehmen bestimmter Erscheinungen. Und es ist genau diese *theorie*geleitete Form der Beobachtung, die ihn – nach Malinowski – vom ethnologischen Laien unterscheidet. Darin erschöpft sich allerdings bereits die Parallele zum methodischen Vorgehen des Naturwissenschaftlers. Denn der Ethnograph kann es bei der Außenbeobachtung allein nicht bewenden lassen. Sie ist nur ein erster Schritt auf dem Weg zu einem umfassenden „Verstehen" der fremden Kultur. Nach einer häufig zitierten Formulierung Malinowskis (1979a: 49) sollte das oberste Ziel der Ethnologie darin bestehen, „den Standpunkt des Eingeborenen, seinen Bezug zum Leben zu verstehen und sich *seine* Sicht *seiner* Welt vor Augen zu führen". Realisieren ließe sich dieses Ziel aber nur, wenn der Ethnograph sich selbst in die fremde Kultur hineinbegibt, ihre Sprache erlernt und an ihrer Lebenspraxis teilnimmt. Man dürfe sich nicht auf die fragmentarischen Auskünfte verlassen, die man – wie er die früher praktizierten Formen ethnographischer Forschung einmal ironisierend geschildert hat – auf der Veranda einer Missionsstation sitzend und mit Bleistift, Notizblock und Whisky-Soda bewaffnet aus „widerwilligen Informanten herausquetscht" (Malinowski 1973: 128). Der Ethnograph müsse vielmehr – so schreibt er an anderer Stelle – „aktiver Jäger sein, das Wild in sein Netz hineintreiben und ihm in seine unzugänglichen Verstecke folgen" (Malinowski 1979a: 30). Was sich hinter dieser heute befremdend wirkenden Metaphorik verbirgt, ist indes nichts weniger als die Forderung nach einer vorbehaltlosen Teilhabe des Forschers am Leben der Erforschten. Malinowski hatte klar erkannt, daß eine solche Teilhabe nur unter der Bedingung erfolgen kann, daß der Ethnograph sich von den Werten, Normen und Verhaltensweisen der eigenen Kultur so weit wie möglich löst, ja sogar systematisch alle Kontakte zu Angehörigen seiner eigenen Kultur abbricht. Konsequent forderte er daher, daß der Feldforscher sich im Dorf der „Eingeborenen" selbst niederlassen und daß er sie zu ihrer Arbeit in den Gärten, beim Fischen und beim Handeln begleiten müsse. Weder ihre zahlreichen Zeremonien anläßlich von Geburt, Heirat und Tod noch selbst das Alltagsgezänk und den Klatsch dürfe er sich entgehen lassen. Nur dann wäre er nämlich in der Lage, ein auf der Erfahrung der alltäglichen Lebenspraxis beruhendes, tatsachengetreues Bild der fremden Gesellschaft zu entwerfen und den Sinn wie auch die Bedeutung ihrer Verhaltensweisen und ihrer Institutionen zu verstehen. Malinowski erklärte damit die „teilnehmende Beobachtung" zum A und O der ethnographischen Forschung. Das von ihm entwickelte Modell der Feldforschung hat Justin Stagl (1985: 292) zu Recht als „*das* Paradigma der modernen Ethnologie" bezeichnet.

Die „vor Ort" erfolgende stationäre Feldforschung ist ein qualitatives Verfahren. Zwar kann der Ethnograph auf statistische Erhebungen, auf genealogische Tabellen und auf zielgerichtete Interviews nicht verzichten. Doch dienen sie nur der Ergänzung und Überprüfung der Erfahrungen, die er sich durch seine Teilnahme am Alltagsleben der fremden Kultur erworben hat. In der Feldforschung durchläuft der Ethnograph eine Art von zweiter Sozialisation. In Form seiner persönlichen Erfahrung eignet er sich die fremde Kultur in allen ihren Aspekten an. Entwickelt worden ist dieses Verfahren nicht zufällig anhand von kleinen, geschlossenen und halbwegs überschaubaren Gemeinschaften. Während in den komplexen Gesellschaften die Differenzierung der einzelnen Aspekte von Kultur bereits so weit vorangeschritten ist, daß Wirtschaft, Politik, Recht und Religion als getrennte Bereiche erscheinen (Blok 1985: 59), bilden sie – wie es im zweiten Kapitel an zahlreichen Beispielen gezeigt worden ist – in jenen „einfacheren" Gesellschaften noch eine Einheit. Es hat daher wenig Sinn, einzelne Lebensbereiche und Institutionen für sich zu betrachten. Der begrenzte Umfang dieser

Gesellschaften versetzt den Ethnographen in die Lage, noch ein Ganzes zu überblicken. Jedes einzelne kulturelle oder soziale Element verweist auf den Gesamtzusammenhang zurück. Seine wirkliche Bedeutung erhellt sich erst, wenn man es im Kontext der jeweiligen Lebenswelt und Alltagspraxis untersucht. Aus der Methode der „teilnehmenden Beobachtung" ist daher die ganzheitliche Perspektive als ein Grundsatz ethnologischer Forschung hervorgegangen.

Gerade durch diesen holistischen Ansatz aber unterscheidet sich die moderne Ethnologie von den im Fach früher üblichen Sichtweisen. Bevor die eigene Anschauung im Zeichen von „Malinowskis Paradigma" (Stagl 1991) gleichsam zur Doktrin erhoben wurde, hatten sich die *armchair*- oder Schreibtischethnologen im wesentlichen damit begnügt, aus den Berichten der Reisenden, Missionare und Kolonialresidenten jene Züge des „primitiven" Lebens und Denkens auszuwählen, die sie als besonders auffällig, seltsam oder merkwürdig empfanden. Als Bruchteile wurden sie von ihnen zu einem „monströsen Mosaik" zusammengesetzt, das „als das Porträt des primitiven Menschen ausgegeben wurde" (Evans-Pritchard 1968b: 42). Bei der Analyse dieser zahllosen aus ihrem Zusammenhang herausgerissenen und einer begrenzten Anzahl von Rubriken zugeordneten Einzelbeobachtungen bedienten sie sich eines Verfahrens, das Evans-Pritchard (1968b: 58) einmal treffend als die „Wenn-ich-ein-Pferd-wäre-Spekulation" bezeichnet hat. In Anwendung dieses introspektiven Verfahrens war so zum Beispiel Edward B. Tylor zu der Auffassung gelangt, daß der Seelenglaube des „frühen Menschen" aus der Traumerfahrung hervorgegangen sei. Da der „Primitive" in Träumen und Visionen Personen begegnen konnte, die längst tot oder abwesend waren, ja, da er in diesen außergewöhnlichen Bewußtseinszuständen sogar selbst dazu in der Lage schien, den eigenen Körper zu verlassen, habe er den Schluß auf das Vorhandensein einer von der körperlichen Erscheinungsform der Menschen unabhängigen immateriellen Wesenheit gezogen. Die so entstandene Seelenvorstellung sei vom „Primitiven" in einer Art von Analogieschluß auf andere Lebewesen und schließlich sogar auf unbelebte Gegenstände übertragen worden. Nach Tylor entstand auf diese Weise der von ihm als „Animismus" bezeichnete Geisterglaube, den er als die Urform der menschlichen Religion ausgab. Versuchte Tylor die Existenz des Animismus als einer universal verbreiteten Geisteshaltung auch durch eine Unzahl von Beispielen aus der ethnographischen Literatur seiner Zeit zu belegen, so stand hinter dieser Theorie doch nichts anderes als die logische Konstruktion eines Wissenschaftlers, der sich in das „primitive Denken" hineinzuversetzen suchte.

Der Animismus war denn auch nur eine der vielen Theorien über den Ursprung der Religion, die von den Vertretern des Evolutionismus auf einem ähnlich spekulativ-introspektiven Weg gewonnen worden waren. Herbert Spencer (1820–1903) glaubte im Ahnen- und Totenkult den Ursprung der Religion erkennen zu können, während J.F. McLennan (1827–81) an den Anfang des religiösen Denkens der „Primitiven" den *Totemismus* stellte. Der spekulative Charakter dieser und anderer evolutionistischer Konstruktionen trat deutlich zutage, als man begann, die religiösen Vorstellungen nicht mehr isoliert für sich zu betrachten und in vorgegebene Klassifikationsschemata einzuordnen, sondern sie in ihrem jeweiligen lebensweltlichen Kontext zu studieren. Dabei erwies sich zum Beispiel der lange Zeit als eine der merkwürdigsten Abirrungen des menschlichen Geistes empfundene „Totemismus" als ein ausgeklügeltes Klassifikationssystem, das auf dem Prinzip beruht, die Ähnlichkeiten und Unterschiede zwischen den natürlichen Arten dazu zu verwenden, die sozialen Beziehungen zwischen einzelnen menschlichen Abstammungsgruppen zum Ausdruck zu bringen. Die auf der wechselseitigen Zuordnung von natürlichen und kulturellen Kategorien basierenden Codes und die mit solchen „totemistischen" Systemen verknüpften sozialen Verhaltensregeln differieren indes von Kultur zu Kultur in einem solchen Ausmaß, daß von einer Einheitlichkeit des Totemismus eigentlich nicht die Rede sein kann (Lévi-Strauss 1965). Ähnliches gilt von den Seelen- und Geistervorstellungen. Auch sie haben in den einzelnen Kulturen so unterschiedliche Ausprägungen erfahren, daß man auf den Begriff des Animismus heute nach Möglichkeit verzichtet. Als gänzlich unhaltbar hat sich auch Tylors Annahme erwiesen, daß der Geisterglaube ursprünglich eine weltweit verbreitete religiöse Grundhaltung war, aus der der Polytheismus und schließlich der Monotheismus als „höhere" Religionsformen hervorgegangen seien. Doch war es erst die ethnographische Feldforschung, die zur Revision dieser wie auch vieler anderer älterer Konzepte führte. Durch die stationäre Feldforschung sind der Ethnologie neue wissenschaftliche Standards gesetzt worden, hinter die es heute kein Zurück mehr gibt. Es bleibt Malinowskis unbestreitbares Verdienst, dem Fach durch die Einführung der Methode der teilnehmenden Beobachtung eine neue und nicht zu Unrecht als „revolutionär" bezeichnete Sichtweise eröffnet zu haben.

Eine erste Formulierung der Grundsätze dieses neuen methodischen Verfahrens findet sich in der Einleitung zu Malinowskis 1922 erstmals veröffentlichter Abhandlung *Argonauts of the Western Pacific*. Die Wirkungen, die von diesem durchaus auch von romantischen Untertönen getragenenen Appell ausgingen, waren ungeheuer. Alle unmittelbaren Schüler Malinowskis, aber beileibe nicht nur sie, praktizierten die Methode der teilnehmenden Beobachtung seit Mitte der 20er Jahre in allen Teilen der Welt. Noch heute gilt in den angelsächsischen Ländern nur der als ein echter Ethnologe, der sich dem „Initiationsritual" der ethnographischen Feldforschung einmal selbst unterzogen hat. Auch bei uns ist sie immer mehr zur Voraussetzung für eine jede akademische Karriere geworden. Das Jahr 1922 gilt in der Wissenschaftsgeschichte daher als der Beginn der klassischen Epoche der Ethnographie, in der die Ethnologen unter dem Schutz der europäischen Kolonialverwaltungen ihren Forschungen vor Ort relativ ungestört nachgehen konnten und die mit der Konsolidierung der unabhängig gewordenen Nationalstaaten der sogenannten Dritten Welt ihren Abschluß fand. Es entbehrt nicht einer gewissen Ironie, daß am Ende dieser Epoche wiederum ein Werk Malinowskis steht: seine 1967 posthum veröffentlichten Feldtagebücher (Malinowski 1986). Seine privaten Aufzeichnungen warfen auf die von ihm propagierten Praktiken der ethnographischen Feldforschung ein kritisches Licht, ging aus ihnen doch deutlich hervor, daß er deren Prinzipien selbst nur zum Teil realisiert hat. Sie sind Zeugnisse der Einsamkeit eines Forschers, dem es letztlich nicht gelang, zu den Angehörigen der von ihm untersuchten Kultur Beziehungen aufzunehmen, die über ein bloßes Arbeitsverhältnis hinausgingen. Malinowski blieb ein Außenseiter, der im Zweifelsfall die Gesellschaft der weißen Kolonialresidenten nur allzu gerne der seiner einheimischen Gewährsleute vorzog. Eine wirkliche Integration in die fremde Kultur ist ihm offensichtlich nicht gelungen.

Durch die posthume Publikation seiner Feldtagebücher geriet nicht nur Malinowskis selbstgeschaffener Mythos ins Wanken. Seine privaten Aufzeichnungen machten zugleich die Grenzen des von ihm entwickelten Verfahrens deutlich. Zwar hatten sich einige Ethnologen schon vor der Veröffentlichung seines *Diary in the Strict Sense of the Term* zu den persönlichen Problemen bekannt, mit denen sie sich bei ihrer Arbeit „im Feld" konfrontiert sahen. Doch bedurfte es offensichtlich erst der für viele unerwarteten Eingeständnisse des Gründervaters der modernen Ethnographie, um über diese Fragen innerhalb des Faches eine breitere erkenntnistheoretische Diskussion auszulösen.

5. Fremderfahrung als Selbsterfahrung

Ethnographische Feldforschung nach den Prinzipien der teilnehmenden Beobachtung zu betreiben stellt eine extrem persönliche Form der Erfahrung dar. Der Ethnograph ist in die Gesellschaft, deren wissenschaftliche, und das heißt eben auch: objektive Darstellung er anstrebt, subjektiv involviert. Er ist Subjekt und Objekt der Forschung zugleich, er ist Beobachter, Instrument der Beobachtung und Beobachteter in einem. Es gibt wohl kaum eine andere Wissenschaft, die ihren Adepten ein ähnlich hohes Maß an persönlichem Einsatz abverlangt. Die ethnographische Fremderfahrung stellt sich daher nicht selten als eine strapaziöse, ja manchmal sogar schmerzhafte Form der Selbsterfahrung dar. Strapaziös zunächst in physischer Hinsicht: Das „Forschungsfeld“ ist zumeist abgelegen und schwer zugänglich. Vor der Entwicklung des modernen Flugverkehrs waren Ethnographen mit dem Schiff oft monatelang unterwegs, bis sie auch nur in die ungefähre Nähe ihres Ziels kamen, das es dann auf anstrengenden Fußmärschen zu erreichen galt. Die Versorgung mit Lebensmitteln, Medikamenten und anderen Gütern des täglichen Bedarfs stellte ein weiteres Problem dar, wenn sie in Gebiete vorstoßen wollten, in denen ihnen Missionare und Kolonialbeamte nicht bereits zuvorgekommen waren. Hat sich an den äußeren Umständen in den vergangenen vier Jahrzehnten auch einiges geändert, so heißt „ins Feld zu gehen“ doch weiterhin, auf den gewohnten häuslichen Komfort zu verzichten, sich um das Trinkwasser, das Essen und eine einigermaßen akzeptable Unterkunft selbst kümmern zu müssen und sich – je nach Forschungsregion – allen möglichen klimatischen Unannehmlichkeiten, der Malaria und anderen tropischen Krankheiten auszusetzen, die überstanden zu haben zum heroischen Selbstbild eines jeden „echten“ Feldforschers gehört. Die physischen Entbehrungen, die ihm zumindest das Flair eines modernen Abenteurers verleihen, wiegen indes gering, wenn man sie mit den psychischen und kognitiven Problemen vergleicht, die sich dem stellen, der das „Teilnehmen“ wirklich ernst zu nehmen gedenkt. Wenn die Feldforschung weiter oben als eine „Art von zweiter Sozialisation“ bezeichnet worden ist, trifft dies eigentlich nur die halbe Wahrheit. Der Ethnograph ist kein Kind, sondern kommt immer schon als ein Erwachsener „ins Feld“. Im Verlauf seiner eigenen primären Sozialisation hat er die Werte und Verhaltensweisen seiner eigenen Kultur mehr oder weniger erfolgreich internalisiert. Als kulturelle Selbstverständlichkeiten bestimmen sie die Art und Weise, wie er seine Außenwelt wahrnimmt und wie er auf sie reagiert. Durch die Konfrontation mit fremdkulturellen Normen und Verhaltensmustern, die den eigenen nicht selten diametral entgegenstehen, werden diese Selbstverständlichkeiten grundlegend in Frage gestellt. Vor allem in den ersten Phasen seines Aufenthalts muß der Ethnograph mit diesem Konflikt fertig werden, aus dem tiefgreifende Verunsicherungen, Angstgefühle, Depressionen und regelrechte Identitätskrisen resultieren können. Der „Kulturschock“ kann ihn um so tiefer treffen, je romantischer und dementsprechend unrealistischer die Vorstellungen waren, die er sich vor seinem Aufbruch vom Leben in einer „authentischen“ Gesellschaft gemacht hatte. Doch muß ihn der Ethnograph nicht nur psychisch, sondern auch kognitiv bewältigen und im weiteren Verlauf seines Aufenthalts bewußt in Forschungsstrategien umsetzen lernen, ist doch gerade das Studium jener fremdkulturellen Normen, Werte und Verhaltensweisen sein erklärtes Ziel.

Der amerikanische Ethnologe Napoleon Chagnon hat in seiner Monographie über die südamerikanischen Yanomamö ein eindrucksvolles Beispiel für die konfliktgeladenen Lern- und Anpassungsprozesse gegeben, die Forscher „im Felde" durchzumachen haben. Obgleich Chagnon seine zukünftigen Gastgeber bei ihrer ersten Begegnung alles andere als anziehend empfand – „kräftige, nackte, vor Schmutz starrende, häßliche Menschen", die ihn feindselig anstarrten und mit ihren Bögen auf ihn anlegten, während ihnen „in einem fort dunkelgrüner Schleim von den Nasen rann" (Chagnon 1968: 4) –, überwand er seinen anfänglichen Widerwillen und beschloß zu bleiben. Im Verlauf der ersten Wochen seines Aufenthalts mußte er sich an Lebensbedingungen anpassen, die in nichts den Standards entsprachen, die ihm von Kindheit an vertraut waren. Auf das tägliche Wechseln seiner durchgeschwitzten Kleider verzichtete er bald ebenso, wie er sich auf eine einzige Mahlzeit pro Tag beschränken lernte. Dennoch schmolzen seine mitgebrachten Lebensmittelvorräte schnell dahin. Denn je mehr die Yanomamö ihn als einen der ihren akzeptierten – so schreibt Chagnon –, desto mehr mußte er sich auch dem in dieser Gesellschaft von Jägern und Sammlern üblichen Teilzwang unterwerfen. Sobald er sich ans Essen begab, füllte sich seine Hütte mit Männern, von denen jeder seinen Teil forderte. Doch je mehr er gab, desto aufdringlicher, unverschämter und aggressiver wurden ihre Bitten. Nach Chagnons Angaben dauerte es mehrere Monate, bis er erkannte, daß es den Yanomamö gar nicht so sehr auf das Essen oder die anderen Dinge selbst ankam. Sie instrumentalisierten den in ihrer Gesellschaft als kollektiv verbindliches Verhaltensmuster geltenden Teilzwang nur dazu, um durch ihre immer unmäßiger werdenden und drohend vorgetragenen Forderungen auszuloten, wie weit sie gehen konnten, ohne eine gewalttätige Reaktion auszulösen – ein auch unter ihnen selbst übliches Machtspiel zum gegenseitigen Beweis ihrer Kampflust und Virilität. Erst als Chagnon lernte, sich gegen dieses Gehabe in ähnlich aggressiver Form zur Wehr zu setzen, konnte er sich die Achtung zurückgewinnen, die er anfangs durch seine allzu nachgiebige Haltung eingebüßt hatte; erst seine als Bereitschaft zur Gewalt interpretierte Weigerung ließ ihn zu einem respektierten Mitglied der Gemeinschaft werden (Chagnon 1968: 4–9).

Daß Chagnon seine anfängliche Abneigung gegen die Yanomamö offen eingestand, war zur Zeit der Veröffentlichung seines Buches zwar ein Novum. Ansonsten aber ist sein Bericht nicht untypisch für die Wiedergabe ähnlicher Konfliktfälle auch in der älteren ethnographischen Literatur. Es ist sicher kein Zufall, daß er gerade in Einführungswerken mittlerweile als ein klassisches Fallbeispiel gilt (Keesing & Keesing

1971: 15ff.). Widrigkeiten dieser Art werden von Ethnographen in der Regel nur erzählt, um zu demonstrieren, wie sie von ihnen erfolgreich überwunden werden konnten und ihnen letztlich zu einem besseren Verständnis der fremden Gesellschaft verhalfen. Auch schon Evans-Pritchard (1902–1973), der zu Malinowskis erster Schülergeneration gehörte, verfuhr nicht anders, wenn er in seiner Monographie über die nilsudanischen Nuer eher beiläufig erwähnt, daß es ihm erst gelang, als ein vollwertiges Mitglied ihrer Gemeinschaft anerkannt zu werden, nachdem er sich eine kleine Rinderherde zugelegt hatte, spielt der Rinderbesitz – wie er erklärend hinzufügt (Evans-Pritchard 1968a: 19) – doch in der sozialen Wertskala dieser Gesellschaft die alles entscheidende Rolle. Ethnographische Erfahrungsberichte dieser Art sind nach dem bekannten literarischen Vorbild der Bewährungsprobe in der Fremde aufgebaut, aus denen der Held letztlich immer als Sieger hervorgeht.

Die eigentlich traumatischen Erfahrungen „im Feld" sind dagegen nicht für die Öffentlichkeit bestimmt. Zumal wenn sie Anlaß zu Zweifeln am Wahrheitsgehalt der ethnographischen Darstellung geben könnten, bleiben sie besser für immer in den Feldtagebüchern verschlossen, es sei denn, die Witwe des Forschers würde sich zu ihrer posthumen Publikation entschließen. Gerade dieses Schicksal aber sollte dem Begründer der Methode der teilnehmenden Beobachtung widerfahren. Aufsehen erregte die Veröffentlichung von Malinowskis Feldtagebüchern in der Zunft nicht zuletzt deshalb, weil sie vom partiellen Scheitern jener Anpassungsleistungen zeugten, die er später selbst seinen Schülern abverlangte.

Malinowski hat über die Ergebnisse seines Forschungsaufenthalts auf den Trobriandinseln zahlreiche Aufsätze und drei umfangreiche Monographien veröffentlicht. Eine dieser Monographien trägt den Titel: *The Sexual Life of Savages in Northwestern Melanesia.* 1929 in London erschienen, soll dieses Buch in den ersten Jahren nach seiner Veröffentlichung vor allem in den Londoner Rotlichtvierteln verkauft worden sein. Noch während der Studentenbewegung der späten sechziger Jahre wurde Malinowskis Abhandlung über das „Geschlechtsleben der Wilden" heiß diskutiert, galten die Trobriander doch geradezu als das Paradebeispiel einer von sexuellen Repressionen freien Gesellschaft. Paradoxerweise zeigt aber Malinowskis Tagebuch, daß es gerade die freizügigeren sexuellen Umgangsformen der Trobriander waren, die ihm während seines Aufenthalts „im Feld" zum größten Problem hatten werden sollen. Für Malinowski, der in der prüden Atmosphäre der Viktorianischen Epoche aufgewachsen war, stellte das „wilde" Sexualleben der Trobriander eine ständige Herausforderung dar, auf die sich einzulassen ihm die Schranken seiner Erziehung und sein Selbstbild als

Wissenschaftler verboten. Aus seinen Tagebucheintragungen geht hervor, wie sehr ihn dieser Konflikt in Anspruch nahm. Bald projizierte er die erotischen Wünsche, die der Umgang mit den Einheimischen in ihm wachrief, auf seine im fernen Melbourne lebende Verlobte, bald reagierte er auf die durch die Konfrontation mit fremdkulturellen Verhaltensmustern ausgelöste Reaktualisierung verdrängten psychischen Konfliktmaterials mit Ablehnung und Aggression, indem er sich in wüsten Beschimpfungen seiner einheimischen Informanten erging – Abwehrmechanismen, auf die hier nur summarisch verwiesen werden soll, da ich sie an anderer Stelle (Kohl 1986b) bereits eingehend analysiert habe.

Die hier angeführten Beispiele zeigen nicht nur, wie schwierig es tatsächlich ist, die Prinzipien der teilnehmenden Beobachtung zu realisieren. Sie machen überdies deutlich, daß der Feldforscher keineswegs eine Art von fotomechanischer Apparatur, eine *tabula rasa* ist, auf der sich die äußere Realität lediglich abbildet. Da wir die uns umgebende Wirklichkeit immer nur selektiv wahrnehmen können, hängt es wesentlich von der Ausbildung, dem Vorwissen, den Voreingenommenheiten und nicht zuletzt auch der Persönlichkeit des Feldforschers ab, was er sieht und was seiner Aufmerksamkeit entgeht. Je weniger er sich dabei aber seiner Gefühle, Motive und Interessen bewußt ist, je mehr seine unkontrollierten Affekte in den Wahrnehmungsvorgang involviert sind, desto größer werden in dem von ihm angestrebten tatsachengetreuen Bild der fremden Kultur auch die subjektiven Verzerrungen sein. Versucht er die persönlichen Konflikte zu leugnen, die beim Zustandekommen seines empirischen Datenmaterials Pate gestanden haben, dann kehren sie bei seiner Darstellung der fremden Kultur als verdrängte unweigerlich wieder, sei es in der Verzeichnung der Einheimischen als „Wilde" oder „Primitive", sei es auch in ihrer Idealisierung als „Gute Wilde" oder als harmonische „Naturvölker". Bemüht er sich aber, sich seiner inneren Konflikte, Emotionen und auch Sehnsüchte bewußt zu werden, dann kann es ihm auch gelingen, jene Verzerrungen zu neutralisieren. Es ist dies zwar ein zentrales, aber keineswegs das einzige Problem, dem sich der Ethnograph bei der Darstellung fremdkultureller Lebensformen gegenübersieht. Die Organisation des gesammelten Materials in einer Form, die auch dem Leser, der *nicht* vor Ort gewesen war, den Nachvollzug ermöglicht, wiegt nicht geringer. Denn „es ist eine unangenehme Wahrheit, die aber nicht oft genug wiederholt werden kann, daß die meisten Feldforschungen erst in der Studierstube wirklich scheitern" (Stagl 1985: 291).

V. Das Problem der Darstellung fremder Lebensformen

1. Die klassische Monographie

Die ethnographische Feldforschungsmethode, deren historische Herausbildung im voranstehenden Kapitel behandelt worden ist, hat sich genuin innerhalb der Ethnologie entwickelt und kann daher als eines der Hauptcharakteristika, ja, als das eigentliche Identitätsmerkmal des Faches bezeichnet werden. Im Verlauf eines Aufenthalts, der mindestens ein Jahr, besser aber noch länger dauern sollte, bemüht sich der Ethnograph um eine systematische Gesamtaufnahme aller Aspekte der zu untersuchenden Kultur. Er muß dies auch dann tun, wenn er sich im Verlauf seiner weiteren Forschungen auf bestimmte Teilbereiche konzentrieren will, stellt ja gerade die holistische Betrachtungsweise den entscheidenden Erkenntnisfortschritt der modernen Ethnologie dar. Sie hat der Forschung Standards gesetzt, hinter die es praktisch kein Zurück mehr gibt. Doch auch diese Sichtweise hat ihre Beschränkungen. Denn wenn man sich erst einmal für eine bestimmte Perspektive entschieden hat, bleiben andere Dinge notwendig außer Betracht. Die ganzheitliche Perspektive der teilnehmenden Beobachtung läßt sich daher oft nur um den Preis einer systematischen Abschottung des Forschungsgegenstands nach außen realisieren. Da sich der mikroskopische Blick des Feldforschers dem zuwendet, was sich der oberflächlichen Betrachtung entzieht, bleibt sein eigener Gesichtskreis begrenzt. Wenn er die fremde Kultur als ein Ganzes wahrnehmen und von innen heraus verstehen will, muß er notgedrungen eine „Maulwurfsperspektive“ (Blok 1985: 58) einnehmen.

Der ganzheitlichen Perspektive des „teilnehmenden Beobachters“ entspricht ein wissenschaftliches Darstellungsgenre, das ebenfalls aus der klassischen Epoche der Feldforschung hervorgegangen ist: die ethnographische Monographie. Man hat sie zu Recht als die der Feldforschung kongeniale literarische Form bezeichnet (Stagl 1991: 96). An ihr treten allerdings auch deren Begrenzungen deutlich hervor. In ihrer konventionalisierten Form stellt sie in mehr als nur einer Hinsicht ein Paradoxon dar. Gerade weil sie um eine kontextuelle Wiedergabe ethnographischer Daten bemüht war, mußte sie zugleich die größeren historischen, ökonomischen und politischen Zusammenhänge ausblenden, in denen sich die beschriebenen Gesellschaften zum Zeitpunkt ihrer Untersuchung befanden. Indem die klassische Monographie einzelne Stammesgesellschaften als isolierte, in sich geschlossene und „funktionierende" Systeme beschrieb, deren Einzelelemente in singulärer Weise miteinander verknüpft schienen, täuschte sie sich nicht zuletzt über ihre eigenen Entstehungsbedingungen hinweg. Denn tatsächlich hatte erst die Unterwerfung und Eingliederung dieser Gesellschaften in das koloniale Herrschaftssystem die Voraussetzung für jene Form intensiver Untersuchungstätigkeit geschaffen, die seit den zwanziger Jahren zur Standardmethode ethnographischer Forschung geworden war. Die Feldmonographien der klassischen Epoche der Ethnographie sind synchrone Momentaufnahmen, die ein statisches Bild der untersuchten Gesellschaften entwerfen. Zeit wird in ihnen als ein reversibler Faktor aufgefaßt. Geschichte verwandelt sich in Soziologie (Stagl 1991). Sie sind daher auch durchgängig im Präsens geschrieben. Nur aus Anmerkungen erfährt man, daß es sich in den meisten Fällen um die Rekonstruktion von Zuständen handelt, wie sie vor der Ankunft des Forschers bestanden hatten. Daß er selbst in die Ereignisse involviert war, die er beschreibt, wird in ähnlicher Weise ausgeblendet. Man erfährt über die besonderen Umstände seiner „Feldarbeit" zwar im Vorwort und vielleicht auch in der einen oder anderen Fußnote, aus dem fortlaufenden Text aber sind die Momente persönlichen Erlebens sorgfältig getilgt. Der Text gibt sich ganz den Anschein einer objektiven Beschreibung. Er orientiert sich am Vorbild eines naturwissenschaftlichen Laborberichts. Das entsprach zwar dem szientifischen Wissenschaftsverständnis der Zeit. Es erscheint aber um so paradoxer, wenn man sich die Bedeutung vergegenwärtigt, die seit der Einführung der Methode der teilnehmenden Beobachtung der persönlichen Erfahrung des Feldforschers bei der Konstituierung seiner ethnographischen Daten zukam. Einer Untersuchungsmethode, die auf dem Prinzip beruht, die Distanz zwischen dem Beobachter und dem Beobachteten praktisch aufzuheben, steht eine Darstellungsform gegenüber, die diese Distanz „nahezu absolut" werden läßt (Geertz 1990: 85).

Einen gewissen Rückfall hinter die mit Hilfe dieser Methode gewonnenen neuen Einsichten stellt auch der schematische Aufbau der klassischen Feldmonographie dar. Eine andere Kultur beschreiben bedeutet immer auch ein Stück Übersetzungsarbeit. Ihre besonderen Lebensformen, Verhaltensweisen, Denkkategorien, Normen und Werte gilt es so wiederzugeben, daß sie der Leser – sei er Wissenschaftler oder sei er Laie – auf die eigenkulturellen Erfahrungen abzubilden vermag. In der klassischen Monographie hat man dieses Problem dadurch zu lösen versucht, daß man die Institutionen der eigenen Gesellschaft wie Sozialordnung, Wirtschaft, Recht, Politik und Religion als den äußeren Rahmen der Darstellung wählte, obgleich ja gerade deren gegenseitige Verflechtung zu den hervorstechendsten Merkmalen der jeweils beschriebenen Gesellschaften gehörte. Die Inhaltsverzeichnisse der klassischen Feldmonographien gleichen sich daher erstaunlich. Reo Fortunes 1932 veröffentlichte Studie über die Bewohner der melanesischen Insel Dobu mag als ein – relativ beliebig herausgegriffenes – Beispiel dienen, das für den normativen äußeren Aufbau der Feldmonographie allerdings um so signifikanter ist, als er in diesem Fall in deutlichem Kontrast zu den unkonventionellen Darstellungsformen steht, derer sich Fortune innerhalb der einzelnen Abschnitte bedient (Marcus & Fischer 1986: 181). Im Vorwort von *The Sorcerers of Dobu* werden zunächst die geographische Lage der Insel und ihre natürlichen Gegebenheiten geschildert. Dann erfolgt die systematische Beschreibung der Gesellschaft der Dobuinsulaner in Einzelkapiteln, die die Titel „Social Organization“, „The Garden“, „The Black Art“, „The Spirits of the Dead“, „Economics“, „Sex“, „Dance and Song“, „Legend“ und schließlich „The Individual in the Social Pattern“ tragen. Alle Daten aber, die sich in dieser scheibchenweisen Aufgliederung einer fremden Lebensform nicht haben unterbringen lassen, finden sich unter verschiedenen Stichworten im Appendix der Abhandlung aufgeführt.

Ist das Gewicht, das einzelnen kulturellen Teilbereichen zugemessen wird, auch von Abhandlung zu Abhandlung unterschiedlich, so sind die Monographien der klassischen Feldforschungsepoche doch alle ähnlich aufgebaut. Offensichtlich hat sich diese Form nicht zuletzt deshalb so bewährt, weil sie dem Autor die Organisation seines Stoffes wesentlich erleichtert. Die Durchsetzung einer solchen normativen Darstellungsform hat indes zu einem weiteren Paradox geführt: extrem unterschiedliche Kulturen werden in verblüffend ähnlichen Büchern beschrieben (J. Boon 1982: 14). Durch ihren faktenhäufenden, additiven Stil wirken sie daher gerade auf den Laien – wie die amerikanische Literaturwissenschaftlerin Mary Louise Pratt schreibt – schlichtweg ermüdend: „Wie kann es nur sein, so fragt man sich beständig, daß so interessante Leute, die doch so interessante Dinge tun, so langweilige Bücher produzieren?“ (Pratt 1986: 33)

2. Die Kritik der kanonischen Form

Seit Beginn der achtziger Jahre sind die konventionellen ethnographischen Schreibweisen innerhalb des Faches zunehmend kritischer betrachtet worden. Die nicht zuletzt aus der Diskussion von Malinowskis Feldtagebüchern hervorgegangene Einsicht in die subjektive Prägung der Felddaten durch die unbewußten Voreingenommenheiten des Forschers löste einen Reflexionsprozeß aus, der auch vor den zum Kanon gewordenen traditionellen Darstellungsformen nicht haltmachte. So bezweifelte zum Beispiel Roy A. Wagner in seinem Buch *The Invention of Culture* (1981) die Legitimät eines Verfahrens, das darauf beruht, in fremde Kulturen Ordnungsschemata hineinzutragen, die nur für unsere eigene Gesellschaft Gültigkeit haben. Nachdem die naive Überzeugung erst einmal überwunden war, daß es sich bei den ethnographischen Darstellungen um Abbildungen einer vom Beobachter unabhängigen Realität handele, begannen die Monographien der klassischen Feldforschungsepoche als Texte und damit auch die Textstrategien ihrer jeweiligen Autoren zu interessieren. Diskursanalytische Untersuchungen zeigten, in welchem Ausmaß literarische Vorbilder bei den ethnographischen Produktionen der zwanziger und dreißiger Jahre Pate gestanden hatten. George Marcus, Dick Cushman (1982) und James Clifford (1983; dt. 1988) brachten die Resultate dieser ersten textkritischen Analysen gut auf den Begriff, wenn sie den dominanten Schreibstil der klassischen Monographie als „ethnographischen Realismus" bezeichneten und zu den verschiedenen Spielarten dieses literarischen Genres in Beziehung setzten. Ähnlich wie in den großen Gesellschaftsromanen des 19. Jahrhunderts, bei Gustave Flaubert, Honoré de Balzac oder Charles Dickens, wird auch in der Feldmonographie auf die vermittelnde Funktion des Ich-Erzählers verzichtet. Als ein parteiloser und unvoreingenommener Beobachter tritt der Autor hinter die Wirklichkeit zurück, die in ihrer Totalität wiederzugeben er beansprucht. Doch bleibt er gerade durch seine Abwesenheit permanent präsent. Wie ein Puppenspieler lenkt er das Geschehen aus dem Hintergrund und wechselt die Kulissen und Spielorte, um den Leser von Sujet zu Sujet zu führen. Je weniger der Autor sich in der Darstellung zu erkennen gibt, desto mehr beherrscht er sie. Auf diese Weise wird der Ethnograph zur auktorialen Instanz, die „die Vielschichtigkeit der Forschungssituation und die Bedeutungsunterschiede in eine einheitliche Schilderung verwandelt" (Clifford 1988: 20).

3. Experimentelle Schreibweisen

Die am herkömmlichen ethnographischen Darstellungsmodus und vor allem am Scheinobjektivismus der klassischen Feldmonographie vorgebrachte Kritik löste innerhalb des Faches eine „Repräsentationskrise" aus. Sie führte zur Herausbildung „experimenteller" ethnographischer Schreibweisen (Marcus & Fischer 1986), von denen die meisten von Außenseitern des Faches schon früher erprobt worden waren, ohne daß sie sich allerdings gegen den dominanten Stil der ethnographischen Klassiker hatten durchsetzen können.

Ein Beispiel ist die sogenannte ethnographische Bekenntnisliteratur, die gegen Ende der siebziger und zu Beginn der achtziger Jahre ihren ersten Höhepunkt erlebte. Indem der Feldforscher die subjektiven Seiten seiner Tätigkeit offen zur Sprache bringt, indem er seine Gefühle, Sehnsüchte und Frustrationen freimütig eingesteht, versucht er den Forschungsprozeß transparent zu machen. Gerade in der französischen Ethnologie hat der ethnographische Konfessionalismus, wie er in der neueren amerikanischen Kulturanthropologie von Paul Rabinow (1977), Jean-Paul Dumont (1978) oder Manda Cesara (1982) vertreten worden ist, einige bemerkenswerte Vorläufer. Zu ihnen zählt zum Beispiel der bereits in den dreißiger Jahren veröffentlichte Bericht des Schriftstellers und Ethnologen Michel Leiris über seine Teilnahme an der Dakar-Djibouti-Expedition. Seine ethnographische Reisebeschreibung trägt den bezeichnenden Titel *L'Afrique fantôme* (dt. 1980). Denn tatsächlich haftet der äußeren Realität in diesem Buch etwas Unwirkliches an, in dessen Mittelpunkt ganz das Ich des ethnographischen Reisenden, dessen Befindlichkeiten und Empfindungen stehen (Heinrichs 1981). „Im Jahre 1933 kehrte ich zurück und hatte wenigstens eine Legende zerstört: jene vom Reisen als Möglichkeit, sich selbst zu entfliehen." Mit dieser lakonischen Bemerkung aus einer seiner späteren autobiographischen Schriften hat Leiris (1975: 203) nicht nur die heimliche Motivation vieler Ethnographen, sondern auch deren unvermeidliches Scheitern prägnant auf den Begriff gebracht.

Ebenso wie Leiris' *L'Afrique fantôme* kann auch Claude Lévi-Strauss' 1955 erschienenes Buch *Tristes Tropiques* (dt. 1978) als ein Vorläufer des Konfessionalismus angesehen werden. Es ist die von einem tiefen Kulturpessimismus durchzogene Beschreibung einer Reise, die den Autor Mitte der 30er Jahre zu einigen der wenigen vom Einfluß der westlichen Zivilisation noch unberührten Indianerstämme im Innern Brasiliens führte, eine Mischung aus Reiseimpressionen und philosophischen Erörterungen, ethnographischen Beobachtungen und persönlichen Erinnerungen, deren Subjektivismus im übrigen in scharfem Kontrast zum Szientismus seiner strukturalen Analysen steht: „Ich verabscheue Reisen und Forschungsreisende. Trotzdem stehe ich im Begriff, über meine Expeditionen zu berichten. Doch wie lange hat es gedauert, bis ich mich dazu entschloß! (...) jedes Mal hat mich ein Gefühl der Scham und des Überdrusses davon abgehalten. Soll man etwa des langen und breiten die vielen kleinen Belanglosigkeiten und unbedeutenden Ereignisse erzählen?" Diese ambivalenten Sätze, mit denen Lévi-Strauss' Reisebeschreibung (1978: 9) beginnt und die mittlerweile zu einem *locus classicus* der französischen Literatur geworden sind, könnten auch den neuesten Erzeugnissen der ethnographischen Bekenntnisliteratur als Motto vorangestellt werden, wenngleich ihnen auch die bei Lévi-

Strauss wenigstens noch zur Sprache gelangenden Hemmungen ganz abhanden gekommen zu sein scheinen. Verglichen mit den objektzentrierten klassischen Feldmonographien verfallen sie in das gegenteilige Extrem. In ihrem Mittelpunkt steht der Feldforscher selbst. Die Reaktionen des Körpers auf die tropische Hitze, die täglichen Verdauungsbeschwerden, die Gefühle der Einsamkeit und der Verzweiflung, die ihn sporadisch überkommen, das abweisende Verhalten seiner Informanten und viele andere „kleine Belanglosigkeiten und unbedeutende Ereignisse" mehr erhalten in ihr mit einem Mal die Dignität ethnographischer Sujets. Das Tagebuch tritt an die Stelle des Forschungsberichts. Konfessionalistische Darstellungen wie etwa die mittlerweile zu einem ganzen Zyklus angeschwollenen ethnographischen Erfahrungsberichte des britischen Ethnologen Nigel Barley (1989, 1990) beziehen ihren Reiz daraus, daß sie offenherzig und in aller Breite darlegen, was man sich früher höchstens im vertrauten Kollegenkreis gegenseitig eingestand. In dem Maße, in dem der Puppenspieler sich selbst in den Vordergrund drängt, gerät allerdings die fremde Kultur tendenziell zur bloßen Staffage. Allein ihr Ethnograph, nicht aber deren Angehörige werden in den von Clifford Geertz (1990: 96) ironisch als „autorgesättigt" bezeichneten Texten dieses Genres als Persönlichkeiten präsent.

Darin gleicht der Konfessionalismus dann doch wieder dem ethnographischen Realismus. Denn auch schon für die klassischen Feldmonographien war es charakteristisch, daß die Mitglieder der beschriebenen Kulturen nur selten als individuelle Persönlichkeiten ins Blickfeld gerieten. Es waren Kollektivsubjekte wie *die* Trobriander, *die* Nuer oder *die* Tikopia, deren kollektivem Denken und Handeln die Darstellungen galten. Es liegt nur in der Konsequenz der hier skizzierten Entwicklung, daß die neuen experimentellen Schreibweisen auch mit dieser Tradition zu brechen begonnen haben. Nicht bei der Person des Forschers, sondern am entgegengesetzten Pol, der Person seines Informanten, setzt daher eine weitere persönlichkeitsorientierte Darstellungsform an: die ethnographische Lebensgeschichte. Auch dieses heute zunehmend populärer werdende Genre hat seine Vorläufer. So hat zum Beispiel bereits 1926 der amerikanische Kulturanthropologe Paul Radin unter dem Titel *Crashing Thunder: The Autobiography of a Winnebago Indian* die von ihm aufgezeichnete Lebensgeschichte eines seiner Informanten veröffentlicht. Auch der deutsche Afrikanist und Missionar Diedrich Westermann hat in seiner 1938 veröffentlichten Interviewsammlung *Afrikaner erzählen ihr Leben* mit dieser Darstellungsform experimentiert, und Evans-Pritchard, dessen Bücher über die Nuer und über die Zande zu den besten Beispielen des ethnographischen Realismus zählen, hat sich in seinem letzten, ein Jahr nach seinem

Tod publizierten Buch *Man and Woman Among the Azande* (1974) darauf beschränkt, ohne weitere große Kommentare die von ihm aufgezeichneten Selbstäußerungen seiner einheimischen Gewährsleute herauszugeben.

Ein eindrucksvolles neueres Beispiel für dieses Genre ist Marjorie Shostaks Studie *Nisa: The Life and Words of a !Kung Woman* (1981; dt. 1982). Von älteren ethnographischen Lebensgeschichten unterscheidet sich Shostaks Sammlung von 15 transkribierten Interviews mit einer etwa fünfzig Jahre alten !Kung-San-Frau dadurch, daß sie sich von dem Vorbild konventioneller Biographien weitgehend löst. Jedes Kapitel wird durch Kommentare abgeschlossen, die auf den Unterhaltungen mit anderen !Kung basieren, so daß sich der Leser selbst ein Bild davon machen kann, inwieweit Nisas persönliche Erfahrungen auch für andere Angehörige ihrer Kultur repräsentativ sind. Im Nachwort meldet sich schließlich die Verfasserin selbst zu Wort und legt dar, unter welchen Bedingungen die Unterhaltungen zustande gekommen waren, wie ihre Gesprächspartnerinnen und wie nicht zuletzt auch sie selbst auf die Interviewsituation reagiert haben. Auf diese Weise entsteht ein vielschichtiges Bild des Alltagslebens der !Kung-San, das zahlreiche Verallgemeinerungen fraglich werden läßt, die in älteren Ethnographien über diese Gesellschaft von Jägern und Sammlern vorgebracht worden waren.

Eine mit dem Genre der ethnographischen Lebensgeschichte eng verwandte weitere experimentelle Darstellungsform ist die dialogische Ethnographie. In ihr wird der kommunikative Austausch zwischen dem Forscher und den Erforschten dokumentiert, wie er im „Feld“ in Form von Gesprächen und Interviews fortlaufend stattfindet. Im Wechselgespräch mit dem Ethnographen legt dessen „Informant“ – wie etwa der marokkanische Ziegelbrenner *Tuhami* in Vincent Crapanzanos gleichnamigem Buch (1980; dt. 1983) oder ein 65jähriger marokkanischer Bauer in Kevin Dwyers *Moroccan Dialogues* (1982) – zugleich mit seiner eigenen Lebensgeschichte seine Sicht seiner Welt dar, eine Innensicht, die wiederum der Ethnograph mit seiner Außensicht der fremden Kultur konfrontiert. Wörtliche Wiedergaben der geführten Dialoge, Assoziationen und selbstreflexive Impressionen des Ethnographen wechseln einander ab. Indem der Autor die Komplexität der Gesprächssituation transparent macht und seine eigenen Deutungen nur vorbringt, um sie gleich selbst wieder in Frage zu stellen, verzichtet er bewußt auf sein Interpretationsmonopol. Seine Perspektive erweist sich als nicht weniger kulturgebunden als die seines Gesprächspartners. Das Selbst des Forschers erkennt sich im anderen des Erforschten; die Fremdanalyse verwandelt sich in Selbstanalyse. Ähnlich wie im vormodernen Urbild dieser Gattung, den 1703 veröffentlichten und auf authentischen Erfahrungen beruhenden *Dialogues Curieux entre l'Auteur et un Sauvage de Bon sens qui a voyagé* des französischen Kolonialoffiziers und Abenteuerreisenden Louis-Armand de La Hontan (dt. 1981), gehen Ethnologie und Kulturkritik auf diese Weise in den postmodernen dialogischen Ethnographien erneut eine Verbindung ein.

Dialogische Ethnographien machen deutlich, wie Einzelpersönlichkeiten durch ihre jeweilige Enkulturation geprägt sind und Wirklichkeit dementsprechend unterschiedlich konzipieren. Aber auch von den Mitgliedern ein und derselben Kultur wird die Realität keineswegs immer gleichförmig wahrgenommen. Je nach Persönlichkeitsstruktur, Alter, sozialem Rang und einer ganzen Reihe weiterer Determinanten tritt bald der eine und bald der andere Aspekt in den Vordergrund. Der japanische Regisseur Akira Kurosawa hat dies in seinem Meisterwerk *Rashomon* in eindrucksvoller Weise demonstriert, indem er dasselbe verbrecherische Ereignis aus den unterschiedlichen Perspektiven der vergewaltigten Ehefrau, ihres ermordeten Mannes, des Täters und eines zufällig des Wegs kommenden Holzfällers erzählte. Der Einsicht in den „Rashomon-Effekt" versucht die polyphone Ethnographie gerecht zu werden – eine weitere Spielart des experimentellen ethnographischen Schreibens. Sie bedient sich des Prinzips der Mehrstimmigkeit. An die Stelle der *einen* Stimme des Ethnographen treten in der polyphonen Ethnographie die *vielen* Stimmen seiner Informanten. Durch eine möglichst wortgetreue Wiedergabe ihrer Ansichten wird der Facettenreichtum individueller Wirklichkeitsauffassungen dokumentiert. In polyphonen Ethnographien beschränkt sich der Ethnograph auf die Rolle des bloßen Vermittlers und versucht, jeder einzelnen Stimme zu ihrem Recht zu verhelfen. An die Stelle des gesamtheitlichen und geschlossenen Bildes der untersuchten Kultur, das die klassische Feldmonographie als Resultat der synthetisierenden Leistung des „teilnehmenden Beobachters" entwirft, tritt in der polyphonen Ethnographie ein Konglomerat von fragmentarischen Sichtweisen und Meinungen.

Den neueren experimentellen ethnographischen Schreibweisen ist gemeinsam, daß sie mit jenem konventionellen zentralperspektivischen Verfahren brechen, in dem die fremde Kultur allein durch ihren Ethnographen repräsentiert wurde. Von der gottähnlichen „ethnographischen Autorität" (Clifford 1988), die sich als der eigentliche Schöpfer „ihres" Stammes empfinden konnte: „Ich bin es, der sie beschreiben und der sie erschaffen wird" – so schreibt Malinowksi einmal in seinen Feldtagebüchern (zit. nach Stocking 1983: 101) –, ist wenig geblieben. Der postmoderne ethnographische Diskurs steckt voller Selbstzweifel. Er ist selbstreflexiv und multifokal in einem. Der Forscher hat auf seine Monopolstellung verzichtet. Seine Stimme ist nur noch eine unter vielen. Dieser Wandel der Darstellungsform entspricht einem grundsätzlichen

Wandel im Verhältnis von Forschern und Erforschten. Der klassische ethnographische Realismus war unter anderem auch ein Resultat kolonialer Konfigurationen. Es war der Diskurs der Herrschenden über die Beherrschten. Die Aufgabe des Ethnographen bestand darin, andere Kulturen *für uns* zu beschreiben, und zwar nach Möglichkeit in einer so sachlichen Form, daß sich das von ihm gesammelte und aufbereitete Wissen auch für pragmatische Verwaltungszwecke einsetzen ließ. Das galt im übrigen nicht nur für die großen europäischen Kolonialmächte der Zeit, sondern auch für die Vereinigten Staaten, in denen 1879 das *Bureau of American Ethnology* als Regierungsstelle eingerichtet worden war, dessen ausdrückliche Aufgabe es war, wissenschaftliche Beiträge zur Lösung des sogenannten Indianerproblems zu erarbeiten. Vor sich selbst haben Ethnologen die Tatsache, daß sie ihre Forschungen wenn schon nicht immer im Auftrag von Kolonialadministrationen, so doch in jedem Fall im vorrangigen Interesse der eigenen Gesellschaft durchführten, damit moralisch gerechtfertigt, daß sie sich – nach einer klassischen Formulierung Malinowskis – als „Anwälte" und „wahre Dolmetsche des Eingeborenen" ausgaben: „(Der Forscher) sollte dazu imstande sein, Händlern, Missionären und Forschungsreisenden klarzumachen, was der Eingeborene wirklich braucht und in welcher Beziehung sie unter dem Drucke der europäischen Einmischung am meisten leiden" (Malinowski 1951: 27).

Heute scheinen jedoch die Zeiten endgültig vorbei, in denen sich Ethnographen mit kolonialen Untertanen in fernen Weltregionen oder mit rechtlosen indigenen Minderheiten im eigenen Land beschäftigten. Da die einstmals Kolonisierten zu Bürgern unabhängiger Staaten geworden sind und ihr politisches Schicksal selbst in die Hand genommen haben, benötigen sie keine selbsternannten Sprecher ihrer Interessen mehr, sofern man von den unterdrückten ethnischen Minoritäten in den zahlreichen binnenkolonialen Staaten der Dritten Welt einmal absieht. Bisweilen sind es sogar die zu Erforschenden selbst, die – wie etwa einige indianische Stammesverbände in den Vereinigten Staaten oder Aborigines-Gruppen in Australien – Ethnologen mit Rekonstruktionen ihrer Geschichte und Dokumentationen ihrer traditionellen Lebensformen beauftragen. Ethnographen berichten daher heute nicht mehr nur für *uns* über *sie*, sondern in gleicher Weise auch für *sie* über *sie*. Ethnographische Abhandlungen werden nicht mehr allein für den kleinen Kreis der *scientific community*, für wenige interessierte Laien oder für die westlichen Entwicklungsexperten verfaßt, die mittlerweile die Nachfolge der Kolonialadministratoren angetreten haben. Auch die Ethnographierten selbst sind zu ihren potentiellen Lesern geworden. Ethnographien zu schreiben ist heute ein Risiko. Denn ihre Autoren müssen sich auch dem Urteil der Untersuchten stellen. So wichtig die

Einsichten auch sind, die durch die neuen experimentellen Schreibweisen gewonnen werden konnten – in ihrer selbstreferentiellen, fragmentarischen, vieldeutigen und evokativen Form sind die aus ihnen hervorgegangenen postmodernen Ethnographien Dokumente der Mutlosigkeit. Ihre Autoren scheinen das Wagnis nicht mehr eingehen zu wollen, das mit dem Treffen einer jeden allgemeinen Aussage verbunden ist. Durch die permanente Infragestellung der Faktizität des dargelegten Wissens versuchen sie sich selbst unangreifbar zu machen (Birth 1990). Der postmoderne Ethnograph überfordert den Leser, indem er ihm zumutet, was zu leisten er sich selbst nicht mehr getraut: anhand der „Vielzahl der Stimmen" die Erfahrung der fremden Kultur in seinen eigenen Erfahrungshorizont zu übersetzen.

Gerade an einer solchen Übersetzungsleistung aber haben sich die Verfasser der Monographien der klassischen Epoche der Feldforschung versucht, so unvollkommen sie ihnen auch immer gelungen sein mag. Die selbstreflexive Wende in der neueren Ethnologie hat die Grenzen des ethnographischen Realismus sichtbar werden lassen. Die Unzulänglichkeiten der aus ihr hervorgegangenen experimentellen Schreibweisen, die sich jener zentralen Aufgabe der Ethnologie gar nicht mehr zu stellen wagen, werden sie möglicherweise bald wieder in einem günstigeren Licht erscheinen lassen. Die Feldmonographien der Gründergeneration der britischen *Social Anthropology* und der amerikanischen *Cultural Anthropology* stellen auf jeden Fall singuläre Leistungen dar. Bei aller berechtigten Kritik darf nicht übersehen werden, daß das Fach den Arbeiten der frühen Feldforscher seine entscheidenden Fortschritte verdankt, ja, daß die Ethnologie eigentlich erst durch sie zu einer Wissenschaft geworden ist, die diesen Namen auch verdient. Doch das nicht allein. Hinzu kommt, daß die von ihnen beschriebenen Kulturen seit der Zeit der Auflösung der großen europäischen Kolonialreiche und der Expansion des auf der steten Entwicklung neuer Bedürfnisse beruhenden kapitalistischen Wirtschaftssystems rapiden Veränderungen unterlegen sind. So erhalten die im vielgescholtenen ethnographischen Präsens verfaßten synchronen Momentaufnahmen fremdkultureller Wirklichkeiten heute bereits den Wert von historischen Quellen. Sie beschreiben untergegangene Welten. Als die empirischen Grundlagen des Faches dokumentieren sie die Vielfalt menschlicher Kulturen. Auch wenn sie nicht immer kurzweilig zu lesen sind, kommt um ihre Lektüre doch nicht herum, wer das Studium der Ethnologie ernsthaft betreiben will.

VI. Ethnologische Theorien

1. Vorbemerkung

Seit der Durchsetzung des Feldforschungsparadigmas erfolgt die Forschungstätigkeit des Ethnologen – idealiter zumindest – auf vier unterschiedlichen Ebenen, die durch ein zunehmend höher werdendes Abstraktionsniveau gekennzeichnet sind und die zugleich auch den aufeinanderfolgenden Etappen einer typischen Ethnologenkarriere (Stagl 1991: 102) entsprechen. Als Empiriker begibt sich der Ethnologe nach Abschluß seiner universitären Primärausbildung in eine ihm fremde Kultur, die er sich in Form seiner persönlichen Erfahrung in allen ihren Einzelaspekten anzueignen sucht. Als Ethnograph beschreibt und interpretiert er die von ihm erhobenen Daten. Als Systematiker wertet er das von ihm gewonnene Untersuchungsmaterial unter theoretischen Gesichtspunkten aus und vergleicht es mit anderen empirischen Daten, um Typologien sozialer und kultureller Institutionen zu erstellen; diese Tätigkeit erfolgt in der Regel im Rahmen der einzelnen Teilbereiche des Faches, wie etwa der Verwandtschafts-, der Wirtschafts-, der Politik- oder der Religionsethnologie. Als Theoretiker versucht er schließlich, auf der Grundlage des ihm zur Verfügung stehenden und systematisch geordneten Vergleichsmaterials Erklärungsmodelle zu entwickeln, die es ihm gestatten, allgemeingültige Aussagen zu treffen.

In den voranstehenden Kapiteln ist jeweils in exemplarischer Form dargestellt worden, welchen Problemen Ethnologen sich bei ihrer vergleichend-systematisierenden Tätigkeit (Kap. I–III), bei der empirischen Datenerhebung (Kap. IV) und bei der Darstellung ihrer Untersuchungsergebnisse (Kap. V) gegenübersehen. Da sich die verschiedenen Tätigkeitsbereiche realiter vielfach überschneiden und die Beobachtung ebenso theoriegeleitet vor sich gehen muß wie die Beschreibung, die Auswertung und der Vergleich, ist dabei bereits wiederholt auf theoretische Fragestellungen eingegangen worden. Eine systematische Erörterung der Probleme ethnologischer Theoriebildung steht jedoch noch aus. Ihr soll daher das Schlußkapitel gelten.

2. Zum ethnologischen Kulturbegriff

Ist der eigentliche Gegenstand der Ethnologie das kulturell Fremde, dann ist der Gegenstand der ethnologischen Theoriebildung die Kultur selbst. Der ethnologische Kulturbegriff darf jedoch nicht mit der im deutschen Sprachraum üblichen Sichtweise verwechselt werden, die „Kultur“ als die Summe der *geistigen* Errungenschaften einer Zeit oder eines Volkes betrachtet und sie wertend der „Zivilisation“ als der bloß materiell-technischen Lebensgestaltung entgegenstellt (Elias 1969: 1–64). Er bezieht sich auch nicht allein auf die Bereiche von Kunst, Musik, Literatur und Wissenschaft. Was aber ist Kultur im ethnologischen Sinn dann? Über die Frage, wie dieser Begriff wissenschaftlich zureichend definiert werden kann, haben Ethnologen bis in die jüngste Gegenwart hinein immer wieder von neuem Überlegungen angestellt. Schon 1952 konnten die amerikanischen Kulturanthropologen Alfred Kroeber und Clyde Kluckhohn in ihrem Buch *Culture* über 160 verschiedene Definitionen von Kultur anführen. Allerdings differieren diese Begriffe nicht so sehr voneinander, wie man es angesichts dieser Vielzahl von Bestimmungen zunächst glauben möchte. Von einigen Ausnahmen abgesehen, bauen fast alle auf der klassischen Definition auf, die der britische Ethnologe Edward B. Tylor bereits 1871 in seinem Buch *Primitive Culture* gegeben hat. Tylor, der „Kultur“ und „Zivilisation“ im übrigen gleichsetzte, definierte sie als „jenes komplexe Ganze, welches Wissen, Glaube, Kunst, Moral, Recht, Sitte und Brauch und alle anderen Fähigkeiten und Gewohnheiten einschließt, welche der Mensch als Mitglied der Gesellschaft erworben hat“ (Tylor 1871: 1). Von zentraler Bedeutung ist dabei vor allem der letzte Halbsatz. Kultur ist nicht etwas von Natur aus *Gegebenes,* das wie die biologischen Erbanlagen mit der Fortpflanzung von Individuum zu Individuum weitergegeben werden könnte; sie ist vielmehr etwas durch das Leben in Gesellschaft *Erworbenes,* das sich jeder einzelne im Verlauf seiner „Enkulturation” lernend aneignen muß. In seinem Entwurf einer philosophischen Anthropologie hat Arnold Gehlen (1974) den Menschen als ein „instinktentbundenes“ und dadurch zugleich „weltoffenes“ Lebewesen bezeichnet, das nicht mehr oder – wie nach den Erkenntnissen der neueren Ethologie hinzugefügt werden muß – nur noch zu einem Teil über jene genetischen Verhaltenssteuerungen verfügt, die dem Tier das Überleben ermöglichen. Als soziales Wesen hat er jedoch eine Reihe von kulturellen Institutionen hervorgebracht, die diesen Mangel nicht nur wettmachen, indem sie sein Handeln leiten und absichern, sondern ihm darüber hinaus erlauben, in seine Umwelt handelnd einzugreifen, sie zu verändern und seinen Zwecken entsprechend umzugestalten. Kultur gehört mithin mit zum Wesen des Menschen, ohne die er – nach einer anderen Formulierung Gehlens – im Vergleich mit dem Tier hinsichtlich seiner organischen und instinktmäßigen Ausstattung tatsächlich als ein „Mängelwesen" angesehen werden müßte. Erscheint sie in einer solchen Perspektive zunächst auch nur als Instinktersatz, so eröffnet sie dem Menschen doch überhaupt erst die Möglichkeit zur Aneignung von Natur. Der deutsche Ethnologe Wolfgang Rudolph faßt die Aspekte, um die der Kulturbegriff seit Tylors klassischer Definition erweitert und präzisiert werden konnte, gut zusammen, wenn er folgende Formulierung wählt: „Kultur umfaßt alles Materielle und Nichtmaterielle, was im menschlichen Dasein nicht von Natur aus vorgegeben ist, sondern von Menschen durch ‚Innovationen' zielgerichtet hinzugefügt wurde. Die Definition von ‚Kultur' ist dementsprechend ‚Gesamtheit der Ergebnisse von Innovationen'." (Rudolph 1992: 62)

In einem allgemeinen Sinne wäre Kultur mithin die Summe der materiellen und ideellen Errungenschaften einzelner menschlicher Gruppierungen, ihrer Techniken, ihrer Werkzeuge und ihrer sonstigen Artefakte, ihres Wissens um Naturzusammenhänge, ihrer internalisierten Werte und auch ihrer Sinndeutungen. Da der Mensch aufgrund seiner Instinktentbundenheit nur als Angehöriger einer Gruppe mit Hilfe der von ihr hervorgebrachten Strategien zur Bewältigung der natürlichen Umwelt überleben kann, ist Kultur die menschliche Daseinsform per se (Rudolph 1992). Doch ebenso wie der Mensch selbst erscheint auch die Kultur grundsätzlich formbar. Zwar ist diese Plastizität dadurch eingeschränkt, daß sie Mittel und Regulierungsmechanismen zur Befriedigung bestimmter Grundbedürfnisse zur Verfügung stellen muß, doch erzeugt sie zugleich auch neue Bedürfnisse, die sich verselbständigen und nicht mehr auf das unmittelbare Überleben bezogen sind, und sie ist überdies frei, zur Befriedigung der natürlichen und kulturellen Bedürfnisse die unterschiedlichsten Wege zu wählen. Kultur ist insofern ein Potential, das zum Menschen gehört. Die jeweiligen Aktualisierungen dieses Potentials aber sind von Gruppe zu Gruppe verschieden. Jede Einzelkultur stellt eine über die individuelle Enkulturation von Generation zu Generation weitergegebene Auswahl „aus der Fülle objektiv vorhandener Möglichkeiten" (Rudolph 1992: 69) dar. Kultur tritt uns daher nicht in einer einheitlichen Ausgestaltung gegenüber. Vielmehr hat jede menschliche Gruppierung und gesellschaftliche Formation im Verlauf ihrer Geschichte ihre jeweils besonderen kulturellen Gestaltungen hervorgebracht. Der amerikanische Kulturanthropologe Lawrence Krader hat diesen Sachverhalt konzise mit dem ins Deutsche eigentlich unübersetzbaren Satz zusammengefaßt: „Culture is not one but many." Mit dieser lakonischen Formulierung ist indes zugleich das

Grundproblem jeder ethnologischen Theoriebildung angesprochen. Wie erklärt sich die Einheit und wie erklärt sich die Vielfalt menschlicher Kultur?

In der Geschichte der Ethnologie haben verschiedene theoretische Schulrichtungen einander abgelöst. Sie sollen im folgenden zwar im einzelnen aufgeführt werden. Ihre detaillierte Darstellung würde jedoch eine eigene Abhandlung erforderlich machen. Es kann daher auch in diesem Fall nur exemplarisch vorgegangen werden. Als Leitfaden bietet sich dabei die Fragestellung an, auf die bisher noch jede ethnologische Theorie, sei es implizit oder sei es explizit, eine Antwort zu geben versucht hat. Es ist die abstrakt bereits angesprochene Frage danach, wie sich die Unterschiede und die Gemeinsamkeiten zwischen den menschlichen Kulturen hinreichend erklären lassen. Je nachdem, welcher Aspekt dabei jeweils hervorgehoben wurde, lassen sich grob zwei Richtungen unterschieden: zum einen die Theorien, welchen es vor allem darauf ankommt, hinter der Mannigfaltigkeit menschlicher Kulturen ein einheitliches Prinzip aufzuzeigen; zum anderen die Theorien, die gewissermaßen den umgekehrten Weg einschlagen und nach Gründen für die scheinbar unendliche Vielfalt menschlicher Kultur suchen.

3. Das Problem der Einheit der Kultur

Den Theorien, die auf das Problem der Einheit menschlicher Kultur eine Antwort zu geben versucht haben, können so unterschiedliche und sich zum Teil auch gegenseitig befehdende ethnologische Schulrichtungen wie der Diffusionismus, der Funktionalismus und der Strukturalismus zugeordnet werden. Wählt auch jede dieser Theorien einen anderen Ausgangspunkt, so ist allen dreien doch gemeinsam, daß es ihnen in letzter Instanz um den Nachweis einheitlicher Prinzipien geht, aus dem sich die Kulturzüge erklären lassen, in denen auch die räumlich voneinander entferntesten Kulturen übereinstimmen. Im Diffusionismus stehen dabei die materiellen Kulturelemente im Vordergrund, während sich der Funktionalismus auf kulturelle und soziale Institutionen konzentriert und der Strukturalismus darüber hinaus auch die ideellen Hervorbringungen einzelner Kulturen mit einbezieht.

Der Diffusionismus oder die Suche nach der Urkultur

Unter dem Begriff „Diffusionismus“ werden in der Ethnologie all jene – zum Teil unabhängig voneinander entstandenen – theoretischen Ansätze zusammengefaßt, die sich mit der geographischen Verbreitung einzelner Kulturkomplexe befassen und dabei von der Annahme eines gemeinsamen Herkunftsorts ausgehen, von dem aus sich deren Einzelelemente durch Völkerwanderungen, durch Krieg, Eroberung und Handel, durch Missionierung, Entlehnung oder Nachahmung verbreitet haben sollen. Der Diffusionismus ist eine der ältesten Kulturentstehungstheorien überhaupt. Im Gewand von Kosmogonien und Mythen begegnet er uns in den Überlieferungen zahlreicher Völker. Die biblische Geschichte vom Turmbau zu Babylon kann ebenso als ein Vorläufer des späteren wissenschaftlichen Diffusionismus angesehen werden wie Platons Atlantislegende. Einige neuere Varianten dieser kulturellen Übertragungs- und Entlehnungstheorie muten denn auch nicht weniger phantastisch an als die entsprechenden antiken Spekulationen. So sahen zum Beispiel G. Elliot Smith (1928) und W. G. Perry (1923) im alten Ägypten die Wiege der menschlichen Zivilisation. Hier sollen 4000 Jahre vor unserer Zeitrechnung alle Errungenschaften der Kultur, von festen Behausungen, Töpferei und Weberei angefangen über die Kultivierung von Wildpflanzen, die Erfindung von Bewässerungssystemen und die Domestikation von Tieren bis hin zu dualistischen sozialen Organisationsformen, Begräbniszeremonien und der Verehrung von Sonnengottheiten hervorgebracht worden sein. Mit der Erfindung der Schiffahrt hätten sich diese Kulturelemente von Ägypten aus über die Völker der ganzen Erde verbreitet, die zu dieser Zeit noch das „affenähnliche" Leben von Jägern führten. Den Weg der Ausbreitung der ägyptischen Urkultur glaubte G. Elliot Smith anhand der altkambodschanischen, der javanischen und der altmexikanischen Pyramidenbauten rekonstruieren zu können. Nicht nur die indianischen Initiationsrituale, sondern selbst die totemistischen Systeme der australischen Aborigines stellten seiner Auffassung nach Übernahmen altägyptischer Praktiken und Glaubensvorstellungen dar (1928: 67). Durch archäologische Experimente wie etwa Thor Heyderdahls Atlantiküberquerung mit einem nach alten Bauanleitungen hergestellten altägyptischen Binsenboot ist bis in die jüngste Zeit hinein versucht worden, die wissenschaftlich fragwürdigen Hypothesen der britischen Diffusionistenschule zu belegen, der sich im übrigen in seinen letzten Lebensjahren auch der bedeutende Ethnologe William H. R. Rivers angeschlossen hatte.

Während in England Smith, Perry und Rivers mit dem alten Ägypten den Ursprungsort aller menschlichen Kultur gefunden zu haben glaubten, versuchten zur gleichen Zeit in Deutschland die Religionshistoriker Hugo Winckler und Alfred Jeremias den Nachweis dafür zu erbringen, daß die „astrale Weltanschauung" der alten Sumerer allen Kulturen und Religionen der Welt ihr Gepräge gegeben hätte – eine ebenso unhaltbare Theorie, die als „Panbabylonismus" in die Wissenschaftsgeschichte einging. Es wäre jedoch ungerecht, den Diffusionismus allein anhand dieser beiden extremen Positionen zu beurteilen. Ein seriöseres Fundament war diesem Forschungsansatz in Deutschland durch die Untersuchungen des Kulturgeographen Friedrich Ratzel (1844–1904) gegeben worden. Seine Arbeiten über die Verbreitung von Stäbchenpanzern, Bogen und Speerformen im nordpazifischen und im indoafrikanischen Raum markieren den Beginn der deutschen Kulturkreislehre, die bei uns bis in die sechziger Jahre hinein eine der führenden theoretischen Schulrichtungen der Völkerkunde bleiben sollte. Neben Leo Frobenius (1873–1938), der den Begriff „Kulturkreis" in das Fach einführte, aber später von seinem ursprünglichen Kulturkreiskonzept wieder abrückte, um mit seiner Kulturmorphologie eine organizistische, „ganzheitlichere" Kulturtheorie zu entwerfen, gelten die Museumsethnologen Fritz Graebner (1877–1934) und Bernhard Ankermann (1859–1943) als die eigentlichen Begründer der Kulturkreislehre. Ihre Grundzüge legte Fritz Graebner 1911 in seiner *Methode der Ethnologie* dar.

Die Kulturkreislehre war ein im Geist des zeitgenössischen Historismus unternommener Versuch, anhand der Verbreitung insbesondere „dinglicher Kulturgüter" die Geschichte der Völker und Kulturen zu rekonstruieren, die keine eigenen schriftlichen Überlieferungen hinterlassen hatten und daher lange Zeit als „geschichtslos" betrachtet worden waren. Zu diesem Zweck suchte man zunächst für räumlich beschränkte Gebiete einen Komplex von Kulturelementen zu identifizieren, die für sie charakteristisch zu sein schienen. Hierzu zählte man bestimmte Waffen- und Geräteformen ebenso wie Behausungsarten, Bestattungsbräuche, Bekleidungsstücke, Ornamentformen und Mythenmotive. Das Form- oder Qualitätskriterium sollte dabei sicherstellen, daß die Übereinstimmung nicht durch die Funktion der jeweiligen Gegenstände vorgegeben war, sondern allein aus der Form resultierte; dagegen dienten das Quantitäts- und Kontinuitätskriterium der genauen Festlegung des Verbreitungsgebiets eines jeden Kulturkreises. In einem zweiten Schritt untersuchte man anhand derselben Elemente die durch Migration, Entlehnung, Eroberung und andere Faktoren zustande gekommene Vermischung und Überlagerung verschiedener Kulturkreise. Auf diese Weise glaubten zum Beispiel einige Vertreter dieser Theorie aus dem bei vielen Völkern Europas, Afrikas, Festlands- und Inselasiens, Melanesiens und auch Polynesiens verbreiteten Brauch der Großsteinsetzung den Schluß auf die Existenz einer einheitlichen und räumlich genau verortbaren altweltlichen Megalithkultur ziehen zu können.

Daß bei aller methodologischen Skrupelhaftigkeit die Suche nach der menschlichen Urkultur auch den Hintergrund der deutschen Kulturkreislehre bildete, geht in aller Deutlichkeit aus dem Werk ihres vielleicht exponiertesten Vertreters hervor: des in Hörde/Westfalen geborenen und später vor allem in Wien lehrenden Paters Wilhelm Schmidt (1868–1954). Zusammen mit seinem Schüler Wilhelm Koppers begründete Schmidt die Wiener kulturhistorische Schule. Der Kulturkreislehre verlieh er durch sein Lebenswerk „die Gestalt eines umfassenden Lehrgebäudes von wahrhaft universalen Dimensionen" (K.E. Müller 1981: 201). In Anwendung und Weiterentwicklung der Graebnerschen Methode rekonstruierten Schmidt und Koppers (1924) drei „Primärkulturkreise", nämlich den „exogam-vaterrechtlichen" oder „totemistischen Kulturkreis" der spezialisierten höheren Jäger- und Küstenfischerkulturen, den „vaterrechtlich-großfamilialen Kulturkreis" der Hirtennomadenkulturen und den „exogam-mutterrechtlichen Kulturkreis" der frühen Pflanzerkulturen. Auf sie ließen sie weitere „sekundäre Kulturkreise" folgen, von denen sie annahmen, daß sie aus der gegenseitigen Überlagerung der Primärkulturkreise hervorgegangen seien. Worauf Schmidt, Koppers und alle übrigen Vertreter der Wiener kulturhistorischen Schule ihre Aufmerksamkeit aber vor allem richteten, das waren die „niederen Sammler- und Jägerkulturen" des zentralafrikanischen Regenwalds, Indiens, Südostasiens und Südamerikas, die in das Schema der aufeinanderfolgenden Primär- und Sekundärkulturkreise nicht eingeordnet wurden, weil man sie als die Repräsentanten jener menschlichen Urkultur ansah, die sämtlichen anderen menschlichen Kulturen vorangegangen war. Diese Urkultur aber war nach Schmidt insbesondere durch ein Kulturelement charakterisiert, von dem er und seine Schüler, die fast ausnahmslos dem katholischen Missionsorden der *Societas Verbi Divini* angehörten, sich geradezu fasziniert zeigten: die Verehrung eines Höchsten Wesens. Im Eingottglauben der rezenten „Urkulturvölker", zu deren systematischer Erforschung er seine Schüler unermüdlich anhielt, glaubte Schmidt einen wissenschaftlichen Beweis für die göttliche Uroffenbarung gefunden zu haben. Er war der Überzeugung, daß die Vorstellung einer persönlichen Schöpfergottheit und das Wissen um die Urstandsgeschehnisse in um so reinerer Form vorgefunden werden können, je höher das kulturgeschichtliche Alter einer Ethnie anzusetzen sei. Umgekehrt sei der Monotheismus in dem Maße in Verfall geraten, in dem sich die menschlichen Kulturen in technischer und ökonomischer Hinsicht fortentwickelten. Dieser Frage hat Schmidt fast sein ganzes späteres Lebenswerk gewidmet. *Der Ursprung der Gottesidee* (1926–1955) wurde von ihm in einer monumentalen zwölfbändigen Studie abgehandelt, an der er bis zu seinem Tode schrieb.

Andere Vertreter der deutschen kulturhistorischen Schule wagten sich zwar nicht so weit vor wie Pater Wilhelm Schmidt und die Anhänger seiner Urmonotheismuslehre. Doch ging es auch in den säkularen Varianten der Kulturkreislehre letztlich immer um die Rekonstruktion bestimmter kultureller Urzustände. So suchte zum Beispiel Hermann Baumann (1902–1972) mit Hilfe der diffusionistischen Methode die Grundzüge eines frühen „agrarischen Weltbildes" zu erstellen, das in den archaischen Hochkulturen Vorderasiens zusammen mit dem Zerealienanbau entstanden sei, sich in bestimmten Kernmythologemen Ausdruck verschafft und bald über die ganze Welt verbreitet hätte (Baumann ²1986). Er fand in dem Frobenius-Schüler Adolf E. Jensen (1898–1964) einen entschiedenen Gegner. Denn für Jensen (²1960; 1966) stellten wiederum die sogenannten Knollen- oder Altpflanzerkulturen eine der urtümlichsten Kulturschichten überhaupt dar. Reifezeremonien, Kannibalismus, Kopfjagd, Totenkult, Mondverehrung und Geheimbundwesen gruppierten sich seiner Auffassung nach bei diesen Kulturen um einen mythischen Vorstellungskomplex, in dessen Mittelpunkt die Idee eines getöteten Urzeitwesens gestanden haben soll, aus dessen Körperteilen die einzelnen Nutzpflanzen hervorgingen (Kohl 1992). Spuren dieses frühen Weltbildes aber glaubte Jensen gerade auch in jenen archaischen Hochkulturen nachweisen zu können, die von Baumann als Ursprungszentren des Weltbilds der Zerealienanbauer angesehen wurden.

Die spekulativen Grundannahmen der Vertreter der verschiedenen kulturhistorischen Schulen haben dem empirischen Tatsachenmaterial nicht standhalten können, das bald gegen jede einzelne ihrer Ursprungstheorien vorgebracht werden konnte. Adolf Jensen und Hermann Baumann haben sich in einer Reihe von Kontroversen mit Hilfe der von ihnen jeweils angeführten ethnographischen Gegenbeweise gegenseitig widerlegt. P.W. Schmidts große Leistung war es zwar, den Nachweis dafür erbracht zu haben, daß monotheistische Vorstellungen entschieden stärker verbreitet waren als man früher wahrzunehmen gewillt war. Seine fragwürdige und letztlich religiös begründete Urmonotheismushypothese ist jedoch außerhalb seines engeren Schülerkreises nie wirklich akzeptiert worden und fand nach seinem Tod auch unter seinen ethnographisch arbeitenden Ordensbrüdern bald ihre Kritiker (Thiel 1984: 151–161). Als unbefriedigend wurden aber nicht nur die Ursprungskonstruktionen der kulturhistorischen Schule angesehen, sondern auch die „partikularisierend-isolationistische Betrachtungsweise" (K.E. Müller 1981), die sie ihrem Kulturbegriff zugrunde legten. Im Blick auf die aus der Feldforschungspraxis hervorgegangene holistische Sichtweise wurde ihr methodischer Ansatz zunehmend obsoleter. Mit dem Tode Schmidts, Jensens und Baumanns fanden daher auch die von ihnen vertretenen diffusionistisch-kulturhistorischen Schulrichtungen ein abruptes Ende. Ihre Schüler und Nachfolger beschränkten sich auf die Untersuchung der Geschichte einzelner Ethnien und Kulturregionen. Die Kulturkreislehre verwandelte sich in Ethnohistorie.

Eines der Verdienste der Vertreter der kulturhistorischen Völkerkunde bleibt es dennoch, mit Nachdruck darauf aufmerksam gemacht zu haben, daß die menschlichen Gesellschaften schon immer in gegenseitigen kulturellen Austauschverhältnissen gestanden haben, daß sie einzelne Kulturelemente entlehnt und daß sie andere an ihre Nachbarn weitergegeben haben. Indem sie diesen Nachweis anhand der sogenannten Naturvölker führten, widerlegten sie die lange Zeit geläufige Vorstellung von der „Geschichtslosigkeit" der schriftlosen Kulturen. Als monistische Diffusions- und auch Degenerationstheorien aber sind sie selber heute nur noch von wissenschaftshistorischem Interesse.

Der Funktionalismus oder die Suche nach den menschlichen Grundbedürfnissen

Unter allen theoretischen Schulrichtungen der Ethnologie stellt der Funktionalismus wissenschaftshistorisch die vielleicht erfolgreichste dar. Von Bronislaw Malinowski und Alfred R. Radcliffe-Brown (1881–1955) in Fortführung theoretischer Ansätze Emile Durkheims (1858–1917) entwickelt, wurde er zur Grundlage der britischen *Social Anthropology*. Über Malinowskis Schüler Talcott Parsons hat er in der Folgezeit auch die Soziologie entscheidend beeinflußt. In Deutschland wurde er insbesondere von Richard Thurnwald (1869–1954) vertreten, der weitgehend unabhängig von Malinowski zu ähnlichen Auffassungen gelangt war und die deutsche Ethnosoziologie begründete. Die zum Teil heftige Kritik, die an den statischen und ahistorischen Gleichgewichtsmodellen des Funktionalismus vorgebracht worden war, wurde von den Vertretern der zweiten und dritten Generation der *Social Anthropology* aufgegriffen. Sie führte zur Revision einiger seiner Grundannahmen. In dieser modifizierten Form bestimmt er auch heute noch zahlreiche ethnologische Untersuchungen. Der Funktionsbegriff ist aus der modernen Ethnologie nicht mehr wegzudenken. Ihm hat sie zentrale neue Einsichten zu verdanken.

Der Erfolg des Funktionalismus erklärt sich nicht zuletzt daraus, daß er der Ethnologie eine den Naturwissenschaften vergleichbare exakte Methodik zur Verfügung zu stellen versprach. Dabei orientierte er sich vor allem an zwei eng miteinander verwandten Grundkonzepten der Naturwissenschaft: dem biologischen Organismus- und dem physikalischen Systembegriff. In Übertragung dieser Konzepte auf soziale Phänomene wurden von den Funktionalisten einzelne Gesellschaften als Systeme oder Makroorganismen angesehen, zwischen deren Einzelelementen insofern notwendige Beziehungen bestehen, als jedes von ihnen einen Beitrag zur Erhaltung des Ganzen leistet. Diese Auffassung war zwar im wesentlichen schon von dem französischen Soziologen Emile

Durkheim entwickelt worden. Doch bewährte sie sich eigentlich erst bei der Untersuchung jener kleinen, relativ geschlossenen und überschaubaren Lokalkulturen, deren Studium Malinowski und seine Schüler sich zu widmen begonnen hatten. Der Funktionalismus erwies sich dabei als der der ganzheitlichen Perspektive der Feldforschung adäquate methodische Ansatz. Er erlaubte, einzelne soziale und kulturelle Institutionen unter dem Gesichtspunkt zu betrachten, welche Funktionen ihnen im Rahmen des gesellschaftlichen Gesamtzusammenhangs jeweils zukamen. Deren Analyse war aber nur unter der Bedingung möglich, daß man einer synchronen Betrachtungsweise den Vorzug gab, das jeweils zu untersuchende „soziale System" als statische Größe ansah und die Auswirkungen historischer Veränderungen auf dessen supponierten Gleichgewichtszustand weitgehend ausblendete. Die frühen Feldforscher mußten diese Aspekte sogar oft vernachlässigen, da sie sich, wie etwa Malinowski, Radcliffe-Brown, Reo Fortune oder Raymond Firth, zunächst der Erforschung relativ isolierter Inselkulturen widmeten, sich bei der zu untersuchenden Gesellschaft in der Regel nur ein bis zwei Jahre aufhielten und aufgrund der schwierigen Verkehrsverbindungen der damaligen Zeit auch kaum Gelegenheit erhielten, sie ein zweites Mal aufzusuchen.

Malinowski begnügte sich jedoch nicht damit, sich des Funktionalismus lediglich als eines methodischen Hilfsmittels der empirischen Forschung zu bedienen. In seinem Spätwerk baute er ihn vielmehr zu einer allgemeinen Theorie der Kultur aus, die unter ganz anderen Gesichtspunkten als der von ihm als „kindische Analyse ... von erstklassiger Stumpfsinnigkeit" abgetane Diffusionismus eine Antwort auf die Gleichförmigkeit menschlicher Kulturgestaltungen zu geben versucht. Kultur wird von Malinowski ganz allgemein als ein Mittel zum Zweck aufgefaßt. Denn alle ihre Institutionen – ein von ihm sehr weit gefaßter Begriff, unter dem er alle Formen organisierten Handelns verstanden wissen wollte – beziehen sich entweder unmittelbar oder mittelbar auf die biologischen Grundbedürfnisse des Menschen. Die „Natur des Menschen", der – wie Malinowski (1975: 110) schreibt – „genötigt ist, zu essen, zu atmen, zu schlafen, sich zu vermehren und unbrauchbare Stoffe aus dem Organismus auszuscheiden", zwingt seinem Verhalten eine Reihe unveränderlicher Abfolgen auf, denen jede Kultur gerecht werden muß. Funktion definiert Malinowski (1975: 77) dementsprechend „als Befriedigung eines Bedürfnisses durch eine Handlung, bei der Menschen zusammenwirken, Artefakte benutzen und Güter verbrauchen". Mit der Kultur haben sich die Menschen eine „sekundäre Umwelt" geschaffen, die es ihnen ermöglicht, ihre primären Bedürfnisse nach Ernährung, Schutz, Fortpflanzung usw. zu befriedigen. Sie stellt ein System von Gegenständen, Einstellungen und Handlungen dar, die sorgfältig aufeinander abgestimmt und daher wechselseitig voneinander abhängig sind. Aus der Notwendigkeit, dieses System zu reproduzieren und zu erhalten, resultieren wiederum neue Zwänge, die Malinowski als sekundäre oder „abgeleitete Bedürfnisse" bezeichnet. Die einzelnen Institutionen erfüllen insofern eine doppelte Funktion: zum einen sind sie auf die Befriedigung der biologischen Grundbedürfnisse bezogen, zum anderen dienen sie aber auch dem Zweck, die kulturelle Ordnung selbst aufrechtzuerhalten.

Indem die Funktionaltheorie der Kultur auf die Natur des Menschen rekurriert, vermag sie zu erklären, weshalb unterschiedliche Kulturen gleichförmige Institutionen hervorgebracht haben, ohne daß deshalb notwendig ein historischer Kontakt zwischen ihnen bestanden haben mußte. Die Institution der Kernfamilie ist zum Beispiel deshalb so weit verbreitet, weil sie sich in geradezu idealer Weise dazu eignet, gleich mehrere vitale und abgeleitete Bedürfnisse zu befriedigen. Da das menschliche Kind während einer sehr langen Zeitspanne der elterlichen Fürsorge bedarf, ist in jeder Kultur der Reproduktionsakt mit „gesetzlich begründeter Elternschaft" verbunden, durch die festgelegt wird, daß Vater und Mutter über Jahre hin für das Kind zu sorgen haben (Malinowski 1975: 131). Die Funktion der Familie besteht indes nicht nur darin, die Gemeinschaft mit Mitgliedern zu versorgen, diese aufzuziehen und ihnen zu einem legitimen Status zu verhelfen; sie reguliert darüber hinaus die sexuellen Bedürfnisse und garantiert als Allianz zwischen zwei Gruppen den gesellschaftlichen Zusammenhalt. Die Großfamilie ermöglicht dagegen ein „wirkungsvolleres Ausnutzen gemeinsamer Hilfsmittel" (Malinowski 1975: 37) und ist zugleich ein Garant der Sicherheit. Die ebenfalls in den unterschiedlichsten Gesellschaften anzutreffende Klanorganisation schafft ein zusätzliches Netzwerk sozialer Beziehungen zwischen benachbarten Gruppen und bildet den Rahmen für den Austausch von Gütern, Dienstleistungen und Ideen. Erzieherische und religiöse Institutionen beziehen sich dagegen mehr auf die „abgeleiteten" kulturellen Bedürfnisse. Sie gewährleisten, daß das Wissen einer Gemeinschaft, ihre verbindlichen Normen und Wertvorstellungen von Generation zu Generation weitergegeben werden, und dienen insofern vor allem der sozialen Kohäsion. Auch die magischen Vorstellungen und Praktiken, die in ihren Grundzügen von Kultur zu Kultur so überraschend übereinstimmen, weisen fast überall die gleiche Funktion auf. Ebenso wie die „primitive Magie" hat auch der „zivilisierte Aberglaube" vor allem eine affektstabilisierende Wirkung. Sie dienen dazu, emotionale Spannungen zu kanalisieren. Die universale Funktion der Magie besteht darin, daß sie dem Menschen in den Situationen, in denen er sich verunsichert fühlt, weil ihm die Grenzen seines Wissens deutlich werden, zur Wiederherstellung eines Zustandes verhelfen, in dem zweckgerichtetes und rationales Handeln möglich ist (Malinowski 1973).

Malinowskis Kulturtheorie liegt ein „finaler" Funktionsbegriff zugrunde (K.E. Müller 1992: 41). Sie zielt auf den Nachweis, „daß unter ‚Ursprung' nichts anders zu verstehen ist als der Wesenskern einer Institution wie Ehe oder Nation, Familie oder Staat, Religionsgemeinschaft oder Organisation der Zauberei" (Malinowski 1975: 56f.). Als dieser Wesenskern aber erweist sich jeweils der Zweck, dem die einzelnen Institutionen dienen. Die Vielfalt der Kultur findet dementsprechend ihre Einheit in gleichförmigen biologischen Determinanten: den primären und sekundären Bedürfnissen des Menschen, deren Befriedigung von Malinowski als die Funktion der einzelnen kulturellen Institutionen angesehen wird.

Radcliffe-Browns Version des Funktionalismus war dagegen weniger fundamentalistisch. Funktion bezeichnet bei ihm nicht den Endzweck kultureller Institutionen, sondern den integrativen Beitrag, den jedes einzelne Element zur Erhaltung des sozialen Ganzen leistet. Zwar strebte auch er eine „Natural Science of Society" an, wie der Titel eines seiner posthum veröffentlichten Werke lautet (Radcliffe-Brown 1957). Doch konzentrierte er sich dabei weit mehr als Malinowski auf die sozialen Relationen, deren Gesamtheit er als „Sozialstruktur" bezeichnete. Hierunter verstand er ein geordnetes Arrangement von Personen, die in institutionell kontrollierten oder festgesetzten Beziehungen zueinander stehen. Dabei interessierten ihn die einzelnen Personen weniger als „Organismen" denn als Träger einer bestimmten sozialen Position oder Rolle innerhalb des Gesamtsystems. In der Perspektive von Radcliffe-Browns Strukturfunktionalismus bilden Gesellschaften integrierte Gesamtheiten, deren Einzelkomponenten – Personen oder Gruppen von Personen – wechselseitig voneinander abhängig sind. Sie existieren auch dann weiter fort, wenn einzelne ihrer Mitglieder ausscheiden, da ihre jeweiligen Positionen dann von anderen eingenommen werden. Das Grundbedürfnis von Gesellschaften besteht in der Aufrechterhaltung einer kontinuierlichen Ordnung. Dies macht es aber erforderlich, die Interessen ihrer Mitglieder aufeinander abzustimmen. In dauerhafter Form kann dies nur durch die Standardisierung von Gefühlen, Verhaltensregeln und Glaubensvorstellungen erreicht werden. Diese Aufgabe wird nach Radcliffe-Brown im wesentlichen von den kulturellen Traditionen geleistet. Von Generation zu Generation weitergegeben, passen sie den einzelnen an die vorgegebene Sozialstruktur an. Aber auch in synchroner Perspektive leisten sie einen Beitrag zur Aufrechterhaltung der Sozialstruktur, wenn zum Beispiel durch periodisch wiederkehrende Rituale Gefühle sozialer Solidarität immer wieder von neuem evoziert und verstärkt werden. Radcliffe-Brown hat daher darauf insistiert, daß

Kultur niemals unabhängig von Gesellschaft studiert werden kann (Kuper 1975: 72). Denn „wenn man Kultur untersucht“, so schreibt er, „dann untersucht man zugleich auch immer das Verhalten einer Gruppe von Personen, die durch eine soziale Struktur miteinander verbunden sind“ (Radcliffe-Brown 1957: 106). Kultur taucht im Strukturfunktionalismus Radcliffe-Brownscher Prägung mithin nur noch als eine Funktion von Gesellschaft auf. Sie gewährleistet deren soziale Kohäsion.

Der Strukturalismus oder die Suche nach den Universalien des Denkens

Wie der klassische britische Funktionalismus mit dem Namen Bronislaw Malinowskis, so ist der Strukturalismus in der Ethnologie mit dem Namen von Claude Lévi-Strauss aufs engste verbunden. Zu einem nicht geringen Teil greift auch er auf einige zentrale Konzepte der von Emile Durkheim begründeten französischen Soziologenschule zurück. Neben der von Durkheim und seinem Neffen Marcel Mauss in ihrem Aufsatz *De quelques formes primitives de la classification* (1903) anhand australischer, indianischer und chinesischer Klassifikationssysteme entwickelten Theorie vom sozialen Ursprung klassifikatorischer Ordnungen ist insbesondere Marcel Mauss’ Begriff der Reziprozität von Lévi-Strauss aufgenommen und weiterentwickelt worden. In seiner ersten größeren Abhandlung, den *Structures élémentaires de la parenté* (1949; dt. 1981), hat er gezeigt, daß Heirat in jeder Gesellschaft als ein Tauschakt zwischen verschiedenen Gruppen angesehen werden kann, der – so unterschiedlich die Heiratsregeln im einzelnen auch immer beschaffen sein mögen – sich doch überall nach dem Grundsatz der Gegenseitigkeit richtet (s.o.). Damit nicht genug, glaubte er im Inzestverbot, da es nur eine negative Formulierung des Gebotes darstellt, Mitglieder der eigenen Gruppe nach außen zu geben, die elementare Regel der Reziprozität erkannt zu haben, ohne die keine Gesellschaft existieren kann und das daher seiner Auffassung nach in seiner universalen Verbreitung den Übergang von der Natur zur Kultur markiert.

In seinen späteren Arbeiten hat Lévi-Strauss den Versuch unternommen, nicht nur die Heiratsordnungen und Verwandtschaftssysteme, sondern eine Vielzahl weiterer sozialer und kultureller Phänomenbereiche als Kommunikationssysteme aufzufassen, die ähnlichen Regeln gehorchen. „In jeder Gesellschaft“, so schreibt er einmal, „geht der Austausch auf mindestens drei Ebenen vor sich: Austausch von Frauen, Austausch von Gütern und Dienstleistungen, Austausch von Mitteilungen“ (1967: 322). Ziel der von ihm entwickelten strukturalen Analyse ist es, die allen sozialen und kulturellen Ordnungen gleichermaßen zugrundeliegenden logischen Gesetzmäßigkeiten aufzudecken. Dabei greift er auf ein methodisches Verfahren zurück, das – anders als der für seine Theorie zentrale Reziprozitätsbegriff – außerhalb der Ethnologie entwickelt worden ist, nämlich in der neueren Linguistik.

Der Schweizer Linguist Ferdinand de Saussure und seine Nachfolger haben die vergleichende Sprachwissenschaft dadurch revolutioniert, daß sie von der bis dahin üblichen historischen Betrachtungsweise von Sprachen abrückten und sie statt dessen als synchrone Zeichensysteme beschrieben, die in ihrem Aufbau bestimmte Strukturähnlichkeiten aufweisen. Von zentraler Bedeutung für ihren Ansatz war dabei die Unterscheidung zwischen der *parole*, dem aktuellen Sprechen, und der *langue* oder Sprache selbst. Die Sprache definierte de Saussure als ein durch die Konvention festgelegtes System von Zeichen, von denen jedes aus der Verbindung von zwei Komponenten, dem Signifikant oder „Bedeutungsträger" und dem Signifikat oder dem „Bedeutenden", besteht. Die Lautfolge /Haus/ ist so zum Beispiel der Bedeutungsträger von ›Haus‹. Ersetzt man das ‚H' in /Haus/ aber durch ein ‚M', dann ändert sich damit auch die durch die Lautfolge transportierte Bedeutung: aus dem ›Haus‹ wird die ›Maus‹. Die kleinsten lautlichen Segmente werden in der Linguistik als Phoneme bezeichnet. Die Ersetzung eines Phonems durch ein anderes muß nicht notwenig eine Bedeutungsänderung zur Folge haben. Doch gibt es in jeder Sprache Phoneme, die jeweils Oppositionspaare bilden und deren Austausch innerhalb einer bestimmten Lautfolge zu Bedeutungsveränderungen führt. Im Deutschen besteht so zum Beispiel zwischen /r/ und /l/ eine Oppositionsbeziehung: /regen/ hat ein anderes Signifikat als /legen/; im Chinesischen bilden /r/ und /l/ dagegen kein für die Bedeutungsebene relevantes Oppositionspaar.

Da hier nicht der Ort sein kann, alle wesentlichen Erkenntnisse der neueren Linguistik auch nur anzusprechen, mag dieses eine Beispiel genügen. Es zeigt, daß wir beim Sprechen immer bestimmten Regeln folgen, die uns im wesentlichen unbewußt sind. Erst das Regelsystem der Sprache verleiht dem Sprecher die Möglichkeit, sich dem Hörer durch den jeweils aktuellen Sprechakt verständlich zu machen. Lévi-Strauss hat diese und andere Einsichten der modernen Sprachwissenschaft für die Analyse ethnologischer Sachverhalte nutzbar zu machen versucht. So hat er zum Beispiel die Heiratsregeln und Verwandtschaftssysteme als „eine Art Sprache" angesehen, nämlich „als ein Operationsgefüge, das dazu bestimmt ist, zwischen den Individuen und den Gruppen einen bestimmten Kommunikationstyp zu sichern. Daß die ‚Nachricht' hier durch Frauen der Gruppe weitergegeben wird, (...) ändert in nichts die Gleichartigkeit des in beiden Fällen beobachteten Phänomens" (Lévi-Strauss 1967: 74). Letztlich geht es ihm aber in allen seinen Analysen um den Nachweis, daß sämtlichen sozialen und kulturellen Hervorbringungen der Menschheit ähnliche Strukturprinzipien zugrunde liegen. Der von ihm verwendete Strukturbegriff siedelt sich dabei auf einer anderen Ebene an als der des Strukturfunktionalismus. Radcliffe-Brown hatte unter Sozialstruktur die konkreten Beziehungen zwischen Personen oder Gruppen von Personen verstanden. Lévi-Strauss' Begriff der Sozialstruktur ist wesentlich abstrakter. Er bezieht sich „nicht auf die empirische Wirklichkeit selbst, sondern auf die nach jener Wirklichkeit konstruierten Modelle" (Lévi-Strauss 1967: 301). Die sozialen Beziehungen stellen für Lévi-Strauss lediglich das Rohmaterial für den Bau von Modellen dar, aus denen sich dann die Sozialstruktur erkennen läßt, die den empirisch vorfindbaren Sozialbeziehungen auf einer ähnlich unbewußten Ebene zugrunde liegt wie die Regeln der Sprache dem aktuellen Sprechakt. Die strukturale Analyse ist dementsprechend bestrebt, in einem Akt der Dekomposition und steten Reduktion des untersuchten ethnographischen Materials zu den kleinsten invarianten Einheiten vorzudringen, mit deren Hilfe sich wiederum Modelle konstruieren lassen, die allen festgestellten Tatsachen Rechnung tragen und deren Struktur in dem Sinne Systemcharakter aufweist, daß ihre Einzelelemente „so angeordnet sind, daß die Veränderung eines von ihnen eine Veränderung aller übrigen nach sich zieht" (Lévi-Strauss 1967: 303). Dabei geht es ihr jedoch nicht um eine Reduktion von Komplexität, die zu einer Verarmung der betrachteten Phänomene führen würde, sondern vielmehr darum, „eine besser verständliche Komplexität an die Stelle einer weniger verständlichen zu setzen" (Lévi-Strauss 1968: 285). Die Struktur dieser „besser verständlichen Komplexitäten" veranschaulicht Lévi-Strauss anhand von mathematischen Modellen, die die Regellogik des jeweils untersuchten Phänomenbereiches darstellen und die mit Hilfe bestimmter Transformationsregeln auseinander abgeleitet werden können.

Dieses zunächst bei der Untersuchung von Verwandtschaftsverhältnissen erprobte Verfahren hat Lévi-Strauss in seinen Abhandlungen über den Totemismus (1965) und andere Klassifikationssysteme (1968) angewandt, um die konkrete Logik aufzudecken, die seiner Auffassung nach das „wilde Denken" indigener Populationen kennzeichnet und sie von der abstrakten Logik des wissenschaftlichen Denkens unterscheidet. In seinem umfangreichen Spätwerk, den vierbändigen *Mythologica,* die er um zwei Nachtragsbände ergänzte, bedient er sich der strukturalen Analyse zur vergleichenden Untersuchung süd- und nordamerikanischer Mythen. Wie er verschiedentlich betont, hat er sich diesem Bereich vor allem deshalb zugewandt, weil sich der menschliche Geist in der Mythologie ganz seiner „schöpferischen Spontaneität hinzugeben vermag" (Lévi-Strauss 1980: 74), ohne dabei – wie etwa im Bereich der

Verwandtschaft oder der Ökonomie – von äußeren Zwängen beeinflußt zu werden. Wenn sich nun aber nachweisen ließe, daß der menschliche Geist in den Mythen, die ja augenscheinlich keine praktische Funktion erfüllten, bestimmten inneren Zwängen folge, dann müsse er dies *a forteriori* auch überall sonst tun. In Lévi-Strauss' Ausführungen zur Mythenanalyse gelangt das eigentliche Anliegen des Strukturalismus am deutlichsten zur Sprache. Es geht ihm – wie er im Schlußkapitel der *Mythologica* schreibt – um die Darlegung der inneren Eigenschaften von Ordnungstypen, die „nichts von dem zum Ausdruck bringen, was ihnen äußerlich ist" (1975: 735), es sei denn die Organisation des menschlichen Gehirns selbst, die jene Matrices liefert, mittels derer Strukturen sich erzeugen. Es ist die Prämisse der Identität des menschlichen Geistes, auf der das strukturalistische Verfahren beruht. Nur deshalb, weil auch der Ethnologe an ihr Teil hat, vermag er durch den Prozeß der De- und Rekomposition des ethnographischen Materials den fremden Denkformen zugrundeliegenden Code zu entschlüsseln. Die Menschen haben schon immer gleich gut gedacht, unterschieden haben sich nur die Objekte, auf die ihr Denken sich jeweils richtete, so schreibt Lévi-Strauss an anderer Stelle. Nicht anders als der Funktionalismus sucht daher auch der Strukturalismus die Ursachen für die Gleichförmigkeit menschlicher Kulturgestaltungen in bestimmten anthropologischen Konstanten. Wie im Funktionalismus in den menschlichen Grundbedürfnissen, so finden im Strukturalismus die Kulturen der Menschheit ihre Einheit in den unbewußten Strukturen des menschlichen Geistes.

Lévi-Strauss' Versuch, die Ethnologie als strukturale Anthropologie neu zu begründen, hat vor allem in den Nachbarwissenschaften starke Resonanz gefunden und das Fach insbesondere in Frankreich für die Philosophie, die Geschichtswissenschaft, die Psychoanalyse und die Literaturwissenschaft eine Zeitlang zur neuen Leitwissenschaft werden lassen. Michel Foucault, Louis Althusser, Roland Barthes, Jacques Lacan und viele andere bedeutende französische Wissenschaftler sind bei aller theoretischen Eigenständigkeit mehr oder weniger stark von Lévi-Strauss' methodischem Ansatz beeinflußt. In den 60er Jahren erlebte die Rezeption des Strukturalismus ihren Höhepunkt. In Frankreich wurde er zu einer intellektuellen Modeströmung (G. Schiwy ^{4}1970), die allerdings infolge der Ereignisse vom Mai 1968 bald wieder abebbte. Die marxistisch orientierten Wortführer der Neuen Linken sahen im Strukturalismus eine Philosophie der Immobilität, ja eine „Ideologie des Spätkapitalismus". Kritisiert wurde insbesondere die Geschichtsfeindlichkeit, die sich hinter dem Konzept der Grundstrukturen des menschlichen Denkens verbirgt. Der Ethnologe Maurice Godelier (1973) hat – wie vor ihm schon Lucien Sebag (1967) – versucht, den Strukturalismus mit marxistischen Ansätzen zu verbinden und zu einer geschichtsmaterialistischen Kulturtheorie weiterzuentwickeln. Außerhalb Frankreichs fand der Strukturalismus in der Ethnologie allerdings nur geringe Resonanz. In der britischen *Social Anthropology* ist er zwar von einigen ihrer führenden Vertreter wie Mary Douglas (1966) und Edmund Leach (1969) als methodisches Verfahren aufgegriffen und weitergeführt, aufgrund seiner philosophischen Prämissen zugleich aber auch heftig kritisiert worden (Leach 1991). In den Vereinigten Staaten entwickelten die Vertreter der Kognitiven Anthropologie einen ähnlichen, sich ebenfalls an der Vorgehensweise der Linguistik orientierenden methodischen Ansatz, beschränkten sich dabei aber im wesentlichen auf die Untersuchung einzelner taxonomischer Systeme und zeigten sich gegenüber allgemeinen theoretischen Aussagen zunächst eher zurückhaltend. So groß auch der Einfluß eingeschätzt werden muß, der vom Strukturalismus als methodischem Verfahren ausgegangen ist, so umstritten ist er doch als eine Theorie von den Universalien des menschlichen Denkens. In dieser Hinsicht ist er bis heute das Einzelunternehmen seines Begründers Claude Lévi-Strauss geblieben.

4. Das Problem der Mannigfaltigkeit der Kulturen

Nicht die Frage nach der Einheit, sondern die nach der Vielfalt der Kulturen steht im Zentrum des Evolutionismus, des Kulturrelativismus und der Kulturökologie. Es sollen diese drei theoretischen Schulrichtungen im folgenden jedoch nicht in ihrer tatsächlichen historischen Abfolge dargestellt werden. Es empfiehlt sich vielmehr, mit dem Kulturrelativismus zu beginnen, da seine Vertreter in dieser Frage die radikalste Position vertreten haben.

Die Antwort des Kulturrelativismus

Der Kulturrelativismus gleicht dem Funktionalismus insofern, als auch er Kulturen als ganzheitliche Systeme auffaßt, deren Einzelelemente nur aus ihrem Gesamtzusammenhang heraus verstanden werden können. Er unterscheidet sich von ihm aber darin, daß er gar nicht erst groß nach den Ursachen fragt, mit deren Hilfe sich die Übereinstimmungen zwischen den Institutionen verschiedener Kulturen erklären ließen, sondern jede Kultur als ein einzigartiges und einmaliges Gebilde ansieht, das seinen Zweck in sich selbst findet. Auch ist er weniger eine einheitliche theoretische Schulrichtung als vielmehr ein Ensemble von wissenschaftstheoretischen Grundüberzeugungen, die die Mitglieder der ersten und zweiten Generation der amerikanischen *Cultural Anthro-*

pology teilten. Sie standen dabei alle unter dem Einfluß von Franz Boas, der überragenden Vaterfigur der neueren amerikanischen Ethnologie. Boas hatte seine wissenschaftliche Ausbildung in Deutschland erfahren und sich erst in den 80er Jahren des 19. Jahrhunderts endgültig in den Vereinigten Staaten niedergelassen. Obgleich von Haus aus Naturwissenschaftler, war er doch vom deutschen Historismus entscheidend mitgeprägt (Renner 1992), jener die zeitgenössische Geschichtswissenschaft beherrschenden Betrachtungsweise, die unter anderem von Herders „Volksgeist"-Begriff ihren Ausgang genommen hatte und die Einmaligkeit historischer Erscheinungen, ihre Unverwechselbarkeit und Individualität betonte. Daß die einzelnen historischen Epochen eigentlich nicht miteinander vergleichbar seien, ja, daß jede einzelne von ihnen „unmittelbar zu Gott" sei – wie ein vielzitierter Satz Leopold Rankes lautet –, stellte eine der grundlegenden Überzeugungen des Historismus dar, dessen Vertreter sich denn auch ganz dem Studium historischer Einzelerscheinungen widmeten und allen Versuchen skeptisch gegenüberstanden, hinter historischen Abläufen bestimmte Gesetzmäßigkeiten aufzudecken.

Franz Boas hat in der Ethnologie eine ähnliche Sichtweise zur Anwendung gebracht. Sein strenger methodologischer Empirismus ist zugleich von einem tiefen Respekt für den Eigenwert der jeweils untersuchten kulturellen Erscheinungsformen geprägt (Rudolph 1968: 17). Wenn er auch die Möglichkeit nicht grundsätzlich bestritt, daß die kulturelle Entwicklung der Menschheit bestimmten Gesetzmäßigkeiten folgen könnte, warnte er doch vor voreiligen theoretischen Verallgemeinerungen. Worauf es vor allem ankäme, wären empirisch zureichende Untersuchungen von Einzelkulturen. Diesen Appell machten sich denn auch seine zahlreichen Schülerinnen und Schüler zu eigen, von denen sich Alfred L. Kroeber (1876–1960), Robert Harry Lowie (1883–1957) und Ruth Benedict (1887–1948) bevorzugt dem Studium indianischer Kulturen widmeten, während Melville J. Herskovits (1895–1963) bei afrikanischen und afro-amerikanischen Kulturen und Margaret Mead (1901–1978) in Ozeanien ethnographische Feldforschungen betrieben. Anders als Boas zeigte sich die Gruppe seiner unmittelbaren Schüler gegenüber theoretischen Aussagen jedoch weit weniger zurückhaltend. Vor allem Ruth Benedict, Alfred L. Kroeber und Melville J. Herskovits bauten den in seinen Grundzügen in Boas' Werk bereits angelegten kulturellen Relativismus (Rudolph 1968: 27) zu einer Art wissenschaftlicher Doktrin aus.

Der Kulturrelativismus geht davon aus, daß die einzelnen Kulturen untereinander eigentlich inkommensurabel seien und daß deshalb jede für sich betrachtet werden müsse: als ein geschlossenes Ensemble spezifischer und unverwechselbarer Lebensformen. Anders als im Funktionalismus, dem ja ein ähnlich holistisches Kulturkonzept zugrunde liegt, treten dabei pragmatische Gesichtspunkte ganz in den Hintergrund. Kultur ist für die Kulturrelativisten keineswegs nur Mittel zum Zweck. Am Problem der sozialen Kohäsion zeigen sie sich ebenso uninteressiert wie an den Institutionen und Mechanismen, die der Aufrechterhaltung der sozialen Ordnung dienen. Alles andere als ein gesellschaftliches Epiphänomen, ist in ihrer Perspektive jede Kultur ein in sich abgestimmtes Gefüge eigener Ordnung. Vor allem in Ruth Benedicts Version weist der relativistische Kulturbegriff deutliche Parallelen zum romantischen Begriff des „Volks-" oder „Nationalgeistes" auf, den Herder bekanntlich als eine „organisch-bildende Kraft" definierte, „die dem betreffenden Volk eigentümlich ist und in ihm unbewußt wirkt". Benedicts Auffassung nach stellen Kulturen individuelle Gestalten dar, deren Einzelzüge sich um ein bestimmtes Leitmotiv gruppieren. Zumindest in jeder *geschlossenen* Kultur ließe sich ein solches gemeinsames Grundthema finden, das das Verhalten ihrer Mitglieder prägt und in allen ihren Lebensbereichen zum Ausdruck gelangt. So hat sie zum Beispiel bei der von ihr untersuchten Kultur der Zuni-Indianer im Südwesten der USA ein solches kulturelles Grundmuster oder „Pattern" im Maßhalten, in der Nüchternheit und in einem gewissen Harmoniebedürfnis erkennen zu können geglaubt. Dagegen hätten Rivalität, Stolz und das Streben nach Prestige der Kultur der Kwakiutl an der amerikanischen Nordwestküste ihr spezifisches Gepräge gegeben, wie es sich insbesondere in den zerstörerischen Potlatch-Wettbewerben Ausdruck verschaffte (Benedict 1955).

Der von Ruth Benedict entwickelten Auffassung zufolge stellt jede Kultur ein geschlossenes System von Gefühlseinstellungen, Denkformen, sozialen Verhaltensweisen und auch Wahrnehmungsformen der Wirklichkeit dar, das in seiner jeweils besonderen Gestalt nur ein Segment aus dem „großen Bogen" der Möglichkeiten bildet, die ursprünglich allen Gesellschaften zur Verfügung gestanden haben. Jede Kultur ist insofern das Ergebnis einer „Kulturwahl", die irgendwann einmal getroffen worden ist und sich im Lauf der Zeit zu einer spezifischen Form der Daseinsgestaltung verfestigt hat. Für den einzelnen aber bedeutet dies, daß er in ein Gesamtgefüge von kulturellen Selbstverständlichkeiten, von Lebensgewohnheiten, Werten und Verhaltensnormen hineingeboren wird, die sein Denken und Handeln von Anfang an bestimmen. Die auch von anderen Vertretern des Kulturrelativismus geteilte Überzeugung, daß der Mensch „weniger Schöpfer, als Geschöpf der Kultur" (Rudolph 1968: 97) sei, beruht auf der Grundannahme einer fast unbegrenzten Formbarkeit oder „Plastizität" der menschlichen Psyche. Die Psyche des Kindes erscheint als eine Art von *tabula rasa,* die im Verlauf seiner Erziehung an die von Kultur zu Kultur verschiedenen Verhaltensnormen und Denkformen angepaßt wird. Die Fragen, wie dieser Anpassungsprozeß im einzelnen vor sich geht, welchen Temperamentslagen in verschiedenen Kulturen der Vorzug gegeben wird und in welchem Ausmaß auch die geschlechtsspezifischen Rollen von Kultur zu Kultur differieren, standen im Mittelpunkt der ethnologischen Studien Margaret Meads (1970; 1992), die in den Vereinigten Staaten zur populärsten Vertreterin des Faches werden sollte. Aufgrund ihrer Orientierung am psychoanalytischen Modell der Libidoentwicklung vertrat sie jedoch vor allem in ihren späteren Arbeiten nur noch eine gemäßigte Form des Kulturrelativismus. Ähnliches gilt für die amerikanische „Kultur- und Persönlichkeitsforschung" insgesamt, deren Ziel es war, die spezifische Persönlichkeitsgrundstruktur einer jeden Kultur herauszuarbeiten. Die Vertreter dieser Forschungsrichtung gingen dabei von der Annahme aus, daß jedem besonderen Kulturstil auch ein bestimmtes Persönlichkeitsideal entspricht, das dem Kind durch die jeweils kulturspezifischen Erziehungsmethoden vermittelt wird.

Unabhängig davon, welchen spezifischen Kulturbereichen sie sich auch jeweils zuwandten, lief die Argumentation der Vertreter des Kulturrelativismus doch immer darauf hinaus, daß jedes kulturelle Phänomen – wie Alfred Kroeber (1952: 6) einmal schrieb – nur in den Begriffen der Kultur verstanden und beurteilt werden kann, von der es selbst ein Teil ist (Rudolph 1968: 61). Da aber dieser Hypothese zufolge auch Ethik und Moral kulturabhängig sind, impliziert der kulturelle Relativismus zugleich einen radikalen Werterelativismus: Jede Kultur hat ein eigenes System von Werten und Normen hervorgebracht, von denen jedes einzelne gleich gültig ist. Diese Wert- und Normensysteme stellen weiter nicht hinterfragte Selbstverständlichkeiten dar, die jedem Individuum im Verlaufe seiner „Enkulturation" – ein von Herskovits geprägter Begriff – vermittelt werden. Was in der einen Kultur als verbindliche Verhaltensnorm angesehen wird, kann Angehörigen einer anderen Kultur wiederum als abnorm gelten. Hieraus resultiert die in so gut wie allen Kulturen verbreitete ethnozentrische Grundeinstellung, die fremde Kulturen allein nach den Verhaltensnormen und Wertmaßstäben der eigenen Kultur beurteilt. Ein universales, gleichermaßen alle Kulturen übergreifendes Wert- und Normensystem aber gibt es nach Auffassung der Kulturrelativisten nicht. Infolgedessen existieren auch keine objektiven Kriterien, die es erlaubten, „höher-" und „tieferstehende" Kulturen voneinander zu unterscheiden. Diese im Rahmen der amerikanischen *Cultural Anthropology* seit den zwanziger Jahren entwickelte, von fast allen ihren Vertretern geteilte und vor allem von Melville Herskovits (1948) systematisch ausgearbeitete Konzeption hatte auch praktische Konsequenzen. Unter Herskovits' Schriftführung verfaßte das Exekutivkomitee der *American Anthropological Association* 1947 einen Deklarationsentwurf, der der Menschenrechtskommission der Vereinten Nationen als Beratungsvorschlag übergeben und im selben Jahr im Fachorgan dieser amerikanischen Ethnologenorganisation (Statement on Human Rights 1947) veröffentlicht wurde. Er enthält eine klare Absage an jene kolonialen und postkolonialen westlichen Ideologien, die alle anderen Kulturen am Maßstab der technologisch fortgeschrittensten unter ihnen beurteilen zu können glaubten. In der Menschenrechtserklärung des amerikanischen Ethnologenverbands wird für die kulturellen Unterschiede ein ebenso hohes Maß der Achtung wie für die individuellen Unterschiede eingefordert, da jedes Individuum seine Persönlichkeit nur über seine Kultur realisieren könne. Der zentrale Satz des Entwurfes aber lautet, daß bisher noch keine Technik hätte ausfindig gemacht werden können, die eine qualitative Beurteilung einzelner Kulturen zuließe, da alle Normen und Werte immer nur auf die Kulturen bezogen seien, die sie selbst hervorgebracht haben.

Für die Kulturrelativisten bildet jede Kultur ein Zentrum für sich. Einzelkulturen sind ganzheitliche Individualitäten, die im Verlauf der Geschichte ihr unverwechselbares Gepräge erhielten. Sie entfalten sich entlang den verschiedenen Wegen, die sie eingeschlagen haben, und realisieren mit ihren besonderen Mitteln ihre jeweils besonderen Ziele. Zwar leugnen die Vertreter des kulturellen Relativismus nicht, daß die biologische und psychische Konstitution des Menschen den äußeren Rahmen vorgibt, durch den der jeweils individuellen Kulturentwicklung Schranken gesetzt sind. Doch spielen diese Faktoren in ihrer Argumentation kaum eine Rolle. Im Grunde verweigert der Kulturrelativismus eine Antwort auf die Frage nach der Einheit der menschlichen Kultur. Weshalb die eine Kultur diese, die andere Kultur jene Wahl aus dem „großen Bogen“ der Möglichkeiten getroffen hat, bleibt für immer im dunkeln der Geschichte verborgen. Für die Kulturrelativisten existiert Kultur nur im Plural.

Konsequent zu Ende gedacht, mündet der kulturelle Relativismus in der Ethnologie letztlich in eine Aporie. Denn wenn die Annahme tatsächlich zuträfe, daß die menschliche Psyche eine Art *tabula rasa* ist, die im Verlauf der Enkulturation durch das jeweilige kulturelle Milieu in einem solchen Maße konditioniert wird, daß alle unsere Anschauungen, Vorstellungen, Erfahrungen und Gefühle kulturabhängig sind, dann müßte ein Verstehen fremdkultureller Erscheinungsformen und deren Übersetzung in den eigenkulturellen Erfahrungshorizont eigentlich unmöglich sein. Damit hätte aber die Ethnologie einen Teil ihrer Existenzberechtigung verloren. Ihre Aufgabe bestände dann nur noch darin, auf die Relativität aller kulturbedingten menschlichen Erfahrung hinzuweisen. Hinfällig wäre aber auch ein jeder Versuch, Grundsätze einer kulturunabhängigen, universalen Ethik zu entwickeln. In der Erklärung der *American Anthropological Association* zu den Menschenrechten tritt diese Tendenz deutlich hervor. Sie ist daher von den verschiedensten Seiten kritisiert worden und hat als „Magna Charta des kulturellen Relativismus" (Rudolph 1968: 102) zugleich den Niedergang dieses Forschungsparadigmas eingeleitet.

Der nicht von ungefähr in den Vereinigten Staaten in der Zeit zwischen den beiden Weltkriegen entstandene Kulturrelativismus weist eine eindeutig antikolonialistische Zielrichtung auf. Seiner These vom „Eigenwert einer jeden Kultur" entspricht die Forderung nach der Erhaltung der Mannigfaltigkeit menschlicher Kulturen, die allerdings paradoxerweise erst zu einem Zeitpunkt erhoben wurde, als die meisten „genuinen" Kulturen infolge des europäischen Kolonialismus bereits in ein übergreifendes ökonomisches und politisches Interdependenzsystem integriert worden waren. Kann auch der Kampf des Kulturrelativismus gegen kolonialistische und rassistische Ideologien gar nicht hoch genug eingeschätzt werden, so hat er die Unumkehrbarkeit jenes globalen historischen Prozesses doch weitgehend verkannt. Seiner Argumentation haftet daher etwas Unzeitgemäßes an.

So fragwürdig der kulturelle Relativismus als eine im Grunde romantische Kulturphilosophie auch sein mag, so unbestritten bleibt seine Gültigkeit als methodisches Prinzip. Jede ethnologische Forschung hat der Einsicht in die Kulturgebundenheit unserer eigenen Normen, Wertvorstellungen und Verhaltensweisen Rechnung zu tragen. Die Relativierung des eigenkulturellen Standpunkts bildet die Grundvoraussetzung eines jeden Versuchs, sich fremdkulturellen Wirklichkeiten verstehend zu nähern.

Der Entwicklungsbegriff des Evolutionismus

Auf den Evolutionismus ist in den voranstehenden Kapiteln bereits wiederholt Bezug genommen worden, da er bis heute eine der einflußreichsten theoretischen Schulrichtungen geblieben ist. Zu einem Zeitpunkt entstanden, als das Fach sich als universitäre Disziplin zu etablieren begann, hat er die Entwicklung der Ethnologie im 19. Jahrhundert maßgeblich bestimmt und vor einigen Jahrzehnten im amerikanischen Neoevolutionismus eine unerwartete Wiederbelebung erfahren. Als Ausdruck des Fortschrittsoptimismus der bürgerlichen Epoche ist der Evolutionismus in der Ethnologie indes nur Teil einer allgemeinen Denkströmung der Zeit, die in Auguste Comtes Geschichtsphilosophie ebenso zum Ausdruck gelangt wie in Darwins Theorie von der Entstehung der Arten. Allerdings ist der sozialwissenschaftliche und ethnologische Evolutionismus zunächst weitgehend unabhängig von Darwins Lehre entstanden. Einige ihrer Theoreme wie etwa die von Herbert Spencer (1820–1903) formulierte These vom *survival of the fittest* bereits vorwegnehmend, ist er mit ihr erst später im sogenannten Sozialdarwinismus eine in ihren praktischen Auswirkungen verhängnisvolle theoretische Synthese eingegangen. Das evolutionistische Denken des 19. Jahrhunderts hat bis in unseren heutigen alltäglichen Sprachgebrauch hinein seine Spuren hinterlassen. Wenn wir zum Beispiel in bezug auf die Länder der sogenannten Dritten Welt von „Unterentwicklung", „Entwicklungsprozessen" oder auch „Entwicklungshilfe" reden, knüpfen wir damit, ohne uns darüber eigentlich immer im klaren zu sein, an genuin evolutionistische Vorstellungen an. Das Denken in evolutionistischen Fortschrittskategorien gehört gewissermaßen zu den kulturellen Selbstverständlichkeiten der modernen Industriegesellschaft.

Die Bedeutung dieses ersten großen ethnologischen Forschungsparadigmas erhellt sich nicht zuletzt daraus, daß sich jede spätere ethnologische Theorie kritisch mit dem Evolutionismus auseinandergesetzt hat. Das gilt vor allem für den Kulturrelativismus, dessen Vertreter in ihm eines jener eurozentrischen Ideengebäude zu erkennen glaubten, die den Eigenwert fremder Kulturen leugneten und die eigenkulturellen Werte verabsolutierten, um auf diese Weise Urteile über andere Kulturen abzugeben. Damit hatten sie zumindest insofern recht, als für den Evolutionismus tatsächlich die „Entwicklungshöhe" der euro-amerikanischen Kultur den Maßstab für eine Klassifikation aller übrigen Weltkulturen abgab. Stellt der Kulturrelativismus den Versuch dar, eine wertneutrale Theorie menschlicher Kulturen zu entwerfen, so orientieren sich die theoretischen Konzeptionen des Evolutionismus bewußt an den historischen Entwicklungen unserer eigenen Gesellschaft. Treffend hat Karl Marx den einem solchen Verfahren zugrundeliegenden Gedanken auf den Begriff gebracht, wenn er einmal schrieb, daß das Skelett des Menschen der Schlüssel zum Skelett des Affen sei, und nicht umgekehrt. Damit wollte er zum Ausdruck bringen, daß nur der gegenwärtige gesellschaftliche und kulturelle Entwicklungsstand der Wissenschaft die Maßstäbe an die Hand geben kann, um frühere Entwicklungsstufen der Menschheit im Blick auf ihr vorläufiges historisches Endprodukt: die westliche Industriegesellschaft, zu beurteilen. Solche früheren Entwicklungsstufen der Menschheitsgeschichte aber stellten für die Evolutionisten die außereuropäischen Gesellschaften in ihrer Gesamtheit dar.

Lewis Henry Morgan (1818–1881), der aufgrund seiner systematischen Erforschung der Irokesen auch als ein Vorläufer der modernen Ethnographie gilt, wird allgemein als der wichtigste Vertreter des klassischen Evolutionismus angesehen. Durch die Rezeption seines 1877 veröffentlichten Spätwerks *Ancient Society* (dt. 1976) durch Karl Marx und Friedrich Engels, die es überaus schätzten und viele Ansichten Morgans übernahmen (Krader 1973), erlangte seine Version des Evolutionismus eine Bedeutung, die weit über die Ethnologie hinausging und sie zu einer der Grundlagen der historisch-materialistischen Geschichtsauffassung werden ließ. Sein Ansatz sei daher hier stellvertretend für die in ihren Grundzügen ähnlichen Konzeptionen aller Evolutionstheoretiker des 19. Jahrhunderts ausführlicher dargestellt.

In *Ancient Society* wählte Morgan das jeweilige technische Niveau einzelner Gesellschaften zum Gradmesser für deren Entwicklungshöhe. Für ihn zerfiel die Geschichte der Menschheit in drei große Perioden. In Übernahme einer Stufenfolge, die ähnlich schon im 18. Jahrhundert entwickelt worden war, bezeichnete er sie als „Wildheit", „Barbarei" und „Zivilisation" und unterschied innerhalb der ersten beiden Perioden wiederum eine Unter-, Mittel- und Oberstufe. Der Übergang von einer der unteren zu einer der oberen Stufen erfolgte seiner Theorie nach in gesetzmäßiger Form. Er war jeweils durch einen entscheidenden Fortschritt in den Methoden der Nahrungsgewinnung und der Technik gekennzeichnet, dem eine Fortentwicklung der gesellschaftlichen Organisationsform und der allmähliche Übergang vom Kollektiv- zum Privateigentum entsprach. Auf der mittleren Stufe der „Barbarei" teilten sich die Entwicklungswege der Menschheit. Den Völkern der westlichen Hemisphäre gelang zwar die Kultivierung des Maises, die Erfindung des Bewässerungsbaus und die des Hausbaus mit Hilfe von Lehmziegeln, doch schritt die Entwicklung bei ihnen dann nicht weiter voran. Dagegen gingen die Völker der östlichen Hemisphäre auf der Mittelstufe der Barbarei zur Domestikation von Tieren über, erfanden auf der Oberstufe der Barbarei Verfahren zur Schmelzung des Eisenerzes sowie eiserne Werkzeuge und entwickelten schließlich phonetische Schriftsysteme, deren Herausbildung nach Morgan den Anfang der Stufe der Zivilisation markiert. Im wesentlichen parallel zu den materiellen Erfindungen und Entdeckungen, wenn auch bisweilen mit kleineren Zeitverschiebungen, erfolgte die Entwicklung der sozialen Organisation von ihren Anfängen über die Gentilgesellschaft oder *societas,* in der noch verwandtschaftliche und persönliche Beziehungen die entscheidende Rolle spielten, bis hin zur *civitas,* der politischen oder staatlichen Gesellschaft, deren Mitglieder sich auf der Grundlage ihrer territorialen Zugehörigkeit zu Körperschaften zusammenschlossen (Morgan 1976: 6). Der Entwicklung der gesellschaftlichen Organisationsformen entsprach wiederum die der Familienformen von einer anfänglichen schrankenlosen Promiskuität über die Gruppenehe und die verschiedenen Formen der Polygamie bis hin zur monogamen Familie. Ausgehend von bestimmten strukturellen Übereinstimmungen, ordnete Morgan in seinem Klassifikationsschema jeder Periode und Entwicklungsstufe eine oder mehrere außereuropäische Gesellschaften zu. Die meisten Völker Polynesiens standen seiner Auffassung nach noch auf der Mittelstufe der „Wildheit", weil sie mit dem Pfeil und dem Bogen noch nicht jene technische Errungenschaft hervorgebracht hatten, die den Übergang zur Oberstufe der „Wildheit" ermöglichte. Dagegen repräsentierte die von ihm selbst erforschte „Gentilgesellschaft" der Irokesen mit ihren mutterrechtlichen Abstammungsgruppen bereits die Mittelstufe der „Barbarei". Sie befand sich seiner Meinung nach in einem ähnlichen Entwicklungsstadium wie die altrömische Gesellschaft, die der historischen Überlieferung zufolge ja ebenfalls in ähnlichen Abstammungsgruppen – den sogenannten *gentes* – organisiert war.

In den sechziger und siebziger Jahren des 19. Jahrhunderts veröffentlichten Henry Sumner Maine (1822–1888), Johann Jakob Bachofen (1815–1887), John Ferguson McLennan (1827–1881), John Lubbock (1834–1913) und Herbert Spencer eine Reihe von Werken, die der Entwicklung menschlicher Gesellungsformen galten und darzulegen versuchten, wie sich der Mensch von seinen primitiven Anfängen zur Höhe der Zivilisation emporgearbeitet hatte. Zur Illustration ihrer Thesen griffen sie dabei ähnlich wie Morgan sowohl auf die historischen Berichte über antike Völker als auch auf das ethnographische Belegmaterial zurück, das ihnen die zeitgenössischen „primitiven" Gesellschaften boten, in denen sie lebende Fossilien der menschlichen Gattungsgeschichte erkennen zu können glaubten. Andere Vertreter des Evolutionismus wie die bereits mehrfach erwähnten britischen Ethnologen Edward B. Tylor (1832–1917) und James G. Frazer (1854–1941) untersuchten in ihren einflußreichen Abhandlungen die Entwicklung religiöser Vorstellungen mit Hilfe eines ähnlichen Verfahrens. Der Entwicklung der Waffentechnik und der technischen Innovationen im allgemeinen widmete sich der englische General und Archäologe August H.L.F. Pitt Rivers (1827–1900), der in Oxford das nach ihm benannte Museum gründete, in dessen Schausammlungen die Evolution menschlicher Mordwerkzeuge vom paläolithischen Faustkeil über neolithische Steinäxte, australische Speerschleudern, indianische Bögen und mittelalterliche Armbrüste bis hin zum englischen Militärrepetiergewehr besichtigt werden konnte, die er ohne Rücksicht auf ihre geographische Provenienz und ihr tatsächliches Alter in einer einzigen Entwicklungsreihe anordnen ließ. Im Ordnungsprinzip dieser Sammlung von prähistorischen und ethnographischen, historischen und modernen Erzeugnissen der Waffentechnik kommt der Leitgedanke des Evolutionismus vielleicht sinnfälliger zum Ausdruck als in allen gelehrten wissenschaftlichen Abhandlungen der Zeit.

Verwenden die Vertreter des klassischen Evolutionismus bei ihren sich auf die unterschiedlichsten Bereiche der Gesellschafts- und Kulturentwicklung beziehenden Versuchen, den Fortschritt der Menschheit von einem primitiven Anfangsstadium zur Zivilisation nachzuzeichnen, bisweilen auch Begriffe wie „niedere" oder „höhere Rassen", so wäre es doch falsch, sie allein deshalb als biologische Rassentheoretiker oder gar als „Rassisten" im heutigen Wortsinn anzusehen. Von einigen Ausnahmen abgesehen – zu ihnen zählt etwa Herbert Spencer –, standen ihnen auch sozialdarwinistische Überlegungen zunächst eher fern. Rassen wurden von ihnen nicht als die eigentlichen „Kulturträger" betrachtet, eine Auffassung, wie sie etwa zur gleichen Zeit der Philosoph und Historiker Graf Gobineau (1816–1882) in Frankreich entwickelte. Es war nicht die Geschichte der menschlichen Rassen, die sie zu rekonstruieren suchten, sondern die der menschlichen Gesellschafts- und Kulturentwicklung überhaupt. In der ihrer Auffassung nach überall gleichförmig und gesetzmäßig verlaufenden Entwicklung vom Niederen zum Höheren und vom Einfachen zum Komplexen ordneten sie bestimmte Strukturelemente der zeitgenössischen „primitiven" Gesellschaften als gleichsam versteinerte Überbleibsel früherer gesellschaftlicher Formationen ein. Dabei bestritten sie jedoch grundsätzlich nicht, daß der einzelne „Primitive" genauso gut zu denken und seine Lebensverhältnisse in bestimmten Grenzen genauso gut zu gestalten vermag wie der „Zivilisierte". Nur die besonderen äußeren Umstände, unter denen der „Wilde", der „Barbar" und der „Zivilisierte" ihre geistigen Anlagen entfalten konnten, waren nicht dieselben. So wandte sich etwa Edward B. Tylor entschieden dagegen, kulturelle Unterschiede als rassisch bedingt anzusehen. Auch war es seiner Ansicht nach verfehlt, die religiösen Anschauungen und Gebräuche der „Wilden" als einen „Kehrichthaufen von allerlei Thorheit" anzusehen; vielmehr seien sie in sich „consequent und logisch" (dt. 1873: 22). Und Morgan preist sogar die „Universalität des technischen Könnens" des Menschen, die das Denken bereits im „Hirn des Wilden" ausdrückt. Indem die Vertreter des klassischen Evolutionismus die biologische und die kulturelle Evolution der Menschheit voneinander trennten, blieben sie allerdings die Antwort auf eine entscheidende Frage schuldig: Wenn es zutrifft, daß die menschliche Kulturentwicklung überall denselben Bahnen folgt, wie erklärt es sich dann, daß sich allein die Europäer zur „zivilisatorischen Höhe der Menschheit" emporgearbeitet haben, während so gut wie alle anderen Kulturen auf „niedrigeren Stufen" stehengeblieben sind? Das evolutionistische Denkmodell wies mithin eine Lücke in seiner logischen Beweisführung auf. Die Argumentation der Rassentheoretiker schien dagegen schlüssiger. Sie vertraten ein in seinen Grundzügen ähnliches Modell, machten für die unterschiedlichen Entwicklungshöhen einzelner Kulturen aber die jeweiligen rassischen Veranlagungen ihrer Träger als verursachende Faktoren verantwortlich. Erst die Neoevolutionisten und in ihrem Gefolge die Kulturökologen sollten dem evolutionären Denkansatz einen gangbaren Weg aus diesem logischen Dilemma weisen.

Im Blick darauf, daß der Evolutionismus am Postulat der Einheit der menschlichen Gattung festhält, mag es vielleicht überraschen, daß er hier jenen ethnologischen Schulrichtungen zugeordnet worden ist, denen es in erster Linie darum zu tun war, eine Antwort auf das Problem der Vielfalt menschlicher Kulturen zu geben. Ich habe dies vor allem deshalb getan, weil er im Gegensatz zum Strukturalismus und Funktionalismus keine *anthropologische* Theorie in dem Sinne ist, daß er die kulturellen Leistungen des Menschen entweder aus dessen gleichförmigen geistigen Anlagen oder aus den uns allen gemeinsamen biologischen Grundbedürfnissen ableitet. Der Evolutionismus kommt ohne die Annahme solcher anthropologischen Grundkonstanten aus. Nicht in der – wie man heute sagen würde – biogenetischen Grundausstattung des Menschen sahen die Evolutionisten die Einheit der Kultur. Sie wurde für sie vielmehr durch die Gesamtheit der Kulturen selbst repräsentiert. Dabei lieferte ihnen die eigene Gesellschaft das Modell, anhand dessen sie alle übrigen Kulturen entlang einer Zeitachse anordnen zu können glaubten. Fasziniert von deren technischen und ökonomischen Fortschritten, übersahen sie jedoch, daß die einseitige Entwicklung einzelner Bereiche in der Regel auf Kosten anderer Bereiche erfolgt und daß die moderne Industriegesellschaft keineswegs notwendig den vorläufigen Endpunkt der kulturellen Entwicklung der Menschheit darstellen muß. Doch vielleicht vermögen wir dies erst heute so zu sehen, nachdem wir nach einem Jahrhundert der Massenkriege und Völkermorde, der Umweltzerstörung, der Überbevölkerung und der gescheiterten Sozialutopien auch die Kehrseiten jenes besonderen und offensichtlich unumkehrbaren Entwicklungswegs erkennen müssen, den die westliche Zivilisation eingeschlagen hat.

Vom Neoevolutionismus zur Kulturökologie

Im dritten Kapitel sind bereits einige der Gründe genannt worden, die zu Beginn des 20. Jahrhunderts zur Ablösung des Evolutionismus als ethnologischer Leittheorie führten. Als Methode hatte er sich in dem Maße totgelaufen, als er nur noch erlaubte, neue empirische Daten in das Schubladensystem der von ihm ein für allemal festgelegten Stadien der Menschheitsentwicklung einzuordnen. Zugleich bedeutete der Ausbruch des Ersten Weltkriegs das Ende des bürgerlichen Fortschrittsoptimismus, der den zeitgenössischen Hintergrund dieses Forschungsparadigmas dargestellt hatte. In der Ethnologie brachen sich mit dem britischen Funktionalismus und dem amerikanischen Kulturrelativismus weniger eurozentrisch geprägte Sichtweisen Bahn. Intensive Feldforschungen vor Ort erbrachten den Nachweis, wie komplex die sozialen und ökonomischen Organisationsformen der vermeintlich primitiven Kulturen tatsächlich sind. Der ganzheitliche Forschungsansatz des Funktionalismus und des Kulturrelativismus machte deutlich, wie fragwürdig ein Verfahren war, das darauf beruhte, Einzelelemente aus ihrem jeweiligen Kulturkontext zu isolieren, sie in Entwicklungssequenzen einzuordnen, die nach mehr oder weniger beliebigen Kriterien aufgestellt worden waren, und dann anhand eben jener Elemente die Entwicklungshöhe der jeweils betrachteten Kultur zu bestimmen. So war etwa Morgan im Falle der Polynesier vorgegangen (s.o. S. 153), wenn er sie aufgrund der Tatsache, daß ihnen Pfeil und Bogen noch unbekannt waren, einer der untersten Stufen der Kulturentwicklung überhaupt zuwies, dabei aber völlig außer acht ließ, daß sie ein komplexes soziales Rangsystem und differenzierte politische Organisationsformen hervorgebracht hatten und etwa im Bereich des Bootsbaus auch erstaunliche technische Kulturleistungen vorweisen konnten (Ganzer 1990: 106). Zwar hatten bereits die Diffusionisten den methodischen Ansatz des Evolutionismus kritisiert. Doch war ihre eigene Vorgehensweise im Grunde nicht weniger eklektizistisch. Erst die Vertreter des Funktionalismus und der amerikanischen *Cultural Anthropology* konnten überzeugende Forschungsalternativen entwickeln, die sich seit den zwanziger Jahren denn auch allgemein durchsetzten. Bei aller Kritik verwarfen jedoch weder Malinowski noch Franz Boas und sein Schülerkreis den Evolutionismus als Ganzes. Sie vertraten vielmehr die Auffassung, daß es angesichts des damaligen empirischen Forschungsstandes noch viel zu früh gewesen sei, allgemeingültige Gesetze der Kulturentwicklung aufzustellen, weshalb der klassische Evolutionismus notwendig in eine spekulative Geschichtstheorie habe münden müssen.

In der Tat erlebte der Evolutionismus in der Zeit nach dem Zweiten Weltkrieg denn auch eine Art Wiederauferstehung. Sie verdankte sich, neben neuen archäologischen Funden, vor allem den zahlreichen empirischen Daten, die seit den zwanziger Jahren von ethnographischen Feldforschern in allen Teilen der Welt zusammengetragen worden waren. In den Vereinigten Staaten, die aus den beiden Weltkriegen als neue Weltmacht hervorgegangen waren, entstand der Neoevolutionismus, als dessen Begründer Leslie A. White (1900–1975) und Julian H. Steward (1902–1970) gelten.

Obgleich ein entschiedener Kritiker der Boas-Schule, mit der er sich heftige Kontroversen lieferte, entwickelte White mit seiner „Kulturologie" eine Konzeption, in die er einige Ansätze seiner Gegner integrierte. Nicht anders als für die Kulturrelativisten stellte auch für ihn Kultur eine Ordnung *sui generis* dar, die ihren eigenen Regeln folgt und daher nicht mit naturwissenschaftlichen Konzepten erklärt werden kann. Die Untersuchung dieser Regeln erklärte er zur Aufgabe der „Kulturologie", unter der er jenen Zweig der Anthropologie verstand, der sich mit Institutionen, Technologien und Ideologien als jenem extrasomatischen Bereich des menschlichen Daseins befaßt, der auf der Fähigkeit des Menschen zum Symbolgebrauch beruht (White 1968). Von der Boas-Schule unterschied er sich jedoch wesentlich darin, daß er den Begriff Kultur erneut im Singular verwendete und hinter dem sich eigenständig vollziehenden Kulturprozeß eine Gesetzmäßigkeit aufdecken zu können glaubte, die er in Anknüpfung an Morgan, Spencer und Tylor als Evolution bezeichnete. White hielt an der Auffassung fest, daß es möglich sei, ein unilineares Schema der Kulturevolution aufzustellen, das sich bei ihm an der zunehmenden Verbesserung der Möglichkeiten zur menschlichen Existenzsicherung orientierte, da man – wie er meinte – zumindest in dieser Hinsicht nicht verleugnen könne, daß technologisch fortgeschrittene Kulturen einfachen Kulturen überlegen seien. Er glaubte sogar, einen objektiven Gradmesser der allgemeinen Kulturentwicklung gefunden zu haben. In einem 1943 unter dem Titel *Energy and the Evolution of Culture* veröffentlichten Aufsatz stellte er die Behauptung auf, daß „Kultur sich dann entwickelt, wenn die pro Kopf und Jahr zur Verfügung stehende Energiemenge zunimmt oder wenn die Effizienz der technologischen Mittel zur Umsetzung dieser Energie in Arbeit verbessert wird" (White 1943: 338). Es versteht sich gewissermaßen von selbst, daß bei Anlegung eines solchen Maßstabs die moderne nordamerikanische Industriegesellschaft am besten abschneiden mußte.

Hielt White im Prinzip an der Konzeption des klassischen Evolutionismus fest, so entwickelte Julian Steward ein entschieden differenzierteres Modell kultureller und sozialer Evolution. Daß die Kulturentwicklung bestimmten kausalen Gesetzmäßigkeiten folgt, bildet zwar auch den Ausgangspunkt seiner Überlegungen, doch war er nicht der Auffassung, daß alle Kulturen notwendig dieselben Evolutionsstadien durchlaufen müßten. Steward, der bei R.H. Lowie und Alfred L. Kroeber Ethnologie studiert hatte, war der Boas-Schule ursprünglich entschieden nähergestanden als Leslie A. White. Ausschlaggebend dafür, daß er sich von ihren Grundannahmen abwandte, sind wahrscheinlich seine ethnographischen Untersuchungen bei den im Trockengebiet des Great Basin lebenden westlichen Shoshonen gewesen (Raum 1990: 253). Bei seinen Forschungen mußte er feststellen, in welchem Ausmaß die karge natürliche Umwelt die sozialen Organisationsformen wie auch die ökonomischen Techniken dieser Gesellschaft von Jägern und Sammlern prägte. Die Bedeutung der Wechselwirkung von Umweltbedingungen und kulturellen Faktoren sollte ihm zunehmend klarer werden, als er sich später mit den Ergebnissen neuerer archäologischer Forschungen in Mesoamerika, Peru und Nord-China befaßte, sie mit den Erkenntnissen über die archaischen Hochkulturen Ägyptens und Mesopotamiens verglich und dabei erstaunliche Übereinstimmungen in der Entwicklung der in alt- und neuweltlichen Trockengebieten entstandenen Bewässerungsbaukulturen feststellen zu können glaubte. Die Grabungsfunde in chronologisch aufeinanderfolgenden Schichthöhen deuteten seiner Auffassung nach darauf hin, daß die kulturelle Evolution vom Jäger- und Sammlertum über den frühen Ackerbau bis hin zur Stadtstaaten- und Reichsbildung in diesen alten Hochkulturzentren in ähnlichen Entwicklungssequenzen abgelaufen war (Steward 1949). Da ein historischer Kontakt zwischen den archaischen Kulturen der östlichen und der westlichen Hemisphäre ausgeschlossen werden konnte, lag für ihn der Schluß nahe, daß die Entwicklung einzelner Kulturen unter ähnlichen Umweltbedingungen einen parallelen Verlauf nehmen müsse. Steward gab das von ihm anhand dieser vergleichenden Untersuchungen entworfene Entwicklungsschema, das er von vornherein auf aride und semiaride Zonen hatte beschränkt sehen wollen, später jedoch wieder auf, da er es selbst für zu grob und nichtssagend hielt (Carneiro 1973: 96). Statt dessen beschränkte er sich in seinen weiteren Forschungen darauf, bestimmte Regelmäßigkeiten in den Entwicklungsverläufen einzelner Kulturen nachzuweisen. Um sie unter systematischen Gesichtspunkten miteinander vergleichen zu können, führte er den Begriff des „Kulturkerns" ein, worunter er jenes Gefüge von technischen, sozialen, politischen und auch religiösen Elementen verstand, die in jeder Kultur aufs engste mit den Formen des Lebensunterhalts verbunden sind und die Umweltbeziehungen regulieren. Die Erforschung parallel verlaufender Entwicklungssequenzen in historisch voneinander unabhängigen Einzelkulturen bezeichnete er als multilinearen Evolutionismus. Diesen sich auf den Nachweis begrenzter Form-, Funktions- und Sequenzparallelen beschränkenden Ansatz wollte er sowohl vom „unilinearen" Evolutionismus des 19. Jahrhunderts als auch von Whites „universalem" Evolutionismus unterschieden wissen (Steward 1955). Denn Steward räumte durchaus ein, daß die Entwicklung einzelner Kulturen nicht zuletzt durch ihre Anpassung an die jeweiligen Umweltbedingungen ganz unterschiedliche Wege genommen haben konnte.

In den fünfziger und sechziger Jahren wurde der Neoevolutionismus in der amerikanischen Ethnologie zur führenden Schulrichtung. Als seine bekanntesten Vertreter gelten Robert L. Carneiro, Morton H. Fried, Elmar Service und Marshall Sahlins, die die Ansätze Whites und

Stewards fortführten und zum Teil miteinander zu verknüpfen suchten. So rekonstruierte zum Beispiel Carneiro (1973) verschiedene Entwicklungsstränge, die von einem gemeinsamen „Kulturstamm" ihren Ausgang genommen haben und sich in der Weise verzweigt haben sollen, daß jeder von ihnen aus einer unterschiedlichen Abfolge von für sich gleichförmigen Entwicklungsstufen bestand. Während einige dieser Stränge einen unabhängigen Wachstumsweg einschlugen, mündeten andere wieder in den gemeinsamen Stamm. Mit Hilfe dieser aus der Biologie bezogenen Analogie versuchte er eine Reihe von multi- und unilinearen Entwicklungssequenzen aufzustellen. Eine ähnliche Verzweigungstheorie vertrat auch Marshall Sahlins, der dabei allerdings auf die Annahme eines Stammbaums der Kulturen verzichtete. Elmar Service, der sich zunächst diesem Standpunkt angeschlossen hatte (Sahlins & Service 1960), vertrat später eine Konzeption, die Whites universalem Evolutionismus wieder näherkam. Indem er einzelne Gesellschaften nach ihrer politischen Organisationsform klassifizierte, ordnete er sie in einer evolutionären Stufenfolge an, die sich von der für Jäger- und Sammlergesellschaften charakteristischen Horde über akephale Stammesgesellschaften und stammesweite Verbände bis hin zu den zentralisierten Häuptlingstümern erstreckt (Service [2]1971). Morton Fried (1967) entwickelte ein in seinen Grundzügen ähnliches Stufenschema, typologisierte die einzelnen Gesellschaften dabei aber nach dem Grad der gesellschaftlichen Ungleichheit und ließ auf die egalitäre Gesellschaft die Rangordnungsgesellschaft, die stratifizierte Gesellschaft und schließlich die staatlich organisierte Gesellschaft folgen. In Wiederaufnahme und Modifikation von Morgans Ansatz haben sich einige Neoevolutionisten auch um eine erneute Rekonstruktion der evolutionären Abfolge von Wirtschaftsordnungen bemüht. Einen solchen Versuch unternahmen zum Beispiel Lomax und Arensberg (1977). Sie entwickelten ein evolutionäres Klassifikationsmodell der Subsistenzwirtschaftsformen, das auf der bekannten Unterteilung von aneignenden und produzierenden Wirtschaftsformen aufbaut und für das sie weltweite Gültigkeit beanspruchen.

Die von den Vertretern des amerikanischen Neoevolutionismus entworfenen Evolutionsschemata sind entschieden differenzierter als die einfachen Modelle des klassischen Evolutionismus. Sie versuchen insbesondere der Einsicht Rechnung zu tragen, daß einzelne Kulturelemente nicht aus ihrem Gesamtzusammenhang gelöst werden können. Das grundsätzliche Problem des ethnologischen Neoevolutionismus bleibt indes, daß er seine Daten aus rezenten Kulturen bezieht, um mit ihrer Hilfe Rückschlüsse auf frühere Kulturentwicklungen zu ziehen. Doch wer garantiert, daß zum Beispiel die Sozialstrukturen gegenwärtiger Jäger- und Sammlergesellschaften, die zum allergrößten Teil in ökologisch prekäre Rückzugsgebiete abgedrängt worden sind und sich deren Umweltbedingungen notwendig anpassen mußten, tatsächlich den sozialen Organisationsformen prähistorischer Jäger- und Sammlergesellschaften entsprechen? Analogien dieser Art sind jedoch für das Aufstellen von evolutionären Stufenmodellen unverzichtbar. Sie können zutreffen, sie müssen dies aber nicht notwendig. Versteht sich der Neoevolutionismus auch als eine mit exaktwissenschaftlichen Methoden arbeitende „szientifische" Kulturtheorie, so bleibt er im Grunde doch nicht mehr als eine weitere „spekulative Philosophie der Geschichte" (Raum 1992: 301).

Julian H. Steward ist nicht nur einer der Begründer des Neoevolutionismus; auf ihn bezieht sich noch eine weitere neuere theoretische Richtung in der Ethnologie zurück: die amerikanische Kulturökologie. Der Begriff stammt von ihm selbst. Unter *cultural ecology* verstand er „die Erforschung der Prozesse, durch die eine Gesellschaft sich ihrer Umwelt anpaßt" (Steward 1968: 337). Durch den im Rahmen seiner multilinearen Evolutionstheorie unternommenen Versuch, „Kulturkern" und natürliche Gegebenheiten in eine kausale Beziehung zueinander zu setzen, schuf er die Grundlage für einen Forschungsansatz, der in der amerikanischen *Cultural Anthropology* seit den sechziger Jahren immer mehr Anhänger gewann und sich dabei in mehrere Richtungen aufspaltete.

Der bedeutendste Vertreter der materialistischen Version der Kulturökologie war Marvin Harris (1927–2001), der seinen „Kulturmaterialismus" als eine Weiterentwicklung der theoretischen Positionen von Marx, White und Steward verstanden wissen wollte. Harris' (1989: 444ff.) Auffassung nach sind die Unterschiede und Übereinstimmungen zwischen den Kulturen in letzter Instanz durch materielle Zwänge bestimmt. Sie resultieren daraus, daß einzelne menschliche Gruppen der Notwendigkeit der Produktion von Nahrung, Wohnung und Geräten sowie auch ihrer eigenen Reproduktion nur durch Techniken begegnen können, die den jeweiligen Umweltbedingungen so gut wie möglich angepaßt sind. Jede Technik ist daher auf eine spezifische Umwelt bezogen; sie zielt auf eine optimale Ausbeutung der vorhandenen Ressourcen mit einem möglichst geringen Aufwand von Arbeit und Energie. Auf diese Weise entstehen Gleichgewichtssysteme, die allerdings nur so lange stabil bleiben, wie sich ihre Einzelfaktoren nicht verändern. Nimmt zum Beispiel bei konstanter Technik das Bevölkerungswachstum zu, dann ist der Punkt der maximalen Ertragsfähigkeit der Umwelt bald erreicht, und die Erträge beginnen zu sinken. Dem kann zunächst dadurch begegnet werden, daß man die Produktion durch eine Erhöhung der täglichen Arbeitszeit intensiviert. Reicht auch dieses Mittel nicht mehr aus, dann muß zu einer neuen Produktionstechnik übergegangen werden. Es findet ein qualitativer Sprung statt. Die betreffende Gruppe erreicht ein höheres Niveau technischer Entwicklung. In Anwendung dieses Ansatzes versucht Harris an Beispielen aus den unterschiedlichsten Kulturen aufzuzeigen, daß sich hinter vielen Bräuchen, die wir für absurd oder irrational halten, ein ökonomisches Kosten-Nutzen-Kalkül aufdecken läßt. So erklärt er etwa die Tatsache, daß in den altvedischen Überlieferungen noch von großen Rinderschlachtopfern die Rede ist, während es bei den Hindus heute kaum ein größeres Tabu gibt als das Töten und den Verzehr von Rindern, historisch daraus, daß mit zunehmender Bevölkerungsdichte auf dem indischen Subkontinent Rinderhaltung zum Zweck der Fleischgewinnung zu hohe Kosten zu verursachen begonnen hatte. Denn der Nahrungsgewinn, den man aus dem Schlachten von Rindern beziehen konnte, stand von einem bestimmten Zeitpunkt an in keinem Verhältnis mehr zu dem Wert, den sie als Zugtiere, als Milch- und auch als Düngemittelproduzenten darstellten. Da die Ochsengespanne für die vom Pflugbau lebende einfache indische Landbevölkerung als Produktionsmittel unverzichtbar waren, mußte zudem verhindert werden, daß die Rinder in Notzeiten abgeschlachtet wurden. Harris (1989: 309ff.) zufolge stellt die Verehrung der heiligen Kühe in Indien mithin das Ergebnis eines langen historischen Prozesses dar, der durch das Zusammenspiel von ökonomischen und ökologischen, demographischen und technischen Faktoren gekennzeichnet war.

Während Harris zumindest noch einräumt, daß Kultur und Umwelt *wechselseitig* aufeinander einwirken, vertreten die sogenannten Systemökologen in dieser Frage einen entschieden deterministischeren Standpunkt. Kulturwandel erscheint bei ihnen als eine fortwährende Adaptationsleistung einzelner menschlicher Gesellschaften an die Bedingungen ihrer natürlichen Umwelt. In ihren ethnographischen Untersuchungen versuchen sie darzulegen, in welchem Ausmaß jeder einzelne Kulturzug seinen Beitrag zur Anpassung der jeweiligen „menschlichen Population" an ihr natürliches „Habitat" leistet. Ein vielzitiertes Beispiel für einen solchen systemischen Ansatz ist Roy A. Rappaports (1968) Studie über die Tsembaga-Maring im Hochland von Neuguinea. In ihr sucht er den Nachweis zu führen, daß bei dieser Gesellschaft von Feldbauern, die Maniok, Yams und andere Knollenfrüchte anpflanzen und daneben Schweinezucht in großem Stil betreiben, Ahnenkult, Geistervorstellungen, Rituale und Krieg gleichermaßen zur Regulierung der Umweltbeziehungen beitragen. Da die Tsembaga ihre Schweine nur bei bestimmten rituellen Anlässen töten dürfen und sie mit denselben Feldfrüchten ernähren, von denen sie auch selbst leben, wird nach Rappaport das ökologische Gleichgewicht immer dann gestört, wenn die Zahl der Schweine eine bestimmte Größenordnung übersteigt, sie mit den Menschen um die gleichen natürlichen Ressourcen konkurrieren und auf der Suche nach Nahrung auch die Anpflanzungen zu zerstören beginnen. Dieses Problem wird bei den Tsembaga seiner Auffassung nach durch die in zyklischen Zeitabständen stattfindenden Kriege mit benachbarten Bevölkerungsgruppen gelöst, die sich als ein probates Mittel erweisen, die überhandnehmende „Schweinepopulation" drastisch zu reduzieren. Denn im Umfeld eines jeden Krieges finden bei ihnen zahlreiche Ahnenrituale und große Feste statt, in deren Verlauf sämtliche erwachsenen und halbwüchsigen Tiere geschlachtet werden. Während die Zahl der menschlichen Opfer bei den Kriegen eher gering bleibt, ist es also vor allem die örtliche „Schweinepopulation", die unter dem Ausbruch einer jeden Kampfhandlung zu leiden hat. Glauben die Tsembaga, daß sie ihre rituellen Handlungen durchführen, um ihre Beziehungen zur übernatürlichen Welt der Ahnen und Geister zu ordnen, so dienen ihre Rituale nach Rappaport dem Zweck, die Beziehungen zu ihrer natürlichen Umwelt zu ordnen, um so das gestörte Gleichgewicht zwischen menschlicher, tierischer und pflanzlicher Population wiederherzustellen. Es mag dem Urteil des Lesers anheimgestellt bleiben, welche dieser beiden Auffassungen die absurdere ist.

So kritisierenswert der Determinismus der „kulturellen Adaptationisten" (Bargatzky 1986: 30) im einzelnen auch immer sein mag, so weist er doch einen Ausweg aus jenem logischen Dilemma, in das sich der klassische Evolutionismus verstrickt hatte, wenn er die Antwort auf die Frage schuldig blieb, weshalb ein bestimmter Typus von Kulturen auf einer früheren Stufe der Kulturentwicklung stehengeblieben sein soll. Untersucht man die früher als „primitiv" eingestuften Kulturen nämlich unter dem Aspekt ihrer Umweltbeziehungen, dann erweisen sie sich als hochkomplexe und tendenziell überspezialisierte Gebilde, denen es gelungen ist, sich in ihre jeweiligen ökologischen Nischen vollständig einzupassen. Da ihnen die Errichtung eines solchen Regelsystems homöostatischer Beziehungen nur aufgrund ihrer relativen Isolierung von anderen menschlichen Gruppen möglich war, haben sich die Kontakte mit weniger umweltbezogenen Kulturen für sie dann allerdings um so zerstörerischer ausgewirkt. Was im 19. Jahrhundert als Zurückgebliebenheit oder Primitivität erschien, erweist sich aus der Perspektive der Kulturökologie als das Resultat einer Art von Überanpassung der entsprechenden Kulturen an ihre Umweltbedingungen. Auf die Frage nach den Ursachen für die Vielfalt der Kulturen können die Kulturökologen daher eine Antwort geben, die sowohl dem Standpunkt des Evolutionismus als auch dem des Kulturrelativismus gerecht zu werden sucht und ebenso einfach wie endgültig ist: Jede Kultur hat sich in die Richtung entwickelt, die ihr von ihren jeweiligen Umweltbedingungen vorgegeben war.

5. Ausblick auf neuere theoretische Entwicklungen

Sieht man vom französischen Strukturalismus einmal ab, dann sind die entscheidenden theoretischen Neuanstöße der letzten fünf Jahrzehnte fast ausnahmslos von der nordamerikanischen Ethnologie ausgegangen. Daß die *Cultural Anthropology* in der Nachkriegszeit die Führung der ethnologischen *scientific community* übernehmen konnte, hängt eng mit der veränderten weltpolitischen Situation zusammen. In Großbritannien, in den Niederlanden, in Belgien und zu einem Teil auch in Frankreich war die Entwicklung der Ethnologie eng an die der jeweiligen kolonialen Herrschaftssysteme geknüpft. Das von den Briten und den Niederländern vor allem seit Beginn des 20. Jahrhunderts in vielen ihrer Kolonien praktizierte System der „indirekten Herrschaft" machte genaue Kenntnisse der lokalen Verhältnisse erforderlich. Die empirische Neuorientierung der Ethnologie fiel sicher nicht zufällig in diesen Zeitraum. In den britischen Kolonialbesitzungen in Afrika wurden Regierungsethnologen mit ethnographischen Forschungen beauftragt (Leclerc 1972). Malinowski selbst hatte sich für diese Form der „angewandten Ethnologie" ausgesprochen, und viele seiner Schüler widmeten sich solchen Studien. In den Niederlanden mußten zukünftige Kolonialbeamte Kurse in sprachwissenschaftlichen Disziplinen und in Ethnologie belegen, bevor sie in den ostindischen Archipel geschickt wurden; zu ihnen zählte auch F. A. E. van Wouden, der durch seine Abhandlung über ostindonesische Sozialstrukturen (van Wouden 1935) zu einem der Pioniere der modernen Verwandtschaftsforschung werden sollte. Die Liberalisierung der holländischen Kolonialpolitik machte stärker sozialwissenschaftlich ausgerichtete Studien offensichtlich erforderlich. Obgleich die französischen Kolonialverwaltungen eher auf eine Assimilationspolitik als auf die Prinzipien der „indirekten Herrschaft" setzten, stellten auch sie die Ethnologie verschiedentlich in den Dienst ihrer „Eingeborenenpolitik".

Der Zusammenbruch der letzten großen europäischen Kolonialreiche in der Zeit nach dem Zweiten Weltkrieg blieb daher in den entsprechenden Ländern auch auf das Fach nicht ohne Auswirkungen. Mit dem Verlust der Kolonien nahm auch das öffentliche Interesse an der Ethnologie ab. Forschungsmittel und -stellen wurden reduziert. So sind zum Beispiel in den Niederlanden ganze Forschungsinstitute aufgelöst worden, nachdem an den Ergebnissen ihrer Arbeit kein praktischer Bedarf mehr bestand. In Holland, in Großbritannien und auch in Frankreich wurde die Ethnologie im Verlauf der letzten Jahrzehnte in eine ähnlich marginale Position abgedrängt, in der sie sich in Deutschland und den übrigen europäischen Ländern ohne eigenen Kolonialbesitz schon in der Zeit vor dem Zweiten Weltkrieg befunden hatte. Das bedeutete zwar nicht, daß die nationalen europäischen Ethnologien keine eigenständigen theoretischen Ansätze mehr hervorgebracht hätten. In Großbritannien entstand im Umkreis von Max Gluckman die Manchester-Schule des Neofunktionalismus, während Rodney Needham in Oxford die von den holländischen Ethnologen J.B.P. de Josselin de Jong und A.E. van Wouden entwickelte Version des Sozialstrukturalismus weiterführte. Obgleich die französische Ethnologie weiterhin unter dem beherrschenden Einfluß von Claude Lévi-Strauss stand, gelang es Maurice Godelier (1973), Claude Meillassoux (1976) und anderen Ethnologen ihrer Generation, eigenständige Positionen zu entwickeln, indem sie die Ansätze des historischen Materialismus für die Ethnologie fruchtbar zu machen versuchten. Auch in der niederländischen und in der deutschsprachigen Ethnologie spielten neomarxistische Ansätze in den sechziger und siebziger Jahren eine wichtige Rolle. Bei uns trugen sie mit dazu bei, die Völkerkunde vom Erbe der kulturhistorischen Schule zu emanzipieren. Allerdings wurde einer Rezeption der nationalen Sonderentwicklungen dadurch Schranken gesetzt, daß mit der zunehmenden Bedeutung der amerikanischen Ethnologie auf der internationalen Ebene nur noch englischsprachige Publikationen zur Kenntnis genommen wurden. Umgekehrt standen die nationalen europäischen Ethnologien unter einem starken Rezeptionsdruck, galt es doch, den Anschluß an die von amerikanischen Ethnologen dominierte internationale Fachentwicklung nicht zu verpassen. Gerade in Deutschland, aber nicht nur hier, wirkte sich dieser Druck negativ auf die eigene theoretische Produktivität aus.

In den Vereinigten Staaten hatte die Entwicklung des Faches während des gleichen Zeitraums einen ganz anderen Verlauf genommen. Hier konnte die *Cultural Anthropology* in der Zeit nach dem Zweiten Weltkrieg einen enormen Aufschwung erfahren. Allein zwischen 1940 und 1950 verdoppelte sich die Zahl der Colleges und Universitäten, an denen Ethnologie gelehrt wurde (Stagl 1981). Die überproportionale Zunahme ethnologischer Lehr- und Forschungsstätten auch im Vergleich zu anderen Hochschulfächern verdankte sich nicht allein dem Umstand, daß *Cultural Anthropology* in den USA als ein humanwissenschaftliches Fach gilt, das an vielen Hochschulen einen Beitrag zu den allgemeinbildenden ersten beiden Studienjahren leistet. Profitieren konnte die Ethnologie in den Vereinigten Staaten zugleich auch von der veränderten weltpolitischen Situation im Gefolge der beiden Weltkriege. Mit dem Kulturrelativismus hatte die *Cultural Anthropology* ein Forschungsparadigma entwickelt, das in der Zeit der Emanzipation der Länder der Dritten Welt von der europäischen Vorherrschaft als eine Art Ideologie der neuen Weltordnung angesehen werden konnte. In den ehemaligen Kolonien war die Erlangung der staatlichen Selbständigkeit freilich nicht gleichbedeutend mit politischer und ökonomischer Unabhängigkeit. Nachdem die europäischen Kolonialherren erst einmal vertrieben waren, nahmen in vielen Fällen amerikanische Wirtschafts-, Politik-, Militär- und Entwicklungsberater deren Plätze ein. Es ist sicher kein Zufall, daß in den ersten beiden Nachkriegsdekaden, die ganz im Zeichen des ökonomischen Fortschritts standen, den Amerika den Ländern der Dritten Welt zu bringen versprach, der Neoevolutionismus den Kulturrelativismus als neue ethnologische Leittheorie abzulösen begann. Die Überzeugung von einer problemlosen Anpassung der Völker der Dritten Welt an den westlichen Entwicklungsweg wurde durch die realhistorischen Prozesse jedoch bald widerlegt. Selbst in den Metropolen traten die Grenzen des Wachstums immer deutlicher hervor. Die ersten Symptome der ökologischen Krise zeichneten sich ab. Auch innnerhalb der *Cultural Anthropology* wurde dieser Entwicklung in gewisser Weise Rechnung getragen. Es erfolgte der Übergang von der globalen Sichtweise des Neoevolutionismus zu den partikularistischen Ansätzen der verschiedenen kulturökologischen Richtungen.

Inzwischen hat allerdings auch die Kulturökologie den Höhepunkt ihrer Popularität schon lange überschritten. Sieht man von der kurzlebigen Blüte, die die Soziobiologie in der amerikanischen Ethnologie zu Beginn der achtziger Jahre erlebte, einmal ab, dann ist sie bis heute die letzte „große Theorie“ der amerikanischen *Cultural Anthropology* geblieben. Zusammen mit dem Funktionalismus, dem Strukturalismus und dem Neoevolutionismus zählt sie zu den neueren Kulturtheorien, die sich an der exakten Methodik der Naturwissenschaften orientieren und eine ähnliche Gesetzmäßigkeit, wie sie sich bei natürlichen Phänomenen beobachten läßt, auch hinter der Geschichte, dem Handeln und Denken der Menschen aufdecken zu können glauben. Unumstritten war eine solche szientistische Vorgehensweise in der Ethnologie aber nie. Auch in den Vereinigten Staaten hatten sich parallel zum Neoevolutionismus und zur Kulturökologie einige neuere Ansätze herausgebildet, die sich weniger das „Erklären“ als das „Verstehen“ fremder Kulturen zur Aufgabe setzten.

Clifford Geertz (1926–2006), der zunächst dem Kreis der Neoevolutionisten nahegestanden hatte, und Victor Turner (1920–1983), der aus der sogenannten Manchester-Schule des britischen Funktionalismus hervorgegangen war und seit 1963 an amerikanischen Universitäten lehrte, begründeten mit der Symbolischen Anthropologie eine neue hermeneutische Forschungsrichtung, die es sich zur Aufgabe setzte, die Rolle zu untersuchen, die Symbole in sozialen Kommunikationsprozessen als Verkörperungen der Weltsicht, der Wertorientierungen und des Ethos einzelner Kulturen spielen. Während Turner sich vor allem für die pragmatischen Dimensionen von Symbolen interessierte und in seinen Studien zu Initiationsritualen (Turner 1989) deren Funktion als aktive Kräfte im sozialen Prozeß herausstellte, konzentrierte Clifford Geertz sich mehr auf die Frage, wie Symbole das Wahrnehmen, Fühlen und Denken formen und dem sozialen Leben Bedeutung verleihen. Schließlich entwickelte er diesen Ansatz zu einer allgemeinen Interpretativen Anthropologie weiter, die einzelne Kulturen als geschlossene Bedeutungssysteme auffaßt und sie wie Texte zu lesen, zu analysieren und auszudeuten versucht. In einem 1973 erstmals veröffentlichten Aufsatz, der den Titel „Thick Description" trägt (Geertz 1983) und zu einer Art Manifest der Interpretativen Anthropologie werden sollte, stellte er die Forderung auf, daß Ethnologen es nicht allein bei einer Beschreibung des empirisch Vorfindlichen bewenden lassen dürften, sondern eine Darstellungsform entwickeln müßten, die auch der „Tiefenbedeutung" gerecht wird, die dem Handeln und Denken der Einheimischen als eine interpretativ zu erschließende innere Logik zugrunde liegt. Damit eröffnete er der *Cultural Anthropology* eine neue hermeneutische Dimension, durch die er zu jener selbstreflexiven Wende beitrug, die im fünften Kapitel beschrieben worden ist. Seine Schüler und Nachfolger radikalisierten seinen Ansatz und wendeten ihn auf den Ethnologen als Produzenten von Texten und Bedeutungen selbst an. Von dieser neuesten Entwicklung blieben auch die szientistischen Strömungen der Ethnologie nicht unberührt. Denn es war ja gerade der Tatsachencharakter der bis dahin als *faits accomplis* angesehenen ethnographischen Daten, der grundsätzlich angezweifelt wurde. Damit hatte aber auch die empirische Basis des Strukturalismus und der Kognitiven Anthropologie, des Neoevolutionismus, des Kulturmaterialismus und der Kulturökologie brüchig zu werden begonnen. Auf welch wankendem Boden sie sich mit ihrem an naturwissenschaftlichen Methoden orientierten „nomothetischen" Verfahren bewegten, war jetzt erst deutlich geworden.

Anders als die szientistischen Strömungen enthält die hermeneutisch orientierte Ethnologie eine klare Absage an jene Haltung, die allein dem westlichen Wissenschaftler die Rolle des Subjekts der Forschung, den außereuropäischen Gesellschaften aber die des Objekts der Forschung zuweist. Je näher die einzelnen Kulturen zusammenrücken und je mehr sie sich in ein einziges globales Interdependenzsystem verwandeln, desto größere Bedeutung hat dieser Ansatz gewonnen, der den „anderen" nicht mehr als bloßes Untersuchungsobjekt wahrnimmt, sondern ihn als „Socius" anerkennt und ihn in allen seinen Handlungen ernst nimmt, und dem es mehr um ein Verstehen fremder Lebensformen, Wertvorstellungen und Sinngebungen zu tun ist als um ein Erklären sozialer und kultureller Zusammenhänge.

An die Stelle einer einheitlichen „szientifischen" Theorie der Kultur ist in der *Cultural Anthropology* ein Pluralismus verschiedener theoretischer Ansätze getreten. Da sie sich damit zugleich auch gegenüber den theoretischen Entwicklungen im Ausland geöffnet hat, war ein merkwürdiges Rezeptionsparadoxon entstanden. Denn während in der deutschen Ethnologie Ende der achtziger Jahre die Rezeption des Kulturmaterialismus und der Kulturökologie gerade erst einzusetzen begann, standen zur gleichen Zeit in der „postmodernen" amerikanischen Ethnologie die theoretischen Ansätze der klassischen deutschen Hermeneutik, der Frankfurter Schule und des französischen Poststrukturalismus hoch im Kurs.

6. After Writing Culture

Die Repräsentationsdebatte hat die Entwicklung des Faches entschieden länger bestimmt als dies angesichts der Kurzlebigkeit wissenschaftlicher Modeströmungen gerade in der amerikanischen Ethnologie eigentlich zu erwarten gewesen war. Die Skepsis der Ethnologen, die sich der postmodernen Richtung verschrieben hatten, galt bald nicht mehr nur den konventionellen Schreibweisen und „großen Theorien", sondern sie machte auch vor dem hermeneutischen Ansatz ihres Mentors Clifford Geertz nicht halt (Gottowik 1997), der dafür jedoch in den Nachbardisziplinen um so stärker rezipiert wurde und mit seiner Formel von „Kultur als Text" vor allem die Literaturwissenschaften beeinflußte. Die Repräsentationsdebatte hat die klassischen Darstellungsformen zwar nicht revolutioniert – die konventionellen Ethnographien überwiegen auch heute noch bei weitem –, doch hat sie die Herausbildung eines neuen theoretischen Paradigmas verhindert und mit ihrem Zweifel an der Wissenschaftlichkeit ethnologischer Verfahren langfristig ein Klima der Ratlosigkeit und Verunsicherung erzeugt. In der amerikanischen Ethnologie sollte sie sich überdies auch auf die internen Fachstrukturen auswirken und die szientistischen Ansätze zunächst ganz an den Rand drängen.

War gegen Ende der achtziger Jahre die Kritik am Pseudorealismus der klassischen Monographie und am Szientismus ethnologischer Theorien noch die Sache einer kleinen, aber einflußreichen Minderheit, so haben sich die Konstellationen seither grundlegend geändert. In den Fachjournalen, den Wissenschaftsorganisationen und den universitätsinternen Hierarchien zeichnete sich seit Mitte der neunziger Jahre ein Machtwandel ab. Die Vertreter einer konservativeren Wissenschaftsauffassung traten überraschend schnell den Rückzug an. Als Barbara und Dennis Tedlock, zwei Wortführer der Repräsentationsdebatte der achtziger Jahre, 1994 die Herausgeberschaft des *American Anthropologist* übernahmen, eröffneten sie den ersten unter ihrer Regie veröffentlichten Band des international führenden Fachorgans mit einer Interpretation zu Rimbauds Gedicht „Je est un autre“. Die literarische Wende schien damit ihren Höhepunkt erreicht zu haben. Die Rebellen von einst waren zu den neuen Mandarinen des Faches geworden. Sie waren es jetzt, die die Diskussion beherrschten, die Forderungen aufstellten, die Gebote und auch Verbote erließen. Deren Durchsetzung wurde durch die „political correctness“-Bewegung begünstigt, die sich in den USA zur gleichen Zeit zu formieren begonnen hatte. Lange Zeit unterdrückten Minderheiten und Randgruppen wie den „Native Americans“, den „Afro-Americans“, den „Chicanos“ und den Homosexuellen war es gelungen, erfolgreich gegen ihre Diffamierung durch die Mehrheitsgesellschaft anzukämpfen. Die Vertreter der Repräsentationsdebatte, der kulturkritischen postkolonialen und postmodernen Ethnologie machten sich ihre Anliegen zu eigen; auch die von feministischen Ethnologinnen betriebenen Forschungen zum Geschlechterverhältnis gewannen innerhalb des Faches immer mehr an Terrain. Aus der Distanz betrachtet stellen diese neueren wissenschaftlichen Strömungen aber nur einen Teil einer weit umfassenderen politischen Bewegung dar.

In der Ethnologie bewirkte sie eine ethnische und kulturelle Aufsplitterung, durch die man den Interessen der Minoritätengruppen gerecht zu werden suchte. Die *American Anthropological Association*, der Dachverband der amerikanischen Ethnologen, fügte ihren früher allein nach regionalen und systematischen Spezialisierungen ausgerichteten Untersektionen eine *Association of Black Anthropologists*, eine *Association of Latina and Latino Anthropologists*, eine *Society of Lesbian and Gay Anthropologists* und selbst eine *Association of Senior Anthropologists* an, die ihre eigenen Kongresse veranstalteten und zum Teil auch eigene Zeitschriften publizierten. Die selbstreflexive Wende des Faches hatte zur paradoxen Folge, daß nicht nur die Darstellungen nicht-westlicher Kulturen, sondern auch die von Minderheitengruppen in der amerikanischen Gesellschaft von vornherein unter den Verdacht des „Othering“ gerieten. Das Wort sollte zum Inbegriff der schlimmsten Sünde werden, die sich Ethnologen zuschulden kommen lassen können, obgleich der mit ihm bezeichnete Vorgang eigentlich konstitutiv ist für ein Fach, das die Grenze zwischen dem Eigenen und dem Anderen zur epistemologischen und methodischen Prämisse hat. Gewiß ist die von den Vertretern der postmodernen Ethnologie aufgestellte Forderung berechtigt, die Erforschten in den Forschungsprozeß miteinzubeziehen, sie nicht mehr als „Informanten“, sondern als Partner anzusehen und ihnen auch bei der Publikation der Forschungsergebnisse Mitspracherechte einzuräumen. Ihnen aber allein die Aufgabe des Ethnographierens überlassen zu wollen, hieße das Kind mit dem Bade auszuschütten. Dann würde man sich nämlich der Möglichkeit begeben, sich des Blicks des von außen kommenden Beobachters zu bedienen, um auf diese Weise auch die Selbstverständlichkeiten der eigenen Kultur der bewußten Analyse zugänglich zu machen.

Die durch die Repräsentationsdebatte ausgelöste Indigenisierung der Ethnographie beschränkte sich nicht allein auf die USA. Als Reaktion auf den kulturellen Globalisierungsprozeß, der dem ökonomischen lange vorangegangen war, ließ sich seit Mitte der achtziger Jahre weltweit ein Aufkommen ethnizistischer Bewegungen beobachten. Der Wiederbesinnung auf die eigenen kulturellen Ursprünge stand in der Ethnologie eine neue Forschungsrichtung entgegen, die mit dem Essentialismus älterer Ethnizitätstheorien brach und in vielen Fällen mit Erfolg nachweisen konnte, daß die scheinbar so festgefügten ethnischen Gruppen in Afrika, Asien und Ozeanien im wesentlichen Konstruktionen darstellten, die innerhalb des kolonialen Machtgefüges entstanden und entschieden jünger waren, als man bis dahin angenommen hatte. Die Wortführer des neuen Ethnonationalismus wiesen die Ergebnisse dieser Forschungen, die durch die Auswertung ethnohistorischer Quellen belegt werden konnten, jedoch nicht selten mit Vehemenz zurück. Zwischen indigenen Ethnologen und ihren westlichen Kollegen kam es zu heftigen Kontroversen um die Frage, wie authentisch die kulturellen Traditionen tatsächlich waren, auf die sich die neueren ethnizistischen Bewegungen beriefen. In einigen Fällen führten diese Auseinandersetzungen sogar dazu, daß man den Ethnologen, die Zweifel an der Echtheit bestimmter kultureller Überlieferungen vorgebracht hatten, die Forschungserlaubnis verweigerte. An diesen Beispielen wird die Ambivalenz der Forderung nach einer Indigenisierung der Ethnographie deutlich. In letzter Konsequenz betrieben, birgt sie die Gefahr in sich, daß sie zu einer Suspendierung der Frage nach der wissenschaftlichen Wahrheit führt.

Andererseits ist Ethnologen durch den weltweiten Erfolg ethnizistischer Bewegungen ein weiteres praktisches Betätigungsfeld zugefallen. In Australien, in Neuseeland, in den USA und in zahlreichen südamerikanischen Staaten sind durch neue Gesetzgebungen die Rechte indigener Gruppen inzwischen auch von staatlicher Seite anerkannt worden, die nun ihrerseits um den Zugang zu bestimmten ökonomischen Ressourcen wie Land und Bodenschätze konkurrieren. Um ihre Rechtsansprüche vor Gericht durchsetzen zu können, stellen einige von ihnen heute ausgebildete Ethnologen ein, die durch ethnohistorische Untersuchungen und die Aufnahme oraler Überlieferungen die Legitimität ihrer Forderungen beweisen sollen. Doch stellt sich auch in diesen Fällen die Frage: Wie soll sich der Forscher verhalten, wenn er im Verlauf seiner Untersuchungen zu Resultaten kommt, die den Interessen seiner Auftraggeber nicht entsprechen?

Die Angst vor einem Verlust seines Gegenstandes, die das Fach seit seinen frühesten Anfängen begleitet hat, ist durch die neueste Entwicklung selbst gegenstandslos geworden. Nicht nur in Afrika, Ozeanien und Asien, sondern auch in Ost- und Südosteuropa werden vergessen geglaubte kulturelle Traditionen wiederbelebt und zum Kristallisationspunkt ethnisch-politischer Strömungen. In einigen Regionen trägt der weltweite Tourismus dazu bei, daß die eigenen kulturellen Überlieferungen als ökonomische Ressource wiederentdeckt werden. Aber auch in den großen urbanen Agglomerationen der Industriestaaten lassen sich Prozesse kultureller Diversifizierung beobachten, die sich dem Phänomen der globalen Arbeitsmigration verdanken. Während sich in den Metropolen eine faszinierende kulturelle Vielfalt breit macht, entstehen in den Millionenstädten Afrikas, Asiens und Südamerikas hybride Kulturen, die sich aus Elementen unterschiedlichster Provenienz zusammensetzen. In Ghana etwa transformiert sich der Ahnenkult in eine neue Sepukralkultur, in deren Mittelpunkt Nachbildungen westlicher Prestigegüter stehen, die als Särge Verwendung finden, und in den Glaubensvorstellungen und Ritualen des brasilianischen Candomblé gehen afrikanische Götter, christliche Heilige und einheimische Besessenheitskulte synkretistische Verbindungen ein. Weit davon entfernt, einem kulturellen Einheitsbrei den Weg zu bereiten, hat der wechselseitige Austausch von Kulturgütern und die gegenseitige Beeinflussung von Lebensstilen ein enormes kreatives Potential freigesetzt. Der Untergang geschlossener indigener Kulturen, über den Ethnologen schon immer Klage geführt haben, wird zu einem Teil zumindest dadurch wettgemacht, daß die einzelnen Kulturen im Zuge ihrer gegenseitigen Durchdringung immer vielfältiger und facettenreicher geworden sind. Was sie im Verlauf des Globalisierungsprozesses verloren haben, ist lediglich ihre feste Bindung an einen bestimmten Ort (Augé 1994; Bhabha 1994). Wer sie studieren will, braucht sich heute nicht mehr in ferne Länder zu begeben. Das Studium fremder Kulturen kann vor der eigenen Haustür beginnen. Im gegenseitigen Verhältnis der Fachdisziplinen hat diese Entwicklung dazu geführt, daß die Grenzen zwischen der Volkskunde, die sich heute als Europäische Ethnologie versteht (Kaschuba 1999), der Soziologie, die sich zunehmend mehr kulturwissenschaftlich orientiert (Hörning, Winter 1999) und der klassischen Ethnologie zunehmend durchlässiger geworden sind. Man mag zwar beklagen, daß das Fach hierdurch seine einstige Monopolstellung eingebüßt hat. Tatsächlich aber sollte man es als einen Gewinn ansehen, daß sich dessen spezifische methodischen Ansätze, Fragestellungen und Sichtweisen als so zentral für das Studium von Kultur überhaupt erwiesen haben, daß sie inzwischen auch von anderen wissenschaftlichen Disziplinen übernommen worden sind.

VII. Eine Wissenschaft im Umbruch: Die Ethnologie im 21. Jahrhundert

Die Tendenzen, die sich im letzten Jahrzehnt des 20. Jahrhunderts bereits anbahnten, haben sich in der ersten Dekade des 21. noch verstärkt. Auch wenn sich mitunter gegenteilige Meldungen in der Presse finden: Gesellschaften, die noch nie mit der westlich geprägten Weltzivilisation in Berührung gekommen sind, dürfte es heute weder in den Urwäldern Neuguineas und Amazoniens noch in denen Afrikas oder Asiens geben. Dafür haben inzwischen auch in die abgelegeneren Regionen der Erde Mobiltelefon und satellitengestützte Datentechnologie Eingang gefunden. Mit Hilfe dieser Kommunikationsmedien, die gegenüber den älteren den Vorteil haben, daß sie mit einem Minimum an materieller Infrastruktur auskommen, ist es den im Westen lange als rückständig eingestuften Gesellschaften gelungen, Entwicklungsphasen, die die modernen Industriegesellschaften über fast zwei Jahrhunderte hin durchlaufen mußten, einfach zu überspringen. Wenige Funkmasten leisten, wofür man früher Kabelnetze und komplizierte Schaltstellen brauchte. Für den Flugverkehr gilt Ähnliches. Mit vergleichsweise geringem Aufwand gebaute Landebahnen ersetzen heute die vielen Tausend Kilometer Eisenbahnschienen, die man früher legen mußte, um einzelne Orte miteinander zu verbinden. War das Fliegen in der Mitte des 20. Jahrhunderts noch das Privileg weniger Reicher, so sind Flugzeuge sechzig Jahre später zu Massenverkehrsmitteln geworden, die es Reisenden ermöglichen, innerhalb von wenigen Tagen selbst noch den entferntesten Winkel des Erdballs zu erreichen.

1. Migration, neue Kommunikationsmedien und die Schrumpfung des Raums

Die Auflösung des traditionellen Raum-Zeit-Verhältnisses, die in Europa mit dem Industriezeitalter einsetzte, ist mit der Wende zum 21. Jahrhundert nicht nur weiter vorangeschritten, sondern hat nochmals einen enormen Beschleunigungsschub erfahren. Die Zeit scheint sich immer mehr vom Raum zu emanzipieren. Der durch die temporale Veränderungsdynamik hervorgerufene „Wandel der spatiotemporalen Strukturen“ wird von uns als „progressive Schrumpfung des Raumes“ (Rosa

2005:62) wahrgenommen: Da Nachrichten in Sekundenbruchteilen den Erdball umkreisen, können sich einzelne Ereignisse wie etwa ein Börsensturz in New York oder ein Erdbeben in Fukushima unmittelbar und fast ohne jede Verzögerung weltweit auswirken. Auch die Menschen selbst sind mobiler geworden. Zwar ist es seit der bereits in den letzten Jahren des Zweiten Weltkriegs erfolgten Entwicklung des Düsenflugzeugs zu keiner weiteren zeitlichen Effizienzsteigerung der für den Personenverkehr eingesetzten Transportmittel gekommen, doch steigert sich das Verkehrsaufkommen in der zivilen Luftfahrt seither kontinuierlich und hat sich allein in den letzten 15 Jahren erneut verdoppelt. Der Ausbau dieses Sektors trug zusammen mit der größeren Durchlässigkeit nationaler Grenzen dazu bei, die internationale Arbeitsmigration erheblich zu erleichtern. Bedeutete Auswandern noch bis in die erste Hälfte des 20. Jahrhunderts hinein allein schon wegen der weiten räumlichen Entfernungen zwischen den Heimatorten und den Zielgebieten der Emigranten, daß sie damit rechnen mußten, die eigenen Verwandten und Freunde nie wiederzusehen, so lassen sich auch größte Distanzen leicht überwinden, seit an die Stelle der Eisenbahnreise und der Personenschiffahrt der Luftverkehr getreten und auch für jedermann erschwinglich geworden ist. Durch die modernen Telekommunikationssysteme ist es inzwischen sogar möglich, den Kontakt zu den eigenen Angehörigen selbst über die Kontinente hinweg tagtäglich aufrechtzuerhalten.

Diese Feststellungen mögen zunächst eher banal klingen. Doch haben die genannten Entwicklungen gravierende Folgen. Faktisch bedeuten sie, daß Migranten sich zunehmend weniger an die Kulturen der Länder anpassen müssen, in denen sie sich ihren Lebensunterhalt verdienen. Kulturelle Assimilation wird zwar von den Regierungen der Staaten gefordert, die auf Zuwanderer angewiesen sind, doch kann sie nicht erzwungen werden und ist für Migranten auch schon längst keine Notwendigkeit mehr. Der allgemeine Prozeß der Beschleunigung hat so nicht nur eine Emanzipation der Zeit vom Raum bewirkt, sondern auch dazu geführt, daß einzelne Kulturen nicht mehr an partikulare Räume gebunden sind. Den eigenen Lebensstandard durch Auswandern verbessern zu wollen war früher nur um den Preis möglich, daß der Einzelne sich an eine andere Sprache, an andere Normen und Werte anpassen mußte. Das zeigt etwa das Schicksal der deutschen Auswanderer in Amerika, die ihre alten kulturellen Traditionen nahezu vollständig aufgaben, obgleich sie über die Jahrhunderte hin die größte nicht-englischsprechende Einwanderergruppe in die USA darstellten.

Während die Kluft zwischen den reichen und den armen Ländern geblieben ist, besteht der wesentliche Unterschied heute darin, daß mit den Menschen auch ihre Kulturen migrieren. Das Leben in der kulturellen und religiösen Diaspora hatten noch bis in die zweite Hälfte des 20. Jahrhunderts hinein vor allem die Angehörigen bestimmter ethnischer Gruppen geführt, die, wirtschaftlich meist selbst privilegiert, aber von der Bevölkerungsmehrheit auch diskriminiert und separiert, eine wichtige ökonomische Mittlerrolle einnahmen: die Juden und Armenier in Europa und im nordafrikanischen Raum, die Inder in Ostafrika, die Libanesen in Westafrika oder die Auslandschinesen in Südostasien. Inzwischen ist die kulturelle Diaspora aber eher der Regelfall für Migranten geworden, gleichgültig, ob sie den oberen oder den unteren gesellschaftlichen Schichten angehören. Die Kleinstaaten am Persischen Golf, in der Karibik oder im Südpazifik sind für zukünftige Entwicklungen insofern aufschlußreich, als in ihnen Zuwanderer schon bis zur Hälfte, in den reichen arabischen Ölstaaten sogar die Mehrheit der Bevölkerung stellen. Die Loslösung der Kulturen von den ihnen ursprünglich vorgegebenen Räumen ist jedoch nicht nur ein transnationales Phänomen, sondern läßt sich auch in den Ländern beobachten, deren Zusammensetzung schon immer multiethnisch war. Das ist in vielen afrikanischen Staaten der Fall wie zum Beispiel in Nigeria, einem Land, in dem die Binnenmigration besonders stark ist und aufgrund der unterschiedlichen Religionszugehörigkeit der Bevölkerungen des nördlichen und des südlichen Landesteils besonders hohes Konfliktpotential enthält. Auch in Südafrika haben ethnische Migrationsbewegungen in den letzten beiden Jahrzehnten stark zugenommen, nachdem sie unter dem Apartheid-Regime durch die Einrichtung sogenannter Homelands noch künstlich niedergehalten worden waren. Wenn in offiziellen Statistiken festgehalten wird, daß 2010 weltweit 213,9 Millionen Menschen außerhalb der Länder leben, in denen sie geboren wurden, so stellt dies bei einer Gesamtzahl von 7 Milliarden zwar nur gut 3 Prozent der Weltbevölkerung dar. Allerdings ist in dieser Zahl die bedeutende Binnenmigration innerhalb einzelner Staaten noch nicht enthalten. Anders sehen die Zahlenverhältnisse auch aus, wenn man allein die wohlhabenden Länder ins Auge faßt, die das bevorzugte Ziel der Migranten sind und in denen der Ausländeranteil daher auch überproportional hoch ist. In Europa nimmt Spanien mit 14,1 Prozent die erste und Deutschland mit 13,1 Prozent die zweite Stelle ein, während der Migrantenanteil an der Gesamtbevölkerung in den USA 13,5 und in Kanada 21,4 Prozent beträgt. Bemerkenswert erscheint, daß 51,4 Prozent aller Migranten in nur 10 Staaten leben, zu denen außer den bereits genannten Staaten Rußland, Saudi-Arabien, Frankreich, Großbritannien, Indien und die Ukraine gehören. Die angeführten Zahlen zeigen auch, in welchem Ausmaß sich die Herkunft, die Zielgebiete und die Wunschträume der Arbeitsmigranten und Auswanderer verschoben haben, wenn man sie mit denen der Vergangenheit vergleicht. Hatte sich der Exotismus Europas seit dem ausgehenden Mittelalter auf die reichen Länder des Nahen und Fernen Ostens, auf die sagenhaften Goldschätze Amerikas oder auf die Inselidyllen der Südsee gerichtet, so sind es seit der erfolgreichen Dekolonisierung die Bewohner Afrikas und Asiens, die nun ihre Gegenbilder eines besseren Lebens auf die alten und neuen industriellen Metropolen projizieren (Kohl 2008). Auf der Suche nach dem Glück sind heute sie zu den Trägern der großen demographischen Wanderungsbewegungen der Gegenwart geworden.

2. Ethnoszenerien

Der in Indien geborene und in den USA lehrende Globalisierungstheoretiker Arjun Appadurai hat das Überlappen verschiedener kultureller Orientierungen in einzelnen Gesellschaften unter den Begriff der „*ethnoscapes*" zu fassen versucht. Darunter versteht er fluktuierende Gruppen von Menschen, die bestimmte Gemeinsamkeiten hinsichtlich ihrer Sprache, ihrer kulturellen Traditionen und bisweilen auch ihrer Hautfarbe aufweisen, aber an keine Lokalität mehr gebunden sind. *Ethnoscapes* befinden sich ständig im Fluß und sind an ihren Rändern offen. Als Beispiele nennt er Immigranten, politische Flüchtlinge, Gastarbeiter und auch Touristen (Appadurai 1996:33). Diese locker vergemeinschafteten „Ethnoszenerien" sind mit Hilfe der neuen Kommunikationsmedien weltweit miteinander vernetzt. Eine besondere Bedeutung spielt für sie zwar meist ihr Herkunftsland, doch kann es auch in anderen Regionen zu größeren ethnischen „Knotenbildungen" kommen. Dieses Phänomen tritt besonders deutlich in den Migrationsbewegungen kleiner Inselbevölkerungen hervor. So unterhalten zum Beispiel die Bewohner der Marianeninsel Guam, die als amerikanischer Militärstützpunkt den Status eines nicht inkorporierten amerikanischen Territoriums besitzt, in Kalifornien und anderen Staaten der amerikanischen Pazifikküste Auswandererkolonien, die sowohl zu ihrer Heimatinsel als auch untereinander in kontinuierlichen Beziehungen stehen. Statistische Erhebungen belegen, daß in den USA inzwischen mehr Chamorro-Sprecher als auf Guam selbst wohnen (Keck 2011: 5f.). Klassische „ethnologische Gesellschaften" wie die Samoaner in Polynesien, die Kwakiutl an der amerikanischen Nordwestküste oder die Dinka im Südsudan haben sich heute ebenfalls weit über ihre ursprünglichen Siedlungsgebiete hinaus ausgebreitet. Ob in pazifischen Hafenstädten, in amerikanischen Vorstadtsiedlungen, auf den Campi australischer Universitäten, in afrikanischen Flüchtlingslagern oder in den Asylantenheimen europäischer Staaten: Indigene Diaspora-Kommunen kann man nahezu überall antreffen. In den großen urbanen Zentren

Europas und Amerikas finden sich neben Kirchen, Synagogen und Moscheen Bahá'i-Gebetshäuser, Hindu-Tempel, Santería- und Voodoo-Kultstätten. Doch neigen nicht nur ethnische und religiöse Gruppierungen dazu, plurilokale Netzwerke auszubilden. Auch Banker, Wissenschaftler oder Journalisten formieren sich im Ausland spontan zu Gemeinschaften, bei deren Bildung Berufstätigkeit, Ausbildungsniveau und Lebensstil oft eine größere Rolle spielen als ethnische Zugehörigkeiten (Ulf Hannerz 2010).

Im Unterschied zu den klassischen Formen der Auswanderung spricht man heute von transnationaler Migration, wenn die Auswanderer weiterhin enge Beziehungen zu ihrer Herkunftsregion unterhalten, ihre zu Hause gebliebenen Angehörigen durch Geldtransfers unterstützen, in der alten Heimat eigene Häuser besitzen und sich noch nicht endgültig für den neuen Wohnsitz entschieden haben. „Transnational" bezieht man heute ganz allgemein auf Verflechtungen, Praktiken, Gruppenbildungen und Organisationen die sich über die nationalstaatlichen Grenzen hinweg erstrecken, während „international" die wechselseitigen Beziehungen und Austauschprozesse zwischen Nationen bzw. nationalstaatlichen Institutionen bezeichnet. Im „Transnationalismus" (Vertovec, 2009) tritt eines der durch den Globalisierungsprozeß hervorgerufenen und ihn zugleich kennzeichnenden Phänomene besonders stark hervor: nämlich das der multiplen kulturellen Identitäten. Von den wechselnden sozialen Umfeldern, zwischen denen Migranten sich permanent bewegen, von den ihnen entgegengebrachten Vorstellungen und von den Haltungen, die sie selbst von Fall zu Fall einnehmen, hängt es ab, ob sie größere Zugehörigkeitsgefühle zu ihrer Heimatregion oder aber zu dem Land empfinden, in dem sie sich permanent aufhalten und arbeiten. Leben sie in der Diaspora, werden diese Gefühle eher ihrem Herkunftsland gelten. Als Reaktion auf die Erfahrung des Fremdseins und ihre Einstufung als Ausländer entwickeln sie in der Regel eine starke Identifikation mit den Moralvorstellungen, den Verhaltensnormen und den Werten der eigenen Kultur. Die in einer solchen Situation oft zu beobachtende Übernahme des Fremdbilds als Selbstbild ließe sich in Anlehnung an das bekannte Bühnenstück des Schweizer Schriftstellers Max Frisch als *Andorra-Syndrom* bezeichnen (Kohl 2006). Migranten halten am kulturell Überkommenen bisweilen sogar viel starrer fest als ihre zu Hause gebliebenen Landsleute. Kommen sie nach vielen Jahren der Abwesenheit in ihre Heimatregion zurück, konstatieren sie die Veränderungen, die seither stattgefunden haben, nicht selten mit Gefühlen der Entfremdung. Auf der anderen Seite hat sie das Leben in einer technologisch fortgeschritteneren, in vielerlei Hinsicht bequemeren und wohlhabenderen sozialen Umwelt so geprägt, daß es nicht nur ihnen selbst schwer fällt, sich wieder an die heimischen Verhältnisse anzupassen, sondern ihnen auch von den Daheimgebliebenen Ablehnung entgegengebracht wird. Ein Beispiel hierfür sind die dauerhaft in Deutschland lebenden oder dort aufgewachsenen Menschen türkischer Herkunft, die in der Türkei als „almancilar" oder Deutschländer bezeichnet werden. Man begegnet ihnen zuweilen reserviert. Den einen gelten sie als neureich und protzig, andere sehen sie wegen ihrer aus dem Leben in der Diaspora stammenden engen Bindung an den Islam als Frömmler an. Auch wird es ihnen verübelt, wenn sie das Türkische nicht mehr zureichend beherrschen. Gerade bei Rückkehrern ist es daher oft der Fall, daß sie sich in ihrer Heimat wieder mit den Lebensgewohnheiten und Werten des Landes identifizieren, in das sie oder ihre Eltern ausgewandert waren. Die ihnen von ihren Landsleuten entgegengebrachten Haltungen und Erwartungen spielen dabei als Fremdbild eine ähnliche Rolle wie die Zuschreibungen, die sie im Einwanderungsland erfahren haben und die sie dort dazu gebracht haben, sich primär als Türken zu fühlen. Mögliche Auswege bestehen darin, daß sie sich in der Heimat mit denen zusammenschließen, die sich in einer ähnlichen Rückkehrersituation befinden wie sie selbst, oder daß sie ihre Zugehörigkeitgefühle auf Angehörige einer transnationalen Gruppe richten, die ähnliche Interessenlagen aufweisen oder denselben Beruf ausüben wie sie. So fällt es zum Beispiel Wissenschaftlern verhältnismäßig leicht, sich an den unterschiedlichsten Orten zu transnationalen Lokalgemeinschaften zusammenzuschließen, da in diesem Bereich Internationalisierung heute überall gefordert wird und mit dem Englischen eine Lingua Franca zur Verfügung steht, die jedes Mitglied der *scientific community* beherrscht. Ähnliches gilt für Glaubensgemeinschaften, sofern es sich um überschaubare Gruppen handelt, die innerhalb der Mehrheitsbevölkerung Minderheitenpositionen einnehmen und einen entsprechend großen Zusammenhalt aufweisen. In afrikanischen Migrantenmilieus etwa kommt den zahlreichen unabhängigen Kirchen beim wechselseitigen Aushandeln von Identitäten erhebliche Bedeutung zu. Oft decken sich in diesem Fall allerdings auch religiöse und ethnische Zugehörigkeiten.

3. Multilokale Feldforschung

Für die Ethnologie ergeben sich aus den hier skizzierten neueren Entwicklungen Konsequenzen, die sich sowohl auf die Methoden und die Gegenstände der Forschung als auch auf das Verhältnis zu den Nachbardisziplinen beziehen. Der allmählichen Auflösung jener kulturell relativ geschlossenen und überschaubaren lokalen Einheiten, deren Studien sich das Fach traditionell gewidmet hat, entspricht auf der globalen Ebene die Deterritorialisierung von Kultur. Damit scheint, zumindest dem ersten Blick nach, auch die klassische stationäre Feldforschung an Bedeutung verloren zu haben. Der amerikanische Kulturanthropologe George Marcus, der zuvor schon als einer der Hauptvertreter der *Writing-Culture*-Debatte hervorgetreten war, hat Mitte der 1990er Jahre eine neue empirische Methodik propagiert, die er als *multi-sited ethnography* bezeichnet (Marcus 1995). Sie läuft im Wesentlichen auf die Forderung hinaus, daß Ethnographen ebenso mobil werden müßten wie die Menschen, deren Lebensweisen sie untersuchen. Ganz so neu ist diese methodologische Überlegung allerdings nicht. In seiner Darstellung der Grundsätze der modernen ethnographischen Feldforschung, die sich im ersten Kapitel seiner *Argonauts of the Western Pacific* von 1922 befindet, schrieb bereits Malinowski, daß der Ethnograph seine „Informanten" auch auf ihren großen überseeischen Expeditionen begleiten und sie dabei beobachten müsse, wie sie außerhalb ihres engeren eigenen Lebenskreises agierten. George Marcus greift diesen Appell im Prinzip nur auf, um ihn an die Bedingungen der Gegenwart anzupassen: Aufgabe ethnographischer Forschung sei es auch, die verschiedenen Lebenswelten miteinander zu verknüpfen, in und zwischen denen sich die Menschen heute bewegen. Dies ließe sich bereits durch die einfache Devise eines „follow the people" erreichen. Ethnographen sollen den Menschen nachreisen und sie dort besuchen und befragen, wo sie arbeiten oder sich länger aufhalten. Das heißt, daß damit auch das Forschungsfeld selbst mobil wird. Es besteht nicht mehr nur aus einem, sondern aus vielen Standorten, die sich der Forscher selbst zu wählen hat. Zu diesen Orten gehören auch die Schaltstellen der Macht, in denen über das Schicksal der Menschen entschieden wird: Staatliche Behörden, Agenturen von Entwicklungshilfeorganisationen oder Niederlassungen transnationaler Konzerne. Für Ethnographen bedeutet dies, daß sie in wechselnden Umgebungen auch ihre eigene Identität immer wieder von neuem auszuhandeln haben. In diesem Sinne seien sie „circumstantial activists", wie Marcus einmal schreibt. Aber nicht nur den Wegen der Menschen, sondern auch denen ihrer Gebrauchsgegenstände und ihrer Kunstobjekte, der Zirkulation von Waren und Geldströmen, dem Austausch von Geschichten, von Ideen und selbst Metaphern sollten Ethnographen nachgehen, denn nur durch einen solchen integralen Forschungsansatz wäre es möglich, den Auswirkungen des globalen „Weltsystems", das sich in einzelnen Lokalitäten höchst unterschiedlich manifestiert, auf die Spuren zu kommen.

Einwenden ließe sich gegen dieses breite Programm freilich, daß es einem einzelnen Forscher zu viel abverlangt. Können Ethnographen das alles überhaupt leisten? Werden sie auf diese Weise nicht von geduldigen Beobachtern zu unermüdlich Reisenden? Hinzu kommt, daß die *multi-sited ethnography* die klassische Feldforschung nicht einfach ersetzen kann. Richtig ist zwar, daß Kulturen heute weit größere Ausbreitungsgebiete haben als früher. Daß sie nicht mehr ortsgebunden sind, sondern mit den Menschen wandern, heißt aber nicht, daß damit auch ihre alten lokalen Zentren unwichtig geworden wären. Das Gegenteil ist der Fall. Nicht nur auf der Ebene des Realen, sondern auch auf der des Imaginären bleiben ihre jeweiligen Herkunftsregionen für die in der Diaspora lebenden Menschen von zentraler Bedeutung. Ursprungsort und Mittelpunkt der von ihnen unterhaltenen translokalen Netzwerke zugleich, sind sie emotional stark besetzt. Man glaubt, daß man nur in der alten Heimat die eigene Sprache noch in ihrer Reinform spricht, daß nur dort die alten Sitten noch respektiert werden, daß nur dort die wahren Werte noch gelten. Dabei wird gern übersehen, daß auch die eigene Kultur sich fortwährend ändert. Umso wichtiger ist es, daß Ethnographen mit ihren empirischen Untersuchungen in den alten kulturellen Kerngebieten beginnen. Das ist aber nicht der einzige Grund. Denn wie strapaziös dies auch immer sein mag: Ethnographische Forschung zu betreiben setzt immer noch voraus, eine fremde Sprache und Kultur von Grund auf zu erlernen. Wenn man sich, getreu der Devise eines „follow the people, follow the things", fortwährend auf Reisen befindet, wird man sich dieser schwierigen und zeitaufwendigen Aufgabe kaum unterziehen können. Denn wie Lévi-Strauss schon vor vielen Jahren einmal bemerkt hat, ist den Ethnologen das Reisen eher eine Last. Sie nehmen es nur deshalb auf sich, weil es keine andere Möglichkeit gibt, den Weg in eine andere Kultur zu finden. Die *multi-sited ethnography* mag daher durchaus eine wichtige Ergänzung zu den älteren Untersuchungsmethoden darstellen, sie kann die stationäre Feldforschung aber nicht ersetzen. Allein betrieben, wird sie nur zu jenen Formen hektischer und um schnelle Ergebnisse bemühter Geschäftigkeit führen, die den modernen Wissenschaftsbetrieb heute in weiten Bereichen kennzeichnet.

4. Durchlässig gewordene Grenzen: Die Ethnologie und ihre Nachbardisziplinen

An George Marcus' Formulierung der Grundsätze der *multi-sited ethnography* wird bereits deutlich, daß es sich dabei eigentlich um ein multidisziplinäres Unternehmen handelt. Soziologen, Psychologen, Politologen und Medienwissenschaftler können diese Methode ebenso gut anwenden, da sie ja keine speziellen sprachlichen und kulturellen Kenntnisse voraussetzt. Sie ist nicht unbedingt Spezifikum der Ethnologie. Gerade darin aber zeigt sie, wie durchlässig die Grenzen des Faches zu seinen Nachbardisziplinen inzwischen geworden sind. Für das Verhältnis der Ethnologie zur Volkskunde, deren Vertreter die Universitätsbürokratien nun schon seit gut dreißig Jahren dadurch verwirren, daß sich einige von ihnen die Bezeichnung Europäische Ethnologie zugelegt haben, gilt das in einem besonderen Maße. Auch wenn sich die beiden Disziplinen immer näher gekommen sind, bleibt die stationäre Feldforschung doch nach wie vor das Alleinstellungsmerkmal der klassischen Ethnologie. Müssen Ethnologen im Verlauf eines solchen längerfristigen Aufenthalts erst einmal eine Art von zweiter Sozialisation durchlaufen, so bewegen sich Volkskundler und Europäische Ethnologen in kulturellen Räumen, die ihnen schon viel länger vertraut sind. Die Gegenstandsbereiche selbst lassen sich dagegen nicht mehr scharf voneinander trennen. Auch Europäische Ethnologen beschäftigen sich zunehmend mehr mit Migrationsprozessen und Migrantengruppen, mit Phänomenen der Translokalität, des Transnationalismus und der Multikulturalität. Einige der heutigen Lehrstuhlinhaberinnen und -inhaber des Faches sind in klassischer Ethnologie ausgebildet worden und haben die Prinzipien multilokaler Feldforschung schon lange praktiziert, bevor sie von George Marcus verkündet wurden. So hatte sich zum Beispiel Werner Schiffauer (1987) bereits in den 1980er Jahren zu einem längeren Forschungsaufenthalt in dem türkischen Dorf niedergelassen, aus dem die Migranten stammten, über die er zuvor in Berlin gearbeitet hatte. Umgekehrt ist es auch für klassische Ethnologen durchaus üblich geworden, daß sie, sobald sie über Migranten in westlichen Metropolen forschen, „mit der U-Bahn ins Feld“ fahren (Schmidt 2004).

Allerdings haben sich noch lange nicht alle Volkskundler in „Europäische Ethnologen“ verwandelt. Viele von ihnen sind ihren klassischen Gegenstandsbereichen treu geblieben: den Lebensformen und der Alltagskultur, dem Brauchtum, den Überlieferungen und den materiellen Kulturzeugnissen ländlicher Bevölkerungsschichten. Gerade die Wahl der eigenen Kultur aber, in der sich die Volkskundler in Deutschland von den Völkerkundlern unterscheiden, wäre heute in anderen Ländern die beste Begründung dafür, erstere als die eigentlich legitimen *Cultural Anthropologists* oder Kulturanthropologen zu bezeichnen. Denn die bereits in den neunziger Jahren immer stärker hervortretende Tendenz zur *Anthropology at Home* hat sich seit Beginn des 21. Jahrhunderts nochmals verstärkt. Das hängt auch damit zusammen, daß Europa und Nordamerika ihre einstige Monopolstellung in der Ethnologie schon lange verloren haben. In wie vielen Ländern das Fach heute vertreten ist, zeigt ein Blick auf den *World Council of Anthropological Associations* (WCAA), die 2004 gegründete und noch im Aufbau begriffene globale Dachorganisation ethnologischer Berufsverbände. 2011 gehörten dem WCAA 38 nationale und internationale Fachvereinigungen an, von denen nur gut die Hälfte ihren Sitz in europäischen und nordamerikanischen Ländern hatten, während Asien und der Nahe Osten mit acht, Mittel- und Südamerika mit fünf, Afrika mit drei und Ozeanien mit zwei Organisationen vertreten waren. Ehemalige britische Siedlerkolonien wie Australien, Kanada, Neuseeland und die USA haben politisch außerordentlich aktive indigene Bevölkerungsgruppen, die bereits eigene Ethnologen und Linguisten hervorgebracht haben. Doch forschen sie nur selten in anderen Ethnien als denen, in die sie selbst sozialisiert worden sind.

Dem entspricht, daß in den USA Forschungen von Ethnologen, die der weißen Bevölkerungsmehrheit angehören, von den Sprechern indigener Bevölkerungsgruppen nicht mehr gern gesehen sind. Die auf ihre politische und kulturelle Autonomie bedachten *Native Americans* werfen den Vertretern des Faches vor, früher eng mit den Regierungsbehörden zusammengearbeitet und sich auf diese Weise an ihrer Ausbeutung, Unterdrückung und Entrechtung beteiligt zu haben. Vor der Aufnahme ethnographischer Untersuchungen bedarf es daher aufwendiger bürokratischer Prozeduren und Genehmigungen durch die Reservationsbehörden. Auch die Ergebnisse der wissenschaftlichen Studien müssen den Betroffenen erst vorgelegt werden, bevor sie publiziert werden dürfen. Immer häufiger sind inzwischen jedoch Forschungen geworden, die von den Stammesräten der Reservationen selbst in Auftrag gegeben werden. Für andere britische Siedlerkolonien gilt Ähnliches. In Australien etwa dienen sie zur Begründung der Ansprüche einzelner Aborigines-Gruppen auf die Territorien, die von der frühen Kolonialregierung als *terra nullius* angesehen und zu Kronland deklariert worden waren. In Neuseeland sind Ethnologen damit befaßt, die Bestimmungen des Vertrags von Waitangi auszulegen, durch den 1840 die Beziehungen zwischen den Maori und den britischen Siedlern festgelegt worden waren. Auch in Kanada und den Vereinigten Staaten ist ethnologische Expertise inzwischen gefragt, um traditionelle Eigentumsrechte nachzuweisen, heilige Stätten zu schützen, den Abbau von Bodenschätzen durch transnationale Konzerne zu verhindern bzw. angemessene Beteiligungen an den Gewinnen zu erhalten oder die Restitution menschlicher Überreste, ritueller Kultgegenstände und anderer bedeutsamer Kulturobjekte zu fordern, die sich in den Depots der staatlichen Museen befinden. Dabei spielen naturgemäß die in den Archiven lagernden ethnographischen Aufzeichnungen und historischen Dokumente eine weit wichtigere Rolle als aktuelle sozial- und kulturwissenschaftliche Forschungen in den Reservationen. Die zahlreichen Vorschriften und Restriktionen, die heute mit ihnen verbunden sind, haben dazu geführt, daß dieser frühere Kernbereich der amerikanischen *Cultural Anthropology* zunehmend bedeutungslos geworden ist. Viele US-Ethnologen haben sich mittlerweile von ihm abgewandt. Wie ihre Kollegen aus der Alten Welt forschen auch sie heute lieber in Mittel- und Südamerika, in Asien, Afrika und Ozeanien. Davon profitieren wiederum deutsche und andere europäische Ethnologen, denen man in den Kreisen der *Native Americans* weniger Vorbehalte entgegenbringt.

Doch ist man auch schon in den ethnologischen Departments britischer und norwegischer Universitäten dazu übergegangen, Doktoranden mit ethnographischen Arbeiten nur noch über die Länder zu betrauen, aus denen sie selber stammen. Ausschlaggebend sind dabei vor allem ökonomische Zwänge. Im Zuge der europaweiten Ausrichtung der Hochschulen an kommerziellen Prinzipien wird es zunehmend schwieriger, die Finanzen einzuwerben, die jüngere Sozialwissenschaftler für einen ein- bis zweijährigen Forschungsaufenthalt im außereuropäischen Ausland benötigen, und dies zumal dann, wenn es sich nicht um praktisch ausgerichtete Untersuchungen, sondern um Grundlagenforschung handelt. Weitere Umstände treten hinzu. So glaubt die norwegische Ethnologin Signe Howell (2011: 144ff.) unter ihren Doktoranden und Studierenden nur noch eine geringe Bereitschaft feststellen zu können, die Strapazen eines längeren Feldforschungsaufenthalts auf sich zu nehmen. Diesem Mangel an Abenteuergeist würde gerade unter jüngeren Leuten eine immer größere Abhängigkeit vom Internet und anderen modernen Kommunikationsmedien entsprechen. Die urbanen Zentren würden sie daher nur noch ungern für längere Zeit verlassen. Ein weiteres von ihr und auch anderen Ethnologen vorgebrachtes Argument bezieht sich auf das Mißtrauen, das dem Leben und Forschen in fremden Kulturen infolge der *Writing-Culture*-Debatte und der postmodernen Wende in der Ethnologie entgegengebracht wird. Mit dem Vorwurf des *Othering* ist man seither so schnell zur Hand, daß bisweilen der Eindruck entsteht, als würden Feldforschungen in den kleinen und noch halbwegs überschaubaren Gemeinschaften, mit denen sich die Ethnologie schon immer beschäftigt hat, heute mit einem allgemeinen moralischen Verdikt belegt. Ethnologen würden doch nur das Erbe der alten Kolonialherren antreten, wenn sie sich das Wissen dieser Gesellschaften aneignen, um mit seiner Hilfe ihre eigene Karriere aufzubauen. Dieses Argument wird vor allem von den Wortführern des Postkolonialismus vorgebracht, einer sich auf die Theorien Michel Foucaults und Antonio Gramscis berufenden Richtung innerhalb der Literatur- und Kulturwissenschaften. Die *Postcolonial Studies* werden vorrangig von Gelehrten und Intellektuellen aus ehemals kolonisierten Ländern getragen, denen es um den Nachweis dafür geht, daß die aus der europäischen Kolonialzeit stammenden Strukturen, Modelle und Muster auch noch die Denkformen der Gegenwart bestimmen. Für sie zählen die Bewohner der kleinen Dörfer in den peripheren Regionen der Welt zu den „Subalternen", die über keine eigene Stimme verfügen und mit denen der Westen bis heute nach Belieben verfährt. Gegen solche Argumente ist schwer anzugehen, zumal wenn sie von Wissenschaftlern vorgebracht werden, die sich aufgrund ihrer gemeinsamen kolonialen Vergangenheit mit den „Subalternen" in aller Welt solidarisieren und vorgeben, in ihrem Namen zu sprechen. Auch wenn man sich fragen mag, inwieweit sie dazu überhaupt legitimiert sind (Crapanzano 2011), stellt ihre Intervention doch einen Appell an das schlechte Gewissen des Westens dar, das – nach Lévi-Strauss (1955: 359) – durch die Ethnologie selbst repräsentiert wird, sofern sie letztlich nichts anderes ist als ein einziger „Versuch der Wiedergutmachung".

5. Postcolonial Studies, Cultural Studies und Kulturwissenschaft

Ähnlich fließend wie zur Volkskunde sind auch die Grenzen zu einer weiteren neuen Disziplin, mit der die Ethnologie zahlreiche Fragestellungen teilt und zu deren Herausbildung sie durch ihre eigene Indigenisierung mit beigetragen hat. In den angelsächsischen Ländern trägt sie die Bezeichnung *Cultural Studies*. Der Übergang zu den bereits erwähnten *Postcolonial Studies* ist fließend. Autoren wie Edward E. Said, Homi K. Bhaba, Gayatri C. Spivak und Dipesh Chakrabarty können beiden Disziplinen zugerechnet werden. Doch weisen die *Cultural Studies* eine stärkere Orientierung an neomarxistischen Positionen auf. Zu ihren Ahnherrn und Begründern zählen neben Foucault und Gramsci auch der aus Martinique stammende algerische Revolutionstheoretiker Franz Fanon, der auf Jamaika geborene britische Soziologe Stuart Hall und der französische Sozioethnologe Pierre Bourdieu. Für die Ethnologie ist diese neue Disziplin auch deshalb von Bedeutung, weil sich ihre Vertreter zahlreicher Gegenstände und Themen angenommen haben, die früher in ihren Kompetenzbereich fielen. Hierzu zählt zum Beispiel der Bereich der Alltagspraxis, den Pierre Bourdieu im Anschluß an seine ethnographischen Feldforschungen unter algerischen Kabylen und seine soziologischen Studien im französischen Bürgertum mit Hilfe der Begriffe Habitus, soziales, kulturelles und symbolisches Kapital methodisch erschloß. Historische Forschungen über die Auswirkungen der imperialen Expansion Europas, zur Verbreitung von westlichen Kulturgütern, Normen und Lebensstilen, zu kulturellen Grenzgängern und Maklern sind ebenfalls ein Metier der *Cultural Studies*. Sie gewinnen diesen und anderen früher meist von Kulturhistorikern und kulturhistorisch arbeitenden Ethnologen untersuchten Bereichen neue und überraschende Aspekte ab, indem sie einen grundlegenden Perspektivenwechsel vornehmen. Erklärte Absicht der Vertreter der *Cultural* und der *Postcolonial Studies* ist es, nicht mehr den Standpunkt der Herrschenden, sondern den der kolonisierten, unterdrückten und subalternen Bevölkerungsschichten einzunehmen. Die Unterworfenen werden dabei durchaus als selbstbewußte Akteure gesehen, die ihre Positionen innerhalb eines hegemonialen Machtgefüges geschickt auszuhandeln wissen und sich dabei ausgeklügelter Strategien bedienen. Indem sie die Handlungsmächtigkeit beider Seiten betonen, zeigen die neuen Forschungsrichtungen auf, wie sich das Kolonialsystem in politischer, ökonomischer und kultureller Hinsicht auch auf die europäischen Metropolen auswirkte. Deutlich wird dadurch, daß der Westen der außereuropäischen Welt weit mehr verdankt, als er es sich selbst eingestehen will. Konsequent plädiert daher der im indischen Kalkutta geborene und in Chicago lehrende Historiker Dipesh Chakrabarty für eine Sichtweise, die nicht mehr den Westen in den Mittelpunkt allen Geschehens rückt, sondern auch dem Beitrag gerecht wird, den die Völker der sogenannten Peripherie zur gegenwärtigen Weltkultur geleistet haben. Seine Vorbehalte gegenüber den eurozentrischen Voreingenommenheiten herkömmlicher Geschichtsschreibung münden bei ihm in die radikale Forderung nach einer notwendigen „Provinzialisierung Europas" (Chakrabarty 2008). „Jenseits des Eurozentrismus" (Conrad & Randeria 2002) konnte sich so mit den *Postcolonial* und *Cultural Studies* eine Forschungsrichtung etablieren, die viele der kulturkritischen Positionen übernimmt, die eigentlich dem Erbe der Ethnologie zuzurechnen sind. Auch der von feministischen Ethnologinnen stark geprägte Bereich kulturvergleichender Gender-Studien hat inzwischen in der postkolonialen Diskussion einen festen Platz gefunden.

Im deutschsprachigen Raum sind einige der genannten Fragestellungen von einer Disziplin aufgegriffen worden, die sich seit den 1990er Jahren an einigen Universitäten als neues Fach etablieren konnte und sich Kulturwissenschaft nennt. Zwischen Philosophie, Soziologie und Kulturgeschichte, Kunst-, Literatur- und Medienwissenschaft angesiedelt, weist die Kulturwissenschaft auch zur Ethnologie und Volkskunde zahlreiche Überschneidungen auf. Von den angelsächsischen *Cultural* und *Postcolonial Studies* unterscheidet sie sich trotz vieler Affinitäten durch ihre besonderen Schwerpunktsetzungen, die vor allem historisch bedingt sind. Da die Beteiligung Deutschlands an der kolonialen Expansion Europas erst im letzten Drittel des 19. Jahrhunderts einsetzte und mit dem Ersten Weltkrieg schnell wieder ein Ende fand, spielt die Auseinandersetzung mit kolonialen und postkolonialen Machtstrukturen in der Kulturwissenschaft eine weniger bedeutende Rolle. Weit mehr als die Kolonialherrschaft selbst interessiert sie die Rezeption des Kolonialismus in den westlichen Metropolen. Insgesamt gesehen aber steht die Kulturwissenschaft eher in der Tradition der deutschen Geisteswissenschaften, die sie um zahlreiche aus dem französischen Poststrukturalismus und Dekonstruktivismus, aus der angelsächsischen Sozial- und Kulturanthropologie sowie aus der postkolonialen Debatte bezogene Impulse bereichert. Mit dem Anspruch auftretend, die Spezialisierung der geisteswissenschaftlichen Disziplinen überwinden zu können, entwickelt sich die Kulturwissenschaft heute zu einem neuen Bildungsfach, das durch seinen synthetischen Ansatz einem drohenden Zerfall der Allgemeinbildung entgegenwirken will. Ähnliche Versuche sind früher schon einmal durch die philosophische Kulturanthropologie Max Schelers, Erich Rothackers und Arnold Gehlens oder die Geistesgeschichte von Hans-Joachim Schoeps unternommen worden. Doch sucht die Kulturwissenschaft heute weit stärker die Nähe zur und den Austausch mit der Ethnologie, um auf diese Weise dem gesellschaftlichen und kulturellen Wandel entgegenzukommen, dem Deutschland als Einwanderungsland schon seit mehreren Dekaden unterliegt.

6. Konjunktur und Krise des Kulturbegriffs

Die Formierung neuer Fächer, die die Wörter *Culture* oder Kultur im Namen tragen, wie auch die unter Volkskundlern und Ethnologen neuerdings populäre Verwendung des Begriffs Kulturanthropologie muß als Ausdruck der „kulturellen Wende" angesehen werden, die sich in den Sozial- und Geisteswissenschaften bereits seit den 1980er Jahren abzuzeichnen begann. Sie entspricht einer nur zeitweise durch den Boom neurobiologischer Ansätze unterbrochenen Abkehr von szientistischen und positivistischen Erklärungsmodellen. In den Nachbardisziplinen ist diese „eine grundlegende Neubewertung von Symbolisierung, Sprache und Repräsentation" (Bachmann-Medick 2006: 13) zum Ausdruck bringende Tendenz auch durch die breite Rezeption des Werkes von Clifford Geertz mitausgelöst worden (s.o.). Insofern handelt es sich um einen Erfolg unseres Faches, dessen Folgen aber durchaus zwiespältig sind, führte er doch dazu, daß die Ethnologie ihre Definitionsmacht über den Kulturbegriff inzwischen weitgehend verloren hat. Damit nicht genug, muß sie sich heute überdies den Vorwurf gefallen lassen, zu dessen Essentialisierung beigetragen zu haben. Tatsächlich weist der im Fach lange Zeit verwendete und wesentlich auf die Boas-Schule zurückgehende Kulturbegriff stark deterministische Züge auf. Die Betonung der inneren Kohärenz, Homogenität und Dauerhaftigkeit von Kultur lasse sie als eine übermächtige Instanz, ja als eine Art mentalen Kerker erscheinen, so argumentieren die Kritiker des klassischen kulturrelativistischen Ansatzes. Der kulturrelativistische Kulturbegriff vermittle den Eindruck, daß der Einzelne sich ihren Regeln fortlaufend unterwerfen müsse, kaum Entscheidungsfreiheit habe und dem Gruppendruck hilflos ausgeliefert sei. Die Vorstellung von einer Vielzahl in sich geschlossener kultureller Systeme, die die Menschen weit mehr bestimmten als daß sie von ihnen bestimmt werden, diene vor allem der wechselseitigen Abgrenzung und damit Aufrechterhaltung von Differenz. Dadurch würden die bestehenden Hierarchien nur festgeschrieben.

Die gegen das „Container-Modell" (Lentz 2009: 315) des klassischen Kulturbegriffs vorgebrachte Kritik wurde wohl auch deshalb so scharf formuliert, weil er im Verlauf der Debatten über die multikulturelle Gesellschaft in den populären Diskurs Eingang gefunden hatte. Politiker und Journalisten verwenden ihn heute als eine Art von Universalschlüssel. Er muß zur Erklärung nahezu aller Konflikte herhalten, die aus den sozialen Veränderungen resultieren, die sich im Gefolge der Zunahme globaler Migrationsbewegungen ergeben haben. Vom „Kampf der Kulturen" ist dabei gerade in Deutschland gerne die Rede, in Anspielung auf den frei übersetzten Titel eines Buches des amerikanischen Politikwissenschaftlers Samuel P. Huntington, das in der Originalsprache den weit weniger reißerischen Titel *The Clash of Civilisatio*ns trägt. Der gegenwärtige Gebrauch kulturrelativistischer Konzeptionen durch die Wortführer rechtspopulistischer Parteien in den Niederlanden, in Frankreich und in Skandinavien scheint darauf hinzudeuten, daß der von Franz Boas, Ruth Benedict und Alfred Kroeber ursprünglich in durchaus antirassistischer Absicht geprägte Kulturbegriff den mittlerweile öffentlich stigmatisierten Begriff der Rasse weitgehend ersetzt hat: Menschen würden eben in ihre „Kultur" hineingeboren, deren Verhaltensweisen, Werte und Normen ihr Denken und Handeln bestimmten. Einige Ethnologen wie etwa Adam Kuper in England oder Chris Hann in Deutschland plädieren daher dafür, den Kulturbegriff in wissenschaftlichen Abhandlungen zu vermeiden oder ganz aufzugeben (Lentz 2009).

Ein gegen Ethnographen und Ethnologen in der postmodernen Debatte immer wieder vorgebrachter Kritikpunkt bezieht sich darauf, daß die Selbstäußerungen und Standpunkte der Untersuchten zu wenig ernst genommen und zugunsten der Auffassungen der Wissenschaftler hintangestellt würden. Wendet man dieses Argument auch auf den Gebrauch des Kulturbegriffs an, so begibt man sich damit in ein kaum zu lösendes Dilemma. Während Ethnologen ihn nämlich zu dekonstruieren versuchen, wird er in seiner essentialistischen Variante nicht nur von europäischen Rechtsparteien, sondern auch von zahlreichen indigenen

Gesellschaften gebraucht. Das ist eben unsere Kultur, die Außenstehenden verschlossen ist und in die man hineingeboren worden sein muß, um sie wirklich zu verstehen, so scheinen heute deren Wortführer den Ethnologen entgegenzurufen, die es wagen, die Authentizität ihrer Überlieferungen in Zweifel zu ziehen. Geht es um die Begründung von Rechtsansprüchen, dann kann es sogar vorkommen, daß wissenschaftliche und mythische Weltsicht als gleich gültige Alternativen ausgegeben werden. So zitiert zum Beispiel Adam Kuper (2003) in seiner Auseinandersetzung mit der Indigenenbewegung eine Cree-Aktivistin, die die durch archäologische Funde bestens belegte und von keinem ernst zu nehmenden Wissenschaftler bestrittene Theorie von der Besiedlung Nordamerikas durch die Vorfahren der heutigen indianischen Bevölkerungsgruppen über die Beringstraße mit dem Argument zurückweist, daß in den Mythen ihres Stammes hiervon nirgends die Rede sei. Die Cree hätten vielmehr schon immer dort gelebt, wo sie auch heute noch wohnten. Daß man sich bei Streitigkeiten über den Landbesitz mit den Regierungsbehörden auf das Zeugnis der Stammesschamanen beruft, ist in Nordamerika heute ebenfalls keine Seltenheit mehr.

Das gewachsene Selbstbewußtsein der früher von der weißen Bevölkerungsmehrheit unterdrückten, verachteten und diskriminierten autochthonen Bevölkerungsgruppen in Kanada, den Vereinigten Staaten, in Australien und in Neuseeland ist auch Ergebnis der weiter voranschreitenden Bemühungen um eine Revitalisierung von Traditionen (s.o.), die zwar von den ehemaligen britischen Siedlerkolonien ausgegangen waren, sich aber bald nicht mehr auf sie alleine beschränkten (Bräuchler & Widlok 2007). Auch in zahlreichen Ländern Lateinamerikas, Süd- und Südostasiens, Afrikas, Ozeaniens und selbst Nordeuropas haben die Nachkommen jener Gesellschaften, die den klassischen Untersuchungsgegenstand der Ethnologie bildeten, ihre alten Überlieferungen wiederentdeckt und -belebt. Die weltweiten Revitalisierungsprozesse stehen in engem Zusammenhang mit den politischen Selbstbehauptungsbewegungen der Völker, die sich inzwischen selbst mit Stolz als Indigene bezeichnen. Daß sie nicht mehr denselben Repressalien ausgesetzt sind wie früher, hängt auch damit zusammen, daß sie sich mit Hilfe der modernen Kommunikationstechnologie vor der Weltöffentlichkeit Gehör verschaffen können. Dabei werden sie von humanitären Nichtregierungsorganisationen wie Amnesty International oder Survival International unterstützt.

Auch bei den Vereinten Nationen sind bereits seit Mitte der 1980er Jahre immer wieder Kommissionen eingesetzt worden, die sich die Untersuchung der Situation der indigenen Völker zur Aufgabe machten. Doch dauerte es fast ein Vierteljahrhundert, bis sich die Weltorganisation in dieser Frage zu einem eigenen Standpunkt durchringen konnte.

Nach vielen gescheiterten Versuchen verabschiedete die Vollversammlung der Vereinten Nationen am 13. September 2007 ihre „Declaration on the Rights of Indigenous Peoples", die neue Maßstäbe setzt. In ihr wird den indigenen Völkern nicht nur das Recht auf Bewahrung und Pflege ihrer eigenen Kultur, Religion und Sprache zugesprochen, sondern auch die Rückgabe der Territorien gefordert, die ihnen im Verlauf der Kolonisation geraubt worden sind. Begründet wird dieser Anspruch nicht zuletzt durch die „spirituelle" Bindung an das Land, in dessen Besitz sich schon ihre Ahnen befanden und dem sie sich emotional verbunden fühlen. Neben Eigentumsrechten an Land, Bodenschätzen und materiellen Kulturgütern billigt ihnen die UN-Deklaration auch einen Besitzanspruch an ihrem geistigen Kulturerbe zu, zu dem mythische Überlieferungen, Lieder, Zeichenmuster und Symbole ebenso gezählt werden wie das Wissen über die Heilkraft der von ihnen traditionell gesammelten oder angebauten Nutzpflanzen. Damit ist von den Vereinten Nationen eine Entwicklung sanktioniert worden, die sich in den ehemaligen britischen Siedlerkolonien bereits Jahre zuvor angebahnt hatte. In Neuseeland und Australien befinden sich weite Landstriche wieder in indigenem Besitz. Im australischen Northern Territory müssen Touristen heute sogar Sondergenehmigungen beantragen, wenn sie die einzelnen Aborigines-Gruppen zugesprochenen Gebiete durchqueren wollen.

7. Ethnizität als ökonomische Ressource

Auch in den USA haben zahlreiche indianische Stammesgruppen schon lange vor der Verabschiedung der UN-Deklaration ihre Ansprüche auf Gebiete in Staatsbesitz angemeldet und diese zugestanden bekommen. Sofern sie günstig gelegen waren, sind sie zu einer Quelle neuen Reichtums geworden, seit der oberste amerikanische Gerichtshof die Einrichtung von Spielcasinos in indianischen Territorien für legal erklärt hat, da diese aufgrund ihres teilautonomen Status nur der Rechtsgebung der Bundesregierung, nicht aber der einzelner Bundesstaaten unterliegen. Die Spielsucht der weißen Amerikaner hat sich für die Reservationen als so lukrativ erwiesen, daß die Stämme, die sich an diesem Geschäft beteiligen, im Jahre 2006 bereits ein Einkommen von 22 Milliarden US-Dollar vorweisen konnten (Cattelino 2008). Das Geld wird zum Teil umverteilt, zum größeren Teil aber auch in Bildungsinstitutionen oder in die Pflege der Sprache und der alten kulturellen Überlieferungen investiert. Aus den Gewinnen ihres Spielcasinos haben die Seminolen in Florida im Jahr 2007 die „Hard Rock Cafe"-Kette erworben, die Filialen in über 53 Ländern unterhält. Einer der größten Restaurant-,

Hotel- und Casinokonzerne der Welt befindet sich damit in indianischer Hand.

Die Vermarktung der eigenen Kultur in Form von Mokassins, Perlenstickereien, Dreamcatchern und DVDs mit Indianerfilmen aus Hollywood stellt eine weitere Einnahmequelle amerikanischer Reservationen dar. Einzelne Stämme lassen sich ihre kulturellen Hervorbringungen patentieren und erheben für ihren Gebrauch Lizenzgebühren. So meldete zum Beispiel der Zia-Pueblo in New Mexico ein geistiges Urheberrecht auf das Sonnensymbol an, das nicht nur die Flagge des Bundesstaates ziert, sondern auch von der regionalen Fluggesellschaft und anderen kommerziellen Unternehmen als Logo Verwendung findet (Brown 2003: 70). Als Mißbrauch wird dagegen angesehen, wenn Foot- und Baseballvereine sich die Namen indianischer Stämme zulegen und deren Symbole als Maskottchen verwenden. Entsprechende Fälle haben wiederholt zu erfolgreichen Entschädigungsklagen geführt. Im Norden der USA zogen Inuit gegen Wissenschaftler vor Gericht, denen sie vorwarfen, durch die Nutzung ihres lokalen Wissens geistige Eigentumsrechte zu verletzen (Brown 2003: 207).

Die Kommerzialisierung von Ethnizität beschränkt sich aber nicht alleine auf den nordamerikanischen Kontinent. Die Shipibo in Peru werben mit ihren Heilungstechniken und spirituellen Traditionen um Ökotouristen aus Europa und den Vereinigten Staaten. Tatsächlich ist der Tourismus heute zu einer wichtigen Einnahmequelle für indigene Bevölkerungsgruppen geworden. Auf der Insel Bali hat diese Entwicklung dazu geführt, daß die traditionellen Leichenverbrennungen zu Großereignissen geworden sind, zu denen Besucherbusse von der ganzen Insel anreisen. Die Rituale und Tänze sind entschieden prächtiger als früher, da die Einkünfte aus dem Touristikgeschäft in Opfergaben, zeremonielle Ausstattungen und Kostüme reinvestiert werden. Weltweit agierende Reiseunternehmen organisieren Abenteuertouren zu den Papuas im Hochland von Neuguinea, zu den Indios des Amazonasbeckens und in andere abgelegene Regionen der Welt. Schamanismuskurse in Sibirien und in nordamerikanischen Indianerreservationen stehen ebenfalls hoch im Kurs. In Südafrika kleiden sich die Khoi-San-Buschleute wieder wie ihre Vorfahren, wenn sie ausländischen Besuchern in den Touristenressorts die Lebensweise ihrer Väter und Großväter vorführen (Comaroff 2009). An der Wiederbelebung der Tradition hat also auch der Tourismus Anteil, so artifiziell sie in diesem Fall auch immer sein mag.

Zugleich halten mit der Kommodifizierung von Indigenität aber auch die Moderne und der neoliberale Kapitalismus ihren Einzug. In Südafrika schließen sich die traditionellen Anführer einzelner Ethnien zu Investmentfirmen zusammen, um die Ausbeutung der Bodenschätze ihrer Territorien selbst in die Hand zu nehmen. Die indische Regierung hat schon seit einiger Zeit die Anlage einer elektronischen Datenbank veranlaßt, in der die pflanzlichen Heilstoffe und traditionellen Heilmethoden indigener Gruppen erfaßt werden, denn auf diese Weise hofft man zu verhindern, daß westliche Unternehmen sie sich aneignen und international patentieren lassen, wie es mit einheimischen Reissorten tatsächlich schon geschehen ist. Die 2010 in Vancouver veranstaltete Winterolympiade nutzten die Angehörigen der im kanadischen Bundesstaat British Columbia ansässigen „First Nations" als Gelegenheit, ihre mit Authentizitätssiegeln versehenen handwerklichen Produkte in großem Maßstab an den Mann zu bringen. Gegen die Konkurrenz aus den asiatischen Billiglohnländern wurde gerichtlich vorgegangen, wenn sie sich auf ihren für die Olympiade angefertigten Souvenirs ebenfalls indianischer Symbole bediente.

8. Medienethnologie, Visuelle Anthropologie und Cyberethnologie

Für die Vermarktung indigener Artefakte und Marken und die Auseinandersetzungen über die Urheberrechte ist das Internet mittlerweile zu einem wichtigen Forum geworden. Für die sich transnational zusammenschließenden und ihre Interessen global organisierenden indigenen Gruppen ist das Netz nicht nur ein Kommunikationsmittel, sondern dient zugleich auch ihrer Selbstdarstellung. Die meisten der 562 von der amerikanischen Bundesregierung offiziell anerkannten „Tribes" oder Stämme – ein in den USA noch durchaus gebräuchlicher Begriff – unterhalten heute eigene Webseiten. Die neuseeländischen Maori, die australischen Aborigines und die kanadischen „First Nations" haben das Medium inzwischen ebenso für sich entdeckt. Zahlreiche indigene Völker in Südamerika, Asien und Afrika tun es ihnen inzwischen nach. Die kulturellen Traditionen und die Geschichte, die sich oft als eine der Unterdrückung und Ausbeutung erweist, nehmen in den Selbstdarstellungen meist breiten Raum ein. Doch wird auch auf die gegenwärtige Situation sowie die politischen, sozialen und ökonomischen Institutionen der einzelnen ethnischen Gruppen ausführlich eingegangen. Viele indigene Gruppen nutzen das Netz, um für ihre eigenen handwerklichen Produkte Werbung zu betreiben. Ereignisse, die Touristen interessieren könnten, werden ebenfalls regelmäßig angekündigt. Insgesamt aber stehen die Webseiten vorrangig im Dienste kultureller Identitätspolitik. Sie sollen ein mit Stolz auf die eigene Herkunft verbundenes Gemeinschaftsgefühl vermitteln. Auf diese Weise helfen sie in Nordamerika, in Australien und in Neuseeland, die Bindungen zu den in die großen Städte abgewanderten Angehörigen indigener Gruppen aufrechtzuerhalten. Denn am globalen Phänomen der Migrationsbewegungen haben auch die Bewohner der nordamerikanischen Indianerreservationen, des australischen Outbacks und der ländlichen Regionen Neuseelands Anteil. Bereits für das Jahr 1990 war durch statistische Erhebungen festgestellt worden, daß 56% der Native Americans, 70% der kanadischen First Nations, 73% der australischen Ureinwohner und 83% der neuseeländischen Maoris in Städten lebten (Brown 2003: 220f.).

Schon lange bevor das Internet Eingang fand, spielten Funk, Radio und Fernsehen in den indigenen Siedlungen der technologisch fortgeschritteneren Länder eine wichtige, angesichts der großen Distanzen manchmal sogar unverzichtbare Rolle. In Alaska, im amerikanischen Südwesten und in den nicht weniger weitflächigen Räumen der zentralaustralischen Wüste benutzte man sie dazu, die Kommunikation zwischen den kleinen, zerstreut lebenden und oft auch nomadisierenden Gruppen aufrechtzuerhalten. Die modernen Massenmedien werden daneben auch zur Bewahrung und Pflege einheimischer Sprachen und kultureller Traditionen eingesetzt. In Australien strahlen lokale Fernsehstationen wie etwa die Central Australian Indigenous Media Association (CAAMA) in Alice Springs regelmäßig Sendungen aus, in denen alte Männer und Frauen die mythischen Überlieferungen ihres Stammes erzählen. Bei den visuellen Umsetzungen der Erzählungen bedienen sich die indigenen Regisseure einer eigenen Bildsprache, die Außenstehenden meist schwer verständlich ist. Auch ethnographische Filme werden heute nicht mehr nur von europäischen oder nordamerikanischen Ethnologen produziert. Einheimische Wissenschaftler und Kameraleute sorgen dafür, daß ihre Tänze, Gesänge und Rituale audiovisuell aufgezeichnet werden, um für künftige Generationen erhalten zu bleiben.

Mit der visuellen Anthropologie, der Medien- und der Cyberethnologie haben sich neue Subdisziplinen des Faches herausgebildet, die audiovisuelle und digitale Dokumentationsmöglichkeiten für eigene Forschungszwecke nutzen und zugleich deren Verwendung durch indigene Gruppen untersuchen. Der ethnographische Film kann in der Ethnologie zwar auf eine lange Tradition zurückblicken, ist aber in Forschung und Lehre meist nur komplementär eingesetzt worden. Der Mitnahme eines eigenen Filmequipments war früher aufwendig und vor allem kostspielig. Da allein forschende Wissenschaftler nicht gleichzeitig die Aufgaben von Kameramann, Toningenieur und Aufnahmeleiter übernehmen konnten, waren sie bei der filmischen Dokumentation ihrer Forschungen auf die Hilfe von professionellen Teams angewiesen. Doch gab es auch Ausnahmen, zu denen nicht von ungefähr gemeinsam arbeitende ethnologische Ehepaare wie Margaret Mead und Gregory Bateson, Timothy und Patricia Asch, Judith und David MacDougall oder Jean Lydall und Ivo Strecker zählten. Auch in diesem Bereich hat die moderne Technik vieles erleichtert. Eine digitale Filmkamera gehört heute mit zur Standardausrüstung eines jeden Feldforschers, und Grundausbildungen in visueller Anthropologie werden inzwischen von vielen ethnologischen Instituten angeboten.

Die Medienethnologie im eigentlichen Sinn befaßt sich nicht mit der Herstellung von Filmen, sondern mit den kulturell unterschiedlichen Formen der Verwendung von Massenmedien. Freilich kann sie das nicht in einer ähnlich allgemeinen Weise wie die Medienwissenschaft tun, die heute in Deutschland an zahlreichen Universitäten als eigenständiges Fach gelehrt wird. Bevorzugter Gegenstand der Medienethnologie ist vielmehr, in welcher Weise einzelne Kulturen sich die im Westen hervorgebrachten Kommunikationsmittel und Medienprodukte aneignen. So werden zum Beispiel die weltweit verbreiteten Produkte der nordamerikanischen Filmindustrie in Europa, Südasien oder Afrika anders rezipiert als in ihrem Herkunftsland. Einen populären Untersuchungsgegenstand der Medienethnologie bilden zur Zeit die heimischen Filmproduktionen Indiens und Nigerias, die in Anlehnung an die amerikanische Unterhaltungsfilmmetropole als Bollywood und Nollywood bezeichnet werden. Beispielhaft läßt sich an ihnen ein Prozeß verfolgen, den man unter den Neologismus „Glokalisation" zu fassen versucht hat: die Aneignung und Umdeutung von global verbreiteten Erzeugnissen in lokalen Kontexten. Das indische und das nigerianische Kino bedienen sich der Bildersprache eines universal verbreiteten Mediums, um mit seiner Hilfe kulturspezifische Botschaften zum Ausdruck zu bringen. Unter ähnlichen Gesichtspunkten untersucht die Medienethnologie auch den Gebrauch von vervielfältigten heiligen Texten, von lokalen Radiostationen oder von Mobiltelefonen zu Zwecken, die in ein – Außenstehenden meist nur schwer zugängliches – kulturspezifisches Gefüge von Werten und Normen eingebettet sind.

Der Übergang von der Medien- zur Cyberethnologie ist fließend, zumal das Internet mittlerweile zu einer Art von „Master-Medium" geworden ist: Ob gedrucktes oder gesprochenes Wort, ob Bild, Musik oder Gesang, ob Telekommunikation, Fernsehen oder Film, zu allem gewährt das weltweite Netz heute Zugang. Nicht erst seit der Arabischen Rebellion hat sich gezeigt, welche Massenwirksamkeit es ausüben kann. Der Verbreitung radikaler politischer Botschaften dient es ebenso wie der Selbstdarstellung ethnischer Minderheiten und missionierender Weltreligionen. Anleitungen radikaler ethno-nationalistischer Gruppen zum Bau von Bomben sind in ihm zu finden, und auch indigene Kriege hat es mit seinen Propagandaparolen schon begleitet. In seiner kulturellen Vielfalt stellt es für Ethnologen ein immer wichtiger werdendes Untersuchungsfeld dar. Natürlich kann es das klassische ethnographische Feld nicht ersetzen. Auch lassen sich die ethnographischen Methoden nicht einfach auf dieses Medium übertragen, obgleich seit der Entwicklung der als Web.2.0. bezeichneten Netzgeneration neben der reinen Beobachtung auch aktive Teilnahme möglich geworden ist. Cyberfeldforscher wie etwa die Berliner Ethnologin Undine Frömming (2007) haben sich daher schon auf Expeditionen in die virtuellen Welten begeben, die das Internet sich geschaffen hat und in denen die heimlichen Wünsche und Träume seiner Nutzer Gestalt annehmen. Fast hat man den Eindruck, als sei der Cyberraum heute an die Stelle der exotischen Orte getreten, auf die sich früher die Phantasien westlicher Reisender gerichtet haben. Von daher gesehen erscheint es nur konsequent, wenn sich mittlerweile auch Ethnologen der Untersuchung dieser fernen Räume und ihrer Bewohner widmen.

9. Museumsethnologie und Untersuchungen zur Dingkultur

Daß das Fach sich neue Untersuchungsfelder erschließt, heißt nicht, daß es darüber seine klassischen Aufgaben vernachlässigt hätte. So haben in den letzten beiden Jahrzehnten die Museumsethnologie und die Beschäftigung mit materieller Kultur – Bereiche, die in den ersten beiden Auflagen dieser Einführung ausgespart geblieben waren – eine Renaissance erfahren. Im deutschsprachigen Raum findet dieser Aufschwung paradoxerweise darin Ausdruck, daß viele Völkerkundemuseen ihre alten Namen abgelegt haben und sich inzwischen als „Ethnologisches Museum“ (Berlin), als „Museum der Kulturen“ (Basel), als „Kulturen der Welt“ (Köln) oder auch als „Weltkulturen Museum“ (Frankfurt am Main) bezeichnen. Denn das alte Völkerkundemuseum, das seine Herkunft aus den Kuriositätenkabinetten des Barock nie verleugnen konnte und seine Attraktion aus der Faszination des Exotischen bezog, hat sich lange überlebt. Auch die wohlmeinenden didaktischen Ansätze, die man seit den 1970er Jahren entwickelte und die zu einer Überfrachtung mit Texttafeln führten, locken kaum mehr Besucher an. In ferne tropische Länder zu reisen kann sich mittlerweile fast jeder leisten, wenn er es nur will. Und um sich gründlich zu informieren, muß man heute nicht mehr in das Museum oder in die Bibliothek gehen. Ethnologische Museen setzen daher neue Schwerpunkte. Viele von ihnen haben die ästhetische Attraktivität der in ihren Sammlungen lagernden Artefakte entdeckt und präsentieren sie in ihren Dauerausstellungen als kostbare Pretiosen. Dem kommt die Verknappung der noch in traditioneller Weise, das heißt ohne industriell verfertigte Werkzeuge und Materialien, hergestellten Stücke entgegen. Die Globalisierung hat die Bedingungen indigener Handwerksproduktion endgültig zerstört. Die amerikanische Kulturanthropologin Shelley Errington (1998) hat die dadurch ausgelöste Entwicklung in das Paradox gefaßt, daß erst der Tod der authentischen „Primitiven Kunst" diese zur Kunst hat werden lassen. Tatsächlich scheinen die noch im 18., 19. und frühen 20. Jahrhundert nach Europa gelangten indigenen Artefakte – bei den besonders sorgsam gearbeiteten handelt es sich meist um sakrale Objekte – in den Augen des Publikums inzwischen mit einer Aura umgeben, die der europäischer Kunstwerke in nichts nachsteht.

Auch die großen Kunstmuseen tragen dieser Neubewertung Rechnung. Bereits 1982 wurde im New Yorker Metropolitan Museum ein eigener Flügel für „Primitive Art" eingerichtet, der den Namen des 1961 in Neuguinea tödlich verunglückten Ethnologen Michael C. Rockefeller trägt. Zwei Jahre später veranstaltete das Museum of Modern Art eine Ausstellung, in der der Einfluß des „Primitivismus" auf die Kunst der europäischen Avantgarde dargestellt wurde. Pioniere wie Werner Schmalenbach in Deutschland oder Jean-Hubert Martin in Frankreich organisierten wenig später spektakuläre Sonderausstellungen zur Ästhetik afrikanischer und ozeanischer Skulpturen. Während die Darbietung indigener Artefakte als Kunst zunächst nur in kleineren Museen wie dem Rietberg in Zürich oder dem Musée Dapper in Paris gepflegt wurde, zogen die großen europäischen Kunstmuseen seit Mitte der 1990er Jahre nach. In London wurde beschlossen, das ethnographische Museum of Mankind ab 1997 wieder in das British Museum zu integrieren. In Frankreich ergriff der ehemalige Pariser Bürgermeister Jacques Chirac selbst die Initiative, nachdem er 1995 zum neuen Staatspräsidenten gewählt worden war. Auf seine persönliche Direktive hin richtete der Louvre im Palais des Sessions eine eigene Abteilung ein, in der seit dem Jahre 2000 die herausragendsten Stücke der indigenen Kunst Afrikas, der beiden Amerikas, Asiens und Ozeaniens aus den Pariser Sammlungen gezeigt werden. Unmittelbar nach seinem Amtsantritt entwarf er den Plan zur Gründung eines neuen ethnologischen Museums, dessen Bezeichnung als Musée des Arts premiers allerdings wieder aufgegeben wurde, da sie zu sehr an den seit den 1980er Jahren stark kritisierten Begriff der „Primitiven Kunst" erinnerte. In ihm sollten die staatlichen ethnographischen Sammlungen der Stadt Paris zusammengeführt werden, die sich damals noch im Musée de l'Homme am Trocadéro und im Musée des Arts d'Afrique et d'Océanie an der Porte Dorée befanden. Von dem französischen Architekten Jean Nouvel errichtet, wurde es im Sommer 2006 unter dem Namen Musée du quai Branly am Ufer der Seine und in unmittelbarer Nähe des Eiffelturms eröffnet. Mit einer Dauerausstellung, die sich vorrangig an ästhetischen Gesichtspunkten orientiert, ist es seither zu einem Publikumsmagneten geworden, der Jahr für Jahr Millionen von Besuchern anzieht. Auch in

Deutschland, in Österreich und der Schweiz trägt man dieser Entwicklung Rechnung. Viele Museen werden restauriert, ältere Konzeptionen überprüft und neue erprobt. Eine der größten Herausforderungen steht dabei dem Berliner Ethnologischen Museum bevor, nachdem der Bundestag 2002 beschlossen hat, das alte Stadtschloß der Hohenzollern wiederaufzubauen und unter dem Namen Humboldt-Forum zu einer Stätte der Präsentation außereuropäischer Kulturen werden zu lassen. In welcher Weise dies geschehen soll, ist allerdings noch nicht entschieden.

Die dynamische Entwicklung, die die Museumsethnologie in den letzten Jahren genommen hat, steht auch im Zusammenhang mit einem neuerwachten Interesse an der Dingkultur. Gerade in der deutschen Völkerkunde stellten entsprechende Untersuchungen früher einen gewichtigen Schwerpunkt dar. Doch hatte sich das Interesse an materiellen Kulturgütern erschöpft, seit es in der kulturhistorischen Schule bald nur noch um den Nachweis der Herkunft und quantitativen Verbreitung bestimmter Hütten-, Waffen- oder Werkzeugformen ging. Schon Leo Frobenius, der diese Forschungsrichtung mit aus der Taufe gehoben hatte, distanzierte sich von ihr wieder, da er ihre Erhebungs- und Verfahrenstechniken als zu mechanistisch empfand. Neuere ethnologische Untersuchungen zur Dingkultur gehen zwar auf Fragen der Materialbeschaffenheit, der äußeren Gestaltung, der Zweckausrichtung und der kulturspezifischen Verwendung durchaus noch ein. Im Mittelpunkt steht heute aber weit eher die Objektsemantik. Das heißt, es geht vor allem um die den einzelnen Gegenständen zugemessenen Bedeutungen. Die aber sind wiederum stark vom jeweiligen kulturellen Umfeld abhängig. Am einfachsten läßt sich das an den Museumsobjekten selbst demonstrieren. Eine afrikanische Ahnenstatue repräsentiert in ihrem Herkunftsdorf die Geister der Verstorbenen eines Familienverbandes oder eines ganzen Clans. Zugleich symbolisiert sie auch die soziale Einheit der Abstammungsgruppe, die ihr Opfer darbringt und sie verehrt. Nach Europa transportiert und dort in einem Museum ausgestellt, steht sie für etwas ganz anderes ein. Ihre neue Bedeutung wird dabei wesentlich vom Kontext der übrigen Ausstellungsstücke abhängen. Zusammen mit anderen sakralen Objekten wie einer Buddhastatue, einer australischen Tjurunga oder einer Schamanentrommel präsentiert, verweist sie nicht mehr nur auf bestimmte Jenseitsvorstellungen, sondern auf Transzendentes überhaupt. Wird sie dagegen in einem Kunstmuseum gezeigt, werden den Besuchern vor allem ihre ästhetischen Aspekte ins Auge fallen. Hier erscheint sie primär als die Schöpfung eines Künstlers und erhält den Status eines ebenso wertvollen wie einzigartigen Teils des Weltkulturerbes. Stellt man sie dagegen in die artifizielle Rekonstruktion eines traditionellen afrikanischen Dorfes oder präsentiert man sie in Zusammenhang mit Gegenständen des Voodoo-Zaubers, wird sie diese Würde schnell wieder verlieren und bei den Besuchern Vorstellungen von Zurückgebliebenheit oder Primitivität hervorrufen. Das Beispiel zeigt, daß es eine Illusion wäre zu glauben, man könne in einem Museum das genuine kulturelle Umfeld einzelner Objekte nachstellen.

Wie die Menschen haben unter den Bedingungen der Globalisierung auch die Dinge zu wandern begonnen. Welchen Wert- und Bedeutungstransformationen sie im Zuge ihrer Aneignungen durch einzelne Kulturen unterliegen, ist zum Gegenstand zahlreicher neuer Untersuchungen geworden. Beim Überschreiten kultureller Grenzen werden sie von Gebrauchs- zu Tauschgegenständen, von Gaben zu Waren, von Werkzeugen zu Prestigegütern und von heiligen Dingen zum bloßen Wohnzimmerdekor. Je nachdem, welchen Weg sie einschlagen, können sie sich in dem einen Fall in wertvolle Luxusobjekte, im anderen Fall aber in wertlosen Müll verwandeln. In der ethnologischen Dingkulturforschung hat es sich daher eingebürgert, vom „sozialen Leben" der Dinge und von „Objektbiographien" zu reden (Appadurai 1988). Das ist zwar ein Anthropomorphismus, der an den religionsethnologischen Begriff des Animismus erinnert. Denn Objekte sind weder belebt noch haben sie eine Biographie. Richtig aber ist, daß sie Beziehungen zwischen Menschen stiften und zerstören können, sei es, indem sie ihnen das Eingehen von Bündnissen ermöglichen, oder sei es auch, indem sie Neid und Begehren wecken. Diese sozialen Rollen und die aus ihnen resultierenden Zuschreibungen sind es, die die Illusion der Belebtheit von Dingen erwecken. Daß sich inzwischen auch Wissenschaftler solcher Metaphern bedienen, zeigt, wie sehr das ursprünglich nur den „Primitiven" unterstellte fetischistische Denken auch noch modernen Geisteshaltungen zugrunde liegen kann. Um dies festzustellen bedarf es der von Marx entworfenen komplizierten Theorie des Warenfetischismus nicht einmal. Es scheint vielmehr selbstevident, daß wir kaum anders können, als auch Dingen wenn nicht schon einen eigenen Willen, so doch zumindest ein eigenes Leben zuzusprechen. Menschliches Denken kann auf solche personalen Kategorien offensichtlich nicht verzichten. Insofern ist das, was uns an anderen Kulturen fremd erscheint, oft weit näher, als wir uns eingestehen möchten.

10. Der Platz auf dem Zaun

Die Beschleunigung der „Schrumpfung des Raumes", die der Globalisierungsprozesses bewirkt hat, hat zugleich auch zu einer allgemeinen Entgrenzung geführt. Es finden permanent Verschiebungen, Transfers und Aneignungen statt, von materiellen Kulturgütern ebenso wie von

Religionen, Werten und traditionellen Verhaltensweisen. Die sogenannten preußischen Sekundärtugenden wie Fleiß, Reinlichkeit, Pünktlichkeit oder Ordnungssinn sind heute wahrscheinlich in keiner anderen Stadt der Welt so gut aufgehoben wie in der multikulturellen ostasiatischen Handelsmetropole Singapur. Berlin kann dafür schon seit Jahren für sich in Anspruch nehmen, die zweitgrößte türkische Stadt der Welt zu sein. Aus dem früheren räumlichen Nebeneinander ist mittlerweile ein Ineinander der Kulturen geworden. Man braucht sich nur den Tagesablauf eines gewöhnlichen Mitteleuropäers zu vergegenwärtigen, um zu sehen, wie häufig er vom Aufstehen bis zum Schlafengehen mit Produkten, Menschen und Einstellungen in Berührung kommt, die man eigentlich als „kulturell fremd" klassifizieren müßte. Doch das japanische Futonbett, der südafrikanische Rooibos-Tee und die Samosas aus einer pakistanischen Imbißbude, der Arbeitskollege aus dem afrikanischen Mali und der vietnamesische Kellner, die ostasiatischen Kampfspiele und die indischen Yogaübungen sind uns so geläufig geworden, daß wir sie kaum mehr als etwas Besonderes wahrnehmen. Man mag sich daher fragen, inwieweit die Bestimmung des kulturell Fremden als Gegenstand der Ethnologie, wie sie in dieser Einführung vorgenommen worden ist, überhaupt noch sinnvoll ist. Hat das Fremde sich nicht schon längst in Vertrautes aufgelöst? Heißt, das kulturell Fremde zum Untersuchungsfeld des Faches zu erklären, nicht auch, in genau jenes *Othering* zu verfallen, das von den postkolonialen Kritikern als die eigentliche Erbsünde westlicher Kulturwissenschaftler angesehen wird?

Dem ist allerdings entgegenzuhalten, daß das bloße Konstatieren von kulturellen Differenzen weder aus einer hegemonialen Machtposition heraus erfolgen noch notwendig mit Herabsetzungen und negativen Stereotypisierungen verbunden sein muß – jenen beiden Elementen nämlich, die qua Definition als konstitutive Bestandteile des *Othering* angesehen werden (Gingrich 2011). Die Identifizierung von Differenzen kann durchaus auch zu einer Umwertung der eigenen Werte führen. Das zeigt gerade die seit jeher zwischen den Polen von Abwehr und Verlangen, von Diffamierung und Idealisierung des Anderen changierende Geschichte der Ethnologie. Wertneutralität wäre zwar grundsätzlich anzustreben, doch handelt es sich dabei bekanntlich um eine Forderung, die nur schwer zu realisieren ist. Gefährlich und kontraproduktiv aber ist es, die Differenzen gar nicht erst zu benennen. Das hieße nämlich, sie in ihrer Bedeutung zu unterschätzen. Das teilweise Scheitern der Politik des Multikulturalismus hängt auch mit dieser Haltung zusammen. Indem die aus kulturellen Unterschieden resultierenden Konflikte verschwiegen, heruntergespielt oder ganz verleugnet wurden, hat man dieses Feld rechtspopulistischen Agitatoren überlassen.

Unterscheidungen zu treffen und Unterschiede zu benennen läßt sich schon allein deshalb nicht vermeiden, weil es zu den Grundoperationen des Wahrnehmens und Denkens gehört. Jede klassische Definition beruht darauf, daß zunächst das *genus proximum* und sodann die *differentia specifica* angegeben werden, das Gemeinsame und die unterscheidenden Merkmale. Kulturelle Fremdheit ist nichts anderes als eine Konstruktion, die sich aus der Summe solcher Differenzen im Blick auf ein Gemeinsames zusammensetzt. Eine feste Größe aber ist sie nicht. Denn immer kommt es auf die Blickrichtung an: auf das, was man jeweils ins Auge faßt. Wie im ersten und im dritten Kapitel bereits erläutert, handelt es sich beim kulturell Fremden um einen relationalen Begriff, der abhängig ist von dem, was man als das Eigene begreift. Von daher gesehen ist die paradoxe Formulierung durchaus gerechtfertigt, daß das Fremde lediglich ein „Aspekt des Eigenen" (Hans-Jürgen Heinrichs) ist. Das Ineinander der Kulturen führt heute aber immer öfter dazu, daß die kulturellen Differenzen sich der *bewußten* Wahrnehmung in dem Maße zu entziehen beginnen, in dem sie zu einem Teil unserer Alltagserfahrung geworden sind. Das bedeutet nicht, daß sie dadurch nebensächlich geworden wären. Aus dem *Unbewußten* heraus können sie unser Denken und unser Handeln auch weiterhin dirigieren, und zwar umso unkontrollierter, je weniger wir uns dessen bewußt sind.

Auf die Gemeinsamkeiten der Kulturen und die Gleichförmigkeit menschlicher Verhaltensweisen überhaupt hinzuweisen, wird auch weiterhin eine wichtige Aufgabe der Ethnologie bleiben (Antweiler 2007, 2009). Unter den Bedingungen der Globalisierung erscheint diese Aufgabe vor allem in den Fällen von Bedeutung, in denen einzelne Gruppen auf die zunehmenden Entgrenzungen mit neuen Abgrenzungen reagieren. Ebenso wichtig aber ist es, die kulturellen Differenzen nicht aus dem Blick zu verlieren, die sich unter den sich äußerlich oft so gleichenden Oberflächen verbergen. Studien über Aneignungsprozesse haben gezeigt, wie sehr sich die kulturspezifischen Bedeutungen unterscheiden, die nicht nur den global verbreiteten Gebrauchs-, Konsum- und Luxusgütern, sondern auch so scheinbar universal gültigen Ideen wie Gerechtigkeit, Freiheit und Demokratie zugemessen werden. Mit dem surrealistischen Maler René Magritte könnte man in solchen Fällen sagen: „Ceci n'est pas une pipe".

In seinem 1978 veröffentlichten Buch „Traumzeit", das mit über 150.000 verkauften Exemplaren zum ersten und bisher auch einzigen ethnologischen Bestseller der deutschen Nachkriegszeit geworden ist, hat Hans Peter Duerr den Ethnologen mit der Hagazussa, der mittelalterlichen Hexe, verglichen. Auf dem Zaun sitzend, „der hinter den Gärten verlief und das Dorf von der Wildnis abgrenzte", war sie ein Wesen, „das an beiden Bereichen teilhatte" (Duerr 1978: 62). Als eine

„Mittlerin zwischen den Welten" gehörte sie weder der einen noch der anderen Sphäre an. Um die Rolle der Ethnologen als notorische Grenzgänger zu verdeutlichen, hat man auch andere mythologische Gestalten bemüht. Hermes, der ähnlich zweideutige Züge aufweist und den Menschen die Botschaften der Götter bringt (Crapanzano 1992), scheint deren Eigenschaften ebenso zu verkörpern wie Wakdjunkaga, die amorphe Tricksterfigur der nordamerikanischen Winnebago, die im Verlauf ihrer Abenteuer fortwährend die Grenze zwischen Natur und Kultur überschreitet. Ist es aber tatsächlich nötig, zum Vergleich nur auf solche archaisierende Bilder zurückzugreifen? Präfiguriert das ethnologische Grenzgängertum nicht weit eher die Erfahrungen der Postmoderne?

War das Oszillieren zwischen zwei Kulturen, das durch die „teilnehmende Beobachtung" in den Rang des wichtigsten Instrumentariums ethnographischer Forschung erhoben worden ist, früher eher die Ausnahme, so ist es in der Epoche der Translokalität, des Transnationalismus und der multiplen kulturellen Identitäten fast schon zur Regel geworden. Es erscheint von daher gesehen gar nicht mehr als eine so überraschende Koinzidenz, daß 2008 mit Barack Obama ein Mann zum Präsidenten des mächtigsten Landes der Welt gewählt worden ist, dessen frühe Biographie ihn als prototypischen kulturellen Grenzgänger ausweist. Es beginnt bereits mit seiner Genealogie. Seine Großeltern mütterlicherseits waren im Mittleren Westen der USA aufgewachsen, während sein Vater aus den ländlichen Regionen Ostkenias stammte und als Austauschstudent nach Amerika gekommen war. Als Sohn einer Ethnologin auf Hawaii geboren, verbrachte Barack Obama seine ersten sechs Lebensjahre in der multikulturellen Gesellschaft der polynesischen Inselgruppe, die erst zwei Jahre vor seiner Geburt zum 50. Bundesstaat der USA erklärt worden war. Nach der Scheidung seiner Eltern zog er mit seiner Mutter nach Jakarta, wo er im Haus seines indonesischen Stiefvaters aufwuchs. Im Alter von zehn Jahren nach Honolulu zurückgekehrt, wurde er von den Eltern seiner Mutter erzogen, bis er sein Studium in Los Angeles aufnahm, um später nach New York, Chicago und Harvard zu wechseln. Ein solcher Lebenslauf, der den Heranwachsenden mit den unterschiedlichsten kulturellen Milieus vertraut machte, immer wieder zu Anpassungszwängen und damit verbundenen Identitätsproblemen führte, war in den frühen sechziger Jahren des 20. Jahrhunderts noch ungewöhnlich, spiegelt fünfzig Jahre später aber die Realerfahrungen vieler junger Menschen wider. Fortlaufend mit der Frage seiner eigenen ethnischen Zugehörigkeit konfrontiert, entschied Obama sich während seines bürgerrechtlichen Engagements in Chicago schließlich für die Gruppe, mit der er von außen immer identifiziert worden war, obgleich ihn – von der Erfahrung rassistischer Diskriminierung abgesehen – mit der afroamerikanischen Bevölkerungsschicht der USA biographisch nur wenig verband (Remnick 2010).

Anders als die mittelalterliche Hagazussa hat Barack Obama den Platz auf dem Zaun verlassen. Die Entscheidung für eine bestimmte Bevölkerungsgruppe und deren Kultur wurde zur Voraussetzung seines politischen Erfolgs. Die Ethnologie muß sich vor solchen gewaltsamen Identifizierungen allerdings hüten. Sie darf ihren Platz zwischen den Kulturen nicht aufgeben. Denn allein er garantiert ihr, das Eigene so wahrnehmen zu können, als ob es das Fremde wäre – und umgekehrt. In den Spannungen, die aus den bisweilen freiwillig eingegangenen, oft aber auch von außen aufgezwungenen ethnischen und religiösen Zugehörigkeiten resultieren, kann nur eine Sichtweise weiterhelfen, die sich ihrer Vereinnahmung, durch welche Seite auch immer, verweigert. Das nahe bevorstehende Ende der Ethnologie ist schon oft verkündet worden. Die zunehmende Ethnologisierung unserer eigenen Gesellschaft und die stürmische Entwicklung, die das Fach infolgedessen in den letzten zehn Jahren genommen hat, lassen eher darauf schließen, daß ihm noch eine lange Zukunft bevorsteht.

Kommentierte Bibliographie

Einführungen und Nachschlagewerke

Gute Kenntnisse des Englischen und auch des Französischen sind für ein Studium der Ethnologie unverzichtbar. Studienanfängern sei empfohlen, sich anhand der originalsprachlichen Lektüre eines der amerikanischen und englischen Lehrbücher, die sich in jeder Seminarbibliothek finden, mit der Fachterminologie vertraut zu machen. Sie sind so zahlreich, daß sie hier nicht im einzelnen aufgeführt werden können. Ins Deutsche übersetzt sind die amerikanischen Einführungen von *F.R. Vivelo,* Handbuch der Kulturanthropologie, 1981 (Neuauflage 1988), und *M. Harris,* Kulturanthropologie. Ein Lehrbuch, 1989. An Studienanfänger richtet sich das französische Lehrbuch von *P. Laburthe-Tolra* & *J.P. Warnier,* Ethnologie-Anthropologie, 1993. Von deutschsprachigen Autoren liegen folgende Einführungen vor: *T. Bargatzky,* Ethnologie. Eine Einführung in die Wissenschaft von den urproduktiven Gesellschaften, 1997. *M.K. Ramaswamy,* Ethnologie für Anfänger, 1985, und *J.F. Thiel,* Grundbegriffe der Ethnologie, ^{5}1993. Der Sammelband von *H. Fischer* (Hrsg.), Ethnologie: Einführung und Überblick, ^{3}1992, enthält Aufsätze zu den unterschiedlichsten Themenbereichen; die vorläufig letzte revidierte Neuauflage erschien 1998. Empfohlen sei ferner: *B. Beer* & *H. Fischer*, Wissenschaftliche Arbeitstechniken in der Ethnologie, 2000. Einführenden Charakter haben auch die Aufsatzsammlungen von *A. Gingrich*, Erkundungen, 1999, *B. Streck*, Fröhliche Wissenschaft Ethnologie, 1997, und *Th. Schweizer* et al. (Hrsg.), Handbuch der Ethnologie, 1993. Einen kurzgefaßten Überblick über die Entwicklung des Faches als akademischer Disziplin von seinen Anfängen bis in die siebziger Jahre gibt *J. Stagl,* Kulturanthropologie und Gesellschaft, ^{2}1981. Derselbe Autor hat auch die deutschsprachige Fassung von *M. Panoff & M. Perrin,* Taschenwörterbuch der Ethnologie, ^{2}1981, überarbeitet, dessen einzelne Stichwörter mit ihren französischen und englischen Äquivalenten versehen sind. *W. Hirschberg* (Hrsg.), Neues Wörterbuch der Völkerkunde, 1988, zeichnet sich vor anderen Nachschlagewerken dadurch aus, daß in ihm auch Gegenstände der materiellen Kultur Berücksichtigung finden; eine überarbeitete Neuauflage erschien 1999. Auf hohem theoretischen Niveau werden ausgewählte Grundbegriffe des Fachs in *B. Streck,* Wörterbuch der Völkerkunde, 1987, erörtert. Zahlreiche ethnologische Einträge enthält das von *H. Cancik, B. Gladigow, K.-H. Kohl & M. Laubscher* herausgegebene Handbuch religionswissenschaftlicher Grundbegriffe, 1988 ff. Daneben empfiehlt sich selbstverständlich auch die Konsultation von englisch- und französischsprachigen Wörterbüchern wie z.B. *Th. Barfield,* The Dictionary of Anthropology, 1997, *A. Barnard & J. Spencer* (Hrsg.), Encyclopedia of Social and Cultural Anthropology, 1966, und *P. Bonté & M. Izard*, Dictionnaire de l'Ethnologie et de l'Anthropologie, 1992. – Für den Bereich der materiellen Kultur, der in der vorliegenden Einführung ausgespart werden mußte, sei auf das grundlegende zweibändige Werk von *C. F. Feest* & *A. Janata,* Technologie und Ergologie in der Völkerkunde, ⁴1999, verwiesen. – Eine Zusammenstellung *deutschsprachiger* ethnologischer Zeitschriften findet sich in *P. Junge,* Ethnologische Zeitschriften, 1987. An führenden englisch- und französischsprachigen Zeitschriften, die über die jeweils neuesten theoretischen Entwicklungen informieren, seien genannt: *American Anthropologist* (1899 ff.), *American Ethnologist* (1974 ff.), *Annual Review of Anthropology* (1972 ff.), *Bijdragen tot de Taal-, Land- en Volkenkunde* (1853 ff.), *Canberra Anthropology* (1978 ff.), *Current Anthropology* (1960 ff.), *Ethnology* (1962 ff.), *Ethnos* (1936 ff.), *L'Homme* (1961 ff.), *Journal of Anthropological Research* (1978 ff.) und *Journal of the Royal Anthropological Institute* (1874 ff.; zwischen 1966 und 1995: *Man N. S.*). Zeitschriftenartikel mit regionalem und theoretischem Bezug werden regelmäßig in einer entsprechenden Rubrik der Zeitschrift *Anthropos* (1906 ff.) aufgelistet.

Zu den einzelnen Kapiteln

I. Die Ethnologie und ihr Gegenstand

Zu 1. Erfahrungsberichte von Ethnologen, die außerhalb des klassischen Berufsfeldes Unterkommen gefunden haben, finden sich bei *H. Fischer* (Hrsg.), Wege zum Beruf, 1988. Was die universitären Karrieren im allgemeinen anbelangt, so sind *M. Webers* klassische Ausführungen in seinem Aufsatz „Wissenschaft als Beruf" (³1968, zuerst 1917) bis heute aktuell geblieben. Eine Zusammenstellung der ethnologischen Institute, Forschungseinrichtungen und Museen in der Bundesrepublik Deutschland (ohne die ehemalige DDR), in Österreich und in der Schweiz sowie Biobibliographien deutschsprachiger Fachvertreter enthält das von *G. Baeck* & *R. Husmann* hrgg. Handbuch der deutschsprachigen Ethnologie, 1990.

Zu 2. Zur Figur des „wilden Mannes" im Spätmittelalter vgl. *R. Bernheimer,* Wild Men in the Middle Ages, 1952; zu ihrer Bedeutung bei den ersten Versuchen einer Zuordnung der Bewohner der Neuen Welt im 15. und 16. Jahrhundert vgl. *K.-H. Kohl,* Abwehr und Verlangen, 1987a: 63 ff. Für die Vorstellung des „Guten Wilden" in der Ethnographie und Anthropologie der Aufklärung vgl. *K.-H. Kohl,* Entzauberter Blick, ²1986a. Zu den Vorläufern dieser Idee in der Antike vgl. *K. E. Müller,* Geschichte der antiken Ethnographie und ethnologischen Theoriebildung, 1972–80; die Geschichte des *hard-* und *soft-primitivism* in der Antike behandeln *A. O. Lovejoy* & *G. Boas,* Primitivism and Related Ideas in Antiquity, ²1965. An einer positiven Neubestimmung der Idee des Primitiven versucht sich *S. Diamond,* Kritik der Zivilisation, 1976. Die Verwendung des Begriffs in der Ethnologie untersucht *J. Fabian,* Time and the Other, 1983. Mit dem populären neuen Bild der „Naturvölker" als frühen „Umweltschützern" setzt sich *T. Bargatzky,* „ ‚Naturvölker' und Umweltschutz – ein modernes Mißverständnis" (1992) auseinander. Hier sowie bei *E. W. Müller,* „Naturvölker – Nein!" (1990) auch die entsprechenden Belege für die von „Naturvölkern" verursachten Umweltschäden.

II. Besondere Merkmale der Gesellschaften, mit denen die Ethnologie sich befaßt hat

Zu 2. Zu „Wir-Bewußtsein" und Ethnozentrismus vgl. *F. Barth* (Hrsg.), Ethnic Groups and Boundaries, 1969, *R.A. Levine & D.T. Campbell,* Theories of Conflict. Ethnic Attitudes and Group Behaviour, 1972, und *K.E. Müller,* Das magische Universum der Identität, 1987. Zur Differenz zwischen Ethnozentrismus und Eurozentrismus vgl. K.-H. Kohl, Abwehr und Verlangen, 1987a.

Zu 3. In leicht verständlicher Form werden die Grundbegriffe der Verwandtschaftsethnologie bei *R. Fox,* Kinship and Marriage, 1967 (verschiedene Neuauflagen), dargestellt. Zur Einführung ebenfalls empfehlenswert: *R.M. Keesing,* Kin Groups and Social Structure, 1975, und *R. Parkin,* Kinship, 1997. Grundlegend, wenn auch nicht unumstritten, ist für diese Thematik weiterhin das epochale Werk von *C. Lévi-Strauss,* Elementare Strukturen der Verwandtschaft, 1981. Es kann allerdings nur Fortgeschrittenen empfohlen werden; gleiches gilt für die wichtigste deutschsprachige Abhandlung: *E.W. Müller,* Der Begriff ‚Verwandtschaft' in der modernen Ethnosoziologie, 1981. Für eine definitorische Erörterung einzelner Begriffe sei auf die Beiträge desselben Autors in *W. Hirschberg* (Hrsg.), Neues Wörterbuch der Völkerkunde, 1988, verwiesen. Die eindrucksvolle Beschreibung einer Gesellschaft, in der das System der asymmetrischen Allianz eine alles beherrschende Rolle spielt, gibt *M. Oppitz,* Onkels Tochter, keine sonst, 1991. Auf die Problematik der Kategorie der matrilateralen Kreuzkusinenheirat verweist *L.G. Löffler,* „Prescriptive Matrilateral Cross-Cousin-Marriage in Asymmetric Societies: A Fallacy" (1964). Für eine kritische Diskussion der in der Ethnologie entwickelten Inzesttheorien vgl. den Anhang zu *F. Vivelo,* Handbuch der Kulturanthropologie, 1981.

Zu 5. Zur Allokation politischer Macht in Hordengesellschaften vgl. *E.B. Leacock & R.B. Lee* (Hrsg.), Politics and History in Band Societies, 1983. Die Ergebnisse der Untersuchungen britischer Sozialanthropologen über afrikanische segmentäre Gesellschaften sind in den Sammelbänden: *M. Fortes & E.E. Evans-Pritchard* (Hrsg.), African Political Systems, 1970 (zuerst 1940), und *J. Middleton & D. Tait* (Hrsg.), Tribes without Rulers, 1958, zusammengefaßt. Empfohlen sei zu diesem Thema auch die Lektüre von *E.E. Evans-Pritchard,* The Nuer, 1968a. Deutsche Übersetzungen der wichtigsten Beiträge zu der Diskussion um die segmentären Gesellschaften finden sich in *F. Kramer & C. Sigrist* (Hrsg.), Gesellschaften ohne Staat, 2 Bde., 1978. Ihre theoretische Aufarbeitung erfolgt in *C. Sigrist,* Regulierte Anarchie, 1967. Zum Big-Man-System seien neben den im Text zitierten Abhandlungen von den ebenfalls sehr zahlreichen Studien nur genannt: *A. Strathern,* The Rope of Moka, 1971, *D. Oliver,* A Salomon Island Society: Kinship and Leader-ship among the Siuai of Bougainville, 1955, und *J. Stagl,* „Älteste und Big Men" (1971). Ein Vergleich der verschiedenen Typen politischer Führerschaft findet sich bei *M. Sahlins,* „Poor Man, Rich Man, Big Man, Chief: Political Types in Melanesia and Polynesia" (1963). Ebenfalls eine gute Zusammenfassung: *M. Sahlins,* Tribesmen, 1968. Bei der Behandlung dieser Thematik überwiegt im allgemeinen eine evolutionäre Perspektive, so z.B. bei *M.H. Fried,* The Evolution of Political Society, 1967, oder auch bei *E.R. Service,* Primitive Social Organization, 1971, und *ders.*, Ursprünge des Staates und der Zivilisation, 1977. Gegen die übliche

Sichtweise wendet sich *P. Clastres,* Staatsfeinde, 1976. Seit der Veröffentlichung von *J.J. Bachofens* Mutterrecht (1861/1976) ist die Diskussion über das Matriarchat unter den unterschiedlichsten Fragestellungen immer wieder aufgegriffen worden; vgl. hierzu auch *H.J. Hildebrandt,* Johann Jakob Bachofen. Die Primär- und Sekundärliteratur, 1988. Eine kritische Zusammenfassung der verschiedenen Positionen findet sich bei *H. Zinser,* Der Mythos des Mutterrechts, 1981. Die ethnologische Literatur zu dieser Frage ist in den letzten Jahren enorm angewachsen. Verwiesen sei daher lediglich auf die z.T. sehr guten Beiträge in dem Sammelband von *I. Lenz & U. Luig* (Hrsg.), Frauenmacht ohne Herrschaft, 1990.

Zu 6. In leicht verständlicher Form wird die Geschichte einzelner Schriftsysteme von *H. Haarmann,* Universalgeschichte der Schrift, 1990, behandelt. Für eine Darstellung der Leistungsfähigkeit mesoamerikanischer Schriftsysteme vgl. *H.J. Prem & B. Riese,* „Autochthonous American Writing. The Aztec and Maya Examples" (1983). Einen Vergleich zwischen den Formen der Wissensspeicherung in schriftlosen und schriftbesitzenden mittel- und südamerikanischen Kulturen bietet die Abhandlung von *B. Scharlau & M. Münzel,* Quellqay, 1986. *G.S. Kirk,* Griechische Mythen, 1980, stellt den Versuch dar, mythologische Überlieferungen der Antike mit Hilfe einiger in der Ethnologie entwickelter Theorien neu zu interpretieren. Vor allem an antiken Beispielen wird der Übergang von der Sprech- zur Schriftkultur in dem von *A. Assmann* u.a. hrsgg. Sammelband Schrift und Gedächtnis, 1983, behandelt. Pionierarbeiten auf dem Gebiet der Erforschung oraler Traditionen sind *J. Vansina,* Oral Tradition as History, 1985, eine überarbeitete Fassung seines bereits 1961 veröffentlichten Buches Oral Tradition, und *J. Goody* (Hrsg.), Literalität in traditionalen Gesellschaften, 1981. Forschungsüberblicke geben *U. Luig,* „Probleme bei der Erforschung oraler Kulturen" (1984), und *G. Elwert,* „Die gesellschaftliche Einbettung von Schriftgebrauch" (1987). Zur Parallelismustechnik, wie sie vor allem im ostindonesischen Raum weit verbreitet ist, vgl. *J.J. Fox* (Hrsg.), To Speak in Pairs, 1988.

Zu 7. Eine allgemeine Einführung in die folgenden Themenbereiche bietet *M. Rössler,* Wirtschaftsethnologie, 1999. – Auf einer 1966 in Chicago veranstalteten Konferenz wurden neuere theoretische Ansätze zur Erforschung von Jäger- und Sammlergesellschaften vorgetragen, die in dem Sammelband *R.B. Lee & I. Devore* (Hrsg.), Man the Hunter, 1968, veröffentlicht wurden und die Forschung seither maßgeblich beeinflußt haben. Populär gehalten und leicht zu lesen ist der Überblick von *C.C. Coon,* The Hunting Peoples, 1971. Die Literatur zu einfachen Feld- und Intensivanbau betreibenden Gesellschaften ist immens. Es sei daher nur summarisch auf die Überblicksartikel zu einzelnen Wirtschaftsformen in dem Sammelband *S. Plattner* (Hrsg.), Economic Anthropology, 1989, verwiesen. Eine gute Zusammenfassung der Theorien über die Entstehung des Nomadismus bietet *L. Vajda,* Untersuchungen zur Geschichte der Hirtenkulturen, 1968. Zu den Gabra und ihrem Altersklassensystem vgl. *W. Torry,* „Gabra Age Organization and Ecology", 1978, und *M. Leitges,* „Zur aktuellen Bedeutung der politischen und der ökonomischen Anthropologie" (1979). Die Wirtschaftsethnologie war lange Zeit geprägt von der Auseinandersetzung zwischen den sogenannten Formalisten, die glaubten, die Modelle der Marktwirtschaft wie insbesondere das Prinzip der Profitmaximierung auf alle menschlichen Gesellschaften übertragen zu können, und den sog. Substantivisten, die neue Modelle für die Analyse wirtschaftlicher Vorgänge in primär subsistenzorientierten Gesellschaften zu entwickeln suchten. Auf diesen Schulstreit, der auf der einen Seite von *M. L. Herskovits,* Economic Anthropology, ²1965 (zuerst 1952), und auf der anderen Seite von *K. Polanyi,* The Great Transformation, 1978 (zuerst 1944), angeführt wurde, sei hier lediglich verwiesen. Einen der wichtigsten Beiträge zur neueren Diskussion stellt *M. Sahlins,* Stone Age Economics, ²1976, dar. Er prägte durch diese Abhandlung u.a. den Begriff der „original affluent society". Eine eingehende Darstellung und kritische Würdigung der Theorie von Marcel Mauss findet sich bei *M. Godelier,* Das Rätsel der Gabe, 1999. Die Arbeiten über das Potlatch-System der amerikanischen Nordwestküstenindianer sind zahlreich. Es mag daher der Hinweis auf die zusammenfassende Darstellung bei *A. Rosman & P. Rubel,* Feasting with mine enemy, 1986, genügen. Eine kritische Auseinandersetzung mit den über das Potlatch-System entwickelten Theorien bietet *S. Seiler,* Wissenschaftstheorie in der Ethnologie, 1980. Beiträge zum Fortleben der Institution des Potlatch bis in die jüngste Gegenwart hinein finden sich in dem Ausstellungskatalog von *A. Jonaitis* (Hrsg.), Chiefly Feasts, 1991. – Zu den melanesischen Cargo-Kulten vgl. *H. Jebens,* Eine Bewältigung der Kolonialerfahrung, 1990.

III. Entdeckungen der Ethnologie

Zu 1. Eine bis heute aktuell gebliebene Standortbestimmung des Faches entwickelt *Lévi-Strauss* in dem Kapitel „Die Stellung der Anthropologie und die daraus resultierenden Unterrichtsprobleme" seiner Strukturalen Anthropologie, 1967: 369–408. Mit *Grundfragen der Ethnologie* beschäftigen sich die Beiträge deutscher Autoren in dem von *W. Schmied-Kowarzik* und *J. Stagl* hrsgg. gleichnamigen Sammelband, ²1993. Unter dem programmatischen Titel *Ethnologie als Sozialwissenschaft* finden sich in dem von *E. W. Müller, R. König* u.a. hrsgg. Sonderheft 26 der Kölner Zeitschrift für Soziologie und Sozialpsychologie, 1984, Beiträge zur neueren Theoriediskussion.

Zu 2. Über neuere Entwicklungen der urbanen Anthropologie informiert der Sammelband von *W. Kokot & B.C. Bommer* (Hrsg.), Ethnologische Stadtforschung, 1991. Gegen die herkömmliche Sichtweise, daß die Methoden der soziologischen Großstadtforschung, wie sie in den 20er und 30er Jahren die Chicago School of Sociology hervorgebracht hat, aus der Ethnologie übernommen worden seien, argumentiert *R. Lindner,* Die Entdeckung der Stadtkultur, 1990. Ein unkonventionelles Beispiel für die ethnologische Wahrnehmung von Stadtkultur ist *M. Augé,* Ein Ethnologe in der Métro, 1988. Die Berührungspunkte zwischen moderner Volkskunde und Ethnologie im deutschsprachigen Raum behandelt der Sammelband von *T. Hauschild & H. Nixdorf* (Hrsg.), Europäische Ethnologie, 1982. Die empirischen Untersuchungen von *W. Schiffauer,* Die Bauern von Subay, 1987, und *C. Giordano,* Die Betrogenen der Geschichte, 1992, stellen gute Beispiele für die gegenseitige Annäherung von Ethnologie und Volkskunde dar. Pionierwerke einer „ethnographischen" Geschichtsschreibung sind die Arbeiten von *E. LeRoy Ladurie,* Montaillou, 1980, und *ders.,* Karneval in Romans, 1982, die hier nur stellvertretend für die entsprechenden Ansätze der französischen Nouvelle Histoire genannt werden sollen. Wichtigste Publikationsorgane der Ethnohistorie im deutschsprachigen Raum sind heute die Zeitschriften *Paideuma* (1938 ff.) und die von *K. Wernhart* hrsgg. *Wiener ethnohistorischen Blätter* (1970 ff.). Eine Einführung in die spezifischen Ansätze der Wiener ethnohistorischen Schule bietet der Sammelband von *K. Wernhart & W. Zips* (Hrsg.), Ethnohistorie, 1998. Einen Überblick über die Entwicklung und den gegenwärtigen Forschungsstand der nordamerikanischen Unternehmens- und Organisationsethnologie geben *F. C. Gamst & S. Helmers*, „Die kulturelle Perspektive und die Arbeit: Ein forschungeschichtliches Panorama der nordamerikanischen Industrieethnologie" (1991). Ein gutes Beispiel für diesen Forschungsansatz ist die Untersuchung einer Lastwagenfahrerkooperative von *M. Agar*, Independents Declared, 1986. Die Geschichte der Ethnologie als einen Gegenstand ethnologischer Forschung behandeln u. a. *F. Kramer*, Verkehrte Welten, 1977, *J. Fabian*, Time and the Other, 1983, *K.-H. Kohl*, Abwehr und Verlangen, 1987 a, und *N. Thomas*, Out of Time, 1989. Im Grenzbereich von europäischer Kulturgeschichte und Ethnologie siedeln sich auch die Arbeiten von *H. P. Duerr*, Traumzeit, 1978, und *ders.*, Der Mythos vom Zivilisationsprozeß, 4 Bde., 1988–1997, an.

IV. Ethnographische Feldforschung

Zu 2. Zur Geschichte der Ethnographie in der Antike und im Mittelalter vgl.: *K. E. Müller*, Geschichte der antiken Ethnographie und ethnologischen Theorienbildung, 2 Bde., 1972–80; in der frühen Neuzeit: *M. Hodgen*, Early Anthropology in the Sixteenth and Seventeenth Century, 1964; im 18. Jahrhundert mit Schwerpunkt auf den Südseereisen: *B. Smith*, European Vision and the South Pacific, ²1985; im 19. Jahrhundert: *G. W. Stocking*, Victorian Anthropology, 1987. Eine Würdigung der Bedeutung Ibn Chalduns für die Ethnologie findet sich bei *E. Gellner*, Leben im Islam, 1985, und eine Würdigung Sahagúns bei *M. Erdheim*, Anthropologische Modelle des 16. Jahrhunderts, 1990. Zu Richard Burton vgl. *K.-H. Kohl*, „Im Gewand des Orients" (1987 b), zu den britischen Arabienreisenden des 19. Jahrhunderts: *R. Bidwell*, Travellers in Arabia, 1976, zu den deutschen Afrikareisenden des 19. Jahrhunderts *C. Essner*, Deutsche Afrikareisende im neunzehnten Jahrhundert, 1985, *A. Henn*, Reisen in vergangene Gegenwart, 1988, und *B. Heintze*, Ethnographische Aneignungen, 1999.

Zu 3. Mit der Geschichte der ethnographischen Feldforschung von Cushing bis Malinowski befassen sich die Aufsätze in dem Sammelband: *J. W. Stocking* (Hrsg.), Observers Observed, 1983. Zu Adolf Bastian vgl. *A. Fiedermutz-Laun*, Der kulturhistorische Gedanke bei Adolf Bastian, 1970, und *K.-P. Koepping*, Adolf Bastian and the Psychic Unity of Mankind, 1983; zu Franz Boas *W. Goldschmidt* (Hrsg.), The Anthropology of Franz Boas, 1959.

Zu 4. Überschneidungen zu meinen Ausführungen zu Malinowski in *K.-H. Kohl*, Exotik als Beruf, 1986 a, und *ders.*, „Bronislaw Kaspar Malinowski (1884–1942)" (1990), haben sich in diesem und im folgenden Abschnitt nicht immer vermeiden lassen; in beiden Arbeiten finden sich weiterführende Literaturhinweise. Zu Malinowskis Empirizismus, der entscheidend von seiner Auseinandersetzung mit Ernst Mach geprägt war, vgl. *R. Dammann*, Die dialogische Praxis der Feldforschung, 1991.

Zu 5. Die Literatur zur ethnographischen Feldforschung ist in den letzten Jahren enorm angewachsen; praktische Aspekte behandeln die Arbeiten von *P. & G. Pelto,* Anthropological Research, ²1978, und *D. L. Jorgensen,* Participant Observation, 1989; mit erkenntnistheoretischen und psychologischen Aspekten setzen sich auseinander: *I. Strecker,* Methodologische Probleme der ethnosoziologischen Beobachtung und Beschreibung, 1969, *K.-P. Koepping,* „Feldforschung als emanzipatorischer Akt?" (1984), und J. L. Wengle, Ethnographers in the Field, 1988. Mit den besonderen Problemen von Ethnographinnen im „Felde" befassen sich *B. Hauser-Schäublin,* „Frau mit Frauen" (1985), und *H. Behrend,* „Menschwerdung eines Affen" (1989); Erfahrungsberichte deutschsprachiger Ethnologen enthält der Sammelband von *H. Fischer* (Hrsg.), Feldforschungen, 1985.

V. Das Problem der Darstellung fremder Lebensformen

Die Debatte über die unterschiedlichen Textstrategien klassischer Ethnographien ist durch die literaturwissenschaftlich orientierten Untersuchungen von *J. Clifford,* „Über ethnographische Autorität" (1988, zuerst 1983), *J. Boon,* Other Tribes, Other Scribes, 1982, und *G. E. Marcus & D. Cushman,* „Ethnographies as Texts" (1982), ausgelöst worden. Eine Art Manifest der postmodernen Ethnographie stellt der Sammelband *J. Clifford & G. Marcus* (Hrsg.), Writing Culture, 1986, dar. Eine Übersicht über die neueren „experimentellen Schreibweisen" geben *G. E. Marcus & M. M. J. Fischer,* Anthropology as Cultural Critique, 1986. Deutsche Übersetzungen wichtiger Aufsätze zur Repräsentationsdebatte enthält der Sammelband von *E. Berg* & *M. Fuchs,* Kultur, soziale Praxis, Text, 1993. Besonders empfehlenswert ist die umfangreiche Einleitung der beiden Herausgeber. Eine radikal „postmoderne" Position hat in dieser Frage E. Leach, „Writing Anthropology" (1989), vertreten. In diesem kurz vor seinem Tod veröffentlichten Aufsatz setzt sich Leach – einer der letzten großen Vertreter der von Malinowski gegründeten Schule – mit dem Buch von *C. Geertz,* Die künstlichen Wilden, 1990 (zuerst 1988), auseinander, der sich hierin wiederum von den z. T. von seinen eigenen Schülern entwickelten experimentellen Schreibweisen ironisch distanziert. Zur Kritik der postmodernen Ethnographie vgl. ferner *P. S. Sangren,* „Rhetoric and the Authority of Ethnography" (1988) und *P. A. Roth,* „Ethnography without tears" (1989). Zur dialogischen Anthropologie vgl. *T. Maranhão* (Hrsg.), The Interpretation of Dialogue, 1990. Der vom selben Autor herausgegebene Sonderband der Zeitschrift Paideuma 44 (1998): Anthropology and the Question of the Others trägt zur Repräsentationsdebatte eine Reihe neuer Aspekte bei.

VI. Ethnologische Theorien

Zu 2. Zum ethnologischen Kulturbegriff vgl. die Ausführungen von *W. Rudolph,* „Ethnos und Kultur" (1992). Eine kritische Zusammenfassung neuerer Diskussionen findet sich bei *P. Drechsel,* „Vorschläge zur Konstruktion einer ‚Kulturtheorie' und was man unter einer ‚Kulturinterpretation' verstehen könnte" (1984).

Zu 3. Für die folgenden Abschnitte sei allgemein auf die wissenschaftshistorischen Darstellungen von *W. E. Mühlmann,* Geschichte der Anthropologie, ³1984, *M. Harris,* The Rise of Anthropological Theory, 1969, *F. A. Voget,*

A History of Ethnology, 1975, und *G. W. Stocking*, After Tylor, 1995, verwiesen. Einzeldarstellungen und Würdigungen von ca. 100 wissenschaftshistorisch bedeutenden Abhandlungen enthält der Sammelband von *Ch. Feest & K.-H. Kohl*, Hauptwerke der Ethnologie, 2000. Als eine zeitgenössische Auseinandersetzung mit dem Diffusionismus auch heute noch lesenswert sind die entsprechenden Abschnitte aus *R.H. Lowie*, The History of Ethnological Theory, 1937. Einen informativen Überblick über die Entwicklung dieser Schulrichtung gibt *A. Henn*, s.v. „Diffusion/Diffusionismus" (1990). Auszüge aus den wichtigsten Werken der Vertreter der Kulturhistorischen Schule finden sich in *C.A. Schmitz* (Hrsg.), Historische Völkerkunde, 1967. Ihre historische Entwicklung behandelt *K.E. Müller*, „Grundzüge des ethnologischen Historismus" (1981). Ein erstes kritisches Schlußresümee der Wiener kulturhistorischen Schule hat der Schmidt-Schüler *J. Haekel* kurz nach dessen Tod in seinem Aufsatz „Zum heutigen Forschungsstand der Ethnologie" (1956) gezogen. Eine Geschichte dieser letzten großen Schulrichtung der deutschen Ethnologie ist leider noch nicht geschrieben. Erste Ansätze finden sich bei *E. Stiglmayer*, Ganzheitliche Ethnologie, 1970, und *E. Brandewie*, When Giants Walked the Earth, 1990. Ebenso steht auch eine Gesamtdarstellung der von Frobenius gegründeten kulturmorphologischen Schule noch aus; vgl. zu dessen Lebenswerk allerdings *H.-J. Heinrichs*, Die fremde Welt, das bin ich, 1998. Über die Geschichte der deutschsprachigen Ethnologie während des Nationalsozialismus berichten *H. Fischer*, Völkerkunde im Nationalsozialismus, 1990, und *Th. Hauschild* (Hrsg.), Lebenslust und Fremdenfurcht, 1995. Über den neueren Stand ethnohistorischer Forschung informiert *K. Wernhart* (Hrsg.), Historische Ethnologie heute, 1985. – Zur Geschichte des britischen Funktionalismus vgl. *A. Kuper*, Anthropologists and Anthropology, 1975, *G. W. Stocking* jr. (Hrsg.), Functionalism Historicized, 1984, und *B. Schnepel*, „Ethnologie und Geschichte. Stationen der Standortbestimmungen aus der britischen ‚Social Anthropology'" (1999). Zu Thurnwalds Sozioethnologie: *M. Melk-Koch*, Auf der Suche nach der menschlichen Gesellschaft: Richard Thurnwald, 1989. – Die Literatur zum Strukturalismus ist immens. Die nach wie vor beste deutschsprachige Einführung, die sich nicht allein auf Lévi-Strauss beschränkt, stammt von *M. Oppitz*, Notwendige Beziehungen, 1975. Der Aufsatz von H. Amborn, „Strukturalismus. Theorie und Methode" (1992) gibt einen brauchbaren ersten Überblick. Eine kritische Auseinandersetzung mit Lévi-Strauss bietet E. Leach in seinem als Einführung deklarierten gleichnamigen Buch, dessen Neuauflage von 1991 eine umfangreiche Bibliographie zum Strukturalismus von *Klaus Zinniel* enthält. Ein grundlegendes Werk der Kognitiven Anthropologie ist die Aufsatzsammlung von *S.A. Tyler* (Hrsg.), Cognitive Anthropology, ²1987. *E. Renner*, Die Kognitive Anthropologie, 1980, stellt die wichtigste deutschsprachige Darstellung zu dieser Forschungsrichtung dar.

Zu 4. *M.J. Herskovits*, Man and his Work, 1948, ist eine Einführung in das Fach, die zugleich die Grundpositionen des Kulturrelativismus darlegt. Einen gerafften Überblick gibt *A. Bidney*, „Cultural Relativism" (1968). *W. Rudolph*, Der Kulturelle Relativismus, 1968, ist nach wie vor die beste deutschsprachige Abhandlung zu diesem Thema. Kritisch setzt sich *J. Stagl*, „Eine Widerlegung des kulturellen Relativismus" (1992), mit der Wiederbelebung dieses Denkansatzes in der neueren Ethnologie auseinander. Zur „Kultur- und Persönlichkeitsforschung" vgl. *V. Barnouw,* Culture and Personality, 1973. Mit dem Einfluß der Psychoanalyse auf diese Schulrichtung setzt sich *M. Adler,* Ethnopsychoanalyse, 1993, eingehend auseinander. Die Ergebnisse älterer und neuerer Forschungen zum frühkindlichen Sozialisationsprozeß faßt *E. Grohs,* „Frühkindliche Sozialisation in traditionellen Gesellschaften" (1992), zusammen. Die Adoleszenzphase steht dagegen im Mittelpunkt der Untersuchung von *M. Erdheim,* Die gesellschaftliche Produktion von Unbewußtheit, [3]1997, der gegenwärtig zusammen mit *M. Nadig* (Die verborgene Kultur der Frau, 1992) zu den wichtigsten deutschsprachigen Vertretern der Ethnopsychoanalyse zählt. – Zum Evolutionismus vgl. an deutschsprachigen Darstellungen den Überblick von *J. W. Raum,* „Evolutionismus" (1992), die Abhandlungen von *H. J. Hildebrandt,* Der Evolutionismus in der Familienforschung des 19. Jahrhunderts, 1983, *ders.,* Rekonstruktionen, 1990, und *H. Koloss,* „Der ethnologische Evolutionismus im 19. Jahrhundert" (1986); an englischsprachigen Darstellungen vgl. *J. W. Burrow,* Evolution and Society, 1966, *J. W. Stocking,* Race, Culture and Evolution, 1968, *ders.,* Victorian Anthropology, 1987, und *N. Thomas,* Out of Time, 1989. Zu L.H. Morgan, Leslie A. White und Julian H. Steward soll hier nur auf die Aufsätze von *B. Ganzer, C.E. Guksch* und *J. W. Raum* in *W. Marschall* (Hrsg.), Klassiker der Kulturanthropologie, 1990, verwiesen werden, die weiterführende bibliographische Hinweise enthalten. Eine Zusammenfassung der Grundpositionen des Neoevolutionismus findet sich bei *R. L. Carneiro,* „The Four Faces of Evolution" (1973); auf neuere Entwicklungen geht *C. Antweiler,* „Das eine und die vielen Gesichter der Evolution" (1990), ein; zum Kulturmaterialismus vgl. *M. Harris,* Kulturanthropologie, 1989, zur Kulturökologie allgemein *T. Bargatzky,* Einführung in die Kulturökologie, 1986.

Zu 5. *G. Leclerc,* Anthropologie und Kolonialismus, 1973, stellt ein grundlegendes Werk zu dieser Thematik dar. Zur theoretischen Entwicklung der niederländischen Ethnologie vgl. *P. E. de Josselin de Jong,* Structural Anthropology in the Netherlands, [2]1983, zu ihrer Verflechtung mit kolonialpolitischen Interessen vgl. *R. A. Ellen,* „The Development of Anthropology and Colonial Policy in the Netherlands: 1800–1960" (1976). Die theoretische Entwicklung der amerikanischen Ethnologie bis zur Mitte der achtziger Jahre skizziert *S. Ortner,* „Theory in Anthropology since the Sixties" (1984). Zu Clifford Geertz vgl. *S. Wolff,* „Die Anatomie der Dichten Beschreibung. Clifford Geertz als Autor" (1992). Der von *J. L. Dolgin, D. S. Kemnitzer & D. M. Schneider* hrsgg. Sammelband Symbolic Anthropology, 1977, gibt einen repräsentativen Querschnitt dieser Forschungsrichtung. Eine Fortführung und Erweiterung dieses Ansatzes stellt die Abhandlung von *I. Strecker,* The Social Practice of Symbolization, 1988, dar. Kritische Stellungnahmen zum aktuellen Stand der Ethnologie in den deutschsprachigen Ländern finden sich in Bd. 17 (1989) der Zeitschrift *Trickster*; vgl. hierzu ferner *K.-H. Kohl,* Homöophobie und Allophilie als Dilemma der deutschsprachigen Völkerkunde (1997).

Zu 6. Beispiele für die Rezeption des Geertz'schen Ansatzes in den Literaturwissenschaften finden sich in *D. Bachmann-Medick* (Hrsg,), Kultur als Text, 1996. – Für die im deutschsprachigen Raum veröffentlichten zahlreichen neueren ethnologischen Beiträge zur Geschlechterforschung sei hier nur verwiesen auf *S. Schröter,* Hexen, Krieger, Kannibalinnen, 1994, *G. Völger* (Hrsg.), Sie und Er, 1997, und *B. Hauser-Schäublin & B. Röttger-Rössler* (Hrsg.), Differenz und Geschlecht, 1998. Zur Frage der „Erfindung“ bzw. „Konstruktion von Tradition“ existiert inzwischen eine umfangreiche Literatur: Auf den ozeanischen Raum beziehen sich die Aufsätze in dem von *M. Jolly* und *N. Thomas* herausgegebenen Sonderband der Zeitschrift Oceania: The Politics of Tradition in the Pacific, 1992, *F. Valjavec*, Wege der Tradition, 1995 und *T. Otto* & *N. Thomas*, Narratives of Nation in the South Pacific, 1997. Für einen auf Westafrika bezogenen ethnohistorischen Beitrag zur Ethnizitätsdebatte vgl. *C. Lentz*, Die Konstruktion von Ethnizität, 1998. Die Debatte zwischen den politischen Wortführern der neuseeländischen Maori und „ihren“ Ethnologen diskutiert *V. Gottowik*, Konstruktionen des Anderen, 1997: 120–128; zu einer ähnlichen Auseinandersetzung war es zu Beginn der neunziger Jahre zwischen dem australischen Ethnologen R.M. Keesing und der hawaiianischen Ethnologin H.-K.Trask gekommen (vgl. *H.-K. Trask*, „Natives and Anthropologists“, 1991). – Die kulturellen Folgen der Globalisierung untersucht in ethnologischer Perspektive: *U. Hannerz*, Transnational Connections, 1996.

Nachtrag zur dritten Auflage

Einführungen

Seit 2011 sind in deutscher Sprache zwei neue Einführungen erschienen. *Dieter Haller* hat mit dem dtv-Atlas Ethnologie, ^{2}2010, ein bunt bebildertes Buch vorgelegt, das zwischen Nachschlagewerk und Einführung changiert. Der Vorzug des Werkes von *Frank Heidemann*, Ethnologie. Eine Einführung, 2011, besteht darin, daß es den neuesten Entwicklungen breiten Platz einräumt. Der gemeinsam von *Hans Fischer* und *Bettina Beer* herausgegebene Sammelband Ethnologie. Einführung und Überblick, 2006, liegt bereits in der überarbeiteten sechsten Auflage vor. Das Verfahren, im Zuge der Aktualisierung einzelne Artikel auszutauschen bzw. neu schreiben zu lassen, hat sich auch dieses Mal bewährt. An neueren englischsprachigen Einführungen sind empfehlenswert: *Thomas Hylland Eriksen*, Small Places, Large Issues. An Introduction to Social and Cultural Anthropology, 2001, und *Chris Hann*, Social Anthropology, 2000. Mit den klassischen Fragestellungen und Inhalten des Faches setzt sich auseinander: *Klaus E. Müller*, Die Siedlungsgemeinschaft, 2010. Über die in einschlägigen Bibliotheken zugängliche ethnologische Literatur informiert die virtuelle Fachbibliothek Ethnologie (EVIFA) der Berliner Humboldt-Universität: http://www.evifa.de/cms/.

Verwandtschaft

Maurice Godelier hat mit Métamorphoses de la parenté, 2004, noch einmal ein grundlegendes Werk zu diesem Bereich vorgelegt, zu dem in den letzten Jahren nur noch relativ wenig neue Veröffentlichungen erschienen sind. *Adam Kuper* zeigt in Incest & Influence, 2009, allerdings, wie gut sich die in der Ethnologie entwickelten Verwandtschaftskategorien auch zur Analyse gesellschaftlicher Verhältnisse im Europa des 19. Jahrhunderts eignen. Neue Gebiete verwandtschaftsethnologischer Forschung werden in dem von *Erdmute Alber*

u. a. herausgegebenen Sammelband: Verwandtschaft heute, 2010, erschlossen. Daß sich inzwischen nicht nur die Ethnologie, sondern auch benachbarte Disziplinen wie die Soziologie und die Geschichtswissenschaft mit dieser Thematik beschäftigen, zeigen die Beiträge in: *Johannes F. K. Schmidt*, Verwandtschaft und Freundschaft, 2007.

Wirtschaftsethnologie, Materielle Kultur

Zur Wirtschaftsethnologie sind im deutschsprachigen Raum zwei neue Einführungen erschienen, nämlich *Martin Rössler*, Wirtschaftsethnologie, 2005, und *Hartmut Lang*, Systeme der Wirtschaftsethnologie, 2010. Über neueste Entwicklungen, nicht zuletzt auch in der Transformationsphase der ehemaligen sozialistischen Staaten, informieren *Chris Hann & Keith Hart*, Economic Anthropology, 2011. *Fred R. Myers* (Hrsg.), The Empire of Things, 2001, ist ein Sammelband, der eine neue Diskussion im Bereich der materiellen Kultur eröffnet hat. Zu den Autoren des Bandes zählt u. a. *Daniel Miller*, der schon früher mit Studien zum Kapitalismus, zum Kauf- und zum Konsumverhalten hervorgetreten ist und auch zu ethnologischen Artefakten gearbeitet hat. Von ihm liegt inzwischen in deutscher Sprache vor: Der Trost der Dinge, 2010. Eine theoriegeleitete Einführung in diesen Themenbereich stammt von *Hans Peter Hahn*, Materielle Kultur, 2005.

Religionsethnologie

Das Interesse an der Religionsethnologie hat im Zuge der Globalisierungsdebatte beträchtlich zugenommen; vgl. z. B. *Bettina Schmidt*, Einführung in die Religionsethnologie, 2008. Ethnologische Aspekte werden auch in *Hartmut Zinsers* Einführung in die allgemeine Religionswissenschaft: Grundfragen der Religionswissenschaft, 2010, berücksichtigt. Internationale Beiträge zur Diskussion um die Cargo-Kulte finden sich in dem von *Holger Jebens* herausgegebenen Sammelband Cargo, Cult & Culture Critique, 2004. Auf religionsethnologischen Studien im Mittelmeerraum beruhen die Abhandlungen von *Thomas Hauschild*, Magie und Macht, 2002, und Ritual und Gewalt, 2008. Die Semantik von sogenannten Fetischen und anderen Kultgegenständen steht im Mittelpunkt der vergleichenden Untersuchung von *Karl-Heinz Kohl*, Sakrale Objekte, 2003.

Geschichte der Ethnologie

Eine gewichtige Studie über die Geschichte der Ethnologie hat 2004 *Werner Petermann* vorgelegt. Zur Ergänzung empfiehlt sich *Hans-Jürgen Hildebrandt*, Bausteine zu einer wissenschaftlichen Erforschung der Geschichte der Ethnologie, 2003, mit einer umfangreichen Bibliographie. Einen Nachtrag zu seinem Buch von 2004 veröffentlichte *Werner Petermann* 2010 mit: Anthropologie unserer Zeit. Die Geschichte deutscher Völkerkundemuseen behandelt *H. Glenn Penny*, Objects of Culture, 2002. Mit vier unterschiedlichen nationalen Traditionen des Faches befassen sich die Autoren des Sammelbandes: *Fredrik Barth, Andre Gingrich, Robert Parkin & Sydel Silverman*, One Discipline, Four Ways, 2005. Eine lesenswerte Würdigung des Werkes des 2009 verstorbenen Begründers des Strukturalismus hat *Thomas Reinhardt*, Claude Lévi-Strauss zur Einführung, 2008, veröffentlicht. Mit dem ebenfalls weit über die Ethnologie hinausgehenden Einfluß von Clifford Geertz, der 2006 starb, beschäftigen sich *Jeffrey C. Alexander, Philip Smith & Matthew Norton,* Interpreting Clifford Geertz: Cultural Interpretation in the Social Sciences, 2011. Über die Nachkriegsgeschichte der deutschen Ethnologie hat *Dieter Haller* ein Forschungsprojekt initiiert und zahlreiche Interviews geführt, die auf der Internetseite http://www.germananthropology.com/ zu sehen sind.

Globalisierung und Migration

Über die zahlreichen neuen Begriffe, die im Zusammenhang mit dem sich beschleunigenden Globalisierungsprozeß aufgekommen sind, informiert ausführlich und zuverlässig das von *Fernand Kreff, Eva-Maria Knoll & Andre Gingrich* herausgegebene Lexikon der Globalisierung, 2011. Unter ethnosoziologischen Aspekten untersucht diesen Prozeß der von *Thomas Hylland Erikson* edierte Sammelband Globalisation, 2003. *Ulf Hannerz*, einer der ersten und nach wie vor bekanntesten Globalisierungstheoretiker in der Ethnologie, hat seine Aufsätze zu diesem und anderen Themen in Anthropology's World, 2010, zusammengefaßt. Die Forschungen von *Steven Vertovec* konzentrieren sich in den letzten Jahren vermehrt auf Fragen des Transnationalism, 2009, und einer Anthropology of Migration and Multiculturalism, 2010. Statistisches Material zur weltweiten Arbeitsmigration findet sich auf der Internetseite der Bundeszentrale für politische Bildung, http://www.bpb.de/wissen/Q93RXO. Ein für Ethnologen besonders aufschlußreicher Fall sind die demographischen Bewegungen im Pazifik: *Helen Lee & Steve Tupai Francis*, Migration and Transnationalism, 2009. Zur Situation von sudanischen Flüchtlingen in Deutschland vgl. *Cordula Weißköppel,* „Traversing cultural sites", 2009. Aufsätze zu den religiösen Bindungen von Arbeitsmigranten enthält der Sammelband von *Andrea Lauser & Cordula Weißköppel* (Hrsg.), Migration und religiöse Dynamik, 2008. Seine Theorie der *ethnoscapes* und *mediascapes* hat *Arjun Appadurai* in Modernity at Large, 1998, entwickelt; Überlegungen zur Deterritorialisierung von Kultur finden sich in *Arjun Appadurai,* „Sovereignity without Territoriality", 2003 und in *Robin Maria Delugan*, „Indigeneity across Borders", 2010. Über die türkische Migration nach Deutschland liegen zahlreiche Publikationen vor; stellvertretend seien hier nur die ethnologisch ausgerichteten Arbeiten von *Werner Schiffauer*, 1997, 2003 und 2008 genannt. Über aktuelle Entwicklungen kann man sich gut mit Hilfe der Online-Portale der großen Tageszeitungen und Nachrichtenmagazine unterrichten. Die Anmerkungen zur Situation der „Deutschländer" in der Türkei beziehen sich auf einen rezenten Artikel aus dem Spiegel: Daniel Steinvorth, „Kültürschock in Istanbul", in: Der Spiegel 26 (2010), http://www.spiegel.de/spiegel/print/d-71123434.html. Zur Austauschbarkeit von kulturellen Identitäten vgl. auch *Lale Yalçin-Heckmann*, „Negotiating Identities", 2002.

Stationäre und multilokale Feldforschung

George Marcus hat seine Ausführungen zur *multi-sited ethnography* in seinem 1995 veröffentlichten Aufsatz „Ethnography in/of the world system: the emergence of multi-sited ethnography" dargelegt; vgl. hierzu auch den Sammelband von *Mark-Anthony Falzon* (Hrsg.), Multi-sited Ethnography, 2009. Mit Feldforschungen im urbanen Milieu beschäftigt sich *Bettina Schmidt*, „‚Mit der U-Bahn ins Feld': Der Abschied von Malinowskis einsamer Insel", 2004. Mit einigen der neuen methodischen Ansätze, um die die „teilnehmende Beobachtung" ergänzt worden ist, befassen sich die Autoren des von *Bettina Beer* herausgegebenen Bandes Methoden und Techniken der Feldforschung, 2008.

Postkoloniale Studien, Kulturwissenschaft und Kulturbegriff

Einen guten Überblick zur „kulturellen" Wende in den Sozial- und Geisteswissenschaften enthält *Doris Bachmann-Medik*, Cultural Turns, 2006. Einführungen in den breiten Bereich der Postcolonial und Cultural Studies bieten Sammelbände von *Sebastian Conrad & Shalini Randeria*, Jenseits des Eurozentrismus, 2002, und *María do Mar Castro Varela & Nikita Dhawan*, Postkoloniale Theorie, 2009. *Grayati C. Spivaks* zur Grundlage der Subaltern Studies gewordener Aufsatz „Can the Subaltern Speak?" liegt seit 2007 auch auf Deutsch vor. Eine Art historisches Manifest für die Cultural Studies ist *Dipesh Chakrabarty*, Provincializing Europe, 2008. Für eine Einführung sowohl in die Cultural Studies als auch in die noch junge Disziplin der Kulturwissenschaft vgl. *Klaus P. Hansen*, Kulturwissenschaft, 2011. Gute Beispiele für die kulturwissenschaftliche Beschäftigung mit dem deutschen Kolonialismus gibt der Band von *Alexander Honold & Klaus R. Scherpe*, Mit Deutschland um die Welt, 2004. Eine Art von Genealogie der Kulturwissenschaft konstruiert die von *Dorothee Kimmich, Schamma Schahadat & Thomas Hauschild* herausgegebene Textsammlung Kulturtheorie, 2010. Sie enthält Aufsätze von Arnold van Gennep, Georg Simmel und Marcel Mauss bis hin zu Bruno Latour. Die Fragwürdigkeit des Kulturbegriffs diskutierte *Michel-Rolph Trouillot* in seinem provokativen Artikel „Adieu Culture" schon 2002. *Martin Sökefeld* analysiert ihn kritisch, indem er ihn mit anderen „Problematischen Begriffen", 2007, vergleicht. Eine Zusammenfassung der in der Debatte um den Kulturbegriff vertretenen Positionen findet sich in *Carola Lentz*, „Der Kampf um die Kultur", 2009. Wie sich die Ethnologie heute sowohl generell als auch gegenüber den *Postcolonial* und den *Subaltern Studies* positioniert, thematisieren die Beiträge von Joan Comaroff, Vincent Crapanzanos, Andre Gingrich, Maurice Godeliers, Ulf Hannerz, Signe Howell u. a. in dem von *Holger Jebens & Karl-Heinz Kohl* herausgegebenen Sammelband The End of Anthropology?, 2011.

Indigenenbewegung, Retraditionalisierung und Vermarktung von Ethnizität

Im Blick auf die 2007 verabschiedete Declaration on the Rights of Indigenous (http://www.un.org/esa/socdev/unpfii/en/drip.html) nimmt *Adam Kupers* 2003 veröffentlichte Polemik gegen indigene Essentialisierungen des Kulturbegriffs in „The Return of the Native", 2003, bereits Einiges vorweg. Beispiele aus Marokko, Indonesien, Neuseeland, Namibia, Ghana, Mexiko, Neukaledonien und Südafrika zeigen in dem von *Birgit Bräuchler* & *Thomas Widlok* zusammengestellten Themenheft der Zeitschrift für Ethnologie 132 (2007), daß es sich bei der Revitalisierung von Traditionen heute um ein weltweites Phänomen handelt. Es steht in engem Zusammenhang mit der Indigenenbewegung, über die *Ronald Niezen*, The Origins of Indigenism, 2003, und *Marisol de la Cadena & Orin*

Starn (Hrsg.), Indigenous Experience Today, 2007, zuverlässig informieren. Zahlreiche Beispiele zur Kommerzialisierung von Ethnizität und indigener Kultur finden sich bei *Michael F. Brown*, Who Owns Native Culture, 2003; vor dem Hintergrund des amerikanischen Neoliberalismus analysieren sie *John & Jean Comaroff* in Ethnicity Inc., 2009. *Jessica R. Cattelino* widmet sich in High Stakes. Florida Seminole Gaming, 2008, der Geschichte des ersten indianischen Spielcasinos in den USA. Mit dem Ethnotourismus beschäftigen sich in der deutschen Ethnologie u.a. *Judith Schlehe*, „Ethnologie des Tourismus", 2003, und *Burkhard Schnepel*, „Two Beaches", 2009. Daß inzwischen auch eine klassische ethnologische Gesellschaft wie die der Trobriander zum Ziel touristischer Exkursionen geworden ist, geht aus dem Aufsatz von *Gunter Senft*, „The Presentation of Self in Touristic Encounters", 1999, hervor.

Medienethnologie und visuelle Anthropologie

Einen Überblick zur Medienethnologie gibt *Marc Allan Peterson*, Media and Anthropology, 2005. Die Bedeutung des Internets für die Ethnologie untersucht *Alexander Knorr*, Cyberanthropology, 2011; bereits relativ früh hat sich mit der Thematik *Andreas Ackermann*, „Das virtuelle Universum der Identität", auseinandergesetzt. Der Umgang indianischer Stammesgruppen mit Print- und Funkmedien wird in den Studien von *Eike de Vries*, Indigene Medien, 2000, und *Cora Bender*, Die Entdeckung der indigenen Moderne, 2011, untersucht. Einen Abriß der Geschichte des ethnographischen Films gibt *Peter Loizos*, Innovation in Ethnographic Film, 1995. Zur Einführung in die visuelle Anthropologie empfiehlt sich *Jay Rubin*, Picturing Culture, 2000. Namhafte ethnographische Filmemacher aus dem deutschsprachigen Raum sind mit Beiträgen in *Edmund Ballhaus & Beate Engelbrecht* (Hrsg.), Der ethnographische Film, 1995, vertreten. Zur lokalen Videoproduktion in Nigeria vgl. *Matthias Krings*, „Nollywood goes East", 2010. Die Auseinandersetzung über den Molukkenkrieg im Internet verfolgt *Birgit Bräuchler*, Cyberidentities at War, 2005.

Museumsethnologie

Für eine Geschichte des Anthropologischen Museums im Zeitalter des Imperialismus mit Schwergewicht auf den angelsächsischen Ländern vgl. *Amiria Henare*, Museums, Anthropology and Imperial Change, 2005. Bemerkenswerte Überlegungen zum Verhältnis von Ethnologie und Kunst finden sich in der auf neuere Entwicklungen in den USA fokussierten Abhandlung von *Shelly Errington*, The Death of Authentic Primitive Art, 1998. Die Kontroversen um die Einrichtung des Pariser Musée du quai Branly behandelt *Sally Price*, Paris Primitive, 2007. Zur Bedeutung indigener Kunst für die europäische Avantgarde und zu den neuen Ausstellungskonzepten ethnologischer Museen vgl. *Karl-Heinz Kohl*, Zwischen Kunst und Kontext, 2010.

Literaturverzeichnis

Adler, Matthias,
1993 Ethnopsychoanalyse. Das Unbewußte in Wissenschaft und Kultur, Stuttgart, New York: Schattauer.
Agar, Michael,
1986 Independents Declared: The Dilemmas of Independent Trucking, Washington D. C.: Smithsonian Institution Press.
Amborn, Hermann,
1992 „Strukturalismus. Theorie und Methode", in: Fischer, Hans (Hrsg.), Ethnologie, a. a. O.: 337–366.
Antweiler, Christoph,
1990 „Das eine und die vielen Gesichter kultureller Evolution. Eine Orientierung zum begrifflichen Handwerkszeug des Neoevolutionismus", in: Anthropos 85: 483–506.
Assmann, Aleida, Jan Assmann & Christof Hardmeier (Hrsg.),
1983 Schrift und Gedächtnis. Beiträge zur Archäologie der literarischen Kommunikation I, München: Fink.
Augé, Marc,
1988 Ein Ethnologe in der Métro, Frankfurt a. M., New York: Campus.
1994 Orte und Nicht-Orte. Vorüberlegungen zu einer Ethnologie der Einsamkeit, Frankfurt am Main: S. Fischer.
Bachmann-Medick, Doris (Hrsg.),
1996 Kultur als Text. Die anthropologische Wende der Literaturwissenschaft, Frankfurt a. M.: Fischer.
Bachofen, Johann Jakob,
1975 Das Mutterrecht. Eine Untersuchung über die Gynaikokratie der alten Welt nach ihrer religiösen und rechtlichen Natur (Orig.: 1861). Eine Auswahl hrsg. v. H. J. Heinrichs, Frankfurt a. M.: Suhrkamp.
Baeck, Godehard, & Rolf Husmann,
1990 Handbuch der deutschsprachigen Ethnologie/Guide to the German-Speaking Anthropology, Göttingen: Edition Re.
Barfield, Thomas (Hrsg.),
1997 The Dictionary of Anthropology, Oxford: Blackwell.
Bargatzky, Thomas,
1986 Einführung in die Kulturökologie. Umwelt, Kultur und Gesellschaft, Berlin: Dietrich Reimer.
^{2}1989 Einführung in die Ethnologie. Eine Kultur- und Sozialanthropologie, Hamburg: Buske.
1992 „‚Naturvölker' und Umweltschutz – ein modernes Mißverständnis", in: Universitas 555: 876–86.
1997 Ethnologie. Eine Einführung in die Wissenschaft von den urproduktiven Gesellschaften, Hamburg: Buske.

Barley, Nigel,
1989 Die Raupenplage. Von einem, der auszog, Ethnologie zu betreiben, Stuttgart: Klett-Cotta (engl. Orig.: 1986).
1990 Traumatische Tropen. Notizen aus meiner Lehmhütte, Stuttgart: Klett-Cotta (engl. Orig. 1983).
Barnard, Alan, & Jonathan Spencer (Hrsg.),
1996 Encyclopedia of Social and Cultural Anthropology. London, New York: Routledge.
Barnouw, Victor,
1973 Culture and Personality, Homewood, Ill.: Dorsey Press.
Barth, Frederick (Hrsg.),
1969 Ethnic Groups and Boundaries, Bergen, Boston.
Bastian, Adolf,
1881 Der Völkergedanke im Aufbau einer Wissenschaft vom Menschen und seine Begründung auf ethnologische Sammlungen, Berlin.
Baumann, Hermann,
^{2}1986 Das doppelte Geschlecht. Studien zu Bisexualität in Ritus und Mythos, Berlin: Dietrich Reimer (Orig.: 1955).
Beattie, John,
1972 Other Cultures. Aims, Methods and Achievements in Social Anthropology, London.
Beckett, Jeremy R. (Hrsg.),
1988 Past and Present. The Construction of Aboriginality, Canberra: Aboriginal Studies Press.
Beer, Bettina, & Hans Fischer (Hrsg.),
2000 Wissenschaftliche Arbeitstechniken in der Ethnologie. Eine Einführung, Berlin: Reimer.
Behrend, Heike,
1989 „Menschwerdung eines Affen. Bemerkungen zum Geschlechterverhältnis in der ethnographischen Feldforschung“, in: Anthropos 84 (1989): 555–564.
Benedict, Ruth,
1955 Urformen der Kultur. Reinbek b. Hamburg: Rowohlt (engl. Orig.: 1934).
Berg, Eberhard, & Martin Fuchs (Hrsg.),
1993 Kultur, soziale Praxis, Text. Die Krise der ethnographischen Repräsentation, Frankfurt am Main: Suhrkamp.
Bernheimer, R.,
1952 Wild Men in the Middle Ages. A Study in Art, Sentiment and Demonology, Cambridge (Mass.).
Bhabha, Homi K.,
1994 The Location of Culture, London: Routledge.
Bidney, Arthur,
1968 „Cultural Relativism“, in: International Encyclopedia of the Social Sciences, vol. 3, New York: 543–547.
Bidwell, Robin,
1976 Travellers in Arabia, London, New York et al.: The Hamlin Publishing Group.

Birth, Kevin K.,
1990 „Reading and the Righting of Writing Ethnographies“, in: American Ethnologist 17,3: 549–557.
Bitterli, Urs,
1967 Die ‚Wilden‘ und die ‚Zivilisierten‘. Grundzüge einer Geistes- und Kulturgeschichte der europäisch-überseeischen Begegnung, München: C. H. Beck.
Blok, Anton,
1985 Anthropologische Perspektiven. Einführung, Kritik und Plädoyer, Stuttgart: Klett-Cotta.
Bonté, Pierre, & Michel Izard,
²1992 Dictionnaire de l’Ethnologie et de l’Anthropologie, Paris: Presses Universitaires de France.
Boon, James A.,
1982 Other Tribes, Other Scribes: Symbolic Anthropology in the Comparative Study of Cultures, Histories, Religions and Texts, Cambridge (Mass.): Cambridge University Press.
Brandewie, Ernest,
1990 When Giants Walked the Earth: The Life and Times of Wilhelm Schmidt SVD, Fribourg: University Press.
Burrow, J. W.,
1966 Evolution and Society. A Study in Victorian Social Theory, Cambridge: Cambridge University Press.
Cancik, Hubert, Burkhard Gladigow, Karl-Heinz Kohl, & M. Laubscher (Hrsg.),
1988 ff. Handbuch religionswissenschaftlicher Grundbegriffe, Stuttgart et al.: Kohlhammer (bisher erschienen: Bd. 1–3).
Carneiro, Robert L.,
1973 „The Four Faces of Evolution“, in: John J. Honigmann (Hrsg.), Handbook of Social and Cultural Anthropology, Chicago: Rand McNally: 89–110.
Cesara, Manda,
1982 Reflections of a Woman Anthropologist: No Hiding Place, New York: Academic Press.
Chagnon, Napoleon,
1968 Yanomamö: The Fierce People, New York: Holt, Rinehart and Winston.
Clastres, Pierre,
1976 Staatsfeinde. Studien zur politischen Anthropologie, Frankfurt a. M.: Suhrkamp (franz. Orig. 1974).
Clifford, James,
1988 „Über ethnographische Autorität“, in: Trickster 16: 4–35 (engl. Orig.: 1983).
Clifford, James, & George E. Marcus (Hrsg.),
1986 Writing Culture. The Poetics and Politics of Ethnography, Berkeley et al.: University of California Press.
Coon, Carleton S.,
1971 The Hunting Peoples, Boston: Little, Brown.
Crapanzano, Vincent,
1983 Tuhami: Portrait eines Marokkaners, Stuttgart: Klett-Cotta (engl. Orig.: 1980).

Dammann, Rüdiger,
1991 Die dialogische Praxis der Feldforschung. Der ethnographische Blick als Paradigma der Erkenntnisgewinnung, Frankfurt a. M./New York: Campus.
Diamond, Stanley,
1976 Kritik der Zivilisation. Anthropologie und die Wiederentdeckung des Primitiven, Frankfurt a. M., New York (engl. Orig.: 1974).
Dolgin, Janet, David S. Kemnitzer & David M. Schneider (Hrsg.),
1977 Symbolic Anthropology. A Reader in the Studies of Symbols and Meaning, New York: Columbia University Press.
Douglas, Mary,
1985 Reinheit und Gefährdung. Eine Studie zu Vorstellungen von Verunreinigung und Tabu. Berlin: Dietrich Reimer (engl. Orig.: 1966).
Drechsel, Paul,
1984 „Vorschläge zur Konstruktion einer ‚Kulturtheorie' und was man unter einer ‚Kulturinterpretation' verstehen könnte", in: E. W. Müller u. a. (Hrsg.), Ethnologie als Sozialwissenschaft, a. a. O.: 44–83.
Duerr, Hans Peter,
1978 Traumzeit. Über die Grenze zwischen Wildnis und Zivilisation, Frankfurt a. M.: Syndikat.
1988–97 Der Mythos vom Zivilisationsprozeß, Bd. 1: Nacktheit und Scham; Bd. 2: Intimität; Bd. 3: Obszönität und Gewalt; Bd. 4: Der erotische Leib, Frankfurt a. M.: Suhrkamp.
Dumont, Jean-Paul,
1978 The Headman and I. Austin: University of Texas Press.
Durkheim, Emile, & Marcel Mauss,
1903 „De quelques formes primitives de classification. Contribution à l'étude des représentations collectives", in: Année sociologique 4: 1–72.
Dwyer, Kevin,
1982 Moroccan Dialogues: Anthropology in Question, Baltimore: The Johns Hopkins University Press.
Elias, Norbert,
1969 Über den Prozeß der Zivilisation. Soziogenetische und psychogenetische Untersuchungen. Erster Band: Wandlungen des Verhaltens in den weltlichen Oberschichten des Abendlandes, Bern: Francke.
Ellen, Roy A.,
1976 „The Development of Anthropology and Colonial Policy in the Netherlands: 1800–1960", in: The Journal of the History of the Behavioral Sciences 12: 303–324.
Elwert, Georg,
1987 „Die gesellschaftliche Einbettung von Schriftgebrauch", in: Baecker, Dirk, Jürgen Markovitz u. a. (Hrsg.), Theorie als Passion. Niklas Luhmann zum 60. Geburtstag, Frankfurt a. M.: Suhrkamp: 238–268.
Erdheim, Mario,
1990 „Anthropologische Modelle des 16. Jahrhunderts: Oviedo (1478–1557), Las Casas (1475–1566), Sahagún (1499–1540), Montaigne (1533–1592)", in: Marschall, W. (Hrsg.), Klassiker der Kulturanthropologie, a. a. O.: 19–50.
^{3}1997 Die gesellschaftliche Produktion von Unbewußtheit. Eine Einführung in den ethnopsychoanalytischen Prozeß, Frankfurt a. M.: Suhrkamp (1. A.: 1984).

Essner, Cornelia,
1985 Deutsche Afrikareisende im 19. Jahrhundert, Stuttgart: Steiner.
Evans-Pritchard, Edward E.,
1968 a The Nuer. A Description of the Modes of Livelihood and Political Institutions of a Nilotic People, London, Oxford et al.: Oxford University Press (engl. Orig.: 1941).
1968 b Theorien über primitive Religionen. Mit einer Vorlesung ‚Sozialanthropologie gestern und heute' als Einleitung, Frankfurt a. M.: Suhrkamp (engl. Orig. 1965).
Evans-Pritchard, Edward E. (Hrsg.),
1974 Man and Woman Among the Azande, London: Faber & Faber.
Fabian, Johannes,
1983 Time and the Other: How Anthropology Makes Its Object, New York.
Feest, Christian F., & Alfred Janata,
⁴1999 Technologie und Ergologie in der Völkerkunde, 2 Bde., Berlin: Dietrich Reimer (1. A.: 1960).
Feest, Christian, & Karl-Heinz Kohl (Hrsg.),
2000 Hauptwerke der Ethnologie, Stuttgart: Kröner.
Fiedermutz-Laun, Annemarie,
1970 Der kulturhistorische Gedanke bei Adolf Bastian. Systematisierung und Darstellung der Theorie und Methode mit dem Versuch einer Bewertung des kulturhistorischen Gehalts auf dieser Grundlage, Wiesbaden: Steiner.
Fischer, Hans,
1970 „‚Völkerkunde', ‚Ethnographie', ‚Ethnologie'. Kritische Kontrolle der frühesten Belege", in: Zeitschrift für Ethnologie 95: 169–182.
1985 a „Studienanfänger in Hamburg: Ergebnisse von Befragungen", in: Zeitschrift für Ethnologie 110,2: 77–206.
1990 Völkerkunde im Nationalsozialismus. Aspekte der Anpassung, Affinität und Behauptung einer wissenschaftlichen Disziplin, Berlin, Hamburg: Reimer.
1992 „Was ist Ethnologie?", in: Ders. (Hrsg.), Ethnologie. Einführung und Überblick, a. a. O.: 3–22.
Fischer, Hans (Hrsg.),
1985 b Feldforschungen. Berichte zur Einführung in Probleme und Methoden, Berlin: Dietrich Reimer.
1988 Wege zum Beruf. Möglichkeiten für Kultur- und Sozialwissenschaftler, Berlin: Dietrich Reimer.
³1992 (Neuauflage 1998) Ethnologie. Einführung und Überblick. Berlin: Dietrich Reimer.
Fortes, Meyer,
1953 „The Structure of Unilineal Descent Groups", in: American Anthropologist 55: 17–41.
Fortes, Meyer, & E. E. Evans-Pritchard (Hrsg.),
1970 African Political Systems, London, Oxford et al.: Oxford University Press (Orig.: 1940).
Fortune, Reo F.,
1963 Sorcerers of Dobu. The Social Anthropology of the Dobu Islanders in the Western Pacific, London: Routledge & Kegan Paul (1. A.: 1932).

Fox, James J. (Hrsg.),
1988 To Speak in Pairs. Essays on the Ritual Languages of Eastern Indonesia, Cambridge (Mass.) et al.: Cambridge University Press.
Fox, Robin,
1967 Kinship and Marriage, Harmondsworth: Penguin Books.
Fried, Morton H.,
1967 The Evolution of Political Society, New York: Random House.
Gamst, Frederick, & Sabine Helmers,
1991 „Die kulturelle Perspektive und die Arbeit: Ein forschungsgeschichtliches Panorama der nordamerikanischen Industrieethnologie", in: Zeitschrift für Ethnologie 116: 25–41.
Ganzer, Burkhard,
1990 „Lewis Henry Morgan (1818–1881)", in: Marschall, Wolfgang (Hrsg.), Klassiker der Kulturanthropologie, a. a. O.: 88–108.
Gardner, Robert, & Karl G. Heider,
1968 Gardens of War. Life and Death in the New Guinea Stone Age, New York: Random House.
Geertz, Clifford,
1983 Dichte Beschreibung. Bemerkungen zu einer deutenden Theorie der Kultur, Frankfurt a. M.: Suhrkamp (engl. Orig.: 1973).
1990 Die künstlichen Wilden. Der Anthropologe als Schriftsteller, München: Hanser (engl. Orig.: 1988).
Gehlen, Arnold,
^{10}1971 Der Mensch. Seine Natur und seine Stellung in der Welt, Frankfurt a. M.: Athenaion Verlag (Orig.: 1940).
Gellner, Ernest,
1985 Leben im Islam. Religion als Gesellschaftsordnung, Stuttgart: Klett-Cotta (engl. Orig.: 1981).
Gingrich, André,
1999 Erkundungen. Themen der ethnologischen Forschung, Wien et al.: Böhlau.
Giordano, Christian,
1992 Die Betrogenen der Geschichte. Überlagerungsmentalität und Überlagerungsrationalität in mediterranen Gesellschaften, Frankfurt a. M., New York: Campus.
Godelier, Maurice,
1973 Ökonomische Anthropologie. Untersuchungen zum Begriff der sozialen Struktur primitiver Gesellschaften, Reinbek b. Hamburg: Rowohlt (franz. Orig.: 1973).
1999 Das Rätsel der Gabe. Geld, Geschenke, heilige Objekte, München: C. H. Beck (franz. Orig.: 1996).
Goldmann, Stefan,
1989 „Statt Totenklage Gedächtnis. Zur Erfindung der Mnemotechnik durch Simonides von Keos", in: Poetica 21: 43–66.
Goldschmidt, Walter (Hrsg.),
1959 The Anthropology of Franz Boas, Menasha, Wisc.: American Anthropological Association.

Goodale, Jane C.,
1987 „Gambling is Hard Work: Card Playing in Tiwi Society“, in: Oceania 58,1: 6–21.
Goody, Jack (Hrsg.),
1981 Literalität in traditionalen Gesellschaften, Frankfurt a.M.: Suhrkamp (engl. Orig.: 1968).
Gottowik, Volker,
1997 Konstruktionen des Anderen. Clifford Geertz und die Krise der ethnographischen Repräsentation, Berlin: Dietrich Reimer.
Graebner, Fritz,
1911 Die Methode der Ethnologie, Heidelberg: Carl Winters Universitätsbuchhandlung.
Grohs, Elisabeth,
1992 „Frühkindliche Sozialisation in traditionellen Gesellschaften“, in: Müller, Klaus E., & Alfred K. Treml (Hrsg.), Ethnopädagogik. Sozialisation und Erziehung in traditionellen Gesellschaften. Eine Einführung, Berlin: Dietrich Reimer: 31–60.
Guksch, Christian E.,
1990 Leslie Alvin White (1900–1975), in: Marschall, W. (Hrsg.), Klassiker der Kulturanthropologie, a.a.O.: 277–295.
Haarmann, Harald,
1990 Universalgeschichte der Schrift. Frankfurt a.M. und New York: Campus Verlag.
Haekel, Joseph,
1956 „Zum heutigen Forschungsstand der historischen Ethnologie“, in: Haekel, Joseph, et al. (Hrsg.), Die Wiener Schule der Völkerkunde. Festschrift, Horn/Wien: 17–90.
Hannerz, Ulf,
1996 Transnational Connections. Culture, People, Places, London: Routledge.
Harris, Marvin,
1969 The Rise of Anthropological Theory. A History of Theories of Culture, London: Routledge & Kegan Paul.
1989 Kulturanthropologie. Ein Lehrbuch, Frankfurt a.M., New York: Campus (engl. Orig.: 1987).
1990 Kannibalen und Könige. Die Wachstumsgrenzen der Hochkulturen, Stuttgart: Klett-Cotta (engl. Orig.: 1977).
Hauschild, Thomas (Hrsg.),
1995 Lebenslust und Fremdenfurcht. Ethnologie im Dritten Reich, Frankfurt a. M.: Suhrkamp.
Hauschild, Thomas, & Heide Nixdorf (Hrsg.),
1982 Europäische Ethnologie. Theorie- und Methodendiskussion aus ethnologischer und volkskundlicher Sicht, Berlin: Dietrich Reimer.
Hauser-Schäublin, Brigitta,
1985 „Frau mit Frauen. Untersuchungen bei den Iatmul und Abelam, Papua Neuguinea“, in: Fischer, Hans (Hrsg.), Feldforschungen, a.a.O.: 179–202.

Hauser-Schäublin, Brigitta, & Birgitt Röttger-Rössler (Hrsg.),
1998 Differenz und Geschlecht. Neue Ansätze in der ethnologischen Forschung, Berlin: Reimer.
Heider, Karl G.,
1970 The Dugum Dani. A Papuan Culture in the Highlands of West New Guinea, Chicago: Aldine Publishing Company.
Heinrichs, Hans-Jürgen,
1981 Ein Leben als Künstler und Ethnologe. Über Michel Leiris, Frankfurt a. M., Paris: Qumran.
1998 Die fremde Welt, das bin ich. Leo Frobenius: Ethnologe, Forschungsreisender, Abenteurer, Wuppertal: Edition Trickster im Peter Hammer Verlag.
Heintze, Beatrix,
1999 Ethnographische Aneignungen. Deutsche Forschungsreisende in Angola, Frankfurt am Main: Lembeck.
Henn, Alexander,
1988 Reisen in vergangene Gegenwart. Geschichte und Geschichtlichkeit der Nicht-Europäer im Denken des 19. Jahrhunderts: Die Erforschung des Sudan, Berlin: Dietrich Reimer.
1990 „Diffusion/Diffusionismus", in: Cancik, Hubert u. a. (Hrsg.), Handbuch religionswissenschaftlicher Grundbegriffe, Stuttgart et al: Kohlhammer, Bd. 2: 218–226.
Herrmann, Ferdinand,
1967 Völkerkunde Australiens, Mannheim: Bibliographisches Institut.
Herskovits, Melville J.,
1948 Man and his Work: The Science of Cultural Anthropology, New York: Knopf.
²1965 Economic Anthropology. The Economic Life of Primitive People, New York: W. N. Norton (Orig. 1952).
Hildebrandt, Hans-Jürgen,
1983 Der Evolutionismus in der Familienforschung des 19. Jahrhunderts. Ansätze einer allgemeinen, historisch orientierten Theorie der Familie bei Johann Jakob Bachofen, John Ferguson McLennan und Lewis Henry Morgan, Berlin: Dietrich Reimer.
1988 Johann Jakob Bachofen. Die Primär- und Sekundärliteratur. Mit einem Anhang zum gegenwärtigen Stand der Matriarchatsfrage, Aachen: Edition Herodot.
1990 Rekonstruktionen. Zur Theorie und Geschichte der Ethnologie, Göttingen: Edition Re.
Hinsley, C.,
1983 „Ethnographic Charisma and Scientific Routine. Cushing and Fewkes in the American Southwest", in: Stocking, George W. (Hrsg.), Observers Observed, a. a. O.: 53–69.
Hirschberg, Walter (Hrsg.),
1988 Neues Wörterbuch der Völkerkunde, Berlin: Dietrich Reimer.
1999 Wörterbuch der Völkerkunde. Begründet von Walter Hirschberg. Grundlegend überarbeitete und erweiterte Neuauflage, Berlin: Dietrich Reimer.

Hodgen, Margaret,
1964 Early Anthropology in the Sixteenth and Seventeenth Century, Philadelphia: University of Pennsylvania Press.
Hörning, Karl H., & Rainer Winter,
1999 Widerspenstige Kulturen. Cultural Studies als Herausforderung, Frankfurt am Main: Suhrkamp.
Jebens, Holger,
1990 Eine Bewältigung der Kolonialerfahrung. Zur Interpretation von Cargo-Kulten im Nordosten von Neuguinea, Bonn: Holos.
Jensen, Adolf Ellegard,
²1960 Mythos und Kult bei Naturvölkern. Religionswissenschaftliche Betrachtungen, Wiesbaden: Franz Steiner (Orig.: 1951).
1966 Die getötete Gottheit. Weltbild einer frühen Kultur, Stuttgart, Berlin et al.: Kohlhammer Verlag (Orig.: 1948).
Johnson, Allen W.,
1980 „Time Allocation in a Machiguenga Community", in: Ethnology 14: 301–310.
Johnson, Allen W., and Timothy Earle,
1987 The Evolution of Human Societies: From Foraging Groups to Agrarian State, Stanford (Cal.): Stanford University Press.
Jolly, Margaret, & Nicholas Thomas (Hrsg.),
1992 The Politics of Tradition in the Pacific. Oceania 62,4.
Jonaitis, Aldona (Hrsg.),
1991 Chiefly Feasts. The Enduring Kwakiutl Potlatch, New York: American Museum of Natural History; Seattle: University of Washington Press.
Jorgensen, Danny L.,
1989 Participant Observation. A Methodology for Human Studies, Newbury Park et al.: Sage Publications.
Josselin de Jong, P. E. de (Hrsg.),
²1983 Structural Anthropology in the Netherlands, Dordrecht-Holland/Cinnaminson-USA: Foris Publication (Orig.: 1977).
Junge, Peter,
1987 Ethnologische Zeitschriften, Deutschland, Österreich, Schweiz, Berlin: Dietrich Reimer.
Kaschuba, Wolfgang,
1999 Einführung in die Europäische Ethnologie, München: C. H. Beck.
Kasten, Erich,
1992 „Masken, Mythen und Indianer: Franz Boas' Ethnographie und Museumsmethode", in: Franz Boas: Ethnologe, Anthropologe, Sprachwissenschaftler. Ein Wegbereiter der modernen Wissenschaft vom Menschen. Ausstellungskatalog. Staatsbibliothek zu Berlin – Preußischer Kulturbesitz, Berlin: 79–102.
Keesing, Roger M.,
1975 Kin Groups and Social Structure. New York: Holt, Rinehart and Winston.
Keesing, Roger M., & Felix M. Keesing,
1971 New Perspectives in Cultural Anthropology, New York et al.: Holt, Rinehart and Winston.

Kirk, G. S.,

1980 Griechische Mythen. Ihre Bedeutung und Funktion, Berlin: Medusa.

Knötsch, Carol Cathleen,

1992 „Franz Boas als teilnehmender Beobachter in der Arktis", in: Franz Boas: Ethnologe, Anthropologe, Sprachwissenschaftler. Ein Wegbereiter der modernen Wissenschaft vom Menschen. Ausstellungskatalog. Staatsbibliothek zu Berlin – Preußischer Kulturbesitz, Berlin: 57–78.

Koepping, Klaus-Peter,

1983 Adolf Bastian and the Psychic Unity of Mankind. The Foundations of Anthropology in Nineteenth Century Germany, St. Lucia et al.: University of Queensland Press.

1984 „Feldforschung als emanzipatorischer Akt? Der Ethnologe als Vermittler von Innen- und Außensicht", in: Müller, E. W., et al. (Hrsg.), Ethnologie als Sozialwissenschaft, a. a. O.: 216–239.

Kohl, Karl-Heinz,

^{2}1986a Entzauberter Blick. Das Bild vom Guten Wilden und die Erfahrung der Zivilisation, Frankfurt a. M.: Suhrkamp.

^{2}1986b Exotik als Beruf. Erfahrung und Trauma der Ethnographie. Frankfurt a. M., New York: Campus.

1987a Abwehr und Verlangen. Zur Geschichte der Ethnologie, Frankfurt a. M., Paris: Qumran.

1987b „Im Gewand des Orients. Sir Richard Francis Burton (1821–1890) – eine biographische Skizze". In: Exotische Welten – Europäische Phantasien. Institut für Auslandsbeziehungen, Württembergischer Kunstverein, Stuttgart: Edition Cantz: 72–77.

1988 „Ein verlorener Gegenstand? Zur Widerstandsfähigkeit autochthoner Religionen gegenüber dem Vordringen der Weltreligionen", in: Zinser, Hartmut (Hrsg.), Religionswissenschaft. Eine Einführung, Berlin: Dietrich Reimer: 252–273.

1990 „Bronislaw Kaspar Malinowski (1884–1942)", in: Marschall, Wolfgang (Hrsg.), Klassiker der Kulturanthropologie, a. a. O.: 227–247.

1991 „Cargo-Kulte in Melanesien – religiöse Heilserwartungen im kolonialen Milieu?", in: Wißmann, Hans (Hrsg.), Zur Erschließung von Zukunft in den Religionen. Zukunftserwartung und Gegenwartsbewältigung in der Religionsgeschichte, Würzburg: Königshausen & Neumann: 167–183.

1992 „‚Vom Mythos ergriffen …'. Dema-Gottheiten nach Adolf E. Jensen", in: Ders. (Hrsg.), Mythen im Kontext. Ethnologische Perspektiven, Frankfurt a. M., New York: Campus: 107–128.

1997 „Homöophobie und Allophilie als Dilemma der deutschsprachigen Völkerkunde", in: Zeitschrift für Ethnologie 112: 101–110.

Kokot, Waltraudt, & Bettina C. Bommer (Hrsg.),

1991 Ethnologische Stadtforschung. Eine Einführung, Berlin: Dietrich Reimer.

Koloß, Hans-Joachim,

1986 „Der ethnologische Evolutionismus im 19. Jahrhundert. Darstellung und Kritik seiner theoretischen Grundlagen", in: Zeitschrift für Ethnologie 111: 15–46.

Krader, Lawrence,
1973 Ethnologie und Anthropologie bei Marx, München: Hanser.
Kramer, Fritz,
1977 Verkehrte Welten. Zur imaginären Ethnographie des 19. Jahrhunderts, Frankfurt: Syndikat.
Kramer, Fritz, & Christian Sigrist (Hrsg.),
1978 Gesellschaften ohne Staat. Bd. 1: Gleichheit und Gegenseitigkeit; Bd. 2: Genealogie und Solidarität, Frankfurt a. M.: Syndikat.
Kroeber, Alfred L.,
1952 The Nature of Culture, Chicago: The University of Chicago Press.
Kroeber, Alfred L., and Clyde Kluckhohn,
1952 Culture: A Critical review of Concepts and Definitions, Harvard: Papers of the Peabody Museum of American Archaeology and Ethnology, vol. 47: Harvard University Press.
Kuper, Adam,
1975 (Neuauflage 1996) Anthropologists and Anthropology. The British School 1922–72. Harmondsworth: Penguin Books.
Laburthe-Tolra, Philippe, & Jean-Pierre Warnier,
1993 Ethnologie-Anthropologie, Paris: Presses Universitaires de France.
La Hontan, Louis-Armand Baron de,
1981 Gespräche mit einem Wilden, Frankfurt a. M., Paris: Qumran (franz. Orig.: 1703).
Leach, Edmund,
1989 „Writing Anthropology", in: American Ethnologist 16,1: 137–141.
1991 Lévi-Strauss zur Einführung, Hamburg: Junius (engl. Orig.: 1970).
Leacock, E. B., & R. B. Lee (Hrsg.),
1983 Politics and History in Band Societies, Cambridge (Mass.).
Leclerc, Gérard,
1973 Anthropologie und Kolonialismus, München: Hanser.
Lee, Richard B.,
1968 „What Hunters Do for a Living, or How to Make Out on Scarce Resources", in: Lee, R. B., & I. DeVore (Hrsg.), Man the Hunter, a. a. O.: 30–48.
1979 The !Kung San: Men, Women and Work in a Foraging Society, Cambridge (Mass.): Cambridge University Press.
Lee, Richard B., und Irvin DeVore (Hrsg.),
1968 Man the Hunter, Chicago: Aldine.
Leiris, Michel,
1975 Mannesalter. Frankfurt a. M.: Suhrkamp (franz. Orig.: 1939).
1980 Phantom Afrika. Tagebuch einer Expedition von Dakar nach Djibouti 1931–1933, 2 Bde. Ethnologische Schriften III, hrsg. v. Hans-Jürgen Heinrichs, Frankfurt a. M.: Syndikat (franz. Orig.: 1934).
Leitges, Marita,
1979 „Zur aktuellen Bedeutung der politischen und der ökonomischen Anthropologie", in: Berliner Hefte 12: 46–50.
Lentz, Carola,
1998 Die Konstruktion von Ethnizität. Eine politische Geschichte Nord-West-Ghanas 1870–1990 (Studien zur Kulturkunde 112), Köln: Rüdiger Köppe.

Lenz, Ilse, und Ute Luig (Hrsg.),
1990 Frauenmacht ohne Herrschaft. Geschlechterverhältnisse in nichtpatriarchalen Gesellschaften, Berlin: Orlando.
LeRoy Ladurie, Emmanuel,
1980 Montaillou: Ein Dorf vor dem Inquisitor, Stuttgart: Klett-Cotta (franz. Orig.: 1975).
1982 Karneval in Romans. Von Lichtmeß bis Aschermittwoch 1579–1580, Stuttgart: Klett-Cotta (franz. Orig.: 1979).
Lévi-Strauss, Claude,
1965 Das Ende des Totemismus, Frankfurt a.M.: Suhrkamp (franz. Orig.: 1962).
1967 Strukturale Anthropologie, Frankfurt a.M.: Suhrkamp (franz. Orig.: 1958).
1968 Das wilde Denken. Frankfurt a.M.: Suhrkamp (franz. Orig.: 1962).
1974 „Einleitung in das Werk von Marcel Mauss", in: Marcel Mauss, Soziologie und Anthropologie Bd. I, München: Hanser (franz. Orig.: 1950).
1975 Der nackte Mensch. Mythologica IV, Frankfurt a.M.: Suhrkamp, 2 Bde. (franz. Orig.: 1971).
1978 Traurige Tropen, Frankfurt a.M.: Suhrkamp (franz. Orig.: 1955).
1980 Mythos und Bedeutung. Vorträge, Frankfurt a.M.: Suhrkamp.
1981 Die elementaren Strukturen der Verwandtschaft, Frankfurt a.M.: Suhrkamp (franz. Orig.: 1949).
Levine, Robert A., & D.T. Campbell,
1972 Theories of Conflict, Ethnic Attitudes and Group Behaviour, New York et al.
Lindig, Wolfgang, & Mark Münzel,
1976 Die Indianer. Kulturen und Geschichte der Indianer Nord-, Mittel- und Südamerikas, München: Wilhelm Fink Verlag.
Lindner, Rolf,
1990 Die Entdeckung der Stadtkultur. Soziologie aus der Erfahrung der Reportage, Frankfurt a.M.: Suhrkamp.
Löffler, Lorenz Georg,
1964 „Prescriptive Matrilateral Cross-Cousin-Marriage in Asymmetric Alliance Systems: A Fallacy", in: Southwestern Journal of Anthropology 20: 218–227.
Lomax, Alan, & Conrad M. Arensberg,
1977 „A Worldwide Evolutionary Classification of Cultures by Subsistence Systems", in: Current Anthropology 18,4: 659–708.
Lovejoy, Arthur O., & George Boas,
²1965 Primitivism and Related Ideas in Antiquity, New York.
Lowie, Robert H.,
1937 The History of Ethnological Theory, New York et al.: Holt, Rinehart & Winston.
Luig, Ute,
1984 „Probleme bei der Erforschung oraler Traditionen", in: Müller, Ernst Wilhelm, René König et al., Ethnologie als Sozialwissenschaft, a.a.O.: 178–194.

1990 „Konfliktlösung als Wiederherstellung von Gleichheit: Die !Kung San", in: Kohl, Karl-Heinz, Heinzarnold Muszinski und Ivo Strecker (Hrsg.), Die Vielfalt der Kultur. Ethnologische Aspekte von Verwandtschaft, Kunst und Weltauffassung. Ernst Wilhelm Müller zum 65. Geburtstag, Berlin: Dietrich Reimer: 202–221.

Malinowski, Bronislaw,

1951 Die Dynamik des Kulturwandels, Wien, Stuttgart: Humboldt-Verlag (engl. Orig.: 1946).

1973 Magie, Wissenschaft und Religion. Und andere Schriften, Frankfurt a. M.: Fischer (engl. Orig.: 1948).

1975 Eine wissenschaftliche Theorie der Kultur. Und andere Aufsätze, Frankfurt a. M.: Suhrkamp (engl. Orig.: 1944).

1979a Argonauten des westlichen Pazifik. Ein Bericht über Unternehmungen und Abenteuer der Eingeborenen in den Inselwelten von Melanesisch-Neuguinea, Schriften Bd. 1, hrsg. v. F. Kramer, Frankfurt a. M.: Syndikat (engl. Orig.: 1922).

1979b Das Geschlechtsleben der Wilden in Nordwest-Melanesien. Liebe, Ehe und Familienleben bei den Eingeborenen der Trobriand-Inseln, Britisch-Neuguinea, Schriften Bd. 2, hrsg. v. F. Kramer, Frankfurt a. M.: Syndikat (engl. Orig.: 1929).

1986 Ein Tagebuch im strikten Sinn des Wortes. Neuguinea 1914–1918. Schriften Bd. 4/1., hrsg. v. F. Kramer, Frankfurt a. M.: Syndikat (engl. Orig.: 1967).

Maranhão, Tullio (Hrsg.),

1990 The Interpretation of Dialogue, Chicago: The University of Chicago Press.

1998 Anthropology and the Question of the Other. Paideuma 44.

Marcus, George E., & Dick Cushman,

1982 „Ethnographies as Texts", in: Annual Review of Anthropology 11: 25–69.

Marcus, George E., & Michael M. J. Fischer,

1986 Anthropology as Cultural Critique. An Experimental Moment in the Human Sciences, Chicago and London: The University of Chicago Press.

Marschall, Wolfgang (Hrsg.),

1990 Klassiker der Kulturanthropologie. Von Montaigne bis Margaret Mead, München: C. H. Beck.

Matthes, Joachim (Hrsg.),

1992 Zwischen den Kulturen? Die Sozialwissenschaften vor dem Problem des Kulturvergleichs. Soziale Welt Sonderband 8, Göttingen: Otto Schwartz & Co.

Mauss, Marcel,

1968 Die Gabe. Form und Funktion des Austauschs in archaischen Gesellschaften, Frankfurt a. M.: Suhrkamp (franz. Orig.: 1923/24).

Mead, Margaret,

1970 Jugend und Sexualität in primitiven Gesellschaften. Bd. 1: Kindheit und Jugend in Samoa (engl. Orig.: 1928); Bd. 2: Kindheit und Jugend in Neuguinea (engl. Orig.: 1930); Bd. 3: Geschlecht und Temperament in drei primi-

tiven Gesellschaften (engl. Orig.: 1935), München: Deutscher Taschenbuch Verlag.
1992 Mann und Weib. Das Verhältnis der Geschlechter in einer sich wandelnden Welt, Frankfurt a. M., Berlin: Ullstein (engl. Orig.: 1949).
Medick, Hans,
1992 „Entlegene Geschichte? Sozialgeschichte und Mikrohistorie im Blickpunkt der Kulturanthropologie", in: Matthes, Joachim (Hrsg.), Zwischen den Kulturen?, a. a. O.: 167–178.
Meggitt, M. J.,
1962 Desert People. A Study of the Walbiri Aborigines of Central Australia. North Ryde and London: Angus & Robertson.
Meillassoux, Claude,
1976 ‚Die wilden Früchte der Frau'. Über häusliche Produktion und kapitalistische Wirtschaftsweise, Frankfurt a. M.: Syndikat (franz. Orig.: 1975).
Melk-Koch, Marion,
1989 Auf der Suche nach der menschlichen Gesellschaft: Richard Thurnwald, Berlin: Dietrich Reimer.
Middleton, John, & D. Tait (Hrsg.),
1958 Tribes without Rulers, London.
Moravia, Sergio,
1973 Beobachtende Vernunft. Philosophie und Anthropologie in der Aufklärung, München: Hanser.
Morgan, Lewis Henry,
1870 Systems of Consanguinity and Affinity of the Human Family, Washington.
1976 Die Urgesellschaft. Untersuchungen über den Fortschritt der Menschheit aus der Wildheit durch die Barbarei zur Zivilisation, Lollar/Lahn: Achenbach (engl. Orig.: 1877).
Mühlmann, Wilhelm Emil,
1964 Rassen, Ethnien, Kulturen. Moderne Ethnologie, Neuwied und Berlin: Luchterhand.
³1984 Geschichte der Anthropologie. Wiesbaden: Aula-Verlag.
Müller, Ernst Wilhelm,
1981 Der Begriff ‚Verwandtschaft' in der modernen Ethnosoziologie. Mainzer Ethnologica 2, Berlin: Dietrich Reimer Verlag.
1989 „Der Begriff ‚Volk' in der Ethnologie", in: Saeculum 40: 237–252.
1990 „Naturvölker? Nein!", in: Völkerkundemuseen 1990. Festschrift für Helga Rammow, hrsg. v. V. Harms u. a., Lübeck 1990: 43–52.
Müller, Ernst Wilhelm, René König, Klaus-Peter Koepping und Paul Drechsel (Hrsg.),
1984 Ethnologie als Sozialwissenschaft. Kölner Zeitschrift für Soziologie und Sozialpsychologie, Sonderheft 26, Opladen: Westdeutscher Verlag.
Müller, Klaus E.,
1972–80 Geschichte der antiken Ethnographie und ethnologischen Theoriebildung, 2 Bde., Wiesbaden: Franz Steiner.
1981 „Grundzüge des ethnologischen Historismus", in: Schmied-Kowarzik, W., und J. Stagl, Grundfragen der Ethnologie, a. a. O.: 193–232.

1987 Das magische Universum der Identität. Elementarformen sozialen Verhaltens, Frankfurt a. M.: Campus.
1992 „Geschichte der Ethnologie", in: Fischer, Hans (Hrsg.), Ethnologie. Einführung und Überblick, a. a. O.: 23–56.
Nadig, Maya,
²1992 Die verborgene Kultur der Frau. Ethnopsychoanalytische Gespräche mit Bäuerinnen in Mexiko, Frankfurt a. M.: Fischer.
Needham, Rodney,
1988 „The Transformation of Prescriptive Systems in Eastern Indonesia", in: P. E. de Josselin de Jong (Hrsg.), Unity in Diversity. Indonesia as a Field of Anthropological Study, Dordrecht: Foris Publ.: 221–233.
Niethammer, Lutz (Hrsg.),
1985 Lebenserfahrung und kollektives Gedächtnis. Die Praxis der ‚Oral History', Frankfurt a. M.: Syndikat.
Oliver, Douglas,
1955 A Salomon Island Society: Kinship and Leadership among the Siuai of Bougainville, Cambridge (Mass.).
Oppitz, Michael,
1975 Notwendige Beziehungen, Abriß der strukturalen Anthropologie, Frankfurt a. M.: Suhrkamp.
1991 Onkels Tochter, keine sonst. Heiratsbündnis und Denkweise in einer Lokalkultur des Himalaya, Frankfurt a. M.: Suhrkamp.
Ortner, Sherry B.,
1984 „Theory in Anthropology since the Sixties", in: Comparative Studies of Sociology and History 26: 126–165.
Otto, Ton, & Nicholas Thomas (Hrsg.),
1997 Narratives of Nation in the South Pacific, Amsterdam: Harwood.
Panoff, Michel, und M. Perrin,
²1981 Taschenwörterbuch der Ethnologie. Begriffe und Definitionen zur Einführung, Berlin: Dietrich Reimer (franz. Orig.: 1973).
Parkin, Robert,
1997 Kinship. An Introduction to the Basic Concepts, Oxford: Blackwell.
Pelto, Perrti & Gretel Pelto,
²1978 Anthropological Research: The Structure of Inquiry, Cambridge: Cambridge University Press.
Perry, W. J.,
1923 The Children of the Sun, London: Methuen.
Plattner, Stuart (Hrsg.),
1989 Economic Anthropology, Stanford (Cal.): Stanford University Press.
Polanyi, Karl,
1978 The Great Transformation. Politische und ökonomische Ursprünge von Gesellschaften und Wirtschaften: Frankfurt a. M.: Suhrkamp (engl. Orig.: 1944).
Pratt, Mary Louise,
1986 „Fieldwork in Common Places", in: Clifford, James, and George E. Marcus (Hrsg.), Writing Culture, a. a. O.: 27–50.
Prem, Hanns J., & Berthold Riese,
1983 „Autochthonous American Writing. The Aztec and Maya Examples", in: Coulmas, F., und K. Ehlich, Writing in Focus, Den Haag: 167–186.

Pressereferat der Deutschen Gesellschaft für Völkerkunde (Hrsg.),
1999 Die Media-morphose der Ethnologie, Heidelberg: Institut für Ethnologie.

Rabinow, Paul,
1977 Reflections on Fieldwork in Marocco, Berkeley et al.: University of California Press.

Radcliffe-Brown, Alfred Reginald,
1957 A Natural Science of Society, Chicago: Free Press.
1971 Structure and Function in Primitive Society. Essays and Addresses, London: Cohen & West (Orig.: 1952).

Radin, Paul,
1926 Crashing Thunder: The Autobiography of a Winnebago Indian, New York: Appleton, Center & Crofts.

Ramaswamy, M. Krischke,
1985 Ethnologie für Anfänger. Eine Einführung aus entwicklungspolitischer Sicht, Opladen: Westdeutscher Verlag.

Rappaport, Roy A.,
1968 Pigs for the Ancestors. Ritual in the Ecology of a New Guinea People, New Haven and London: Yale University Press.

Raum, Johannes W.,
1990 „Julian Hayes Steward (1902–1975)", in: Marschall, Wolfgang (Hrsg.), Klassiker der Kulturanthropologie, a. a. O.: 248–276.
1992 „Evolutionismus", in: Fischer, Hans (Hrsg.), Ethnologie. Einführung und Überblick, a. a. O.: 283–310.

Renner, Egon,
1980 Die Kognitive Anthropologie. Aufbau und Grundlagen eines ethnolinguistischen Paradigmas, Berlin: Duncker & Humblot.
1992 „Franz Boas' Historismus und seine Rolle bei der Begründung der amerikanischen Ethnologie", in: Franz Boas: Ethnologe, Anthropologe, Sprachwissenschaftler, Ein Wegbereiter der modernen Wissenschaft vom Menschen, Ausstellungskatalog. Berlin: Staatsbibliothek zu Berlin – Preußischer Kulturbesitz: 125–168.

Rössler, Martin,
1999 Wirtschaftsethnologie. Eine Einführung, Berlin: Reimer.

Rosman, Abraham, & Paula G. Rubel,
1986 Feasting with mine enemy. Rank and exchange among the Northwest Coast societies, Prospect Heights (Ill.): Waveland Press (Orig.: 1971).

Roth, Paul A.,
1989 „Ethnography without Tears", in: Current Anthropology 30: 555–569.

Rudolph, Wolfgang,
1968 Der Kulturelle Relativismus. Kritische Analyse einer Grundsatzfragen-Diskussion in der amerikanischen Ethnologie. Berlin: Duncker & Humblot.
1992 „Ethnos und Kultur", in: Fischer, Hans (Hrsg.), Ethnologie. Einführung und Überblick, a. a. O.: 57–78.

Sahlins, Marshall D.,
1963 „Poor Man, Rich Man, Big-Man, Chief: Political Types in Melanesia and Polynesia", in: Comparative Studies in Society and History 5: 285–303.

1968 Tribesmen. Englewood Cliffs (N.J.): Prentice Hall, Inc.
²1976 Stone Age Economics, London: Tavistock Publications.

Sahlins, Marshall, & Elmar Service (Hrsg.),
1960 Evolution and Culture, Ann Arbor: University of Michigan Press.

Sangren, P. Steven,
1988 „Rhetoric and the Authority of Ethnography. Postmodernism and the Social Reproduction of Texts", in: Current Anthropology 29: 405–435.

Scharlau, Birgit, & Mark Münzel,
1986 Quellqay. Mündliche Kultur und Schrifttradition bei Indianern Lateinamerikas, Frankfurt a.M., New York: Campus.

Schiffauer, Werner,
1987 Die Bauern von Subay. Das Leben in einem türkischen Dorf, Stuttgart: Klett-Cotta.

Schiwy, Günther,
⁴1970 Der französische Strukturalismus. Mode, Methode, Ideologie, Reinbek b. Hamburg: Rowohlt.

Schlatter, Gerhard,
1989 Mythos. Streifzüge durch Tradition und Gegenwart, München: Trickster Verlag.

Schmied-Kowarzik, Wolfdietrich, & Justin Stagl (Hrsg.),
²1993 Grundfragen der Ethnologie. Beiträge zur gegenwärtigen Theorie-Diskussion, Berlin: Dietrich Reimer.

Schmidt, Wilhelm,
1926–1955 Der Ursprung der Gottesidee. 12 Bde., Münster: Aschendorff.

Schmidt, Wilhelm, & Wilhelm Koppers,
1924 Völker und Kulturen I. Gesellschaft und Wirtschaft der Völker, Regensburg: Habbel.

Schmitz, Carl August (Hrsg.),
1967 Historische Völkerkunde, Frankfurt a. M.: Akademische Verlagsanstalt.

Schnepel, Burkhard,
1999 „Ethnologie und Geschichte. Stationen der Standortbestimmung aus der britischen ‚Social Anthropology'", in: Historische Anthropologie 7,1: 109–128.

Schröter, Susanne,
1994 Hexen, Krieger, Kannibalinnen. Phantasie, Herrschaft und Geschlecht in Neuguinea, Münster, Hamburg: Lit.

Schweizer, Thomas (Hrsg.),
1989 Netzwerkanalyse. Ethnologische Perspektiven, Berlin: Dietrich Reimer.

Schweizer, Thomas, Margarete Schweizer & Waltraud Kokot (Hrsg.),
1993 Handbuch der Ethnologie. Festschrift für Ulla Johansen, Berlin: Reimer.

Sebag, Lucien,
1967 Marxismus und Strukturalismus. Frankfurt a.M.: Suhrkamp (franz. Orig.: 1964).

Seiler, Signe,
1980 Wissenschaftstheorie in der Ethnologie. Zur Kritik und Weiterführung der Theorie von Thomas S. Kuhn anhand ethnographischen Materials, Berlin: Dietrich Reimer.

Service, Elman R.,
[2]1971 Primitive Social Organization. An Evolutionary Perspective, New York: Random House.
1977 Ursprünge des Staates und der Zivilisation. Der Prozeß der kulturellen Evolution, Frankfurt a. M.: Suhrkamp (engl. Orig.: 1975).
Shostak, Marjorie,
1982 Nisa erzählt. Das Leben einer Nomadenfrau in Afrika, Reinbek bei Hamburg: Rowohlt 1982 (engl. Orig.: 1981).
Sigrist, Christian,
1967 Regulierte Anarchie. Untersuchungen zum Fehlen und zum Entstehen politischer Herrschaft in segmentären Gesellschaften Afrikas, Olten und Freiburg i. Br.: Walter.
Smith, Bernard,
[2]1985 European Vision and the South Pacific, Oxford: Melbourne University Press.
Smith, G. Elliot,
1928 In the Beginning. The Origin of Civilization, New York: Morrow.
Spencer, Baldwin,
1914 Native Tribes of the Northern Territory of Australia. London: Macmillan.
Spencer, Baldwin, & Frank J. Gillen,
1904 The Northern Tribes of Central Australia, London: Macmillan.
1938 The Native Tribes of Central Australia, London: Macmillan. (Orig.: 1899).
Stagl, Justin,
1971 „Älteste und Big Men. Politische Führungsrollen in Melanesien", in: Zeitschrift für Politik 18: 368–383.
[2]1981 Kulturanthropologie und Gesellschaft, Berlin: Dietrich Reimer.
1985 „Feldforschung als Ideologie", in: Fischer, Hans (Hrsg.), Feldforschungen. Berichte zur Einführung in Probleme und Methoden, a. a. O.: 289–310.
1991 „Malinowskis Paradigma", in: Geschichte und Gegenwart 10, 2: 91–105.
1992 „Eine Widerlegung des kulturellen Relativismus", in: Matthes, Joachim (Hrsg.), Zwischen den Kulturen? a. a. O.: 145–166.
Steward, Julian Hayes,
1949 „Causality and Law: A Trial Formulation of the Development of Early Civilization", in: American Anthropologist 51,1: 1–27.
1955 The Theory of Culture Change: The Methodology of Multilinear Evolution, Urbana, Ill.: University of Illinois Press.
1968 „Cultural Ecology", in: The Encyclopedia of Social Sciences, New York, Vol. 4: 337–344.
Stiglmayr, Engelbert,
1970 Ganzheitliche Ethnologie. Ethnologie als integrale Kulturwissenschaft, Wien.
Stocking, George W. Jr.,
1983 „The Ethnographer's Magic: Fieldwork in British Anthropology from Tylor to Malinowski", in: Ders. (Hrsg.), Observers Observed, a. a. O.: 70–120.

1968 Race, Culture, and Evolution. Essays in the History of Anthropology, New York: Free Press.
1987 Victorian Anthropology, New York et al.: Free Press.
1995 After Tylor. British Social Anthropology 1888–1951, Madison: The University of Wisconsin Press.
Stocking, George W. Jr. (Hrsg.),
1983 Observers Observed. Essays on Ethnographic Fieldwork. History of Anthropology Vol. 1, Madison, London: The University of Wisconsin Press.
1984 Functionalism Historicized. Essays on British Social Anthropology. History of Anthropology Vol. 2, Madison, London: The University of Wisconsin Press.
Strathern, Andrew,
1971 The Rope of Moka. Big-Men and Ceremonial Exchange in Mount Hagen, New Guinea, Cambridge, London et al.: Cambridge University Press.
Streck, Bernhard,
1997 Fröhliche Wissenschaft Ethnologie. Eine Führung, Wuppertal: Edition Trickster im Hammer Verlag.
Streck, Bernhard (Hrsg.),
1987 Wörterbuch der Ethnologie, Köln: Dumont.
Strecker, Ivo,
1969 Methodische Probleme der ethno-soziologischen Beobachtung und Beschreibung (Versuch einer Vorbereitung zur Feldforschung), Göttingen: Arbeiten aus dem Institut für Völkerkunde der Universität zu Göttingen.
1988 The Social Practice of Symbolization. An Anthropological Analysis, London and Atlantic Highlands, NJ: The Athlone Press.
Strehlow, Carl,
1907 Mythen, Sagen und Märchen des Aranda-Stammes. Die Aranda und Loritja-Stämme in Zentral-Australien. Veröffentlichungen aus dem Städtischen Völker-Museum, Frankfurt a. M.
Strehlow, Theodor George Henry,
^{2}1968 Aranda Traditions, Melbourne: Melbourne University Press.
1971 Songs of Central Australia, Sydney: Angus & Robertson.
Thiel, Josef Franz,
1984 Religionsethnologie. Grundbegriffe der Religionen schriftloser Völker, Berlin: Dietrich Reimer.
^{5}1993 Grundbegriffe der Ethnologie. Vorlesungen zur Einführung, Berlin: Dietrich Reimer.
Thomas, Nicholas,
1989 Out of Time: History and Evolution in Anthropological Discourse, Cambridge: Cambridge University Press.
Thurnwald, Richard,
1931–35 Die menschliche Gesellschaft in ihren ethnosoziologischen Grundlagen, 5 Bde., Berlin, Leipzig: DeGruyter.
Torry, William,
1978 „Gabra Age Organisation and Ecology", in: Baxter, P. T. W., and Uri Almangor (Hrsg.), Age, Generation and Time. Some Features of East African Age Organisations, London: C. Hurst: 183–206.

Trask, Haunani-Kay,
1991 „Natives and Anthropologists: The Colonial Struggle“, in: The Contemporary Pacific 3,1: 159–167.
Turner, Victor,
1989 Das Ritual. Struktur und Anti-Struktur, Frankfurt a. M., New York: Campus (engl. Orig.: 1969).
Tyler, Stephen A.,
[2]1987 Cognitive Anthropology. Prospect Heights, Ill.: Waveland Press (Orig.: 1969).
Tylor, Edward B.,
1871 Primitive Culture: Researches into the Development of Mythology, Philosophy, Language, Art and Custom, London: J. Murray.
Vajda, László,
1968 Untersuchungen zur Geschichte der Hirtenkulturen, Wiesbaden: Steiner.
Valjavec, Friedrich,
1984 „Zwischen Korporatismus und Anarchie: Anatomie der westdeutschen Ethnologie“, in: Müller, Ernst Wilhelm, René König et al. (Hrsg.), Ethnologie als Sozialwissenschaft, a. a. O.: 431–477.
1995 Wege der Tradition. Aspekte kultureller Wechselbeziehungen in Vanuatu und Neukaledonien (Südpazifik), Berlin: Reimer.
Vansina, Jan,
1985 Oral Tradition as History, Madison: University of Wisconsin Press.
Vatter, Ernst,
1932 Ata Kiwan. Unbekannte Bergvölker im tropischen Holland. Ein Reisebericht, Leipzig: Bibliographisches Institut.
Vierkandt, Alfred,
1896 Naturvölker und Kulturvölker. Ein Beitrag zur Sozialpsychologie, Leipzig.
Vivelo, Frank,
1981 Handbuch der Kulturanthropologie. Eine grundlegende Einführung, Stuttgart: Klett-Cotta.
Völger, Gisela (Hrsg.),
1997 Sie und Er. Frauenmacht und Männerherrschaft im Kulturvergleich, Köln: Rautenstrauch-Joest-Museum.
Voget, Fred W.,
1975 A History of Ethnology, New York et al.: Holt, Rinehart & Winston.
Wagner, Roy A.,
[2]1981 The Invention of Culture, Chicago: Chicago University Press (Orig.: 1976).
Warner, W. Lloyd,
1937 A Black Civilization, New York: Harper & Row.
Warner, W. Lloyd, et al.,
1949 Democracy in Jonesville, London: Harper & Row.
Weber, Max,
[3]1968 „Wissenschaft als Beruf“, in: Gesammelte Aufsätze zur Wissenschaftslehre, Tübingen: C. B. Mohr (Orig.: 1917).

Wengle, John L.,
1988 Ethnographers in the Field. The Psychology of Research, Tuscaloosa & London: The University of Alabama Press.
Wernhart, Karl (Hrsg.),
1985 Historische Ethnologie heute. Vorträge und Diskussionen des Symposiums vom 25.–27. März 1982 in Wien Horn.
Wernhart, Karl R., & Werner Zips (Hrsg.),
1998 Ethnohistorie. Rekonstruktion und Kulturkritik. Eine Einführung, Wien: Promedia
Westermann, Diedrich,
1938 Afrikaner erzählen ihr Leben. Essen.
White, Leslie A.,
1943 „Energy and the Evolution of Culture", in: American Anthropologist 45: 335–356.
1968 „Culturology", in: International Encyclopedia of the Social Sciences, Vol. 3: 547–551.
Wolff, Stephen,
1992 „Die Anatomie der Dichten Beschreibung. Clifford Geertz als Autor", in: Matthes, Joachim (Hrsg.), Zwischen den Kulturen?, a.a.O.: 339–362.
Wouden, F. A. E. van,
1935 Sociale structurtypen in de Groote Oost, Leiden: J. Ginsberg (engl. Übersetzung: Types of Social Structure in Eastern Indonesia, The Hague: Martinus Nijhoff 1968).
Zinser, Hartmut,
1977 Mythos und Arbeit. Studien über psychoanalytische Mytheninterpretationen am Beispiel der Untersuchungen Géza Róheims, Wiesbaden: B. Heymann Verlag.
1981 Der Mythos des Mutterrechts. Verhandlung von drei aktuellen Theorien des Geschlechterkampfs, Frankfurt a. M., Berlin, Wien: Ullstein Verlag.

Nachtragsbibliographie (2011)

Ackermann, Andreas,

2000 „Das virtuelle Universum der Identität. Überlegungen zu einer Ethnologie des Cyberspace", in: Sylvia Schomburg-Scherff & Beatrix Heintze (Hrsg.), Die offenen Grenzen der Ethnologie. Schlaglichter auf ein sich wandelndes Fach. Klaus Müller zum 65. Geburtstag, Frankfurt a. M.: Otto Lembeck, 276–290.

Alber, Erdmute, Bettina Beer, Julia Pauli & Michael Schnegg (Hrsg.),

2010 Verwandtschaft heute. Positionen, Ergebnisse und Perspektiven, Berlin: Dietrich Reimer Verlag.

Alexander, Jeffrey C., Philip Smith & Matthew Norton (Hrsg.),

2011 Interpreting Clifford Geertz: Cultural Interpretation in the Social Sciences (Cultural Sociology).

Antweiler, Christoph,

2007 Was ist den Menschen gemeinsam? Über Kultur und Kulturen, Darmstadt: Wissenschaftliche Buchgesellschaft.

2009 Heimat Mensch. Was uns alle verbindet, Hamburg: Muhrmann Verlag.

Appadurai, Arjun,

1998 Modernity at Large. Cultural Dimensions of Globalization, Minneapolis, London: University of Minnesota Press.

2003 „Sovereignity without Territoriality: Notes for a Postnational Geography", in: Setha M. Low und Denise Lawrence-Zunigais (Hrsg.), The Anthropology of Space and Place: Locating Culture, Malden: Blackwell, 337–349.

Appadurai, Arjun (Hrsg.),

1988 The Social Life of Things. Commodities in Cultural Perspective, Cambridge, New York, Melbourne: Cambridge University Press.

Bachmann-Medick, Doris,

2006 Cultural Turns. Neuorientierungen in den Kulturwissenschaften. Rowohlts Enzyklopädie, Reinbek bei Hamburg: Rowohlt.

Ballhaus, Edmund, & Beate Engelbrecht (Hrsg.),

1995 Der ethnographische Film. Einführung in Methoden und Praxis, Berlin: Dietrich Reimer Verlag.

Barth, Fredrik, Andre Gingrich, Robert Parkin & Sydel Silverman,

2005 One Discipline, Four Ways: British, German, French and American Anthropology. The Halle Lectures, Chicago: University of Chicago Press.

Beer, Bettina,

^{2}2008 Methoden und Techniken der Feldforschung. Berlin: Dietrich Reimer Verlag.

Bender, Cora,

2011 Die Entdeckung der indigenen Moderne. Indianische Medienwelten und Wissenskulturen in den USA, Bielefeld: Transcript.

Bräuchler, Birgit,
2005 Cyberidentities at War. Der Molukkenkonflikt im Internet, Bielefeld: Transcript.
Bräuchler, Birgit, & Thomas Widlok (Hrsg.),
2007 Die Revitalisierung von Tradition/The Revitalisation of Tradition. Themenheft der Zeitschrift für Ethnologie 132.
Brown, Michael F.,
2003 Who Owns Native Culture? Cambridge (Mass.): Cambridge University Press.
Cadena, Marisol de la, & Orin Starn (Hrsg.),
2007 Indigenous Experience Today, Oxford, New York: Berg Publisher.
Cattelino, Jessica R.,
2008 High Stakes. Florida Seminole Gaming and Sovereignty, Durham and London: Duke University Press.
Chakrabarty, Dipesh,
2008 Provincializing Europe. Postcolonial Perspectives and Historical Differences, Princeton, New Jersey: University of Princeton Press.
Comaroff, John L. & Jean,
2009 Ethnicity, Inc., Chicago, London: The University of Chicago Press.
Conrad, Sebastian, und Shalini Randeria (Hrsg.),
2002 Jenseits des Eurozentrismus. Postkoloniale Perspektiven in den Geschichts- und Kulturwissenschaften, Frankfurt am Main, New York: Campus.
Crapanzano, Vincent,
1992 Hermes' Dilemma and Hamlet's Desire. On the Epistemology of Interpretation, Cambridge (Mass.), London: Harvard University Press.
Delugan, Robin Maria,
2010 „Indigeneity across Borders: Migrations and Cosmopolitican Encounters“ in: American Ethnologist 37, 1: 83–97.
Eriksen, Thomas Hylland,
2001 Small Places, Large Issues. An Introduction to Social and Cultural Anthropology, London, Sterling (Virginia): Pluto Press.
Eriksen, Thomas Hylland (Hrsg.),
2003 Globalisation. Studies in Anthropology, London, Sterling (Virginia): Pluto Press.
Errington, Shelly,
1998 The Death of Authentic Primitive Art and Other Tales of Progress, Berkeley, Los Angeles, London: The University of Chicago Press.
Falzon, Mark-Anthony (Hrsg.),
2009 Multi-Sited Ethnography. Theory, Praxis and Locality in Contemporary Research, Farnham, Burlington: Ashgate.
Frömming, Urte Undine,
2007 „A personal rainstorm in my inventory. Über kulturelle Ursachen, Wirkungen und die sinnliche Wahrnehmung von second life und anderen virtuellen Welten – eine sozialanthropologische Untersuchung“, in: Journal Ethnologie, Themenschwerpunkt Digitale Welten.
Gingrich, Andre,
2011 „Othering“, in: Kreff, Fernand u.a., Lexikon der Globalisierung, a.a.O., 323–324.

Godelier, Maurice,
2004 Métamorphose de la parenté, Paris: Fayard.
Hahn, Hans Peter,
2005 Materielle Kultur. Eine Einführung. Berlin: Dietrich Reimer.
Haller, Dieter,
^{2}2010 dtv-Atlas Ethnologie, München: Deutscher Taschenbuch-Verlag.
Hann, Chris,
2000 Social Anthropology, Oxon: Hodder Headline.
Hann, Chris, & Keith Hart,
2011 Economic Anthropology. History, Ethnography, Critique, Cambridge, Malden: Polity Press.
Hannerz, Ulf,
2010 Anthropology's World. Life in a Twenty-First-Century Discipline, London, New York: Pluto Press.
Hansen, Klaus P.,
^{4}2011 Kultur und Kulturwissenschaft. Eine Einführung. Tübingen: Francke.
Hauschild, Thomas,
2002 Magie und Macht in Italien. Über Frauenzauber, Kirche und Politik, Gifkendorf: Merlin-Verlag.
2008 Ritual und Gewalt. Ethnologische Studien an europäischen und mediterranen Gesellschaften. Frankfurt am Main: Suhrkamp.
Heidemann, Frank,
2011 Ethnologie. Eine Einführung, Göttingen: Vandenhoek & Ruprecht.
Henare, Amiria,
2005 Museums, Anthropology and Imperial Exchange, Cambridge: Cambridge University Press.
Hildebrandt, Hans-Jürgen,
2003 Bausteine zu einer wissenschaftlichen Erforschung der Geschichte der Ethnologie. Zugleich eine exemplarische Anleitung für die Historiographie wissenschaftlicher Disziplinen. Mit einem ausführlichen bibliographischen Anhang, München: Utz.
Honold, Alexander, und Klaus R. Scherpe,
2004 Mit Deutschland um die Welt. Eine Kulturgeschichte des Fremden in der Kolonialzeit, Stuttgart, Weimar: J. B. Metzler.
Howell, Signe,
2011 „Whatever happened to the spirit of adventure?“, in: Jebens, Kohl (Hrsg.), The End of Anthropology?, a. a. O., 139–154.
Huntington, Samuel P.,
1997 Der Kampf der Kulturen. The Clash of Civilisations. Die Neugestaltung der Weltpolitik im 21. Jahrhundert, München, Wien: Europaverlag.
Jebens, Holger (Hrsg.),
2004 Cargo, Cult and Culture Critique, Honolulu: University of Hawai'i Press.
Jebens, Holger, & Karl-Heinz Kohl (Hrsg.),
2011 The End of Anthropology? Wantage: Sean Kingston Publishing.
Keck, Verena,
2011 The Search for a Cause: an Anthropological Perspective on a Neurological Disease in Guam, Western Pacific. Mangilao, Guam: Richard Flores Taitano Micronesian Area Research Center, University of Guam.

Kimmich, Dorothea, Schamma Schahadat & Thomas Hauschild (Hrsg.),
2010 Kulturtheorie. Bielefeld: Transcript.
Knorr, Alexander,
2011 Cyberanthropology, Wuppertal: Edition Trickster im Peter Hammer Verlag.
Kohl, Karl-Heinz,
2003 Die Macht der Dinge. Geschichte und Theorie sakraler Objekte. München: C.H. Beck.
2006 „Das Andorra-Syndrom. Über Neotraditionalismus als mediales Wiedergängertum", in: Bernd Hüppauf und Christopf Wulf (Hrsg.), Bild und Einbildungskraft, München: Wilhelm Fink Verlag: 371–384.
2008 „Der glückliche Wilde. Imagination oder Realität?", in: Heinrich Meier (Hrsg.), Über das Glück. Ein Symposium, München, Zürich: Piper: 119–148.
2010 Zwischen Kunst und Kontext: Zur Renaissance des Völkerkunde-useums. Stuttgart: Franz Steiner.
Kreff, Fernand, Eva-Maria Knoll & Andre Gingrich,
2011 Lexikon der Globalisierung, Bielefeld: Transcript.
Krings, Matthias,
2010 „Nollywood goes East. The localization of Nigerian video films in Tanzania", in: Saul Mahir & Ralph A. Austen (Hrsg.): Viewing African Cinema in the Twenty-First Century. Art Films and the Nollywood Video Revolution. Athens: Ohio University Press: 74–91.
Kuper, Adam,
2003 „The Return of the Native", in: Current Anthropology 44,3: 389–402.
2009 Incest & Influence: The Private Life of Bourgeois England, Cambridge (Mass.), London: Harvard University Press.
Lang, Hartmut,
2010 Systeme der Wirtschaftsethnologie. Eine Einführung, Berlin: Dietrich Reimer.
Lauser, Andrea, & Cordula Weißköppel (Hrsg.),
2008 Migration und religiöse Dynamik. Ethnologische Religionsforschung im transnationalen Kontext, Bielefeld: Transcript.
Lee, Helen & Steve Tupai Francis (Hrsg.),
2009 Migration and Transnationalism – Pacific Perspectives, Canberra: Australian National University.
Lentz, Carola,
2009 „Der Kampf um die Kultur. Zur Ent- und Re-soziologisierung eines ethnologischen Konzepts", in: Soziale Welt 60: 305–327.
Loizos, Peter,
1993 Innovation in Ethnographic Film. From Innocence to Self-Consciousness 1955–1985, Chicago: The University of Chicago Press.
Marcus, George,
1995 „Ethnography in/of the world system: the emergence of multi-sited ethnography", in: Annual Review of Anthropology 24: 95–110.
Miller, Daniel,
2010 Der Trost der Dinge. 15 Porträts aus dem London von heute, Frankfurt am Main: Suhrkamp.

Müller, Klaus E.,
2010 Die Siedlungsgemeinschaft. Grundriß der essentialistischen Ethnologie, Göttingen: V&R Unipress.
Myers, Fred R. (Hrsg.),
2001 The Empire of Things. Santa Fé: School of American Research.
Niezen, Ronald,
2003 The Origins of Indigenism. Human Rights and the Politics of Identity, Berkeley, Los Angeles, London: University of California Press.
Penny, H. Glenn,
2002 Objects of Culture. Ethnology and Ethnography Museums in Imperial Germany, Chapel Hill, London: The University of North Carolina Press.
Petermann, Werner,
2004 Die Geschichte der Ethnologie, Wuppertal: Edition Trickster im Peter Hammer Verlag.
2010 Anthropologie unserer Zeit, Wuppertal: Edition Trickster im Peter Hammer Verlag.
Peterson, Marc Allan,
2005 Media and Anthropology. Media and Myth in the New Millennium, New York, Oxford: Berghahn Books.
Price, Sally,
2007 Paris Primitive: Jacques Chirac's Museum on the Quai Branly, Chicago: The University of Chicago Press.
Reinhardt, Thomas,
2008 Claude Lévi-Strauss zur Einführung, Hamburg: Junius-Verlag.
Remnick, David,
2010 The Bridge. The Life and Rise of Barack Obama. New York: Alfred A. Knopf.
Rosa, Hartmut,
2005 Beschleunigung. Die Veränderung der Zeitstrukturen in der Moderne, Frankfurt am Main: Suhrkamp.
Rössler, Martin,
2005 Wirtschaftsethnologie: Eine Einführung. Berlin: Dietrich Reimer Verlag.
Ruby, Jay,
2000 Picturing Culture. Explorations of Film and Anthropology, Chicago: The University of Chicago Press.
Schiffauer, Werner,
1997 Fremde in der Stadt – Zehn Essays zu Kultur und Differenz, Frankfurt am Main: Suhrkamp.
2003 Migration und kulturelle Differenz. Berlin: Studie für das Büro der Ausländerbeauftragten des Senats von Berlin.
2008 Parallelgesellschaften. Wieviel Wertekonsens braucht unsere Gesellschaft? Ethnographische Überlegungen, Bielefeld: Transcript.
Schlehe, Judith,
2003 „Ethnologie des Tourismus: Zur Entgrenzung von Feldforschung und Reise", in: Peripherie. Zeitschrift für Politik und Ökonomie in der Dritten Welt, Nr. 89, 23. Jg., 2003: 31–47.

Schmidt, Bettina,
2004 „‚Mit der U-Bahn ins Feld‘: Der Abschied von Malinowskis einsamer Insel. Feldforschung im 21. Jahrhundert“, in: Anthropos 99: 215 ff.
2008 Einführung in die Religionsethnologie. Ideen und Konzepte, Berlin: Dietrich Reimer.
Schmidt, Johannes F. K., Martine Guichard, Peter Schuster & Fritz Trillmich (Hrsg.),
2007 Freundschaft und Verwandtschaft. Zur Unterscheidung und Verflechtung zweier Beziehungssysteme, Konstanz: UVK.
Schnepel, Burkhard,
2009 „Two Beaches: The Globalization of Mauritian Waterfronts“, in: V. Y. Hookoomsing, R. Ludwig & B. Schnepel (Hrsg.), Multiple Identities in Action: Mauritius and Some Antillean Parallelism, Berlin et al.: Peter Lang, 287–317.
Senft, Gunter,
1999 „The Presentation of Self in Touristic Encounters. A Case Study from the Trobriand Islands“, in: Anthropos 94: 21–33.
Sökefeld, Martin,
2007 „Problematische Begriffe: ‚Ethnizität‘, ‚Rasse‘, ‚Kultur‘ ‚Minderheit‘“, in: Brigitta Schmidt-Lauber (Hrsg.), Ethnizität und Migration, Berlin: Dietrich Reimer: 31–50.
Spivak, Gayatri Chakravorty,
2007 Can the Subaltern Speak? Postkolonialität und subalterne Artiku-lation. Mit einer Einleitung von Hito Steyerl, Wien: Turia + Kant, 2007.
Trouillot, Michel-Rolph,
2002 „Adieu, Culture: A New Duty Arises“, in: Richard G. Fox & Barbara J. King (Hrsg.), Anthropology Beyond Culture, Oxford, New York: Berg, 36–60.
Varela, María do Mar Castro & Nikita Dhawan (Hrsg.),
²2009 Postkoloniale Theorie: eine kritische Einführung, Bielefeld: Transcript.
Vertovec, Steven,
2009 Transnationalism, London: Routledge.
2010 Anthropology of Migration and Multiculturalism: New Directions, London: Routledge.
Vries, Heike de,
2000 Indigene Medien. Das Selbstbild der Navajo in ihren Zeitungen. Mosaik der Kulturen 3, Frankfurt am Main: IKO – Verlag für Interkulturelle Kommunikation.
Weißköppel, Cordula,
2009 „Traversing cultural sites. Doing ethnography among Sudanese migrants in Germany“, in: Mark-Anthony Falzon (Hrsg.), a. a. O., 251–270.
Yalçin-Heckmann, Lale,
2002 „Negotiating Identities“, in: D. Kandiyoti & A. Saktanber (Hrsg.), Fragments of Culture: The Everyday of Modern Turkey, London: I. B. Tauris, 308–321.
Zinser, Hartmut,
2010 Grundfragen der Religionswissenschaft, Paderborn: Ferdinand Schöningh.

Register

Die kommentierte Bibliographie ist in den folgenden Verzeichnissen nicht erfaßt.

Personenverzeichnis

Sachenverzeichnis

Ethnienverzeichnis